Peter K. Wehrli

Katalog von Allem

Vom Anfang bis zum Neubeginn

Ammann Verlag

Der Verlag dankt dem Präsidialdepartement der Stadt Zürich
für den gewährten Druckkostenbeitrag.

Erste Auflage der erweiterten Neuausgabe

www.ammann.ch
Satz: Gaby Michel, Hamburg
Druck und Bindung: Freiburger Graphische Betriebe
ISBN 978-3-250-60126-5

Für Rara

DIE KATALOGE

1. der Anfang

das Gefühl von Zuversicht, das ein zurückspulender Film in mir weckt: weil, wer rückwärts läuft, stets dem Anfang entgegengeht.

2. der Schrecken

der erhellende Schrecken, der mich durchfuhr, als ich in der Zeitung das altbekannte Sprichwort las »Hunger ist der beste Koch« und beim Weiterblättern ein Bild aus Afrika entdeckte, das mir zeigte, daß die besten Köche nicht für die Hungernden kochen.

3. die Gehirnwäsche

die ganz beiläufige Zivilisationskritik, die Gérard aus Mauritius bei der Rückkehr von seiner ersten Deutschstunde in Zürich gelang, als er sagte: »Das ist kein Sprachkurs, das ist Gehirnwäsche«, und meine unangenehme Ahnung, daß man tatsächlich deutsch werden muß, um deutsch sprechen zu können.

4. der Tisch

die belebend uneuropäische Denkweise, mit der Gérard den Deutschunterricht erweiterte, als er auf des Lehrers Erklärung hin, der Tisch (la table) sei im Französischen weiblich, im Englischen (the table) sächlich und im Deutschen (der Tisch) männlich, die Frage stellte: »And what's the difference?«

5. die Brühe

die Enttäuschung darüber, daß sich das auf den Postkarten herrlich blaue Wasser der Amsterdamer Grachten beim eigenen Augenschein als bräunliche Brühe entpuppt, in der sich die Fassaden – entgegen meinem Postkartenbild – nicht mehr spiegeln können, und die mit Chasper Otto geteilte Freude über die Entdeckung, daß sich nachts die beleuchteten Hausfassaden zaubrig bis ins Wasser hinein fortsetzen: Je schmutziger, je öliger das Wasser ist, um so heftiger will es alles spiegeln.

6. der Handschlag

der Handschlag und der Satz »Ich heiße Peter«, mit dem sich der eine der beiden Peter vorstellte, mit denen ich an diesem Dienstag zusammenzuarbeiten hatte, und der Handschlag und der Satz »Ich bin Peter«, mit dem sich der zweite der beiden Peter vorstellte, mit jener freundschaftlichen Nonchalance, als wolle er den Eindruck korrigieren, der andere sei Peter.

7. das Bedauern

das unausgesprochene Bedauern darüber, daß sich die Welt nicht mit einer ebenso einfachen Formel erklären läßt wie ihre Zeltversion, der Zirkus, dieses Klagen, das im Saal nicht hörbar, aber spürbar wurde, als Zirkusdirektor Mills – zum Schluß der drei Tage langen Diskussionen am 3. Internationalen Zirkuskongreß in Amsterdam – die Verhandlungen in dem Satz zusammenfaßte: »Der Zirkus wird so lange leben, wie er Zirkus bleibt!«

8. die Verzweiflung

die totale Verzweiflung, die der Clown Toto in seinem Stolpern, Poltern und Straucheln in der Amsterdams Manège unwillentlich spüren ließ, weil ihm das Publikum mit kritisch gelangweilter Miene zuschaute, wie er – aus demonstriertem Ungeschick – Dutzende von Tellern zerbrach, ohne ihm auch nur ein einziges Lachen zu spenden,

8 a

und die sich steigernde Frenesie, mit der Toto – je weniger die Leute lachten – mit seinen Tellern strauchelte, polterte und stolperte, während er durch die dick aufgetragene Schminke hindurch seine panische Hoffnung spüren ließ, jetzt fehle dann nur noch ein Teller bis zum totalen Lachsturm,

8 b
und diese Panik, die in der vergeblichen Hoffnung auf das Lachen steckte und Toto zu derart delirierendem Straucheln und Tellerzertrümmern anstachelte, daß in mir die Angst aufstieg, er würde sich jetzt gleich seinen Schädel am Manegerand einrennen und damit endlich den ersehnten Lachsturm ernten, der erst verklänge, wenn die Leute gewahr werden, daß diese Szene nicht eine gut gemimte, sondern ein tödlicher Unglücksfall ist.

9. das Verhältnis
die ganz plötzlich aufblitzende Ahnung der Verhältnismäßigkeiten von Kunst und Leben, die aufkam, als Theddy am Telefon meldete, die Auflage von Marcel Duchamps »Ready Made!« werde in etwa drei Jahren vergriffen sein, jene des Indien-Reiseführers für Tramps aber in drei Monaten, weil mir da der beiläufige Satz entfuhr: »Kunst ist Leben – auch wenn sich zwölfmal mehr Leute für das Leben interessieren als für die Kunst.«

10. die Abermillionen
alle die Abermillionen von Dingen, die es gibt auf der Welt, und viele davon hunderttausendfach, dieses andere Alles – und dann das eigentliche Alles, das sich ergibt bei der Vorstellung, es sei jedes dieser Millionen von Dingen nur ein einziges Mal vorhanden auf der Welt, und das erstaunlicherweise doch dieses Eine bleibt: nämlich alles.

11. die Achtlosigkeit
die achtlose Bemerkung »Die sind süß!«, mit der ich Peter B. auf der Bahnhofsbrücke von meinen frischgekauften Erdbeeren anbot, und das leichte Erschrecken darüber, daß ich die Erdbeeren, von denen ich selber noch nicht gekostet hatte, nur deshalb als süß bezeichnet habe, weil ich auf dem Preisschild im Laden den Zusatz »Süße Erdbeeren« gelesen hatte.

12. der Balkanzug

der Satz vom Donnern des Balkanzuges auf der Brücke bei Nisch, der mich stutzig macht, jetzt, wo ich im Zusammenhang mit der Ausstellung »Zürich als Literaturexil« das dadaistische Manifest wieder durchlese, stutzig deshalb, weil mir einfällt, daß ich tatsächlich einmal, während der Orientexpreß über die Brücke bei Nisch donnerte, an den Balkanzug gedacht habe, der über die Brücke bei Nisch donnert, während ein Schwein im Keller des Schlachters Nuttke jammert; – was übrigens ein guter Grund ist, jetzt den Katalog der wichtigsten Beobachtungen während jener Reise anzufügen:

KATALOG DER 134 WICHTIGSTEN BEOBACHTUNGEN WÄHREND EINER LANGEN EISENBAHNFAHRT

13. das Blättern

das suchend unsichere Blättern des Schalterbeamten im Bahnhof Zürich in Preislisten und Streckenverzeichnissen, weil er nur selten eine solche Fahrkarte ausstellen muß.

14. der Soldat

der Soldat, der, welkgrün und eigentlich wie ein guter Soldat aussehend, sein Gewehr mit uns weiterfahren läßt, als er in Goeschenen aussteigen muß.

15. der Zeiger

das ratlose Drehen am Uhrrädchen, um den Zeiger eine Stunde vorzustellen, weil die Uhr im Schweizer Teil des Bahnhofes Chiasso 10 Uhr 23 zeigt, jene im italienischen Teil aber 11 Uhr 23; ratlos deshalb, weil ich, immer wenn ich dies tue, nie weiß, ob ich eine Stunde gewinne oder verliere – aufs Ganze gesehen.

16. die Aufhebung

die von den Fahrgästen selber unternommene Aufhebung der Unterteilung in Raucher- und Nichtraucherabteil, kaum daß der Zug Schweizer Boden verlassen hat.

17. das Kinderbuchklischee

das, weil es Kinderbuchklischee geworden ist, beileibe nicht mehr erwartete (aber nun doch gesehene und notierte!) Lagerfeuer im Zigeunerlager am Bahngeleise vor Brescia.

18. der Tempel

der kulissenrein getünchte Tempel, welcher der Bahnhof von Lomazzo ist, wobei mich weniger der Tempelbahnhof verblüfft als vielmehr die Art, in der er sekundenschnell wie auf einer Kinoleinwand im Fensterrahmen aufblinkt.

19. die Aneinanderreihung

die aus der Aneinanderreihung von Stimmbandexplosionen bestehende Stimme des Gelativerkäufers, der einzigen als auffallend wahrgenommenen Person im Bahnhof von Verona, wobei zu sagen ist, daß es die Stimme ist, die diese Person auffallend macht.

20. der Schorf

der Schorf auf der Oberfläche der Erde nach Monfalcone, von dem mir einer sagt, man nenne das Karst.

21. das Mädchen

das verstörte Mädchen, das sich im Bahnhof Triest über Berge eigenen Gepäcks in den Korridor des Wagens kämpft und etwa zehn Mitreisende fragt: »Mosca?, Moscou?, Moskau?, Moskow?, Moskwa?«,

21 a

und das anschließende verhetzte Verlassen des Wagens durch dasselbe Mädchen.

22. die Mutter

die gestiefelte Mutter in Zöllneruniform, die mit energischem Balkangesicht im Bahnhof Sezana die verlassen im Korridor stehenden Gepäckstücke eigenhändig öffnet und, gar nicht sorgsam, darin herumwühlt, dies offenbar, ohne sich verpflichtet zu fühlen, die herumfliegenden Wäschestücke wieder in den Koffern zu verstauen.

23. die Laute

die unverständlichen reibenden Laute, die im Bahnhof Ljubljana aus dem Lautsprecher poltern, und meine Feststellung, daß fremde Sprachen aus Lautsprechern im fremden Land viel fremder klingen als aus dem Radiolautsprecher zu Hause; am fremdesten tönen sie bei Nacht.

24. der Schweizer Franken

die Jugoslawin, die mir sagt: »Schweizer Franken müßte man haben, nicht Dinars. Mit Ihrem Geld ist überall alles billig«,

24 a

und mein Bedauern, daß ihre Feststellung nur stimmt, wenn man Geld hat.

25. der Schlafwagen

der Satz einer anderen Jugoslawin, die, nachdem der Schlafwagen im Bahnhof Zagreb abgehängt worden war, zu mir sagte: »Schöne neue Wagen sind nichts für Belgrad und die Leute weiter unten im Balkan; die wissen schöne neue Wagen gar nicht zu schätzen«, und die mir erst viel später einfallende Antwort, die Leute wüßten schöne neue Wagen vielleicht nur deshalb nicht zu schätzen, weil die schönen neuen Wagen in Zagreb abgehängt werden.

26. die Konservenbüchsen

das verblassende Blaugrün, die Farbe auf den Konservenbüchsen, die der Kellnerkoch in einer Ecke des Speisewagens auf eine Petrolkocherflamme stellt und, wenn sie heiß sind, mit Messer und

Gabel – und mit der Feierlichkeit eines Maître de Service – an den Tisch bringt.

27. der Neger

jener anscheinend grundlos euphorische Neger, der, ab und zu Aufmerksamkeit erheischend, aufschaut, hektisch-nervös in einem Dictionnaire blättert, immer wieder aufblickt, mich anlacht und, als er die entsprechende Seite endlich gefunden hat, zu mir sagt: »Dobri veçer!«,

27 a

und die Enttäuschung dieses Negers, als ich ihm sage: »Ich bin nicht Jugoslawe.«

28. der Tunnel

der drei Stunden lange Tunnel, der Zagreb und Belgrad verbindet, die Nacht.

29. die Erinnerung

die Erinnerung an den in Nummer 25 protokollierten Satz der andern Jugoslawin beim Betrachten der Pluderhosen der Bauern und der Bäuerinnen in schwarzrot geblümten Röcken, die im Wartesaal des Bahnhofes Belgrad zwischen Haufen von Bündeln und Paketen am Boden schlafen, weil das nun also jene Leute sind, die schöne neue Wagen nicht zu schätzen wissen.

30. der Iraki

der bräunlichhäutige Iraki, der in Belgrad fragen kommt: »Ist hier noch frei?«, und die Arglosigkeit, mit der er, als ich bejahe, beifügt: »Ich hole gleich meine Frau und meine fünf Kinder.«

31. das Foto

mein Erstaunen darüber, daß man auf dem Foto im Paß der Frau des Iraki das Gesicht nicht erkennen kann, weil nach arabischer Sitte ein schwarzer Schleier davor hängt.

32. die Balkanhäuser

die Schmutzschicht auf dem Wagenfenster, die es fast unmöglich macht, die quadratischen niedrigen Balkanhäuser mit den Strohspitzdächern von Svetozarevo zu sehen,

32 a

und meine Genugtuung darüber, daß die Wolken einen kommenden Regen ankündigen, der die Fenster reinigen wird, was nur insofern bedauerlich ist, als Svetozarevo dann längst vorbei sein wird.

33. das Gefühl

dieses etwas unangenehme Gefühl der Unsicherheit, das sich – Dada hin, Dada her! – einstellt beim Versuch, mir vorzustellen, daß, während der Balkanzug über die Brücke bei Nisch donnert und der Händler Valerio Ruggeri in Le Logge di San Michele ein Pfund ligurische Oliven wägt, tatsächlich das in Nr. 12 erwähnte Schwein im Keller des Schlächters Nuttke jammert; – dennoch nicht ganz vergeblich die Versuche, mir die Gesetze der Simultaneität aller Dinge anzueignen.

34. die Überstürztheit

das wie Husten kläffende Hupen der Lokomotive vor der Abfahrt in Crveni Crst und die Überstürztheit, mit der alle jene, die mit leeren Wasserflaschen zum Brunnen geeilt sind, mit halbleeren Flaschen wieder aufspringen.

35. die Zivilisationsflüchtlinge

die zwölf Zivilisationsflüchtlinge, die Jeans und Poncho eigentlich nur deshalb tragen, weil sie befürchten, die Haut als Kleidungsstoff werde recht schnell löchrig, und die sich aus allen Wagen des Zuges im Abteil von Michoutte Keller versammeln, um Genaues über Istanbul, über das Menü im Spaghetti-Shop, die Beschaffung von Studentenausweisen im Pudding-Shop und die Pushers zu erfahren, die Crazy Yener nicht in seiner Bude haben will, weil er weiß, daß sie Spitzel vom Rauschgiftdezernat sind.

36. die Balkanoperette

der Bahnhof von Pirot, der wie die Statistenbauernkneipe einer Balkanoperette aussieht und außer durch die Ortstafel, deren Holz den Farbanstrich des Namens Pirot schon fast ganz aufgesaugt hat, durch nichts erkennen läßt, daß er ein Bahnhof ist, (wobei ich gestehen muß, daß ich dieses Stationsnamensschild zuerst für ein Wirtshausschild hielt).

37. das Melodrama

die optimistischen Marschmusikklänge aus dem Bahnhofslautsprecher von Dragoman, die das »Fuck Freedom«-Gezeter zum Melodrama machen, mit dem sich das Hippiepaar aus Frisco, auf dem leeren Bahnsteig stehend, von den Mitreisenden im anfahrenden Zug verabschiedet, weil ihm aus Gründen, von denen es nichts weiß, die Einreise nach Bulgarien verwehrt worden ist.

38. die Granitsteine

die weißen Granitsteine, die, Kilometer um Kilometer einer säuberlich neben den andern gelegt, das Schotterbett des Bahngeleises quer durch Bulgarien rahmen: »Ordnung muß sein!« habe dazu, sagt man mir, der Zöllner gesagt.

39. der Deutsche

der Deutsche, der, nur mit Zahnbürste und Regenschirm, aber im feinen Fischgrätanzug und mit Krawatte nach Indien unterwegs, in Sofia den Zug besteigt und uns erklärt, er sei bei der Einreise an der Grenze geschoren worden: »Ordnung muß sein!« habe dazu der Zöllner gesagt.

40. der Argwohn

der unüberhörbare Argwohn, mit dem der Schaffner jeden Reisenden, dessen Fahrkarte er mit achtungsgebietendem Nachdruck durchbohrt, nach seiner Nationalität fragt, dieses argwöhnische Beharren, das mich nur deshalb erstaunt, weil ich es nicht gewohnt bin, daß Schaffner die Reisenden nach ihrer Nationalität fragen.

41. die Passagiere

Towarischtsch, Mir und Moreschenoje, die einzigen drei Wörter, mit denen wir die bulgarischen Passagiere auf ihrem Weg nach Plovdiv unterhalten können, worauf diese eigenartigerweise aber so reagieren, als hätten wir Hunderte von Wörtern gesagt.

42. die Diskussion

unsere Diskussion, mit welchen Tricks man an jeder Station, um ausgestreckt schlafen zu können, ein vollbesetztes Abteil vortäuschen wolle, und mein Erstaunen darüber, daß dieses Problem in sehr vielen Abteilen des Zuges diskutiert wird.

43. die Holztruhen

die unter mantelweiten Kopftüchern verborgenen greisen Bäuerinnen, die, offenbar nach zermürbenden Prozeduren, aus Bulgarien ausreisen dürfen und Gepäck aus einem Dutzend bemalter Holztruhen mit sich schleppen, die man nicht übersteigen kann, weil sie im Gang eine Sperre bis fast zum Wagendach bilden, und auch nicht wegräumen darf, weil Großmütter und Enkelinnen obendrauf schlafen.

44. La Traviata

das Wimmern der Säuglinge, die auf den im Korridor aufgetürmten Holztruhen in Kartonschachteln schlafen, dieses Wimmern, das eigentlich gar nicht wie das Wimmern von Säuglingen tönt, sondern wie der letzte Akt von »La Traviata«, und zwar an jener Stelle, wo sich meine zerkratzte Platte immer in derselben Rille dreht.

45. die Zuversicht

das verzweifelte Klagen der Bäuerinnen, das wie ein Grundton allgegenwärtig wird, als sie kraftlos, aber von irgendwelcher Zuversicht angestachelt, die zwanzig Truhen, die den Korridor verrammt haben, auf den Bahnsteig von Svilengrad hieven, weil mit ihren Papieren offenbar irgend etwas nicht in Ordnung ist.

46. die Ahnungslosigkeit

die unausgesprochene, aber dennoch erkennbare Ahnungslosigkeit in den Gesichtern der verschlafenen Passagiere, die nicht wissen, daß der überfreundliche, blausauber und schick uniformierte Beamte, der mitten in der Nacht die Pässe zu sehen verlangt, ein Grieche ist, weil es sie überhaupt nicht interessiert, daß die Bahngeleise hier vor der Grenzbereinigung gelegt worden sind.

47. das Dröhnen

das Dröhnen der Räder auf der Eisenbahnbrücke über den Fluß Mariza, das wie das Surren der durch die Finger klappernden Karteikarten tönt, auf denen alle Brücken abgebildet sind, über die ich schon in der Eisenbahn gefahren bin – das größte Bild hat dabei die Po-Brücke bei Piacenza,

47 a

und die Aufmerksamkeit, mit der ich, trotz der Störung durch die Karteikartenvision, festhalte, daß die Brücke auf der nördlichen Seite von einer weißen Mauerfestung mit der Inschrift »Hellas« und auf der südlichen Seite von einer verrotteten Garnison mit dem Zeichen des Halbmondes und der Büste Atatürks davor flankiert ist.

48. das Tschaiglas

das heiße Tschaiglas, das die Zugpassagiere in den klammen Fingern halten, während sie sich auf dem überwucherten Schotterbett des wackeligen Bahnhöfchens Uzunköprü, nach der Nacht im Zug einen Strahl Sonne tankend, in die wärmenden Lichtflecken stellen und offensichtlich hoffen, daß der Zugführer noch nicht gleich den Pfiff zur Weiterfahrt gebe.

49. der Türkenzöllner

der spitzbauchige Türkenzöllner, der möhnend wie ein Muezzin »Déclaration!« ins Abteil sang und mich nun – weil ich ihm mit Ahnungslosigkeit vorschützendem Achselzucken aufgefallen bin – während der nächsten zehn Stunden bis Istanbul bei seinen

Wanderungen durch den Zug immer wieder mit dem frohen Ruf »Déclaration!« begrüßt; wobei er statt »Déclaration!« ebensogut »Grüß Gott!« oder »Guten Morgen!« sagen könnte, wenn er der deutschen Sprache mächtig wäre.

50. das Bluejeansmannequin

die langbeinige Belgierin, Bluejeansmannequin, die zu ihrem Vater in die Ölfelder von Abu Dhabi unterwegs ist und die, nachdem sie lange den windschiefen Holzbau mit dem Schild »Uzunköprü« betrachtet hat, überzeugt und mit spürbarer Anteilnahme sagt: »Das ist der Orient!«

51. die Morgenstimmung

die prallen Früchtekörbe der dunkelbunt vermummten Frauen, die auf ihrem Weg zum Markt – zwischen Hütten aus dicken Lehmwänden und nässeschweren Strohdächern – von einem derart verspiegelten Morgenlicht umspült werden, als bewegten sie sich unter Wasser durch ein frisch gefülltes Schwimmbassin.

52. die Überraschung

die Überraschung, daß der freundliche Türke mit dem Namen Turgut Kavur, der mir – weil der Wechselschalter im Bahnhof Edirne geschlossen war – Geld für die Weiterfahrt leiht, Enzensberger und Peter Weiss ins Türkische übersetzt hat.

53. die Raketenbasis

das vom hellgelben Morgenlicht gebleichte Gelb der Sonnenblumenfelder, aus denen ein spitzbehelmtes Minarett nur deshalb wie aus einer verlassenen Raketenbasis herausragt, weil mich türkische Minarette eigentümlicherweise an meinen Besuch in Cape Kennedy erinnern.

54. der Transistor

die Übereinstimmung der islamischen Musik, welche die Türken im Abteil aus ihrem Transistor hervorholen, mit der fast dürren, weitläufig gehügelten Graslandsteppe vor dem Fenster, durch die ein Hirte seine fünf Kühe treibt.

55. die Vergeblichkeit

die Vergeblichkeit der spitzen Schreie der Kinder, die im Bahnhofshäuschen von Çerkezköy mit Peperoni gefüllte Brote zu verkaufen versuchen, denn: weil sich kein Käufer einstellt, bleiben die Schreie umsonst.

56. der Hals

die Wiederholung des (in Nummer 50 protokollierten) Ausrufs »Das ist der Orient!« durch die langbeinige Bluejeans-Belgierin, als ein Kamel so nah am Schienenstrang döst, daß wir befürchten müssen, die Zugräder würden ihm den Kopf vom langen Halse trennen; wobei anzufügen ist, daß der Anblick des Kamels der Belgierin diesen Ruf entlockt, und nicht etwa die Tatsache, daß dieses Kamel von den Zugrädern fast geköpft worden wäre.

57. die Feststellung

die Feststellung (und sie ist die Bestätigung meiner kindlichen Hoffnung), daß es das, was ich bislang für eine verträumte Märchenbuchfigur hielt, auch wirklich gibt, nämlich: den Gänsehirten.

58. die Atmosphäre

die mir aus Wildwestfilmen bekannte Atmosphäre, welche der im Schrittempo die Hügel hinauf und schneller wieder hinunter tukkernde Eisenbahnzug mit seiner prustenden High-Noon-Lokomotive erzeugt, und die fröhliche Überheblichkeit, mit der er sich »Orient-Expreß« nennt.

59. die Vervollständigung

die unerwartete Vervollständigung dieser Wildwestatmosphäre, als vor der verwitterten Baracke, die der Bahnhof von Catalca ist, ein Mann, der leider nicht Rufus heißt, aus einer Kniehebelpumpe (wie sie kein Wildwestfilmdekorateur vergessen darf) Wasser in den Bauch der ölig vernieteten Lokomotive pumpt.

60. der Eisenstern

das Fehlen des Eisensterns auf der Jacke des greisen aber immer noch forschen Kellners, der zwischen ausgesessenen Holzbänken im Speisewagen, der wie ein Saloon aussieht, den Tschai serviert, dieses Fehlen, das notiert sein will, weil *mit* dem Stern am Revers das Bild des Sheriffs komplett gewesen wäre.

61. die Auswechslung

die Auswechslung der niedlichen Dampflokomotive, deren Führer eigentlich Lukas heißen müßte, durch eine gleißend polierte Diesellokomotive, gerade als sich die ersten wässrighellblauen Zungen des Marmara-Meeres in die dürre Ebene vorlecken,

61 a

und der Ernst, mit dem mein Enzensberger-Türke die Auswechslung erklärt: »Das macht einen besseren Eindruck bei der Einfahrt in die Stadt.«

62. die Beflissenheit

die eilige Beflissenheit, mit der mich ein in Paris studierender Türke noch vor der Einfahrt in den Sirkeçi-Bahnhof türkisch bis zehn zählen lehrt: Bir, iki, üç, dört, bes, alti, jedi, sekis, dogus, on, was mich daran erinnert, daß mich bisher in jedem Land irgendeiner bis zehn zählen lehrte.

63. die Minarette

die bereits wieder dicke Schmutzschicht auf den Fenstern, auf welchen die als postkartenbekanntes Symbol von Istanbul grüßenden Minarette der Yeni Cami nur durch die einigermaßen sauber gebliebenen Flecken, wie durch die Löcher in einer Eisdecke, in das Wagenabteil hineinflackern.

64. das Durcheinander
der irgendwie unangenehme Anblick des Durcheinanders von Wäsche und Reiseproviant in den geöffneten Koffern, jetzt wo die Zollkontrolle auf dem Bahnsteig im Sirkeçi-Bahnhof stattfindet – und zwar an Tischen, die dem Zug entlang aufgereiht worden sind –, wobei mir plötzlich klar wird, daß ich diesen Anblick nur deshalb als unangenehm empfinde, weil mir als Kind gesagt worden war: »Die Koffer immer sauber packen! Das Innere eines Koffers ist wie das Innere seines Trägers.«

66. der Igel
der Igel, an den mich die stachelige Skyline Istanbuls erinnert, nun, da sie auf der Überfahrt über den Bosporus zum Bahnhof Haidarpaşa überschaubar geworden ist, cineramaweit.

67. die Stoffballen
die zugenähten Stoffballen, die sich schon vier Stunden vor Abfahrt des Zuges vor der Fassade des Bahnhofes von Haidarpaşa türmen und mich an die Lasten erinnern, welche die als Lastenträger verkleideten Statisten im ersten Akt von Lotfi Mansouris Zürcher Inszenierung der »Carmen« über die Bühne tragen.

68. die Feierlichkeit
die Feierlichkeit, welche der Zugfahrt dadurch verliehen wird, daß sich jeder Reisende am Schalter mit Name, Nationalität, Adresse und Billettnummer in ein enorm dickes Buch eintragen muß; Jetvisionen: für diesen Zug gibt es eine Passagierliste.

69. das Einklettern
der Sturm auf die einfahrenden Wagen, das Einklettern durch Fenster und Türen, das so hektisch vor sich geht, daß niemand mehr auf dem Bahnsteig steht, wenn der einfahrende Zug zum Stehen kommt, auch nicht die alte Frau, die da eben noch Erdnüsse knackte.

70. die Assoziationen

die Erinnerung an Stimmungen vielmehr als an die geschilderten Geschehnisse bei meiner frühesten Märchenlektüre, diese 1001-Nacht-Assoziationen, die jetzt vom Schild an den Wagen mit den Fahrzielen »Ankara – Adana – Aleppo – Mosul – Bagdad« geweckt werden, Fetzen levantinischer Phantasmagorien, die ich gerne ausführlicher beschreiben möchte, aber deshalb – und bedauerlicherweise – nicht kann, weil ich mich des Gefühls nicht mehr entsinne, mit welchem mein kindliches Gemüt auf diese frühe Märchenbuchlektüre reagierte.

71. das Gekeife

mein Ärger darüber, daß ich das Gekeife der alten zahnlosen Bäuerin, die in unserm schon voll besetzten Abteil einen Platz ergattern will, nicht einmal als Silbenfolge, geschweige denn als Wortschwall, sondern nur als Lautreihe identifizieren kann, weil ich ihre Sprache nicht verstehe.

72. die Frauen

das Gedränge von Frauen im Korridor, weil die Stärkeren, ihre Männer, die Sitzplätze erobert haben.

73. die Ernüchterung

die Erwartung eines neuen Erdteils und die Ernüchterung darüber, daß die Neubauten in den Vorstädten auf der asiatischen Seite von Istanbul gar nicht asiatischer aussehen als die Neubauten in Europa.

74. das Wimmern

das Plärren des Kindes in der Wiege, die eine Araberin zwischen den Gepäcknetzstangen quer durch das Abteil aufhängt, was mich zwar an das Wimmern der bulgarischen Säuglinge von Nr. 44 erinnert, das gar nicht wie das Wimmern von Säuglingen klang, aber dennoch nicht an die gesprungene Schallplatte mit dem letzten Akt von »La Traviata«.

75. die Ziegeldächer

die Tatsache, daß in den türkischen Dörfern die Moscheen gar nicht anders aussehen als die gewöhnlichen Häuser, mit dem einen Unterschied, daß da ein Minarett aus dem Ziegeldach ragt, wobei ich jetzt eigentlich auf Nummer 53 verweisen müßte und darauf, daß mich Minarette, die aus Ziegeldächern ragen, immer wieder an startbereite Weltraumraketen erinnern; – es ist allerdings nur bei Ziegeldächern so, bei Kuppelbauten bleiben mir die Türme Minarett.

76. die Wagentüre

die Unbekümmertheit, mit der ein Araber die Wagentüre öffnet, sich aufs oberste Trittbrett setzt und seine Beine in die Kühle des Fahrtwindes hinausbaumeln läßt, ein Bild, das man – um es genießen zu können – von außen sehen müßte.

77. der Wechsel

der mit dem Vordringen ins Innere von Anatolien sich vollziehende Wechsel der Backsteinmauern in Lehmmauern,

77 a

und die Vermutung, daß ein solcher Wechsel den Wandel vieler Dinge bedeutet.

78. die Zivilisationsgrenze

die Zivilisationsgrenze, die sich darin zeigt, daß vor Pileçik ein Bauer eine Dreschmaschine zum Felde führt, nach Pileçik aber eine alte Frau auf einem vom Esel gezogenen Brett über ausgebreitete Kornähren reitet.

79. die Dunkelheit

das beunruhigende Ergebnis der Diskussion mit meinen Mitreisenden im Abteil darüber, daß die nun nach Einbruch der Nacht vor den Fenstern feststellbare lichterlose Dunkelheit nicht unbedingt Unbesiedeltheit der Gegend verraten muß.

80. die Phantasmagorie

die Delusion, die meine – zu orientalischer Phantasmagorie angestachelte – Vorstellungskraft deshalb erlebt, weil der Bahnhof von Ankara bei Nacht nicht anders aussieht als einer der weißgekachelten neuen italienischen Standardbahnhöfe.

81. der Spender

die Eier, der Käse, das Brot, die mit einer Selbstverständlichkeit, als hätte sie die Eisenbahndirektion zusammen mit der Fahrkarte verabreicht, im Wagen unter die Leute aufgeteilt werden, so daß ich nicht weiß, wer in unserem Abteil der Spender ist (das pakistanische Ehepaar, das mit drei Kindern in Kuwait wohnt, der Iraki aus Bagdad, der Kurde aus dem Irak oder das Bluejeansmannequin); daß ich es nicht war, das weiß ich.

82. die Decken

die dicken Wolldecken, welche die Frauen zwischen die Bänke auf den Boden legen, um darauf die Nacht zu verbringen (eine Schlafbequemlichkeit, die mir noch bei keiner Eisenbahnfahrt eingefallen ist), unter dem Dach aus Beinen der Männer, die querüber auf den Sitzen liegen.

83. das Bett

das Bett aus Zeitungen, das mir der Iraki im Korridor bereitet hat, und die Unsinnigkeit meiner Vermutung, ich hätte nur deshalb schlecht geschlafen, weil ich nicht lesen kann, was darin steht; wobei sich diese Vermutung vielleicht nur deshalb einstellt, weil ich Theddys Satz für unsinnig halte, das Verdursten auf einer Wüstendüne sei angenehmer, wenn man weiß, wie diese Düne heißt.

84. der Versuch

mein unausgeführter Versuch, das Tagen über wüstenhaften Hügeln, denen sich ab und zu verdörrende Sonnenblumenfelder in den Steinnacken gesetzt haben, mitzuverfolgen, denn ich notiere nur: »ganz leichtes durchsichtiges Morgenlicht.«

85. die Zigarette

die nur leicht angesengte Zigarette im Mundwinkel des Kondukteurs, der, als der Zug inmitten von gelbbraunen Feldern anhält, ausruft: »Kayseri, Kayseri!«, obschon weder die Stadt noch ihr Bahnhof zu sehen ist – wobei angemerkt werden muß, daß diese Stadt vielleicht gar keinen Bahnhof hat.

86. die Staubwolke

die Staubwolke über der Straße und den Dächern im Dorf Basköy, die mir verrät, daß da vor einiger Zeit ein Auto vorbeigefahren sein muß.

87. der Hochglanz

der alte Händler auf dem ungepflasterten Bahnsteig von Yeşilhisar, der die Äpfel und Tomaten auf seinem Bauchladen immer noch mit Spucke und Lappen auf Hochglanz poliert, obschon der Zug bereits eingefahren ist.

88. die Flechte

die Flechte aus Stein, die den Hügel schorfig zu bedecken scheint, weil die Mauern des Dorfes Niğde so eng ineinander gefügt sind, daß sie einen kompakten Hügelüberzug bilden.

89. der Wasserhahn

meine Flucht aus dem Abteil zum Wasserhahn in der Toilette, weil mir die Pakistani einen in Chili-Sauce getauchten Brotfladen angeboten haben, und die vor dem versiegten Wasserhahn auftauchende Erinnerung, daß es damals in Pakistan mehrere Wochen gedauert hatte, bis meine Zunge an Chili-Sauce gewöhnt war.

90. Leimbach

das kurz nur hereinschlagende und schon wieder verschwundene Gefühl, das Tuckern unserer Diesellokomotive, die da auf rötlicher Erde um aufgereckte Strohgarben herumkurvt, töne wie das Motorengestotter jenes mörderischen Rasenmähers, der mich jeden Samstagabend in Leimbach ärgert; doch vielleicht – nein: bestimmt – wäre dieses Gefühl anders, wenn ich in diesem Augenblick einen anderen Vergleich zur Verfügung hätte;

90 a

und »Schluß jetzt!« mit den Versuchen, den Spruch meines Lateinlehrers Lienhard zu widerlegen, es gebe nichts Neues, das Neue sei stets nur eine Abwandlung des Alten, Vertrauten.

91. die Zeit

die unglaublich lange Zeit, während welcher über der fast nackten roten Erde die Staubwolke steht, die eine Schafherde auf angstvoller Flucht vor dem Zug aufgewirbelt hat,

91 a

und die Hartnäckigkeit, mit der sich in meinem Gehirn die zwar schöne, aber idiotische Idee hält, solange die Staubwolke nicht vergehe, werde auch die Zeit nicht vergehen, hier.

92. die Bänder

die ganz unterschiedlich grünen Bänder, an denen ich den Verlauf der versiegten Bäche in der erdigroten Einöde ablesen kann, aber nur deshalb, weil die Vegetation an den Bachrändern entlang durch die kahle Ebene kriecht.

93. die Leber

die gehackte Leber, die eine Bäuerin bei der Suche nach einem Käufer auf einem Brett ins Wagenabteil hineinstreckt, wobei ich wirklich nicht wußte, daß dieser kotige Haufen gehackte Leber ist, bis mir jemand sagte, es sei gehackte Leber.

94. der Rumpf

der eigene Rumpf, den ein beinloser Bettler auf seinen Händen von Abteil zu Abteil schleppt, die ganze Zuglänge durch; wozu ich nun noch beifügen muß, daß mich die Tatsache, daß es in fahrenden Zügen Bettler gibt, ebenso befremdet, wie mich die Tatsache erschreckt hat, daß dieser Bettler keine Beine hat.

95. die Regenbogen
der grauviolettgrüne Regenbogen, der deshalb ein vermeintlicher Regenbogen ist, weil er – näher kommend wird das klar – ein Bogen ist aus farbigem Gestein, das sich aus der Ebene heraus plötzlich zu den Wänden der Taurus-Schluchten aufwirft.

96. die Inständigkeit
die Inständigkeit, mit der ein Knabe zwischen den Schienen in Ulukisla eine Flasche Wasser an den Mann zu bringen versucht, und das Erstaunliche, daß er den Eindruck der Inständigkeit allein mit Gesten hervorruft.

97. der Pfiff
das schrille, langgezogene »...iiiiii...«, in welches die engen Taurusschluchten den heiseren Pfiff der Lokomotive verwandeln, und mein kurzdauernder Unwille darüber, daß ich keine Ahnung habe von den physikalischen Bedingungen, die diese Verwandlung herbeiführen.

98. das Ausschauhalten
mein Ausschauhalten nach dem steinkahlen Hotel in Çiftehan, an das ich mich deshalb erinnere, weil wir in der eisigen Winternacht vor fünf Jahren, auf der Fahrt nach Indien, die Zimmer dadurch heizten, daß wir im Korridor des ersten Stockes ein Feuer aus den durchgesessenen Stühlen entfachten.

99. die Stirn
der mit stolzem Ehrbewußtsein ertragene Schmerz, den sich ein Türke dadurch zufügt, daß er dem Burschen, der für 10 Kurus Wasser aus einem alten Benzinkanister an die Bahnreisenden verkauft, als Strafe für das zu geringe Wechselgeld die eigene Stirn ins Gesicht rammt.

100. der Korb

die erhobenen Arme, die den geflochtenen Korb des Feigenhändlers über den Köpfen der Passagiere im Korridor weitergeben helfen, weil der Wagen so mit Leuten überfüllt ist, daß für den Korb auf der Höhe der Körper kein Platz mehr ist,

100 a

und der Verlust des Tagesverdienstes eben dieses Feigenhändlers, weil sich jeder, der den Korb weitergeben half, dort oben eine Feige pflückte.

101. die Wagenfenster

der Blick vom Hochplateau des Bahnhofes von Hasikiri in die sich in der Tiefe öffnende Schwemmlandebene von Adana, dieser weite Blick, der mich deshalb so verwirrt, weil die Wagenfenster bisher von den Felswänden der engen Taurus-Schluchten wie zugemauert waren.

102. die Transparenz

die nur glasig durchschaubare Hitze, die so lastend ist, daß sie die Transparenz der Luft vermindert, in der wir bereits zehn Stunden vor der Grenze das erste Zollformular zum Ausfüllen ausgeteilt erhalten.

103. die Erstickungsangst

die Panik im Speisewagen, hervorgerufen durch die Erstickungsangst, als im Tunnel von Muslimiye der Qualm von zwei Dampflokomotiven durch die offenen Fenster in den Wagen quillt, so daß man die oft zitierte eigene Hand vor den Augen wahrscheinlich auch dann nicht sehen könnte, wenn die Speisewagenbeleuchtung eingeschaltet wäre.

104. der Bautyp

der einheitliche Bautyp der Bahnhöfe zwischen Adana und der Grenze, der rosarot-bräunlich gestrichenen Forts, in deren dreibogiger Loggia jedesmal Märchenbuchtürken in Pluderhosen beim Tschai sitzen, und meine Versuche, anhand von physiognomischen Merkmalen festzuhalten, daß es sich in jedem Bahnhof um andere Märchenbuchtürken handelt, obschon der Bahnhof – bis auf das Stationsnamensschild – genau der gleiche ist oder es zumindest zu sein scheint.

105. das Schrittempo

das Schrittempo, mit dem der Zug durch die Bergschluchten tuckert (auf deren Talgrund die Tabakfelder dunkelgrün leuchten; eine Bergundtalabgeschiedenheit, die mich an Szenen aus Karl Mays »Durchs wilde Kurdistan« erinnern würde, wenn ich dieses Buch gelesen hätte), und dies, obschon im Bahnhof von Bahce eine zusätzliche Dampflokomotive angekoppelt worden war: doppelt langsam, weil es nun zwei langsame Lokomotiven sind.

106. die Selbstverständlichkeit

meine von Mal zu Mal mehr zur Selbstverständlichkeit werdende Freude über die Hartnäckigkeit des Iraki aus Kameschli, der in jedem Bahnhof beim Händler zu essen kauft: Weil er in Muslimiye Lust auf Feigen hatte, kaufte er zwei Säcke Feigen – einen für mich; weil er in Bahce Trauben essen wollte, kaufte er zwei Dolden Trauben – eine für mich; weil er in Fevzipaşa hartgekochte Eier erstehen wollte, kaufte er vier hartgekochte Eier – zwei für mich,

106 a

und die Lehre aus diesem Vorgang, daß nämlich »danke« auf türkisch »teschekür« und auf arabisch »schukran« heißt.

107. der Sprechchor

das Lauffeuergemurmel, das jedesmal, wenn ein Fahrgast den Zug verläßt, durch die Wagen schwelt und das sich aus den Worten ergibt »Change address, change address . . .«, ein Sprechchor, an dessen Stärke man die Beliebtheit des Aussteigenden messen kann.

108. die Räubernestatmosphäre
die durch kein Zivilisationssignet gemilderte Räubernestatmosphäre des Bergdorfes Fevzipaşa, das, wenn es im Tessin gelegen wäre – was von der Steinbauart der Häuser her eine mögliche Vorstellung ist –, längst einen Parkplatz für Touristenautos vorgebaut bekommen hätte, was hier ein Unding wäre, weil sich keine Touristenautos nach Fevzipaşa begeben.

109. die Wartezeit
das Schlafen, das Beten, das Rauchen, einige der Versuche meiner Mitreisenden, die zwei Stunden lange Wartezeit zu überbrücken, während welcher unsere drei Wagen ohne Lokomotive vor dem Verschlag des türkischen Grenzbahnhöfchens Islâhiye stehenbleiben: der Vater aus Jerusalem, der seinen in Lausanne studierenden Sohn in Istanbul abholen ging, umkreist die Wagen auf zweistündiger Wanderung ohne Unterlaß, einige syrische Dorfbewohner kochen sich auf der Wagentreppe Tschai auf einem Spirituskocher, und dann meine erstaunte Beobachtung, daß die meisten, was sie tun, so tun, als täten sie nichts.

110. die Gediegenheit
die herablassende und gar nicht in diese Abgeschiedenheit passende Gediegenheit im Benehmen des Polizeivorstandes von Islâhiye, der die Pässe, nachdem er Seite um Seite mit Vorsicht gewendet hat, mit seiner eigenhändigen Unterschrift signiert und uns Passagiere dann vor der Fahrt über die Grenze – ordnungsgemäß – im Wagen einschließt.

111. die Fremde
das aufkeimende Gefühl, jetzt endgültig in der Fremde zu sein – beim Blick auf die von mattem dunkelgelbem Lichtschein aufgefurchte Fassade des Bahnhofes von Meidan-Ekbes jenseits der Grenze –, weil der Stationsname und die Plakate neben dem Kiosk in Buchstaben geschrieben sind, die ich nicht lesen kann, weil deren Form mich an keinen Laut mehr erinnert, und die mir ei-

gentlich nur deshalb wie Buchstaben vorkommen, weil ich weiß, daß es Buchstaben sind.

112. der Finger

der inständig gekrümmte Finger des syrischen Grenzpolizisten, der mich mit diesem Zeichen aus dem vollen Abteil aufstehen und ihm folgen heißt: Alle fünf Schritte dreht er sich um und vergewissert sich, daß ich noch hinter ihm gehe, wobei ich ihm nur zaghaft und unbehaglich folge, weil das Getuschel der Passagiere in den nun plötzlich endlosen Korridoren im Resonanzkörper meines Gehirns zum ohrenbetäubenden Brausen anschwillt, aus dem ich die Vermutung der Mitreisenden herausfische, der Polizist habe da eben einen israelischen Spion aufgespürt,

112 a

und dann: der Ruck, mit dem der Polizist nach langem Gehen die Tür eines Erste-Klasse-Abteils aufreißt, mich in einen der Polstersessel schubst, sich mir gegenübersetzt und mir minutenlang in die Augen schaut, ein Blick, dem ich nicht ausweichen kann,

112 b

und dann: die Buchstabe um Buchstabe artikulierte Frage, die mir dieser braun uniformierte Polizist in erschreckend glanzpolierten Stiefeln stellt, während er mir – ob freundschaftlich zustimmend oder mich beschuldigend, das kann ich nicht entscheiden – während er mir mit dem Zeigefinger auf die Brust hackt; diese Frage, die da lautet: »You friend of arab people?«,

112 c

und die auffallende Beschwingtheit, mit der mich der Polizist – nachdem wir diese Frage bereinigt haben – arabisch bis zehn zählen lehrt.

113. die Kenntnis

die lange schon erworbene Kenntnis, die mein Bedauern darüber mildert, daß man bei Nachtfahrten nichts von der sich wandelnden Landschaft wahrnimmt, daß man so keinen Beweis der Fortbewegung hat, die Kenntnis also, daß diesmal die Nacht nichts anderes verhüllt als die rotbraune wüstenhafte Tonerdensteppe Nordsyriens.

114. die Männer

das abenteuerliche Gefühl des Über-der-Grenze-Seins, das mich packt, weil die Männer, die im Bahnhof Aleppo den Zug stürmen, noch bevor auch nur ein Passagier aussteigen kann, weil diese Männer statt der gewohnten Kleidung ein rotkariertes Tuch um den Kopf, ein weißes Faltenhemd und einen schwarzen Überwurf tragen, jenes Kostüm, das ich im Film »Lawrence of Arabia« die Beduinen habe tragen sehen.

115. das Lebensgefühl

der spürbar intensive Herzschlag, der vermutlich die Ursache dieses erhöhten Lebensgefühls ist, mit dem ich, weit und breit der einzige Europäer, durch die Straßen Aleppos schlendere, weil ich feststelle, daß diese Stadt viel mehr Formen, Farben und Gerüche aus »Tausend-und-eine-Nacht« konserviert hat als etwa Bagdad, dessen Klang fälschlicherweise die Erfüllung von Träumen meiner Kindheitslektüre verspricht: Aleppos lehmbraune Wohnkuben, die Teestuben, die Totenstille im Basar, die Düfte nach Petroleum erscheinen mir als derart herrliche trivialarabische Abenteuerszenerie, daß ich mir wünsche, an irgendeiner Straßenecke einen unverhofften Freund aus Zürich zu treffen, der mir bestätigen würde, daß ich mich hier nicht an einem Filmdrehort, sondern in einer arabischen Stadt ergehe; – doch das wäre nutzlos: auch in arabischen Städten dreht man Filme.

116. die Fata Morgana

die Frage, ob eine Fata Morgana wohl so aussehe wie die dem Zerbröckeln widerstehenden Mauern der Zitadelle und die dazu komponierte Senkrechte des Wehrturmminaretts der Moschee, die – im wie ein Sandschleier verkleidenden Morgendunst über der Stadt – gar nicht wie die Mauern einer Zitadelle und das Minarett einer Moschee aussehen.

117. der Kragen

meine Neugier auf die Wüste, die sich zur Ungeduld steigert, weil der Zug beim Ausfahren aus der Stadt zuerst den Vegetationsring durchbrechen muß, der Aleppo wie ein Kragen umgibt.

118. die Schwierigkeiten

meine Schwierigkeiten beim Versuch, die Farbe der Erde zu beschreiben, in die der Zug nach dem Durchbrechen des Vegetationsgürtels um Aleppo vorstößt; die Erde ist: rot – aber nicht das, was man sich beim Lesen oder Hören des Wortes »rot« vorstellt,

118 a

und meine vollgesudelten Zettel, die von der Unmöglichkeit zeugen, den Wandel der Tonigkeit während des Fahrens mitzuschreiben – auf dem Papier ist die Erde jetzt: rostglutbraungraurot.

119. die Übereinstimmung

meine Versuche, die Übereinstimmung von Vorstellung und Sachverhalt zu kontrollieren, indem ich die Assoziationen, die das Aussprechen des Namens Aboudoukour hervorruft, mit einem Blick durch das Wagenfenster auf das Lehmhüttengeviert von Aboudoukour vergleiche: das Gebaute stimmt überein, was lebt, spottet meinen Orienterwartungen,

119 a

und das Erstaunen darüber, daß sich Vorstellung und Sachverhalt in Ummerdjim eher decken, vermutlich weil dieser Name weniger orientalisch klingt und deshalb weniger mit Bildern belastet ist.

120. die Landschaft

meine Verwunderung darüber, daß es jene Landschaft, in der vor Jahren mein Traum von der zwecklosen Ankunft angesiedelt war, auch tatsächlich gibt: der Bahnhof Kevkeb steht einsam wie ein Denkmal in der Wüste – ein unheimlicher Ort für unverhoffte

Zusammenkünfte; nur die sonderbare Kräuselung der Horizontlinie verrät das Lehmhüttenlabyrinth, dessen Bahnhof dieses abgeschiedene Denkmal ist.

121. das Haus

die Feststellung, daß überall alles anders ist: wenn ein Syrer von einem Haus spricht, so nennt er es Haus, ohne berücksichtigen zu müssen, daß sich ein Europäer unter einem Haus etwas ganz anderes vorstellt, jedenfalls nicht jene niedrigen Lehmkuben, die von einer bienenstocksteilen Kaminkuppel überwölbt sind.

122. der Erdboden

die Farbe dieser Bienenstockhäuser, die sich, weil sie aus Lehm gebaut sind, durch nichts von der Farbe des Erdbodens unterscheiden: Dörfer sind mannshohe Ausbuchtungen aus dem Erdboden und wegen der Tarnfarbe schwer zu erblicken.

123. die Gedächtnisübung

die trotz vieler Gedächtnisübungen nicht wiedererlangte Fähigkeit, die Bahnhöfe von Hama und Homs auseinanderzuhalten: In der Erinnerung wachsen deshalb auch die Städte ineinander hinein, dieselbe sonnengefärbte Flachdächerstaffelung; einzig die aus rohen Stämmen und Ästen gezimmerten Wasserräder am Orontes, die weithin sichtbar über die Dächer ragen, und ihr sogar das Eisenbahnrädergeratter überächzendes Quietschen sind für mich Hama, aber Homs bleibt ein Name, der sich nur in zwei Buchstaben von Hama unterscheidet.

124. die Bahnhofsuhr

die viel eher wie eine Stubenstanduhr als wie eine Bahnhofsuhr aussehende Uhr im Bahnhof von Koumhane, deren Zifferblatt nur vom Minutenzeiger geteilt wird: Man sieht daran, daß die Zeit vergeht, ohne je zu sehen, wieviel Uhr es ist.

125. der Vorsatz
mein Vorsatz, die Gangart der Kamele, die da bei Hadidi den kahlen Hügeln entgegenwanken, zu beobachten, ihren Paßgang zu protokollieren, und die anschließende verwirrende Einsicht, daß ich immer noch nicht herausbekommen habe, wie Kamele eigentlich gehen.

126. die Händler
mein Bedauern darüber, daß ich den Unterschied im Benehmen, in den Rufen, im Angebot von syrischen und türkischen Händlern nicht notieren kann, weil im sozialistischen Syrien, im Gegensatz zur Türkei, keine Händler den Zug umlungern.

127. die Beduinen
der Wind, der, da hier Bäume fehlen, nur im Flattern der Gewänder der Lehmhüttenbewohner sichtbar wird, die wie Beduinen aussehen, aber keine Beduinen sein können, weil Beduinen – wie ich gelesen habe – immer unterwegs sein müssen.

128. der Farbüberzug
der gelbbraune Farbüberzug an der Fassade des Grenzbahnhofes von Akkari, der erst mir ins Bewußtsein ruft, daß alle Bahnhöfe in Syrien mit demselben Gelb getüncht waren.

129. der Bahnhof
meine Verwunderung darüber, daß der Bahnhof des libanesischen Grenzortes Abboudien kein Gebäude, sondern ein ausgedienter Eisenbahnwagen ist.

130. der Entwicklungsroman
meine verschmitzte Freude darüber, daß ich fähig bin, die Grenzformalitäten an jeder Grenze – und hier an der syrisch-libanesischen – als sarkastisches Spektakel aufzufassen, in dem ich ironisch und hoffentlich begabt mitagiere, seit sich die Eintragungen in meinem Paß zu jenem Entwicklungsroman in Chiffren zu-

sammenfügen, den Dieti Bachmann im »Tages-Anzeiger« rezensiert hat.

131. das Quantum

das Drehen am Uhrrädchen, mit dem ich an der Grenze von Syrien zum Libanon nicht nur die Uhr um eine Stunde nachstelle, sondern auch – dies sieht man hier – ein gutes Quantum Orient rückgängig mache.

132. die Hingabe

die operettenhaft lässige Hingabe an ihren Job, mit der die Zöllner von Abboudien alle Gepäckstücke der Passagiere zwischen den Gleisen aufreihen und dann einen der Reisenden um den andern ins Freie hinausrufen, um ihn der – mit plötzlich nun zollamtlichem Ernst vollzogenen – Öffnung seines Gepäckstückes beiwohnen zu lassen.

133. die Merkzeichen

die entweder fruchtbarere oder intensiver bebaute Ebene schon kurz nach der Grenze, deren Büschegewucher aus Mais-, Melonen- und Tabakgestrüpp mir klarmacht, wie vorschnell ich geneigt bin, Wüste, Lehmhüttenoasen, Palmen und Kamele für Merkzeichen des Orients zu nehmen.

134. Italien

die graublau sich wälzenden Wasserrollen, diese Wellen des – mir als »italienisches Meer« vertrauten – Mittelmeeres, das sich vor den Wagenfenstern öffnet, ganz kurz nachdem ich festgestellt habe, man fühle sich hier dem mediterranen Italien näher als dem Orient.

135. die Zivilisation

der rückgängig gemachte Exotismus, auch in der Bauweise der Häuser, die nun statt aus Lehm aus Stein und Mörtel gebaut sind, und mein ernüchtertes Zugeständnis, daß es sich darin wohl besser lebe als in den romantischen Lehmhüttendörfern der syrischen Tonerdensteppe – obschon es mir lieber wäre, man könnte sagen, im Beduinendorf lebe sich's besser, weil ich weiß, daß, wer dort leben will, dort besser lebt, und weil ich glaube, daß Zivilisation nichts damit zu tun hat, ob man sie sieht.

136. die Tatsache

der idyllische Dorfbahnhof, der in nichts erkennen läßt, daß er der Bahnhof der Großstadt Tripoli ist, außer durch die auf Tafeln verkündete Tatsache, daß er der Bahnhof von Tripoli ist.

137. die Land-Art

die in streng proportionierte Rechtecke gegliederte Ufergestaltung am ganzen Küstenstrich, die Quadrate, von denen ich im Kunstbuch gelesen hatte, man dürfe sie nicht als Land-Art auffassen, weil sie die Verdunstung des Meerwassers bei der Salzgewinnung fördern.

138. das Fernsehprogramm

die rostigen Armierungsstangen, die bei jedem neuen Gebäude aus dem Beton herausragen, so daß man (sobald wieder Geld beisammen ist) ein weiteres Stockwerk aufsetzen und nicht etwa – wie ich zuerst dachte – ein Fernsehprogramm empfangen kann.

139. der Nachdruck

der Nachdruck, mit dem ich mir einrede, daß Dattelpalmen und eine Zementfabrik – allen Orientvorstellungen zum Trotz – durchaus zusammenpassen, weil da vor dem Wagenfenster eine Zementfabrik in einem Dattelpalmenhain steht.

140. die Fahne

die rote Fahne, die ein Mann in Hose und Hemd – statt im mittlerweile vertrauten Arabergewand – unter einem unerwarteten Kastanienbaum schwenkt, jetzt, wo der Zug die Küstenstraße überquert, mit derart ostentativer Routine schwenkt, als wolle er zeigen, daß er die Fahne jedesmal schwenke, wenn ein Zug die Küstenstraße überquert.

141. die Exaktheit

die unfaßbare Exaktheit in der Synchronität der Bewegung, mit der sich die Zuginsassen alle gleichzeitig bekreuzigen, weil oder als der Zug unter den ausgebreiteten Armen der bergeshohen Christusfigur über Nahr el Kalb hindurchfährt, und mein Erstaunen darüber, daß sich auch jene Leute bekreuzigen, die ich für Mohammedaner gehalten habe.

142. die Villen

die weißen Würfel, die Bauernhäuser sind am Berghang über dem Meer, und – auch wenn sie Würfel bleiben – schrittweise zu Villen werden, je mehr sich der Zug nun Beirut nähert.

143. der Griff

der selbstsichere Griff, mit dem die in mondänes Haute-Couture-Dunkel gekleidete schlanke Dame beim Aussteigen den schwarzen Schleier aus dem Haar über das Gesicht herabsenkt: und meine Beobachtung, wie stark sich die Sinnlichkeit ihrer Erscheinung durch die Verschleierung des Gesichtes steigert.

144. die Vororte

die Windungen und Nebenwege, auf denen sich der Zug – als wisse er eine Abkürzung – durch betonverdschungelte und wäschedurchflatterte Vororte an den Kern von Beirut anschleicht: mediterran viel mehr als libanesisch.

145. die Beiläufigkeit

die Beiläufigkeit der Ankunft: ihr fehlt das Pathos des Endgültigen mit Lautsprechern und Abfahrtzeitentafeln; – nachdem er einige schmale Straßen durchfurcht hat, hält der Tausendundeinenacht-Kalifabdullahselimbassa-Expreßzug wie eine Trambahn an einer Häuserecke im Hafenquartier: »Berrudh, Berrudh!« ruft der Kondukteur, doch wo kein Bahnhof ist, wirkt ein solcher Ruf wie eine Lüge.

146. das Ankommen

die erneute Feststellung, daß überall alles anders ist; daß Beirut also anders aussieht, als ich mir Beirut vorgestellt habe, auch anders, als es der Klang des Namens versprochen und Fotografien angekündigt haben, es ist eben so: Ankommen, das heißt Vorurteile korrigieren!

* * *

147. das Fernsehen

das inständige Hoffen des Knaben, daß Fernsehen außer der Massenkommunikation auch andere Aufgaben erfüllen könne, das deutlich wurde, als R. I., den die Eltern vor fünf Jahren aus dem Haus gewiesen hatten, nach seinem mißglückten Selbstmordversuch sagte: »Ich suche einen Job beim Fernsehen, denn das wäre die einzige Möglichkeit, meiner Mutter wieder einmal unter die Augen zu kommen.«

148. das Paradies

die leergedrückte Spraydose Trockenshampoo, die mir jetzt, wo ich sie zum Abfall schmeiße, unvermittelt suggeriert, daß sich mein Paradiesgefühl in jenen Gegenden einstellen könnte, wo man nicht das wegwirft, was man gebraucht hat, sondern das, was man nicht braucht.

149. das Kraut

das verstaubte dunkle Kraut, das so zerzaust und blütenlos wächst, als wolle es bedeuten, es sei das übriggebliebene Produkt jener abgenutzten Erde, die keine Kraft mehr hat, Blumen zu produzieren.

150. der Brotlaib
»Was wollte der Künstler wohl damit sagen?«, diese endlose Diskussion zweier Ausstellungsbesucher über die mögliche Absicht des Künstlers vor dem Brotlaib, in den Daniel Spoerri verwesenden Abfall eingebacken hatte, und die offenkundige Betretenheit der beiden, als ihnen der hinzugekommene Künstler erklärte: »Klarer Fall, wenn ich Abfall in ein Brot einbacke, so meine ich damit: Man soll das nicht tun!«

151. der Wind
die Tatsache, daß ich Richard Brautigan auch dann noch als meinen augenblicklichen Lieblingsdichter bezeichnen würde, wenn er statt seiner fröhlichmachenden Romane und seiner ganz selbstverständlichen Gedichte nur diese eine Szene beschrieben hätte:

»Der Wind hörte plötzlich auf, und Pauline sagte: ›Was ist das?‹ ›Es ist der Wind‹, sagte ich.«

152. die Bananen
die tropendichten Signale vom Paradies im TV-Bananen-Werbespot, der mich plötzlich darauf aufmerksam macht, daß mein Paradies dort liegt, wo die Bananen Bananen und nicht Chiquita heißen.

153. die Verrichtung
die Verrichtung, die ich heute abend ganz unbedacht getan habe – trotzdem ich auch jetzt noch nicht weiß, ob es gut war, sie zu tun –, und dieses nun aufkommende Gefühl, es sei meistens schlechter, etwas zu bereuen, als es nicht getan zu haben.

154. die Frage
die Frage, die sich mir jetzt beim Lesen der Nachricht von Peter Ryhiners Selbstmord ganz heftig stellt: Würde man, wenn etwas nicht geschieht, wirklich merken, daß es nicht geschieht?

155. die Unauffälligkeit

die Erfahrung, wie leicht es mir fällt, im Gewühl von Demonstrationen und Staatsbesuchen die ganz unauffällig in der Menge plazierten Body-Guards und Geheimpolizisten zu erkennen, weil ihre Kleidung immer und überall von derselben fürchterlichen Unauffälligkeit ist.

156. das Sprichwort

die pädagogische Wirkkraft unserer landläufigen Sprichwörter, der ich zur Schulzeit fast täglich ausgesetzt war, und mein widerspenstiger Versuch, ihre erzieherische Verbindlichkeit dadurch zu durchlöchern, daß ich jedem Sprichwort eine Antwort zuschrieb und es den Mitschülern so erleichterte, sich von der lehrerlichen Sentenzenweisheit zu distanzieren,

156 a

und die Erfahrung, daß die Entgegnung auf ein Sprichwort ihre enervierende Wirkung auf den Lehrer nur tat, wenn sie vorwitzig und naiv vorgetragen wurde:

»Morgenstund hat Gold im Mund«
– aber vieler Leute Morgen kann sich nur
Amalgamfüllungen leisten.

»Geld regiert die Welt«
– deshalb bleibt den ärmeren Nationen nichts
anderes, als sich selber zu regieren.

»Irren ist menschlich«
– doch meistens schließen die Verwalter der
Menschlichkeit jeden Irrtum aus.

»Wer ausharrt, dem gelingt's!«
– Aufgeben hätte uns vor vielem Übel bewahrt!

»Je mehr die Menschen haben, desto mehr
begehren sie«
– die meisten haben aber nichts als ihr Begehren.

»Krieg verzehrt, Friede nährt«
– und trotzdem nährt der Krieg die Stahlindustrie.

»Sei im Besitz und du wohnst im Recht«
– die Besitzenden nennen die Taten Unrecht,
mit denen sich die Besitzlosen zum Recht
verhelfen.

»Gedanken sind zollfrei«
– aber nicht das Papier, auf das sie
geschrieben sind.

»Nur was wir selber glauben, glaubt man uns«
– es sei denn, wir wären Werbetexter.

»Fleiß bringt Brot, Faulheit Not«
– doch wo kein Brot ist, füllt kein Fleiß
den Magen.

»Reisen bildet«
– gibt es deshalb im Sommer Schulferien?

»Wenn einer eine Reise tut, so kann er
was erzählen«
– keine Angst, der Reiseleiter sagt ihm schon,
was.

»Geben ist seliger als nehmen«
– drum nennt man die Arbeiter meist Arbeitnehmer.

»Ehrlichkeit macht sich bezahlt«
– deshalb verdienen die Werbetexter so viel mehr
als die Dichter.

»Wer gar zu viel bedenkt, wird wenig leisten«
– es wird aber immer noch zuwenig Bedachtes
geleistet.

»Ein gutes Beispiel nützt zehnmal mehr
als eine Vorschrift«
– doch viele, die Vorschriften machen, sind der
Meinung, sie hätten damit ein Beispiel gegeben.

»Müßiggang ist aller Laster Anfang«
– dabei leiden wir doch gerade
unter den Lastern der Tätigen.

»Kunst kommt von Können«
– doch der Gipser kann nur
von 8–12 und von 2–6.

»Es gibt nichts Gutes, außer man tut es«
– leicht gesagt in einer Zeit, in der Worte
meist schon Taten sind.

»Wer einmal lügt, dem glaubt man nicht«
– und trotzdem fördern die Werbeagenturen
den Absatz.

»Unrecht Gut gedeihet nicht«
– aber die Industriezweige der Mafia sind
weit entfernt vom Bankrott.

»Wer zahlt, befiehlt«
– doch schlußendlich begleicht der
Befehlsempfänger die Rechnung.

»Ändern und bessern sind zweierlei«
– doch für zwei Drittel der Menschheit wäre jede
Änderung zum Bessern.

»Üble Botschaft kommt immer zu früh«
– besonders die Friedensnachricht für
die Waffenfabrikanten.

»Demut ist die Mutter der Ehre«
– doch die Geehrten teilen ihre Ehre selten
mit den Demütigen.

»Ein guter Feldherr ist so gut wie eine halbe Armee«
– da kann man den Kampf endlich getrost den
Feldherren überlassen.

»Ende gut, alles gut«
– aber das Ende des Guten ist das Ende von allem.

157. der Horizont

die unvergeßliche Antwort, die David mir gab, als ich ihn fragte, ob er James gesehen habe, diese Antwort, die da lautete: »Du kannst James nicht verpassen. Er ist am Horizont«,

157 a

und meine Feststellung, daß dieser Satz nur deshalb kein Unsinn ist, weil er mitten in der Sahara ausgesprochen worden war.

158. der Orangensaft

die entschuldigende Geste, mit der William aus Ohio nach dem ersten Schluck das Glas mit dem frischgepreßten Orangensaft wegstellte: »Der schmeckt nicht wie bei uns!«,

158 a
und die in längerer Diskussion erfahrene Begründung für Williams Abscheu: Dieser Orangensaft stammt von der Natur und nicht von »Miller and Graham's Fruit Flavor Factory«,

158 b
und die Gewißheit, daß Miller and Graham's Meisterleistung nicht in der Qualität ihres Getränkes liegt, sondern darin, das Künstliche natürlicher schmecken zu lassen als die Natur, indem sie uns lange genug einreden, ihr Geschmack von Orangen sei Orangengeschmack.

159. die Tragödie
die Ahnung vom Inbegriff einer menschlichen Tragödie, die Hugo Loetscher nach der Sendung vom 17. September 1979 im trüben Arbeitslicht des kahlen Fernsehstudios beschlich und die er in den Satz faßte: »Der Inbegriff einer menschlichen Tragödie ist, wenn zwei Diskussionspartner einer Fernsehsendung auch dann noch weiterstreiten, nachdem der letzte Zuschauer seinen Apparat ausgeschaltet hat.«

160. die Pastellansichten
die von einem entfernten Verwandten der Hausbesitzerin vor vielen Jahrzehnten gemalten Bilder im engen Treppenhaus des Hauses an der Trittligasse, diese Pastellansichten von Blumen und Bergen, die mich nur deshalb so eigenartig berühren, weil sie dort hängen, nicht, als ob sie jemand hingehängt hätte, sondern, als seien sie hingehängt worden.

161. der Wecker
mein Ärger darüber, daß ich ein ganzes Drittel dieses bisherigen ungeheuer interessanten Lebens verschlafen habe, mein Widerwille gegen den Wecker, der den organischen Rhythmus von Wachen und Schlafen mit seinem Schellen gewaltsam unterbricht, und – was das schlimmste ist – die Entdeckung, daß ich oft nur deshalb schlafen gehe, weil es Zeit dazu ist.

162. die Vor- und Nachteile

unsere Diskussion über die Vor- und Nachteile der Hochkonjunktur, die den Coiffeur Keller so anödete, daß er sie mit dem Satz unterbrach: »Wir haben doch gelernt, daß es uns gutgeht!«,

162 a

und mein nachträglich sich einstellendes Stutzen ob des Satzes, mit dem ich ihm geantwortet hatte: »Also hoffen wir, daß alles so gut bleiben möge, wie es zu sein scheint!«

163. das Ausland

die Inbrunst, mit der Wachtmeister Knellwolf im »Hirschen« die Ansicht vertrat, wir Schweizer seien, kraft unserer angeborenen Disziplin und Ordnungsliebe, dazu bestimmt, die Leute im Ausland Ordnung zu lehren,

163 a

und meine Einsicht, daß Wachtmeister Knellwolf vermutlich zu jenen Schweizern gehört, denen man erst einmal sagen muß, daß das Ausland größer ist als die Schweiz.

164. die Werbespots

das Unbehagen, das Heide und mich befällt, während wir am Schneidetisch die von Orson Welles moderierte Fernsehsendung »The Challenge« visionieren, und das wir zuerst fälschlicherweise auf die Tatsache zurückführen, daß diese unerwartet belanglose Moderation vor jeden Film gehängt werden könnte, der auch nur im entferntesten irgend etwas mit Kunst zu tun hat,

164 a

und der erst viel später erkannte Grund für unser Unbehagen, als wir einsehen, daß der Film an Rhythmus gewinnen würde, wenn wir uns jene glamourösen Werbespots vorstellen könnten, die in Amerika alle drei Minuten in die Sendung eingespielt werden,

164 b

und unsere bange Ahnung von der hierzulande glücklicherweise noch nie erprobten Dramaturgie, die ein amerikanischer Regisseur anwenden muß, weil seine Sendung ja vor allem die eingespielten Werbespots zur Geltung zu bringen hat.

165. die Qualität

das Unbeteiligtsein, mit dem ich in der Vorstellung von Markus Imhoofs Film »Ormenis 199 + 69« sitze, und meine dabei festgestellte Bereitschaft, ihm noch mindestens zehn langweilige Filme zu verzeihen, weil auch zehn langweilige Filme die Qualität seines aufregenden Satzes nicht zu mindern vermögen: »So gut wie Denken die Sprache braucht, braucht Verstehen die Emotion!«

166. die Wortfügung

die beim Wiederlesen von Nummer 160 erfahrene Einsicht in die Ausweglosigkeit, die eine Wortfügung zu suggerieren vermag, jene Ausweglosigkeit, die mich persönlich betrifft, jetzt, wo mir die Besitzerin des Hauses an der Trittligasse die bevorstehende Kündigung antönt, indem sie sagt: »Das Haus ist verkauft worden«, obwohl sie es doch selber verkauft hat,

166 a

und die geheuchelte Anteilnahme an meinem Schicksal, die der neue Besitzer erstaunlich eindrucksvoll vortrug, als er sagte: »Wir werden leider bald mit einer Kündigung rechnen müssen«, obschon er es selber ist, der die Kündigung aussprechen wird.

167. die Lektion

die praktische Lektion über den Zusammenhang von Abbildung und abgebildeter Wirklichkeit, die ich erhielt, als ich am Schneidetisch Bernhard Luginbühls Film »ritsche – ratsche«, der den systematischen Abbruch der schönsten Emmentaler Bauernhäuser anprangert, als ich diesen Film am Schneidetisch rückwärts laufen ließ,

167 a

und der Anblick aus staubigen Ruinen hochgezappelter Gehöfte, der mich auch gelehrt hat, um wieviel leichter sich das Abbild der Realität korrigieren läßt als diese Realität selber,

167 b

und die dabei gewonnene Überzeugung, daß die meisten Abbildungen seit eh und je deshalb vorgenommen werden, weil sie die reale Vorlage korrigieren müssen.

168. die »Normandie«

das beiläufige Fragen, ob der Ozeanriese »Normandie« wohl tatsächlich untergegangen sei oder nicht, dieses Fragen, das mich begleitet, seitdem mir Meret Oppenheim die Postkarte mit dem Bild der »Normandie« zeigte, die ihr Marcel Duchamp am 25. Mai 1936 auf der Fahrt von Le Havre nach New York geschrieben hatte, weil er auf der Rückseite den Satz notiert hat: »Voici un object manufacturé pour une exposition eventuelle au fond de la mer«,

168 a

und die Ungewißheit darob, daß bislang noch kein Befragter eine Antwort auf meine Frage wußte, ob die »Normandie« denn tatsächlich untergegangen sei oder nicht, was mich nun veranlaßt, Duchamps Text auf der Rückseite der Karte zur einzigen verfügbaren Gewißheit zu erklären – zu welcher aber, dies zu entscheiden darf ich Sache des Lesers sein lassen.

169. das Fernsehballett

das früher nie erlebte Stürzen und das Kollern der Tänzer in der Fernsehsendung am 24. April 1969, das ab und zu auch von atemberaubenden Sprüngen durchsetzt war, ein Stürzen, das nur deshalb nicht einstudiert werden konnte, weil diese Ballettsendung gar keine Ballettsendung war, sondern die Übertragung des öden Fußballmatchs von Servette gegen Xamax, dieses Matchs, das erst dann zu einem einigermaßen vergnüglichen Spektakel wurde, als ich den Ton an meinem Fernsehgerät ausschaltete und das Fußballspiel mit Offenbachs »Gaieté parisienne« vom Tonband untermalte: begeisternd, weil so viele Sprünge, Kicks und Stürze, wie einstudiert, genau auf einen Musikakzent fielen.

170. das Recht

die Begründung, mit der mir Schneider Kienast erklärte, warum er nur ganz selten fernsehe, er finde das Fernsehprogramm schlecht, weil viel zuwenig Sendungen über die Leidenschaft der Sportfischer ausgestrahlt würden; er habe dem Fernsehen deswegen geschrieben und im Brief gesagt: »Jeder Mensch hat ein Anrecht auf ein bißchen Glück. Folglich hat jeder das Recht, im Fernsehen das zu sehen, was ihn glücklich macht!«

171. die Präzisierung

die beim Überfliegen von Katalognummer 82 festgestellte Beiläufigkeit, die das Dach aus Beinen im Zugabteil dadurch erhält, daß es nur in dem Nebensatz »unter dem Dach aus Beinen der Männer« miterwähnt wird; und das ist zuwenig, denn ich stelle jetzt – 9 Jahre später – fest, daß es dieses Dach aus Beinen war, das mich während der Reise zum Notieren von Nummer 82 veranlaßt hatte; Nummer 82 muß deshalb richtig so lauten:

82. das Dach

das Dach aus Beinen, unter dem die Frauen im Abteil die Nacht verbringen: Sie verkriechen sich in Wolldecken, die sie auf dem Boden ausgelegt haben, während die Männer, quer über beide Sitzbänke ausgestreckt, dem Morgen entgegendösen – durch eine Nacht voll Bremsengewieher und vom Anhalten gestörter Träume.

172. der Clown

die Lauterkeit des Clowns, die Enrique dadurch zu retten vermochte, daß er den Kriegsdienst verweigerte und aus der Bestrafung für diese Lauterkeit die Kraft bezog, uns im Zirkus Bramarbasani zu Mitverschworenen zu machen im Wissen: Wäre er zu den Soldaten, hätt' er seinen Clown verraten,

172 a

und der Verrat am Clown (der man ist), zu dessen schrecklichen Folgen auch die Bereitschaft zählt, Angriffsbefehle zu erteilen oder die Poesie daran zu hindern, Wirkung auszuüben – Vergehen, die HCs Clown Kaspar im Stück »Kaspar als Schildwache« im mutigen Ruf denunziert: »Wenn alle Leute Kaspar hießen, dann gäb es keinen Krieg!«,

172 b

und Enriques verstörende Methode, HCs Forderung zu radikalisieren, die wirksam wurde, als er uns lehrte, daß besagter Zweck leichter zu erzielen wäre, wenn nur schon jene, die Kaspar heißen, wirklich Kaspar wären.

173. die Wahrheit

die Rechtfertigung, mit der R. I. der Anschuldigung begegnete, er habe in seinem Aufsatz über den Maler Steffen Unwahrheiten und Verleumdungen publiziert: »Ich habe nur geschrieben, was ich über ihn gehört habe. Ich habe also die Wahrheit geschrieben.«

174. das Roulett

die einsilbige Pointe, die Disponent Hailfinger meiner Bemerkung, Pilzgerichte zu essen, das sei wie russisches Roulett aufsetzte, als er beim Pilzessen in der Kantine sagte: »Pilzschnitten machen aber nicht: ›Bumm‹!«,

174 a

und die von Hailfingers »Bumm!« ausgelöste Erinnerung an ein Pilzessen in Forio d'Ischia, das Peperones Vater für uns gekocht hatte, die Erinnerung, die mir dieses »russische Roulett« nun auslöst, weil Peperones Vater während des Kochens immer wieder in die Pfanne mit den selbstgesuchten Pilzen hineingriff, irgendeinen Pilz herausfischte und ihn mit der entschuldigenden Bemerkung wegwarf: »Den kann man nicht essen, der gehört zu den giftigen.«

175. der Schlaf

die Kürze der Nacht, die verriet, daß ich geschlafen haben mußte auf dem Flug über den Atlantik, und die beim Öffnen der Flugzeugtüren nach der Landung erkennbaren Anzeichen dafür, daß der Traum dieses Schlafes nach dem Erwachen weitergeht.

176. der Samstag

der Mittwoch, an dem ich in Rio angekommen bin, und der darauffolgende Samstag, der mir nun – nachdem ich drei Tage durch eine verwirrende Bühnendekoration getaumelt bin – erstmals das Gefühl gibt, in Rio zu sein.

177. das Hin und Her

das bedrohlich träge Hereinquellen der glühenden Lavamassen aus allen Seitenstraßen in die Wolkenkratzerschluchten von São Paulo, als das wir – nach unserer Erholung von der Überwältigung durch den ersten Blick aus dem 25. Stockwerk – als das wir das donnernde Quabbeln des Nachmitternachtsverkehrs auf den zwölfspurigen Autobahnen im Stadtzentrum (Ecke Kubitschek / Faria Lima) erleben, mit dem Hin der Glut von Hunderttausenden von roten Rücklichtern und dem Her der aufblinkenden Frontscheinwerfer.

178. das Straßenbild

der Einklang aller Zeichen – Formen, Farben, Gewichten, Lauten – in der Rua do Fogo in Paraty, der Rara, als plötzlich »Züritüütsch« zu hören war, zur Feststellung provozierte: »Wer die Sprache der Einheimischen nicht sprechen will, verschandelt das Straßenbild, verschmutzt die Umwelt!«

179. die Flüche

die acht Musiker, die sich nach der Eröffnung des Straßentheater-Festivals am 3. Oktober in Paraty um den Tisch setzen vor »Val's

Lanches« in der Rua da Cadeia und mit ihren Instrumenten, Trompete, Tamburin, Posaune, Triangel, Trombone, Trommel, aufeinander einspielen, als würden sie durch die Musik miteinander reden, diskutieren, witzeln, sprechen, sagen, scherzen, behaupten und widersprechen,

179 a

und das europäisch anmutende, strenge und wohlhabend gekleidete Paar, das aussieht, als ob es Reinhardt hieße, und das mit reglosen Gesichtern derart entgeistert und betreten auf den Tisch der Musiker starrt, als würden sie sich mit ihren Instrumenten obszöne Flüche zuschreien.

180. die Krawatte

das Gewimmel in Brasiliens Straßen, das Gewühl von Leuten in Shorts und T-Shirts, und die aufschlußreiche Beobachtung, daß, wer Krawatte trägt, immer auf dem Weg ist vom Auto zur Haustür – oder umgekehrt.

181. der Rummelplatz

»Es scheint, als sei in der Zwischenzeit der Lautsprecher erfunden worden«, meine Antwort auf die Frage, was sich seit meinem letzten Aufenthalt in Brasilien geändert habe, diese Antwort, die ich deshalb geben muß, weil jetzt nicht mehr nur – wie früher – Lautsprecherwagen ihre Werbeslogans in die Straßen brüllen, sondern weil nun vor fast jedem Geschäft in der Innenstadt ein Ausrufer mit seinem Mikrophon steht, der die Waren des Ladens in dröhnender Lautstärke anpreist, so daß die Massen in den Straßen durch ein Klanggewitter gehen, wie ich sie nur vom Rummelplatz her kenne, und zwar aus der Zeit, als es dort noch Schaubudenausrufer gab.

182. die Utopie

die Frage nach der Utopie von der idealen Gesellschaft, die nun den ganzen Abend schon im TV zur Diskussion steht und die ich dennoch nicht anders beantworten würde als mit dem Wunsch nach einer Gesellschaft, die sich von allem etwas anderes vorzustellen fähig ist als das, was ihr angeboten wird.

183. die Bügelfalten

die eigenartige Situation, daß ich mir beim Übergang von Zona Sul zur Zona Norte nicht etwa deshalb »overdressed« vorkomme, weil ich – wo alle Shorts tragen – lange Hosen anhabe, sondern weil meine Hosen Bügelfalten haben.

184. der Straßenverkehr

das erdbebenartige Gedröhn des Straßenverkehrs, das, als stünden sie offen, durch die Fenster des Kunstmuseums von Rio an der Avenida Rio Branco in die Säle eindringt, dieses Gedonner, das in mir die Neugier weckt, zu beobachten, welche Bilder dem schmerzenden Krach zu widerstehen vermögen und welche er zu beschädigen vermag: Tarsila do Amaral widersteht der surrenden Gewalt.

185. die Erde

der in verfilzten Kleidern durch Tocantins ziehende Landarbeiter, von dem man mir sagte, er ernähre sich von der Erde, was ich, natürlich, so verstand, daß er esse, was die Erde hervorbringt, bis mich mein Gegenüber auf das fürchterliche Mißverständnis aufmerksam machte, das mich dann noch tagelang beunruhigt hat, weil Erde tatsächlich die Hauptnahrung dieses Mannes ist.

186. die Störung

man ist und will nur sein, diese Lust, die so bestimmend wird, daß alles andere, selbst der Wille, etwas zu wollen, als Störung erscheinen muß.

187. das Besteck

das Buch »Xurumbambo«, das wie Besteck zu diesem Nachtessen im »Refugio« in Paraty gehört, weil meine linke Hand es – während die rechte Spaghetti auf die Gabel dreht – unablässig durch die Luft peitschen muß, um die Käfer zu erschlagen, die über das Tischtuch krabbeln, und jene Rieseninsekten (Burrachudos) aus der Luft zu holen, die sich unbeirrbar wie Stukas in meinen »Sugo bolonhese« stürzen wollen.

188. das Schimpfwort

daß das Wort »Buch« als Schimpfwort gebraucht und das Buch als widerwärtiger, ekelerregender Gegenstand empfunden werden kann, diese Umwertung eines mir wertvollen Dings, die nirgendwo anders als im Cowboy-Club an der Praça Mauà zu erfahren ist, weil man wohl nur dort einen Taschendieb verstohlen zu seinem Berufskollegen sagen hören kann: »... beim Griff in ihre Tasche... was hab ich da gespürt?... Nix als ein Buuuch!«

189. die Vergangenheit

die Vergangenheit, die mir die einzige mögliche Zeitform zu sein scheint, in der Walter Paulos brasilianischer Satz »Lembro que não sabía...« möglich ist, weil ich weiß, daß man sich nicht an etwas erinnern kann, das man nicht weiß.

190. die Temperatur

die Klimaanlage, die nicht nur kühlt, sondern auch alle Gerüche, Klänge und Gewichte aus der Tropenluft herausfiltert, als ginge es darum, sicherzustellen, daß die Luft einheitlich – in demokratischem Bemühen – und für alle überall die gleiche Temperatur hat und immer den gleichen Geschmack, ... denselben Duft, den gleichen Geruch, ... nämlich keinen.

191. die Salvadorenser

die Anrede »liebe Salvadorenser«, mit der ich mich bei der Lesung im Goethe-Institut an die Einwohner der brasilianischen Großstadt Salvador wandte, und ihre Reaktion, die gar nicht so war, als fühlten sie sich angesprochen, so lange nicht angesprochen, bis mich ein Teilnehmer aufklärte, Salvadorenser seien die Einwohner der mittelamerikanischen Republik El Salvador – wenn ich die Einwohner der Stadt Salvador meine, müsse ich sie Soteropolitaner nennen, was mir zunehmend leichter fiel bis zum Ende meines Aufenthaltes in Salvador, der ein soteropolitanischer war.

192. der Bruchteil

der Sekundenbruchteil zwischen dem Wahrnehmen, daß da Flammen aus dem Dachstock des Hauses neben dem Lift in Salvador schlagen, und dem Verstehen dessen, was ich gesehen habe, dieser Bruchteil, den ich – weil ich ihn erstmals bewußt erlebe – als quälende Zeitspanne erfahre, deren schmerzender Nachdruck erst mit dem Einsetzen der Wirkung des Wahrgenommenen endet.

193. die Weltliteratur

der Stoff, den ein Leser lesend und ein Zuschauer zuschauend zur Kenntnis nimmt, und der Unterschied zwischen Zuschauer und Leser, den Jorge Amado aufgehoben hat, weil ihm der Stoff wichtiger ist als das Medium, das ihn transportiert,

193 a

und Amados Kopfnicken ob der Feststellung des jungen Walmiro, der die Weltliteratur prima kannte, aber nicht vom Lesen: »Bücher! Die sind nicht zum Lesen da, sondern dazu, verfilmt zu werden.«

194. der Grad

die zahlreichen verschiedenen Stärkegrade, die Lärm haben kann, und der eine, der einzige Grad, den sein Gegenteil haben kann, die Stille.

195. die Inbrunst

der Haß im Schrei »Ich hasse dich!«, den Sonia Braga – als schnelle Demonstration schauspielerischer Möglichkeiten – mit derart nüchterner Inbrunst zwischen ihren einen Augenblick lang heftig flatternden Lippen hervorquetschte, daß dieser Haß wie durchtränkt erschien von »Ich liebe dich!«.

196. die Folterung

die von der Lektüre der Meldung in der Zeitung »Le Monde« vom 30. Mai 1970 ausgelöste Erinnerung an die beinahe schon vergessenen angenehmen Abende mit einem jungen brasilianischen Musiker und mit Walter Lima jr. in den Bars von Pesaro im September 1969,

196 a

und das Entsetzen, das die Erinnerung immer plastischer, körperlicher werden läßt, das eine quälend im andern, je öfter ich die Nachricht lese – da ist die Erinnerung, die so leibhaftig wird, daß ich mich an die runden Kaffeehaustischchen vor der Bar in Pesaro versetzen kann, und da ist das schmerzende Entsetzen, das diese immer heftiger werdende Erinnerung durchwuchert, weil die Meldung in »Le Monde« wörtlich lautet: »Es gibt keine Nachricht über Walter Lima jr., den bekannten brasilianischen Filmregisseur. Er wurde am 18. Mai in seiner Wohnung von der Polizei verhaftet. Die Verantwortlichen haben jede Erklärung zu dieser Verhaftung abgelehnt. Nicht einmal die Frau von Walter Lima jr. kennt den Ort seiner Haft. Alle Anstrengungen, die die Familie unternahm, um Auskunft zu erhalten, blieben erfolglos. Man befürchtet, daß Walter Lima jr. Folterungen ausgesetzt und dabei getötet worden ist«,

196 b

und die Erleichterung, die mich vierzehn Jahre später am Festival von Cannes beim Anblick der Kinoreklamen in lockernde Euphorie versetzte, weil da ein Filmplakat den neuesten Film des Regisseurs Walter Lima jr. ankündigte mit dem Titel »Inocencia«,

196 c

und dieser schöne und poetische Film, den ich deshalb schöner und poetischer erlebte, weil er für mich nach so vielen Jahren der erste Hinweis darauf war, daß Walter Lima jr. bei seiner Verhaftung und Folterung vor vierzehn Jahren nicht getötet worden ist.

197. die Fälschung

die Fälschung, als die mir die Eintragung um die in Nr. 196 notierte Folterung und Tötung des Walter Lima jr. allein schon der verwendeten Zeitformen wegen erscheinen will, weil sie sich liest, als hätte ich die Meldung in »Le Monde« vom 30. Mai 1970 tatsächlich auch 1970 gelesen und dann in der Katalognummer 196 die Erinnerung an die acht Monate vorher erfolgte Begegnung mit Walter Lima jr. in den Bars von Pesaro beschrieben, was deshalb eine Fälschung ist, weil ich den Text in »Le Monde« von 1970 erst am 22. November 1988 gelesen habe und er mich nicht an Pesaro, sondern an den Film »Inocencia« in Cannes,1984, erinnert hat, dessen Bilder wiederum die Erinnerung an die Begegnung in Pesaro ausgelöst haben,

197 a

wobei ich jetzt, wo ich den Ablauf der Erinnerungen und ihr Ineinandergreifen wie in einer Kettenreaktion zu protokollieren versuche, zugeben muß, daß es eigentlich und vielleicht doch auch anders gewesen sein könnte, daß also die Lektüre des Artikels in »Le Monde« vom 30. Mai 1970 im November 1988 zuerst das Andenken an die Begegnung in Pesaro von 1969 ausgelöst haben könnte und sich daran dann die Erinnerung an die Bilder des Filmes »Inocencia« in Cannes 1984 entzündet hat,

197 b

und dieses Durcheinanderfallen durch alle Erinnerungsebenen hindurch, das sich jedem ordnenden Zugriff entwindet, der allein jenen schönen und entspannten Zustand herbeiführen kann, in dem es möglich wird, Herr über seine Erinnerungen zu sein – und wäre ich es, diese Eintragung würde einen andern Titel tragen als »die Fälschung«.

198. die Vergrößerung

dieses Idol, in das der Jubel um ihn den Musiker im Scheinwerferlicht des Stadions von Fortaleza im Januar 1986 verwandelt, diese durch frenetisch demonstrierte Verehrung der Massen hervorgerufene Vergrößerung des Mannes auf der Bühne, die es plötzlich schwermacht, mir einzugestehen, daß dieser überlebensgroß gewordene Star tatsächlich jener junge Musiker war, mit dem ich im September 1969 – wie es Katalognummer 196 berichtet – in Begleitung von Walter Lima jr. durch die Bars von Pesaro gezogen war und von dem ich erst beim Abschied, als er mir seine Londoner Adresse in mein Notizbuch schrieb, erfahren hatte, daß er Gilberto Gil heißt.

199. die Quintillion

das Wort Quintillion, von dem ich, als ich es hörte, noch nicht wußte, daß es die fünfte Potenz einer Million bezeichnet, und das jetzt nur deshalb aus der Erinnerung hochsteigt, weil ich den Nachrichtensprecher von »Rede Globo« sagen höre, die brasilianische Regierung habe für die Hochwasseropfer in Santa Catarina Hilfsgelder in der Höhe von 8 Trillionen, 26 Billionen und 328 Millionen Cruzeiros bereitgestellt.

200. das Lufterlebnis

die Ankunft im Flughafen Salvador am 5. August 1999, die diesmal deshalb wieder ein Lufterlebnis ist, weil die Luft erstens anders riecht (und schmeckt, wenn man sie schluckt) und zweitens – das muß die Feuchtigkeit sein – geschmeidiger ist (als die vertraute europäische), sie schmiegt sich dem Körper an, und drittens – so hab ich sie noch nie erlebt – macht sie ihm Platz, und dies schon, bevor er sich zu bewegen beginnt.

201. die Telefonnummer

meine Scheu, die fast schon Beklemmung war und die mich jetzt in der ohrmuschelförmigen Telefonkabine in Salvador hinderte, die Nummer 247–2165 einzustellen, weil ich während des Wählens daran denken mußte, mit welchem stimmlichen Aufwand Jorge Amado sich bei unserem Treffen im Hotel »Martinez« in Cannes am 18. Mai 1985 über die Anrufer und die ungebetenen Besucher beklagt hatte, deren Allgegenwart ihn zwang, für seine Schreibarbeit ein verschwiegenes Refugium zu mieten, und mein durch Kopfnicken geäußertes Verständnis für das Bedürfnis des Bedrängten nach Ruhe,

201 a

und mein kurz nur auflebendes Unverständnis, das ich schnell und irgendwie stolz zurücknahm, als ich sah, wie Jorge Amado unter seine Widmung im Buch »Tenda dos Milagres« genau jene Telefonnummer setzte, die ich jetzt in der Telefonzelle von Salvador – seines Klagens über die Anrufer wegen – nicht zu wählen wage.

202. das Baby

das Baby, das der Schauspieler im Film »Lucio Flavio« in den Armen wiegt, und mein gutes Gefühl darob, daß dieses Neugeborene in den wolkigen Kissen nicht zu erkennen ist, weil mir eine Puppe, die als Baby herzuhalten hat, sympathischer wäre als ein Baby, das – ohne es schon wissen zu können – ein Baby, das Baby eines Rächers, zu spielen hat.

203. die Eitelkeit

die Eitelkeit, die Jorge Amado jedesmal, wenn irgendwo ein Fotograf oder eine Fotografin auftaucht – und noch bevor ein Objektiv auf ihn gerichtet ist –, veranlaßt, mit einer Beiläufigkeit vorspielenden Geste die Brille auszuziehen,

203 a

und Raras Rüge, ich täte Amado unrecht, wenn ich ihn der Eitelkeit bezichtigte; er ziehe die Brille vielmehr nur deshalb vom Gesicht, weil er um die entstellenden Reflexe wisse, die das Brillenglas auf Fotografien erzeuge.

204. der Schutzschild

das Buch, das Frido demonstrativ – Form und Inhalt nutzend – vor sich her durch das Gewühl brasilianischer Straßen trägt als Schutzschild mit dreifacher Wirkung: erstens als vom Inhalt erzeugte moralische Stärkung des Trägers bei seinem Gang durch die übelstbeleumundeten Gassen, zweitens als Gegenstand, dessen heilende Ausstrahlungskraft Banditen und Diebe vom Zugriff abzuschrecken vermöge, und drittens als scharfkantige Waffe, die Angreifer im Notfall außer Gefecht setzen kann.

205. der Bittsteller

der auf einen knorrigen Stecken gestützte Bittsteller mit dem weißen zerzausten Bart, den Frido und ich am 7. März 94 im Warteraum vor dem Büro des Bürgermeisters von Paraty seine Bitte lallend und delirierend einüben sahen, diese uns unverständliche Bitte, die der Alte sieben Stunden später an unserem Tisch im Restaurant Santa Rita mit derart inbrünstigem Nachdruck vortrug, als habe er sie immer schon – statt an den Bürgermeister Edson Didino Lacerda – an uns beide Schweizer richten wollen.

206. die Instrumente

dieses während der Dauer des Besuchs bei Walter Smetak übermächtige – und nachher weiterwirkende – Verlangen, in der Arbeit mit Sprache verwirklichen zu können, was er in seinem Medium tat, nämlich Musik zu komponieren und dabei laufend die Instrumente zu erfinden, die sie vernehmbar machen.

207. der Schwarze

das Wort »der Neger«, das in den Jahrzehnten, seit ich Katalognummer 27 schrieb, zum politisch unkorrekten und zum Schimpfwort erklärt und deshalb durch »der Schwarze« ersetzt worden ist,

207 a

und meine erstaunte Erfahrung, daß es in Brasilien auch jetzt noch kein Schimpfwort ist, weil sich dort die Schwarzen selber Neger nennen.

208. die Metapher

der ungeheure und mich faszinierende Symbolreichtum in allem Gezeigten und Gesagten, der mein Bemühen lächerlich macht, hierzulande den von Arnaldo Jabor angekündigten Tod der Metapher aufzuspüren, der stets den Tod der Hoffnung begleite,

208 a

und der Tod der Hoffnung, dem ich jetzt erst unverwirrt nachspüren kann, wo ich mich erinnere, daß der Brasilianer Arnaldo Jabor seinen Satz vom Tod der Metapher in Europa und nicht etwa hier gesagt hat.

209. die Katastrophe

die schwarze schwere Rußwolke, die über dem Stadtviertel Ricardo de Albuquerque mehr loderte als wehte und durch die der Bus nach Rio hindurchfahren mußte, ohne daß auch nur einer der Passagiere die geringste Beunruhigung gezeigt hätte, was für mich ein ausgesprochen beruhigendes Zeichen ist dafür, daß diese dicke dunkle fettige Wolke, die den Himmel über uns verfinstert, keine Katastrophe sein kann, und vor allem nicht – wie ich befürchtet hatte – die verhehrende Folge einer Katastrophe.

210. die Lepra

die aufstachelnde Batucada einiger Gäste im sonntäglich leeren Restaurante »Amarelinho«, in die selbst die Schritte der Passanten auf dem Gehsteig einstimmen, dieser Hagelschlag von Getrommel mit Geschirr und Besteck auf den Tischplatten, dem ich mich nicht so froh wie die andern aussetzen kann, weil der Fuß des schwarzen Bettlers, der begeistert im Takt einige Kiesel in einer leeren Coca-Cola-Büchse schüttelt, ein fürchterlich von Lepra zerfressener Klumpen ist.

211. der Oberkörper

»fürchterliche Stunden« habe er erlebt, »nichts als Streß und Mühe«, diese Feststellung des Mannes, der in der Novemberhitze mit bloßem Oberkörper vor mir durch die Rua da Matriz geht und dessen Behauptung ich widerlegen könnte (wenn ich wollte), weil in seinen nackten Rücken das Netzmuster eingegraben ist der Hängematte, in der er lag.

212. die Freude

die Vorfreude auf jenen Tag, an dem es mir gelungen sein wird, das Gesicht Fabianas zu beschreiben, die größer ist als die Freude über ihre flüchtige Bekanntschaft.

213. die Poesie

das Entsetzen, das mich peinigt ob der heftig steigenden Zahl der brasilianischen Dinge, die ich bereits vergessen habe, und der Trost, daß ich wenigstens alle jene Dinge nicht vergessen kann, die mir Poesie geworden sind.

214. der Verkehr

jenes klappernde Geräusch, für das wir deutsch nur das Wort »zirpen« haben, mit dem aber das Rattern dieser Grillen überhaupt nichts mehr zu tun hat, das hier derart heftig rüttelnd klappert, daß es sogar den brausenden Autoverkehr auf der Avenida H. Dodsworth übertönt und mir nun auf dem Balkon von Walter Zoss' Wohnung an der Rua Pofessor Gastão Baiana als jener triumphierende Klang an die Ohren schlägt, mit dem die Natur ankündigen will, daß sie begonnen habe, diesen ganzen entfesselten Großstadtverkehr unter ihr Gesetz zurückzuholen.

215. die Straßenschluchten

der grüne Teppich, mit dem einige der Querstraßen zur Copacabana ausgelegt zu sein scheinen, diese filzige Matte, die das tropisch urbane Straßenleben vor dem Blick aus dem Fenster der Wolkenkratzer abdeckt, versteckt, unter den Teppich verbannt, gewissermaßen,

215 a

und dieser kompakt gewobene grüne Teppich, der – dies verrät erst ein zweiter Blick – von den dicht ineinander verwachsenen Baumkronen der Alleebäume erzeugt wird, welche die Straßenschluchten bis zum dritten Stockwerk mit ihrem Grün auffüllen.

216. der Alkohol

die Kennzeichen Brasiliens, die ich im Fax an Rara vom 5. Januar 1994 neben der Nachricht, gut angekommen zu sein, aufgezählt habe, und das Wichtigste von allen, das ich erwähnen muß, weil ich es im Fax zu nennen vergessen hatte, nämlich diesen alles durchdringenden – und doch nur dem Neuankömmling in den ersten Minuten seines Aufenthalts erkennbare –, kaum definierbaren Duft aus den Auspuffrohren der Autos, den ich als die Süße des Moders und den Moder der Hitze zu beschreiben wage, die sich nur unter der mischenden Hand eines tropenkranken »Maître Parfumier« zu diesem unbeschreibbaren Geruch verbinden, der weniger mit Großstadt und modernem Autoverkehr zu tun hat als mit einer flambierten und mit Zitronen und überreifen Guavas dekorierten Karameltorte,

216 a

und eben diese Definition, die mir in brasilianischen Metropolen je länger je zutreffender erscheint, obschon ich doch einfacher hätte sagen können, es sei der Duft des aus Zuckerrohr gewonnenen Alkohols, der in Brasilien – wie in Europa das Benzin – die Motoren vieler Automobile antreibt.

217. die Heimaterde

die Bestätigung meiner Vermutung (eine Aussage – was oft geschehen kann – falsch weitergedacht zu haben) durch das Inserat aus einer brasilianischen Tageszeitung, das mir Herr Steinwachs in Rio unter die Nase hielt, weil ich auf seine Feststellung »Ich möchte in Heimaterde begraben werden« mit der Frage reagiert hatte: »Wann fahren Sie nach Deutschland zurück?«

Achtung Deutsch-Brasilianer!
Eine außergewöhnliche Gelegenheit, eine Verbindung mit der Deutschen Heimat herzustellen.
GARANTIERT ECHTE DEUTSCHE HEIMATERDE
Wer möchte nicht ab und zu das sehen und fühlen, was jedes deutsche Herz höher schlagen läßt:

Echte Heimaterde.
Wir machen möglich, was Sie sich im Innersten Ihres Herzens immer gewünscht haben.
Fordern Sie unser Angebot:
HENRY ROBERT FRAUENHOFER –
D 8000 München 40
Clemensstraße 12, Germany (West)

218. die Tür

das Fenster auf die Rua do Carioca hinaus, das die Frau im violetten Rock öffnete, um auf den Balkon heraustreten zu können, mit jener Selbstverständlichkeit, als wolle sie uns beweisen, daß sich – vielen Ahnungen zum Trotz – überhaupt nichts ändere dadurch, daß hierzulande jedes Fenster eine Tür ist.

219. die Luft

die Genugtuung, den unvergleichlichen Duft des verbrannten Alkohols aus den Auspuffrohren der Autos gleich schon nach meiner Ankunft in Katalognummer 216 definiert und notiert zu haben, was jetzt – einige Tage später – unmöglich wäre, (und dies nicht etwa, weil der Duft verschwunden ist, sondern:) weil der vertraute Referenzgeruch nicht mehr in der Nase liegt und weil die Gewöhnung erreicht hat, daß mir der Alkoholduft mittlerweile zum normalen Geruch der Luft geworden ist.

220. der Aufschluß

der Film »Bye, Bye, Brasil!« im Fernsehen, der mir – weil er der x-te ist, der mir dies vorführt – den Schneid gibt, den es braucht, zu behaupten, im Gegensatz zum europäischen zähle im brasilianischen Film nur, was vor der Kamera, und nicht, was mit der Kamera geschieht,

220 a

und mein krampfhafter, aber positiv endender Versuch, herauszufinden, ob eine solche Beobachtung auch Aufschluß gebe über andere Bereiche des brasilianischen Lebens als nur über den Film.

221. die Trunkenheit
die völlig verzitterte Handschrift und die vielen verschiedenen Grade der Unleserlichkeit in meinem paratiënsischen Tagebuch, die nicht etwa – wie Osmar de Oliveira behaupten zu können meint – Anzeichen von unterschiedlichen Stufen der Trunkenheit sind, sondern Hinweise auf den jeweiligen Zustand der Straßen, über die der Bus nach São Paulo holperte, während ich schrieb.

222. die Enkelqual
die Qual, als die Frido sein Unbehagen daran bezeichnet, in Deutschland immer und überall den Lieblingsenkel von Thomas Mann spielen zu müssen, diese deutsche Enkelqual, die sich hier nun auf der Suche nach dem eigenen Herkommen, in Paraty, dem Geburtsort seiner Urgroßmutter Julia, unversehens zur brasilianischen Urenkelfreude verkehrt.

223. der Rückwärtsgang
mein unentwegter Blick auf die Figur des Blaise Cendrars, die der Schauspieler Marcos Fayad spielt, während ich den Film »O Homen do Pau Brasil« mit der Erwartung zurückspule, die gleichzeitig Befürchtung ist, Fayad müsse – um aus Blaise Cendrars endlich Blaise Cendrars zu machen – im Rückwärtsgang seiner eigenen Rolle zuwiderhandeln.

224. die Ansage
die Wertung der Ereignisse, die mir – angesichts dessen, was überall geschehen ist, und angehörs des Entsetzlichen, das gesagt worden ist – als ärgerliche und sogar widerliche Verzerrung aller Proportionen vorkommt, diese Wertung in der Ansage des »Maître de Cabine« im Balair-Flug schon wenige Augenblicke nach dem Abheben vom südamerikanischen Kontinent: »Wir freuen uns, Ihnen nun am Bildschirm eine Zusammenfassung der wichtigsten Sportereignisse vom Wochenende in der Schweiz zeigen zu können.«

* * *

225. die Nummer 65

meine Verwunderung, mit der ich feststelle, daß es mir nicht gelingen will, mich darüber zu ärgern, daß wir beim Abtippen der ersten Lieferung dieses »Katalogs von Allem« die Nummer 65 vergessen haben, weil es das Katalogsystem ermöglicht, eine vergessene Nummer jederzeit nachzutragen, zum Beispiel jetzt:

65. der Koffer

der durchaus routinierte Griff, mit dem die Zöllner im Sirkeçi-Bahnhof Transistorradios aus dem Kofferunrat ausgraben, und die jedesmal wieder neu verblüffende Sicherheit, mit der sie wissen, in welchem Winkel des Koffers Transistorradios zu liegen pflegen.

226. das Wetter

mir das Wetter wegzudenken aus der Welt, diese unglückliche Versuchsanordnung zum möglichen Verbessern dieses frostig nassen Herbsttages, die ich abbrach, als ich zum Ergebnis kam, daß das Fehlen des Wetters die Welt auch nicht besser macht.

227. die Lüge

die Überwindung, die es mich kostete, das Café Odeon am 4. Juli 1977 wieder zu betreten – denn ich hatte mir vorgenommen, mein ehemaliges Stammlokal nach dem Umbau zu meiden –, und die Genugtuung über den Bruch meines Vorsatzes, einzig und allein deshalb, weil ich am selben Tisch Daniel Schmid den Satz sagen hörte: »Godard hat unrecht mit der Feststellung, Film, das sei 24mal die Wahrheit pro Sekunde. Im Gegenteil, Film, das ist 24mal die Lüge pro Sekunde!«,

227 a

und die Einsicht, daß sich Daniel Schmids beiläufig vorgebrachte Feststellung durchaus auch als Schlüssel zu seinem rituell erlebbaren Filmstil verwenden läßt.

228. die Bemalung

meine Ratlosigkeit über die Erklärung, mit der Wilfrid Moser – der es liebt, daß Kinder auf seine Skulpturen klettern – die Farbänderung der Bemalung seiner Plastik in der »Dorflinde« Oerlikon legitimiert: Wäre die Plastik rot, dann würden die Kinder noch viel mehr auf ihr herumturnen,

228 a

und der Satz des »Dorflinde«-Architekten Fuhrimann, den ich erst für einen Witz hielt, der meine Ratlosigkeit noch steigerte: »In einer rot gestrichenen Bar haben die Leute mehr Durst als in einer blauen«,

228 b

und der Beweis für diese Behauptung, der doch darin liegen muß, daß wir auf unseren ausführlichen Streifzügen viele rote Bars, aber keine einzige blaue gefunden haben,

228 c

und die Erklärung für diese drei Sachverhalte, die der Architekt in einer einzigen Geschichte liefern kann: »Eine Frau sagte mir, der Ofen in ihrer blauweiß getünchten Küche heize nicht gut. Da haben wir die Küche rötlich umgestrichen. Jetzt heizt der Ofen wieder.«

229. die Betroffenheit

die Neugier, mit der ich den Brief mit dem Absender Jürgmeier öffnete und die sofort in Betroffenheit umschlug, als ich den Text auf dem Blatt las, mit dem Jürgmeier die korrigierten Sprichwörter von Katalognummer 156a ergänzt haben möchte:

»Wer andern eine Grube gräbt, fällt selbst hinein«,
– deshalb graben Generäle die Schützengräben nie
selber.

230. das »Sonst halt nicht«

der Schrecken, den damals in Kalkutta der Zwang auslöste, mit ansehen zu müssen, wie schicksalsergeben – und als Abgeklärtheit habe ich diese Schicksalsergebenheit mißverstanden – sich viele der Armen auf dem Gehsteig mit dem »Sonst halt nicht« abgefunden haben, das mir als letzte Zeile einer Art von Gedicht ins Gehirn gesprungen ist:

Wenn man Kleider hat,
trägt man Kleider.
Wenn man Lumpen hat,
trägt man Lumpen.
Wenn man Nahrung hat,
ißt man.
Sonst halt nicht.

231. das Menü

das Postskriptum zu Nr. 150, das mir Daniel Spoerri viele Monate später lieferte, als er – während er ein in Brüche gegangenes Objekt aus Simi klebte – von jenen Menüs sprach, die prachtvoll zubereitet werden, obwohl man sie nicht essen kann: »Ich beweise etwas immer mit seinem Gegenteil.«

232. die Korrektur

die Erinnerung an die in Katalognummer 22 beschriebene Frau, die im Bahnhof Sezana in den verlassen im Korridor des Zuges stehenden Koffern wühlte, und die von dieser Erinnerung erzwungene Korrektur an Nr. 22, die ich deshalb vorzunehmen habe, weil ich der Tatsache, daß diese Frau den Typ einer Mutter verkörperte, zuviel Gewicht gegeben habe – aufgefallen war mir damals ja nicht in erster Linie ihr Muttercharakter, sondern vielmehr die von einer Frau niemals erwartete Forschheit, mit der sie ihres unangenehmen Amtes waltete; Nummer 22 muß deshalb richtig heißen:

22. die Forschheit

die unangenehme Forschheit, die die Frau in Zöllneruniform im Bahnhof Sezana offensichtlich aus ihrem Amt und nicht aus sich selber bezieht, die anmaßende Forschheit, mit der sie – vom Typ her schließe ich auf die Mutter einer vielköpfigen Familie – alle verlassen im Korridor stehenden Gepäckstücke eigenhändig öffnet und darin herumwühlt, als seien es ihre eigenen,

232 a
und die beim Schreiben der Neufassung von Nr. 22 gewonnene Einsicht, daß ich die zwischen Gedankenstrichen eingeflochtene Bemerkung, diese Frau sehe wie eine Mutter aus, auch weglassen könnte, denn ihr Mutteraspekt wird in der Erinnerung an diese Szene zunehmend unwichtiger.

233. Nino Rota
die Empfindung, von der ich nicht weiß, weshalb sie mir ausgerechnet jetzt zufällt, während Pablo Stähli und ich den eben verstorbenen Nino Rota ehren, diese Empfindung, die doch irgend etwas mit unserm augenblicklichen Verhalten zu tun haben muß: Warum ist mir ein nicht zu Ende geführter Satz weniger unangenehm als eine nicht zu Ende geführte Geste?

234. die Tagesart
mein Erstaunen darüber, daß ich – seit ich in der neuen Wohnung an der Schifflände bin – nicht mehr auf den Kalender zu schauen brauche, um herauszufinden, ob heute Sonntag oder Werktag ist, denn ein Blick aus dem Fenster läßt die Tagesart eindeutig erkennen: Am Sonntag gehen die Leute auf dem Limmatquai viel langsamer, gelassener als an Werktagen,
234 a
und das heißt: Wenn Fußgänger auf der Straße sind, ist der Tag ein Werktag, wenn aus Fußgängern Spaziergänger geworden sind, dann ist es Sonntag.

235. der Untergebene
der knappe und eindeutige Nenner, auf den die Firma das komplexe Verhältnis von Vorgesetzten und Untergebenen zu bringen vermochte, als sie im Nachruf auf ihren jungverstorbenen Angestellten Oskar Kürmann in den »Luzerner Neuesten Nachrichten« den Satz anbrachte: »Bereits als Lehrling erwarb er sich durch sein bescheidenes Auftreten das Ansehen seiner Vorgesetzten.«

236. das Latein

die Listigkeit, mit der Stefan den Motivierungsversuchen seines Vaters ausweicht, indem er verkündet, er habe erst dann Lust, Latein zu lernen, wenn die James-Bond-Filme nicht immer nur deutsch, sondern endlich auch lateinisch synchronisiert würden.

237. die Unmöglichkeit

die Unmöglichkeit zu sagen, weshalb mir bei der Erinnerung an die Fotos von Hansueli Alder der Satz zugefallen ist: »Zwischen gestern und heute liegt ein Augenblick – zwischen heute und morgen aber ein halbes Jahrzehnt«, es genügt mir zu wissen, daß ich ihn notiert habe, weil er den Gegensatz von Augenblick und Dauer, weil er Alders Thema trifft.

238. die Einsicht

die entscheidende Feststellung, daß, wo vieles anders ist, alles anders sein muß,

238 a

und die sich erst im nachhinein ergebende Einsicht, daß es nicht vieles sein muß, weil etwas schon genügt.

239. der Traum

die nur leicht verzitterte Geste des greisen Kurt Guggenheim, mit der er eines seiner Aquarelle aus dem Gestell holt, es – auf meine Frage, warum er als Schrifsteller denn male? – vor mich hinstellt und sagt: »Daß alles nicht nur ein Traum gewesen ist, das kann ich beweisen.«

240. der Fortschritt

das Gespräch über Fortschritt, in welchem der Afrikaner Ulian mit Stolz sagte: »Jetzt haben alle Häuser bei uns elektrisches Licht«, und die Entgegnung, die er zu hören bekam: »Bei uns ist der letzte Tramkondukteur durch den Ticketautomaten ersetzt worden.«

241. das Ende

die Rückblenden, in denen ich meine eigenen Geschichten immer wieder durchzubuchstabieren versucht bin, weil Urs in seinen Zeichnungen ein Ende zeigt, das nicht das Ende von Geschichten ist, sondern das Ende von Dingen,

241 a

und dieses Gefühl von Abschied, das durch viele von Urs' Blättern weht, dieser gelassene Abschied ohne Emotion, der vom Ende der Dinge provoziert wird – ein Ding ist dann zu Ende, wenn es aufgebraucht ist.

242. die Leute

dieses Ineinander von Selbstverständlichem und Außergewöhnlichem in den Szenen mit Leuten, von Natürlichkeit und Künstlichkeit, das Urs mit jeder Berührung zwischen Stift und Papier weitertreibt und das mich packt, weil er dabei zu erkennen gibt, daß er sehr genau zwischen Personen und Figuren zu unterscheiden versteht.

243. der Drink

der Drink, von dem der Mann sagt, er mache die Frauen schön, der mir als einziger Dialoggegenstand aus Busby Berkeleys abstrus-gloriosem Film »Wunder Bar« in Erinnerung geblieben ist, aber vermutlich nur deshalb, weil der Mann auf den Einwand der Frau, sie habe doch den ganzen Abend lang noch nichts getrunken, geantwortet hat: »Aber ich!«

244. der Abgebildete

das äußerst prekäre Verhältnis von Abbildung und Abgebildetem, das mich erschreckt, jetzt, wo ich mich, während des Betrachtens meiner Porträtfotografie von Gerard Malanga, bei der unausgesprochenen Feststellung ertappe: So wie ich auf diesem Bild aussehe, so möchte ich aussehen.

245. der Moment

die Erfahrung von der variablen Verlängerung des Momentes, die sich vor den Fotografien aus Yukatan ganz plötzlich ergibt, dieses Erfahren, daß eine gute Fotografie immer Gegenwart ist, auch wenn das Abgebildete längst vergangen ist.

246. die Gegenwart

die Tatsache, daß ein Kunstwerk immer Gegenwart ist – sonst ist es lediglich ein Bild oder ein Text –, die mir Dieter Hall beim nächtlichen Umtrunk ins Bewußtsein rief, weil er das Gespräch nicht enden ließ, bis er gesagt hatte: »Im Grunde muß der Künstler von beidem, von Vergehen und Entstehen, gerade so viel erhaschen, daß es sich lohnt, in der Gegenwart zu bleiben.«

247. die Stille

die beängstigende Stille, die sofort eintrat, als Vera Piller »Ich bitte um äußerste Ruhe!« sagte, dieser rätselhafte Effekt, der mir nur deshalb rätselhaft war, weil Vera ihren Wunsch mit schwacher, kaum hörbarer Stimme in unsere laute und bewegte Runde im »Eckstein« hineingeflüstert hatte.

248. der Obelisk

der halb drohend, halb belehrend erhobene Zeigefinger, den Richard Paul Lohse so nah vor meinem Gesicht aufragen ließ, daß er wie ein Obelisk in mein Gesichtsfeld ragte, dieser Zeigefinger, der wie der Arm eines Metronoms jede Silbe akzentuierte, als Lohse vor der auf uns zurollenden Woge des Irrationalismus warnte; am heftigsten zuckte der Finger beim Schlußsatz: »Vorsicht! Der Irrationalismus könnte eine List des Kapitalismus sein!«

249. der Pianist

das automatische Klavier mit der altväterischen Aufschrift »Hupfeld's Animatic Clavitist« in Papa Joe's Biersalon, um das sich die Leute scharenweise und staunend versammeln, jetzt wo sein Mechanismus automatisch zu spielen beginnt, und die erst nachträglich deutlich werdende Beobachtung, daß dieses Klavier niemandem – auch mir nicht – aufgefallen war, solange ein leibhaftiger Pianist darauf spielte.

250. die Milben

die abscheulichen Vorstellungen von Verwesung, von Gestank und Zerfall, die mich überfallen, weil Viktor Meier seine Abscheu vor den wuchernden Auswüchsen unserer Zivilisation in den Satz faßt: »So wie Milben ein Stück Fleisch befallen, so befallen die Automobile unsere Landschaften und Städte«,

250 a

und das Ekelgefühl, gegen das ich mich nun wehre, weil es diese Vorstellung von Verwesung, von Gestank und Zerfall für Augenblicke durchtränkt, als Viktor Meier den Satz unerwarteterweise vervollständigt: »... und so wie ein Stück Fleisch von Milben befallen ist, so ist der Erdball von Menschen befallen.«

251. die Ameise

die schwarze Ameise, die ich mit der Hand von meinem Knie wischte und die mich nur deshalb erschreckte, weil sie genau in jenem Augenblick des 8. Juni 1981 über mein Knie kroch, als ich im Garten des Ristorante Posta in Carona den Satz von Edgar Mittelholzer las: »Ein schneller modriger Geruch von Blütenstaub wirbelte durch die Luft, und wie durch Magie tauchte eine Ameise plötzlich auf Gregorys Knie auf. Er wischte sie weg.«

252. die Hochhäuser

»Ist das ein Film?«, diese Frage, die das Kind an mich richtete, als es unsere Filmkamera vor der betonstrotzenden Hochhausüberbauung an der St. Johannes-Straße in Zug sah, und die Ahnungen, die es in mir weckte, als es mein »Ja, das ist ein Film!« mit der Frage begleitete: »Ein Film über jemanden, der sich vom Balkon herunterstürzt?«

253. das Altgold
das als edel und als Metall von bleibendem Wert gepriesene Gold, und dann das Altgold, das zu allem auch noch historische Rarität suggeriert, diese steigernde Bezeichnung für Gold, die der Uhrmacher Hugentobler am Limmatquai brauchte, als ich die goldene Armbanduhr meines Vaters zur Reparatur brachte und mit der Aufforderung abgespeist wurde: »Es wäre günstiger, diese Uhr zum Altgold zu schmeißen!«

254. die Kunst
die liebende Unerbittlichkeit im Schlag des Bildhauers auf seinen Stein, diese Inbrunst im Bemühen, Formloses endlich Form werden zu lassen, dieses unentwegte Weiterdenken des einmal Formulierten von Stein zu Stein, das in mir die Ahnung wachsen läßt: Gäbe es die Kunst, sie müßte nicht gemacht werden.

255. die Muzak
mein Wissen um die Wirkungen von Musik und jener von Muzak, das jetzt fast zum Alptraum wird, wo ich im »Café Janette« das vierte Kapitel von Yaşar Kemals »Lied der tausend Stiere« zu lesen versuche und spüren muß, daß es mir nicht gelingt,
255 a
und meine Entdeckung, daß es die Muzak aus den Lautsprechern ist, die mich beim Versuch zu lesen stört, obschon ich sie gar nicht gehört hatte, solange ich nicht zu lesen versucht habe,
255 b
und die halb drohende, halb lockende Gefahr, die ich plötzlich darin erkenne, daß Muzak Musik ist, die nicht zum Hören da ist, sondern zu andern hinterhältigen Zwecken, von denen das hörende Opfer nichts wissen soll,
255 c
und mein Erkennen, daß ich bis jetzt, offenbar unwillentlich, weggehört habe, was mich nur deshalb ärgert, weil ich mich jahrelang dazu erzogen habe, immer möglichst genau hinzuhören, und weil weghören zu müssen genau das ist, was ich nicht will.

256. die Tan Hua
dieser unbeschreibliche Geruch aus den Blütenkelchen der chinesischen Tan Hua, die nur alle zehn Jahre einmal nachts für zwei Stunden erblühen soll und die heute, am 12. September 1979, auf Gladys Weigners Fensterbrett blüht, dieser unbeschreibbare Geruch, den die eiligst herbeigerufenen Gäste andächtig in die Nase ziehen und für den niemand Worte zu finden fähig ist, weil ihn jedermann zum erstenmal riecht – dieser Geruch, der eher aus einer Fabrik feiner Essenzen und Aromen zu stammen scheint als aus der Natur und den ich nur deshalb als ein Gemisch aus Pitomba, Cupuaçu und Verwesungssüße definieren kann, weil ich 1974 mit Theo den Amazonas bereist habe.

257. die Gewöhnung
der Ärger, der meine Feststellung begleitet, daß ich mich bereits an das allnächtliche Gedonner der Kawasaki- und Caballero-Motorräder unter meinem Fenster an der Schifflände gewöhnt habe – und die Feststellung, daß mich die Gewöhnung mehr ärgert als der Motorenlärm.

258. das Schicksal
die hysterisch wirkende Verzweiflung im Gesicht der Frau im Tram, die nach ein paar Sätzen über das Schicksal der Menschheit völlig aufgewühlt stammelte: »Ich weiß nicht, was aus uns werden wird, ich weiß nicht, wie unsere Zukunft aussieht!«,

258 a
und mein Unverständnis für diese ihre Verzweiflung, die vermutlich noch viel größer wäre, wenn wir wüßten, wie unsere Zukunft aussieht.

259. das Auto
die Verängstigung, die mich durchfuhr, als ich merkte, daß ich soeben Andreas' Frage »Warum hast du kein Auto?« beantwortet hatte, weil ich erst nach dem Aussprechen des Satzes inne wurde, daß ich gerade gesagt hatte: »Weil es mich ängstigt, mir

ausmalen zu müssen, was geschähe, wenn alle Leute ein Auto hätten.«

260. die Tagesschau

Heinkes Gewohnheit, die Nachrichten der Tagesschau stets im Schweizer Fernsehen zu verfolgen und nicht im deutschen – wie ich es von einer Deutschen eher erwartet hätte –, diese Gewohnheit, die sie mit der Feststellung begründet, die schlimmsten Nachrichten klängen im Schweizer Fernsehen deshalb weniger schlimm, weil der Schweizer Akzent des Nachrichtensprechers das Schlimmste weniger schlimm erscheinen lasse.

261. der Liebesverlust

die Verblüffung der Gäste im Restaurant »Eckstein«, die so groß war, daß ausnahmslos alle vergaßen, den Löffel zum Mund zu führen, als am 17. August 1979 ein Gast – es war Hermann Burger in seinem rotgefütterten Zaubererwams – Spielkarten aus der Luft holte, Fünffrankenstücke palmierte, Eier eskamotierte, und die zaghafte Rückkehr der Aufmerksamkeit zu den Löffeln, die Burger mit der leutseligen Erklärung herbeiführte, Liebesverlust sei es, was die Leute zu Zauberern mache, das Zaubern helfe den Ungeliebten, bemerkt zu werden und die Beachtung vieler auf sich zu ziehen.

262. die Malerei

die ästhetische Radikalität, welche die Kunst von ihren Machern fordert und die in Franz Gertschs Antwort mitklang, als er in Rüschegg dem Reporter Safarik auf die Frage »Was ist die philosophische Grundlage Ihrer Malerei?« antwortete: »Die philosophische Grundlage ist die Malerei.«

263. der Drehstuhl

das Drehen am Drehstuhl in der Kabine des Fotoautomaten am Bellevue, dieses Höher- und Tieferschrauben, um den Kopf genau auf die Höhe des Kameraauges zu bringen, das mich plötzlich zur

Frage veranlaßt, warum man eigentlich zum Zwecke der Identifikation von allen Körperteilen ausgerechnet den Kopf fotografieren müsse,

263 a

und der Pantomime, der diese Frage im Fotoautomaten provoziert hat, der Pantomime, als dessen Passfoto man auch die Hand, den Fuß, den Schenkel fotografieren könnte, denn diese Körperteile haben bei ihm dieselbe Ausdruckskraft wie der Kopf.

264. das Gehetztsein

mein seit einiger Zeit immer stärker werdendes Gefühl des Gehetztseins, das aber nicht von einer tatsächlichen Zeitnot herstammt, sondern – das wird mir jetzt klar – schlicht und einfach davon, daß ich Tag für Tag mehr Zeitungen kaufe, als ich zu lesen vermag.

265. das Spielzeug

die sanfte Listigkeit, die bewegte Attitüde, mit der Rara an diesem diesig bewölkten Tag Wäsche auf ihrem Balkon aufhängt, diese freudiger werdende Listigkeit, die anhält, als sie meine Bemerkung, die Wäschestücke seien ja bereits trocken, mit dem Satz begleitet: »Ich will dem Wind ein Spielzeug geben.«

266. die Angewohnheit

meine Angewohnheit, nach dem Lesen eines Buches auf der letzten Seite das Datum einzutragen, diese Angewohnheit, die mich jetzt entsetzt, wo ich Henry Millers »Lachen, Liebe, Nächte« aufschlage und darin das Datum 11. Dezember 1958 entdecke, entsetzt, weil das Buch in mir lebendig ist, als hätte ich es letzte Woche gelesen, wobei mir erst dieses Datum bewußt macht, daß ich seit letzter Woche zwanzig Jahre älter geworden bin.

267. das Irisieren

dieses unerklärliche Irisieren, das selbst den Gefestigtsten zu verunsichern vermag, dieses Irisieren, das wohl nur deshalb ein immerwährendes Thema von Kunst ist, weil Kunst ein Aggregatzustand von Leben ist, und die Tatsache, daß sich beide, Künstlichkeit und Natürlichkeit, erst in der Erfahrung des erlebenden Menschen zum Ganzen vereinen,

267 a

und die Vermutung, daß sich Felix Mettlers Feststellung »Eine rote Rose ist nicht rot, solange sie niemand sieht« in der Kunst so bestätigen müßte, daß ein Kunstwerk lediglich ein Bild ist, wenn es niemand anschaut.

268. die Vorlage

die Vermutung, daß Abbildungen tatsächlich das Gegenteil des Abgebildeten sind und daß beide zusammen erst das Ganze ergeben, diese Vermutung, die mir klarmacht, daß mir eigentlich nur jene Abbildungen keine Ruhe lassen, die etwas anderes zeigen als ihre Vorlage.

269. der Tatort

die Stimmung des messerscharfen Ungefähren, dieses streng erforschten Niemandslandes im Bild von Urs Dickerhof, diese Stimmung, die in mir den Eindruck erzeugt, als betrete ich nicht einen Bildraum, sondern einen Tatort.

270. das Licht

die sich zur Einsicht klärende Ahnung, daß es Fotografien gibt, die deshalb verbindlich sind, weil sich in ihnen nicht in erster Linie der abgebildete Gegenstand zeigt, sondern das Licht, das die fotografische Abbildung erzeugt hat.

271. die Schichten

das Zurückfallen in frühere Bilder, dem sich Urs auf befreiende Art hinzugeben vermag, sein Beispiel, das mir zeigt, daß die Wege der Erinnerung durch Schichten und Ebenen führen werden, die jedesmal von einem anders gestalteten Rahmen begrenzt sind.

272. das Unerkannte

meine anfängliche Versuchung, vom Unerkennbaren und vom Mitgemeinten zu schreiben, die nur so lange wach war, bis ich mir bewußt wurde, daß in diesen Bildern nichts unerkennbar bleibt, auch nicht jenes unscharf Angedeutete, das nun zunehmend wichtiger wird, weil ich merke, daß ich mir angewöhnt habe, durch die Intensivierung des Blicks Unscharfes zu Scharfem und Unerkanntes zu Vertrautem zu erheben.

273. der Triumph

der Triumph der Hardware, der sich nach anhaltender Feier als die Erinnerung an jenes beklemmend genau gesehene und glasscharf festgehaltene Bild entpuppte, das so minutiös war, daß auch alle jene Gegenstände in ihm erschienen, von denen ich erwartet hatte, daß sie sich nicht abbilden lassen würden.

274. der Ausschnitt

die in eine endlich wohltuende Erschütterung mündende Ahnung, daß der im Sucher sich darbietende Ausschnitt aus dem Strom Leben nicht den Ausschnitt zeigt, sondern das Leben, weil in einer guten Fotografie auch der kleinste Ausschnitt das ganze Leben enthält.

275. die Barmaid

die offensichtliche Rührung, die das Gesicht des Dichters Werner Bucher erkennen ließ, als bei unserem Schlummertrunk im »Blockhus« die Barmaid Marietta zwischen den zur Whiskyorgel aufgebauten Flaschen hinter dem Schanktisch Buchers Gedichtband »Eigentlich wunderbar, das Leben« hervorzog und dem Dichter über die Theke hin sein eigenes Gedicht vorlas,

275 a

und die Vermutung, daß wir beide nicht zuletzt deshalb verlegen und gerührt waren, weil wir es nicht für selbstverständlich zu halten wagten, daß Barmaids moderne Gedichte lieben,

275 b

und die heitere Traurigkeit, die der Satz auslöste, mit dem Marietta Werner Buchers Verlegenheit zu vertreiben versuchte, als sie sagte: »Man muß sich doch nicht schämen dafür, daß man schreibt!«

276. das Stutzen

das Stutzen, das mich am Weiterschreiben hindert, mitten im Satz »Ein gutes Bild ist stets ein Bild von allem«, weil ich mich erinnere, daß Daniela auf meine Frage »Woran denkst du, wenn du das Wort »alles« hörst?« geantwortet hatte: »Man kann nicht an alles denken...«, und meine Vermutung, daß sie, obschon sie nicht weitersprach, präzisieren wollte: »... an einzelnes und an vieles und an eins nach dem andern.«

277. die Dauer

das Gespräch über das Widerspiel von Vergänglichkeit und Dauer, das in jedem Gemälde ausgetragen wird, dieses Gespräch, das schließlich zeigte, wie die Sätze Bilder werden: »Wo der Schnee dreckig ist, gibt es keine sauberen Schuhe – und wenn der Schnee gefroren ist, bleiben die Schritte bis zur Schmelze.«

278. die Ebenen

das verunsicherte Feststellen, daß sich die Bildebenen in Urs' Gemälden mit jedem neuen Betrachten verschieben – was vorne war, tritt in den Hintergrund, was hinten war, in die Mitte und das Mittlere nach vorn,

278 a

und meine Frage, ob es das Auge sei, das die Verlagerung erzeugt, oder das Bild selber, jetzt, wo ich beim neuen Blick auf die Leinwände das Vor- und Zurücktreten der Ebenen erlebe wie ganz langsame Schärfenverschiebungen auf einer Filmleinwand.

279. der Gegenstand

das blickelange Zudrücken der Augenlider, mit dem ich die Bewegung in Urs' Bildern zum Halten zu bringen versuche, diese

Bewegung, die das Vor und Zurück der Bildebenen erzeugt: bewegte Bilder, weil ja alles mit allem zu tun hat,

279 a

und die Feststellung, daß, wenn tatsächlich alles mit allem zu tun hat, mein momentaner Zustand, meine Verfassung in diesen Bildern den Gegenstand bestimmt, von dem alle andern abhängig sind.

280. die Eisblumen

die Erinnerung an die Verzückung, mit der ich als Kind in die Blüten der Eisblumen auf den Stubenfenstern hineinstaunte,

280 a

und die spielerische Neugier dieses Kindes, die ich mir bewahren möchte, um auf diese Weise herauszufinden, daß die moderne Heiztechnik als Gegenwert für all die air-conditioned Wohligkeit im winterfesten Stübchen die vielen Gattungen von Eisblumen ausgerottet hat.

281. das Weggehen

mein Bedauern, daß die »Brasserie« an der Rämistraße geschlossen worden ist, weil ich mein Eintreffen in jener neonsatten Baratmosphäre stets als die Folge eines Weggehens erlebt habe, das genau jene Art von unerfülltem Weggehen ist, von dem Urs Dickerhofs Bilder handeln.

282. die Bäume

die langen Gespräche mit Anne Waldman nach ihrer Lesung in der »Fourmière« in Zürich über Schreiben und Schreibekstase (und über ihre Notwendigkeit), die dazu führten, daß ich ein Bedürfnis, das mich längst schon schüttelte, endlich in Worte fassen konnte: »Ich möchte fähig sein, Gedichte zu schreiben, von denen man sagen kann, sie seien ein guter Ersatz für die Bäume, die gefällt werden müssen, um das Papier zu erzeugen, auf das sie gedruckt sind«,

282 a
und die befreiende Zufriedenheit über die Feststellung, daß man von keinem Text je wird etwas Besseres sagen können – als dies.

283. die Strategie
das Kalkül, diese wohlausgeklügelte Strategie, die Pjotr Kraska, der unbesiegte Weltmeister in Public Relations, zu erkennen gab, als er auf meine Frage, warum er sich weigere, Silvio Riccardo Baviera zu seiner ersten Küchenlesung in die Braustube Hürlimann einzuladen, antwortete: »Schlicht und einfach deshalb, weil es besser ist, daß es auch Leute gibt, die meine Lesung verpaßt haben.«

284. die Gedichte
meine erstaunte – und für mich dennoch längst schon beantwortete – Frage, ob sich Literatur, dort, wo sie Kunst wird, auch auf andern Kanälen mitteile als auf jenen der Vernunft, diese längst schon bejahte Frage, die ich nun nicht mehr zu stellen brauche, weil der Tankstellenwart Fritz Gabathuler, der sich auf dem Weg zum Schlummertrunk in Anne Waldmans Lesung ihrer amerikanischen Gedichte verirrt hatte, nach dem Schlußapplaus aufgelöst und euphorisch sagte: »Ich verstehe kein Englisch. Aber diese Gedichte haben mich glücklich gemacht!«,
284 a
und meine Gewißheit, daß Tankstellenwart Gabathuler einmal mehr beweist, daß Verstehen nicht eine Vorbedingung ist fürs Erleben – vielmehr ist es umgekehrt.

285. der Seiltänzer
der Seiltänzer an der Matinee im Zirkus Knie, dessen Sicherheit und Tollkühnheit oben über den Köpfen mich begeisterte, und die Angst, er könne abstürzen, die mich erstaunlicherweise erst in jenem Augenblick ergriff, als ich merkte, daß es mein Freund Ruedi B. war, der sich aufs hohe Seil gewagt hatte.

286. der Zauberer

der Kosename »Zauberer«, mit dem die Familienangehörigen den Schriftsteller Thomas Mann versehen hatten, und der kaum länger als eine Sekunde währende Schrecken, den Elisabeth Manns Bemerkung auslöste, als sie am 95. Geburtstag ihrer Mutter Katia Mann, zu dem sie – als Geburtstagsüberraschung – den Zauberer »Professor Calinda« engagiert hatte, auf Katia Manns Frage »Worauf warten wir?« antwortete: »Wir warten auf den Zauberer.«

287. das Werk

die eigentlich ganz beiläufige und kurz nur währende Beschäftigung mit der Frage, ob es gut oder schlecht sei, daß ich dauernd in Gefahr bin, Leute zu verehren, nur weil ich ihr Werk verehre.

288. die Ungerechtigkeit

die Skepsis, die Rosa Pock bei unserem Gespräch über Fortschritt und Entwicklung äußerte, diese Skepsis gegenüber jeder Art von Veränderungen, die sie befällt, weil sie Verbesserungen für eine Ungerechtigkeit hält jenen Leuten gegenüber, die vor uns gelebt haben.

289. die Kontrolle

die bizarre, eigentlich sinnlos erscheinende, aber dennoch vergnügliche Diskussion darüber, ob der Mensch ein Recht auf Kontrollen habe, weil wir kurz zuvor im Zug die Rufe des bei allen Stichproben der Zöllner übergangenen Passagiers gehört hatten, der, mit aufgeschlagenem Paß in der Hand vor seinem bereitwillig und ohne Befehl geöffneten Gepäck stehend, mit verzagtem Ausdruck in der Stimme rief: »Herr Zöllner, ich will kontrolliert werden!«,

289 a

und das trotz der burlesken Situation durchschlagende Gefühl der Tragik, das sich jeweils dann einstellt, wenn man einen Menschen vor unerfüllten Wünschen stehen sieht.

290. die Meteorologie

der Satz »Die Meteorologie bestimmt auch das Leben dessen, der sich nicht für Meteorologie interessiert«, der das oft verleugnete Einbezogensein eines jeden in die Kunst sehr viel präziser faßt, wenn ich sage: »Auch wer sich nicht für Meteorologie interessiert, wird vom Regen naß.«

291. Alles von allem

alles, dieses alles, das nun plötzlich etwas ganz anderes war als alles, nämlich alles von allem, weil jemand – es muß Claus Bremer gewesen sein – an unserer Sitzung im »Eckstein« sagte, er wolle nicht alles, er wolle mehr.

292. das Sterben

das Sterben, das mir ein völlig untaugliches Wort für den Zustand der Leute zu sein scheint, jetzt wo ich versuche, ein Gedicht über die Sterbenden auf den Straßen von Kalkutta zu schreiben, untauglich, weil ich spüre: Sie sterben nicht, sie werden tot.

293. das Vergessen

die Antwort, mit der Anton Bruhin, als er tat, was er erklärtermaßen nicht tun wollte, sein Tun begründete: »Ich habe vergessen, es nicht zu tun.«

294. das Echo

das Gedicht von August Stramm, das Theo euphorisch in die Felswände des Tassili rief, und die ganz zaghafte Art von Enttäuschung darüber, daß uns das Echo dieses Gedicht nicht – der Landschaft entsprechend – ins Arabische übersetzt zurückbrachte.

295. der Andere

die jugendlich wirkende weißhaarige Johanna Kaghanovitch, der ich nach ihrem Sturz über den Trottoirrand wieder auf die Beine geholfen hatte und deren Abschiedswort mich verwirrte, weil sie sagte: »Vielen Dank, Herr Lachat!«,

295 a

wobei mir bei diesen Worten nun wieder gegenwärtig wird, daß mir schon zwei- oder dreimal Leute gesagt haben, ich sei nur schwer von Pierre Lachat zu unterscheiden, eine Tatsache, die mich eigentlich nur deshalb nie anhaltend irritiert hat, weil ich Pierre Lachats Filmkritiken im »Tages-Anzeiger« ausgesprochen gerne lese,

295 b

und meine verschmitzte Freude darüber, daß in dieses Verwechslungsspiel, das gefährdende Austauschbarkeiten insinuieren könnte, auch Urs Peter Kaufmann, der jetzt auf meiner Lieblingsinsel Dominica Bananen pflanzt, und Otto Marchi einbezogen werden müßten, mit dem mich eine ganze Schulklasse auf dem Flughafen Salzburg verwechselt hatte, weil ich in der Wartehalle Marchis Roman »Rückfälle« mit dem Umschlagbild des Schriftstellers las und mich die Schüler so für den Autor hielten, den sie – zu ihrem Erstaunen – sein eigenes Buch lesen sahen,

295 c

und die freudige Befriedigung, die sich einstellt darob, daß ich bislang immer nur mit Freunden und noch nie mit einem Feind verwechselt worden bin,

295 d

und mein Gefühl von heiterster Listigkeit, das mich beschleicht beim Gedanken daran, daß jetzt die (eigentlich bestürzende) Möglichkeit näher gerückt ist, wenigstens vorübergehend einmal ein anderer zu sein.

296. die Art und Weise

die Art und Weise, mit der ich eben jetzt im Titel »die Art und Weise« geschrieben habe, auf die ich erst aufmerksam wurde, als ich dann, in ganz anderer Absicht, »die Art und Weise« zu schreiben begann.

297. der Abend

dieser Abend voll Gelächter, Wein, Gesprächen und Musik im »Castel Pub«, den Heuberger beim Abschied mit dem Satz beendete: »Wollen wir Frieden machen?«,

297 a

und der schwach nur erkennbare Hohn, der in Heubergers Augen aufflackerte, dieser sanfte Hohn, der das einzige Zeichen dafür war, daß da am Anfang dieses Abends etwas anderes gewesen war als Frieden.

298. die Chemie

die Faszination, die das hübsche, blonde, offene, frohe Mädchen im Gespräch auf mich ausübte, diese Faszination, die ganz plötzlich, und zwar genau im Moment, in dem das Mädchen sagte, es studiere Chemie, erlosch, und dies bestimmt nur deshalb, weil Chemie ein Fach ist, das mich in der Schule immer fürchterlich gelangweilt hat.

299. das Plusquamperfekt

Gegenwart, Vergangenheit, Perfekt und Plusquamperfekt, die Zeitformen, die ich jetzt beim Wiederlesen der Katalognummern dieses »Katalogs von Allem« aufmerksam kontrolliere, weil dies nun häufig noch der einzige Anhaltspunkt ist, um herausfinden zu können, ob ich eine Beobachtung während oder erst nach Abschluß des beobachteten Ereignisses notiert habe.

300. die Voraussetzung

die Gespräche rund um mich im von Firmeninhabern und Geschäftsherren besetzten Speisewagen Zürich–Bern am 18. September 1980, die ich unwillentlich mithöre und die mich nur deshalb wie die Äußerung gleichgeschalteter Gedanken berühren, weil alle von der unausgesprochenen Voraussetzung ausgehen: »Vernünftig ist, was rentiert.«

301. der Impfstoff
die in Nr. 257 katalogisierte Gewöhnung, die mich allabendlich wohl deshalb wieder ärgert, weil sie eigentlich eine Immunisierung ist, die von einem gegen den Willen verabreichten und noch unerforschte Nebenwirkungen zeitigenden Impfstoff erzeugt wird, der schleichend durch den Körper dringt.

302. das Plätschern
das Plätschern des Brunnens im Hof des Restaurants »Mère Catherine«, das man nicht hören kann, weil aus den Fenstern des nebenan gelegenen »Café Jeanette« diese funktionalisierte, stereotype, volltechnisierte Rock-Muzak dröhnt, die das Plätschern – dieses Echte, das jedesmal wieder als einziges Abenteuerlichkeit birgt – überspült.

303. die Reparatur
mein absichtliches Zögern, das die Folge der offensichtlichen Hemmung ist, meinen stehengebliebenen Wecker in ein Uhrengeschäft zu bringen, weil ich weiß, daß mich dort die Antwort des Uhrmachers erwartet: »Kaufen Sie einen neuen. Ein neuer Wecker ist billiger als die Reparatur des alten«,
303 a
diese Hemmung, ausgelöst vom Ratschlag anderer Uhrmacher »Kaufen Sie doch eine neue!«, den ich an manchen Orten hören mußte, als ich meine Konfirmationsuhr des Paten, Marke Hugentobler (siehe auch Nr. 253), zur Reparatur zu bringen versuchte,
303 b
und mein von Monat zu Monat sich heftiger als Widerstand äußerndes Bedürfnis, nicht gezwungen zu werden, dauernd und immer wieder und jedesmal etwas Neues kaufen zu müssen.

304. das Tohuwabohu
diese Stimmung von Hektik und Frenesie im Kinosaal des Ambra-Jovinelli in Rom, die ich als völlig atemlosen Taumel erlebt

hatte und deshalb in meiner Novelle »Tingeltangel« nachvollziehbar machen wollte, auch das Keuchen in diesem Tohuwabohu aus Vorwärtsstreben und Gehindertwerden, dieser Eindruck von Atemlosigkeit, die offenbar nicht als das, was sie ist, auf den Leser wirken darf, weil Thomas Beckermann vom S. Fischer-Verlag mein Manuskript mit der Begründung ablehnt: »Freilich, diese rasche und saloppe Sprache entspricht dem Thema; zurück bleibt dann aber bei mir (...) eine gewisse Atemlosigkeit.«

305. das Feuer

die Fachkenntnis des Feuerwehrhauptmanns, die uns bestürzt, weil sie von keinerlei Skepsis bewegt zu werden scheint, und die der Artist Arno Black – mit verstecktem Hohn – zu testen wagte, als er das feuerpolizeiliche Verbot, auf der Bühne des Zürcher Opernhauses Feuer zu speien, mit der als Geständnis mißverstandenen Feststellung umging: »Das ist mein Trick. Ich spucke nur eiskaltes Feuer. Und solche Flammen brennen nicht.«

306. der Stachel

meine Frage an mich selber, weshalb ich wohl Claus Bremers Erklärung an der »Orte«-Sitzung im Eckstein »Wenn ich Geld verloren habe, muß ich Poesie schreiben, um es zu ersetzen«, in meinem Notizbuch mit dem Titel »der Stachel« überschrieben habe, und die Vermutung, daß ich es deshalb tat, weil der Stachel an dieser Sache das Geld ist.

307. der Lärm

dieser Satz aus Guido Bachmanns »Briefen aus Carona«, den ich jetzt erst richtig verstehe und wichtig finde, wo ich feststelle, daß ich sowohl im Verkehrsgedonner auf dem Limmatquai während der Stoßzeit wie auch während der Betriebszeit der Disco »Primo« im Nachbarhaus keinen einigermaßen vernünftigen Gedanken zu fassen vermag, denn Guidos Satz lautet: »Lärm macht dumm.«

308. die Stimmbänder

das mit spanischen Wörtern vermischte Italienisch der beiden offenbar erfolgreichen Geschäftsherren am Nebentisch im »Pan Perdü«, ihr Gespräch darüber, was jeder Arbeiter ihrer Fabriken in Argentinien pro Tag und pro Woche abwerfe, was der Umgang mit diesen und mit jenen Leuten wohl eintrage, dieses mit fürchterlicher Beiläufigkeit geführte Gespräch, das in mir die verwegene Frage weckt: Würden sie, wenn die menschlichen Stimmbänder nach dem Aussprechen von tausend Sätzen für immer verbraucht wären, würden sie dann wohl dieselben Dinge sagen?

DER LATEINAMERIKANISCHE KATALOG

309. die Ankunft

das Geheimnis in meinem heftigen Bedürfnis zu reisen, in der Gier nach allem Fremden, das sich mir auf dem Flug nach Cochabamba endlich entschlüsselt, als ich merke, daß mich die Ankunft im neuen Land in jenen Zustand versetzt, in dem ich alles zum erstenmal erlebe, also in die Kindheit.

310. der Morgen

diese fast unerträgliche Spannung, mit der ich jedesmal nach der nächtlichen Ankunft in einem fremden Land im Hotelzimmer den Morgen erwarte, weil erst er mir zeigen wird, wie dieses fremde Land aussieht.

311. der Lichtwechsel

der Tagesanbruch, den ich bislang als organischen Lichtwechsel erlebt habe, ganz anders als heute, wo ich vom Flugzeugfenster aus fiebernd beobachte, wie die Morgendämmerung das Dunkel vertreibt, als schicke der Tag erste Schlieren seines Lichtes als Vorhut in die renitente Nacht hinein.

312. das Festessen

das Festessen, zu dem dieses einfachste aller Gerichte, der »Plato pazeño«, nur dadurch wurde, daß ich guter Dinge war,

312 a

und die Frage, ob deutlich werde, was gemeint ist, wenn ich diese Nummer statt mit »das Festessen« mit »die Dinge« betitle.

313. die Lehre

die ungewollte Lehre über die Kraft der Farbe, die ich erhielt, als ich aus lauter Langeweile beim Telefonieren in einer von Raoul Martinez für die Zeitschrift »Union« geschaffenen Grafik, die viermal denselben Kopf darstellte, die Haare des Burschen in vier verschiedenen Farben ausmalte:

der Grünhaarige wirkt nonchalant,
der Rothaarige herausfordernd aufmerksam,
der Schwarzhaarige kritisch zurückhaltend,
der Blauhaarige geschlechtslos verträumt,

und die anschließende Einsicht, daß ich mit Farben ziemlich viel mehr erreichen kann als mit Formen.

314. die Seife

das Gefühl von Luxus, das dort, wo eine oder zwei Sorten Seife erhältlich sind, durch die bloße Vorstellung von zehn Sorten Seife ausgelöst wird, und das Gefühl von absoluter Selbstverständlichkeit, das dort, wo zwanzig Sorten Seife erhältlich sind, durch die Vorstellung von zwanzig Sorten Seife erzeugt wird.

315. die Sitzanordnung

die wie von einem Regisseur ins Bild komponierte Situation im blütenreichen Garten hinter dem »Sporting Club« in Cannes (in dem Alejo Carpentier, Miguel Littin und Nelson Villagra, in ausladenden Korbsesseln und in durchaus komponiert wirkender Sitzanordnung in dieses weite Grün verteilt, je einem einzelnen Journalisten frontal gegenübersitzen), die nur deshalb so unglaublich fellinesken Zauber ausübt, weil sie wie die in fremder Besetzung nachgespielte Gartenszene von »Giulietta degli Spiriti« wirkt.

316. die Stiefel

die Stiefel der folternden Soldaten, von denen Geraldine Chaplin in ihrer Rolle der Maria im Film »Los ojos vendados« sprach, diese trockenen Sätze von den Stiefeln, die so hämmernd wirken, daß ich plötzlich die Stiefel eines jungen chilenischen Soldaten vor mir sehe,

316 a

und der bohrende Schrecken darüber, daß die zerknautschten Stiefel, die ich jetzt in Großaufnahme vor meinen Augen sehe, die Stiefel jenes jungen Soldaten sind, der mich am 7. Dezember 1974, kurz nach Pinochets Putsch gegen Allende, in Punta Arenas, auf meinem Spaziergang an den Ufern der Magellanstraße, verhaftet hatte,

316 b

und die Nervosität, die meinen Körper zu schütteln begann, als dieser Soldat, während er mich mit dem Sturmgewehr vor sich hertrieb, zu mir sagte: »Sie sind verdächtig nervös«,

316 c

und der entsetzliche, immer wieder schneidend wiederholte Ruf dieses Schnösels mit seinem geladenen Gewehr, diese vier hingebellten Worte, mit denen er jeden meiner erklärenden Sätze abblockte: »No le creo nunca! No le creo nunca! No le creo nunca!«,

316 d

und die wie Stiche in mein Ohr sich bohrenden Rufe des Soldaten, der, selbst während ich von einem Hauptmann in der Kaserne von Punta Arenas verhört wurde, auf jede meiner Antworten in den kargen Saal schrie: »No le creo nunca! No le creo nunca!«,

316 e

und die Mattigkeit in meinen Gliedern, diese physische Äußerung von Resignation, die war, als ob mir die Knochen aus Armen und Beinen herausoperiert worden wären, diese Schlaffheit, die mich überfiel, weil ich während des Verhörs immer wieder die

Gerüchte in meinem Schädel aufbrausen hörte über die Geschehnisse im Stadion von Santiago,

316 f

und das angsteinflößende Lächeln, mit dem der Hauptmann meine Erklärung wegwischte, als ich ihm auf die Frage, was ich denn hier zu suchen hätte, ganz ehrlich und einfach antwortete: »Ich wollte die Wasser der Magellanstraße sehen«,

316 g

und die leichte Verwunderung, die mich deshalb beschlich, weil ich jetzt plötzlich nicht mehr gegen die Stimme des Soldaten mit dem Gewehr in der Ecke ansprechen mußte, denn dieser Soldat schrie diesmal sein »No le creo nunca!« erst, als ich den Satz zu Ende gesagt hatte,

316 h

und das Schild, an dem ich vorbeigeführt wurde, das die Militärs nach dem blutigen Ende von Salvador Allendes dreijähriger Amtszeit – neben den Bildern der »meistgesuchten Revolutionäre Jaime Carvetes und Antonia Fuchslocher« – an der Holzwand im Korridor angebracht haben: »Beeilen wir uns! Wir sind drei Jahre im Rückstand!«,

316 i

und die, erst nach meiner Freilassung, von Jaime Vogel vernommene Erklärung, daß mein Spaziergang am Ufer der Magellanstraße deshalb so verhängnisvoll endete, weil die Insel, die ich vom Ufer aus beobachtet hatte, die Insel Dawson ist, auf der die Konzentrationslager für Allende-Anhänger stehen,

316 k

und die frostige Stimmung über der selbst nachts nur dämmrigen Straße vor unserem Fenster, die der Beginn des Ausgehverbots in eine Geisterlandschaft verwandelt hatte, diese bleierne Stimmung, die genau in jenem Moment von einer über die öde Straße huschenden Katze bewegt worden war, als Theo und ich uns nach meiner Freilassung – in die Bedeutung der Worte verschleierndem Deutsch – »Es lebe Allende!« zusprachen,

316 l

und mein desillusioniertes, Augenblicke nach der Erinnerungsrassel einsetzendes Registrieren, daß alle diese Erinnerungen in jenem Augenblick ausgeklinkt worden sind, als Geraldine Chaplin von den Stiefeln des folternden Soldaten sprach,

316 m

und mein neugieriger Wunsch, endlich einmal auszutesten, ob bestimmte Erinnerungen auch von etwas Gegensätzlichem, vom Gegenteil sogar, ausgelöst werden könnten.

317. der Dschungel

der schwärende Dschungel, diese über dem Wasser stehende dichte Gewächsreihe, und die langsam in der Tonspur nun auflebenden Dschungelgeräusche, diese erste Einstellung von »Apocalypse now«, dieses intensiv komponierte und lange auf der Leinwand stehende Bild, das auf meinen Organismus, meine Nase, meine Poren eine derart starke Wirkung ausübt, daß ich tatsächlich plötzlich jenen feuchtfaulig betäubenden Geruch wahrnehmen kann, der nach der Landung in den Tropen ins Flugzeug hineinzuströmen beginnt,

317 a

und das unerklärliche Weiterwehen dieses Geruches, der ja weichen müßte, jetzt, wo ich mich selber beim Hervorrufen der Erinnerung an diesen Geruch ertappt habe.

318. Manon

das Gesicht von Manon, das sich vor meinen Augen immer wieder in Aleas Film »Los Sobrevivientes« hineinschleicht, dieses stark überschminkte Gesicht von Manon aus Daniel Schmids »Heute Nacht oder nie…« – wobei ich gleich schon beim ersten Erscheinen weiß, daß ich Manon nur deshalb in den kubanischen Film hineinprojiziere, weil beide Filme an einem langen Tisch handeln, an dem Herrschaft und Dienerschaft ihre Rollen tauschen – beim Kubaner Alea allerdings ohne die Hoffnung auf Rücktausch.

319. der Suppenbeutel

der Knorr-Suppenbeutel, in welchem die Asche des kremierten Großvaters von Nordamerika nach Kuba geschickt wird, und das enttäuschte Erstaunen, mit dem der kubanische Regisseur Thomas Guitierrez Alea – der sich um die beabsichtigte Wirkung der Szene betrogen fühlt – auf die Feststellung eines Journalisten reagiert, Knorr sei kein typisch amerikanisches, sondern ein schweizerisches Erzeugnis.

320. der Saal

die Frage, auf die der kubanische Regisseur Thomas Guitierrez Alea keine Antwort wissen wollte, die Frage, warum wohl der Konferenzsaal bei der Pressekonferenz von Klaus Kinski und Werner Herzog zum Bersten gefüllt war und bei der Pressekonferenz der Kubaner fast leer – und ob diese Proportion etwas aussage über das Verhältnis von erster und dritter Welt.

321. der Stellvertreter

der Stellvertreter, als der sich der Aussteiger, der mir im Schatten der Wolkenkratzer vor seinem wackeligen Holzhaus – und beim plätschernden Gurgeln aus zwei Bierdosen – von seinem früheren Direktorenleben in einer Pommes-Chips-Fabrik erzählt, deshalb vorkommen muß, weil er seinen Schritt aus dem Wohlstand heraus stellvertretend für alle jene getan haben will, die ihn nicht tun, diesen Schritt.

322. die Verfügbarkeit

die unbegrenzte Verfügbarkeit von allem und vielem, welche die von der Technik ermöglichte Trennung von Bild und Ton erlaubt: Die Geräusche, die ein Gegenstand erzeugt, hat im Film meist ein anderer Gegenstand erzeugt, so stammt das Fauchen der Lokomotive der »Spanisch-Brötli-Bahn« auf dem Weg von Zürich nach Baden – weil es keinen bessern Ton zu diesem Bild gibt – von der Lokomtive der »Ferrocarilles ecuadorianos«, die Guayaquil mit Quito verbinden.

323. die Analphabetin
die Analphabetin, für die ich die Frau mit arabischem Paß im Jumbo der »British Airways« deshalb gehalten hatte, weil ihr der Ste-ward die Einreisekarte für Antigua und Barbuda ausfüllen muß,
323 a
und die sträfliche Voreiligkeit meines Urteils, die sich darin zeigt, daß ich diese Frau nur deshalb für eine Analphabetin gehalten habe, weil sie keine lateinischen Buchstaben zu schreiben vermag.

324. der Klang
dieses vage Gefühl, das mich auf dem Platz Alameda in Cochabamba beschleicht, es sei eigentlich der magische Klang des Namens, der mich nach Cochabamba gelockt habe, viel eher als das Bild der Stadt selber, und die Erinnerung an jene Nacht in Rawalpindi, 1964, in der sich dieses Gefühl bereits einmal eingestellt hatte, denn sowohl Cochabamba wie auch Rawalpindi stehen auf meiner Liste der elf Städte mit den betörendsten, anziehendsten Namen; die andern sind Ouagadougou, Timbuktu, Chittagong, Nouakchott, Bujumbura, Murmansk, Samarkand und Bobodioulasso – am wenigsten, befürchte ich, werde ich der Anziehungskraft von Cuando Cubango widerstehen können.

325. die Teilnahmslosigkeit
die zwanzig bis dreißig Ohrfeigen, welche die arabische Mutter ihren beiden Babys im British-Airways-Flug nach Antigua austeilt, immer wieder, und meine – mich quälende – Teilnahmslosigkeit diesem immer üblicher werdenden Vorgang gegenüber, die sich darin zeigt, daß ich mich bereits nach der fünfzehnten Ohrfeige frage, ob ich diese Beobachtung unter dem Stichwort »die Rabenmutter« oder unter »die Ohrfeigen« registrieren soll.

326. die Schrift
die Feststellung »All boys are«, von der ich nie erfuhr, wie sie gemeint ist, weil das Mädchen, das sie mit Kreide in schöner, gut leserlicher Schrift auf den Asphalt geschrieben hatte an der Stelle,

wo die Craddock-Road in Charlestown von der Main-Street abzweigt, weil es angstvoll wegrannte, als ein Auto kam, und nicht mehr zurückgekehrt ist, um zu schreiben, wie Boys sind.

327. der Drilch

das erschreckend klobige und offenbar sehr schwere Gewehr, mit dem der in olivem Drilch steckende Soldat neben dem auf ein Fahrrad montierten Kokosnußstand in Port-au-Prince dafür sorgt, daß das Straßenleben nach dem Willen Papa Doc Duvaliers verläuft, diese klumpige Waffe, die ihn uns gegenüber zum Stärkeren macht und mit der er derart pathetisch und harsch droht, als wolle er so die Tatsache überspielen, daß Gewalt die einzige Waffe der Schwachen ist.

328. die Verwechslung

die Verwechslung, die ich meinte, als ich auf Anastasios in gebrochenem Deutsch vorgetragene Schilderung seiner Teilnahme am Putsch gegen Garcia Meza entgegnete: »Du verwechselst Wochen mit Jahren und Tage mit Monaten«, dieser Irrtum, der sich als doppelte Verwechslung entpuppte, als Anastasio mir sagte: »Und du verwechselst die Benennung der Zeitspanne mit der Zeitspanne, die ich meine.«

329. das Taschentuch

die letzten paar Münzen, die mir heute geblieben sind und die ich – so rät man mir – nicht ausgeben darf, weil sie in Georgetown – griffbereit wie andernorts das Taschentuch – im Falle eines Überfalls als wohlberechnete Ration für den Räuber in die Tasche jedes Fußgängers gehören.

330. die Schweiz

mein unverhohlenes Ohrenspitzen, als ich die Kubanerin am Nebentisch sagen hörte: »Schweix ... Leute ... miserabel ...«, und meine Betretenheit, weil ich – als Schweizer – den Vorwurf auch auf mich bezog,

330 a
und das Nachlassen dieser Betretenheit, als ich nach längerem Zuhören endlich herausfand, daß die Kubanerin ihren deutschen Tischgenossen nicht von der Schweiz erzählte, sondern von ihren Erlebnissen als Gastarbeiterin im saarländischen Städtchen Schweix,

330 b
und meine fortdauernde Verlegenheit, die zu vertreiben mir doch nicht gelingen wollte, weil ich ihre Geschichte immer so hörte, als erzähle sie von einer Schweiz, die sich durch nichts als ein »z« von Schweix unterscheidet.

331. die Befürchtung
das Auftauchen aus dem Traum von Grenada an die Oberfläche dieses herrlich durchsonnten Tages, der so strahlend ist, daß ich mich bei der Befürchtung ertappe, Träume könnten also doch Wirklichkeit werden.

332. das Lesen
die Verwirrung, die mich bei der Lesung aus »La Farandula« in Santa Cruz den Textfaden verlieren ließ, nachdem ich erfahren hatte, daß der bolivianische Indianerjunge mit dem schwarzen langen Engelshaar im Publikum Dichterlesungen deshalb besucht, *weil* er selber nicht lesen kann,

332 a
und mein Verwirrtsein ob der Nähe zweier Dinge, jener Dinge, deren Nähe mir der Indianerjunge vorgelebt hat, als er mir zeigte, daß es nichts als der Buchstabe »b« ist, der Lesen von Leben unterscheidet.

333. die Indianer
der »Commonwealth of Dominica«, der hierzulande selbst von Postbeamten allzu oft mit der Dominikanischen Republik verwechselt wird, der Staat also der Dominiker und nicht der Dominikaner, dessen Name mir seit meinen Aufenthalten dort sehr

viel bedeutet und der mir – das spüre ich – noch viel mehr bedeuten würde (mehr als nur der Sonntag, an dem Kolumbus dort gelandet ist), wenn sich Dominica den Namen wieder zulegen würde, den die ursprünglichen Bewohner, die Carib-Indianer, ihrem Land gegeben hatten: Waitukubuli – weil das Verschweigen des eigentlichen Namens bei vielen Touristen – das ärgert mich – den Eindruck erweckt, als seien Dominicas Indianer auch schon ausgestorben.

334. die Hochebene

der Start vom Flughafen auf der Hochebene um Bogotà, die so steil abbricht zur Terra Caliente hin, daß ich erstmals nun, statt – wie es üblich und wohl auch richtig ist – zu sagen, das Flugzeug entferne sich von der Erde, Grund habe, festzustellen, die Erde entferne sich vom Flugzeug.

335. die Verfügung

das Bild der Indio-Frau, die es vom Altiplano in die Trostlosigkeit der staubigen Vorstädte Limas verschlagen hat, dieses von der Nachrichtenagentur Visnews zur Verfügung gestellte Bild, das ich in meinen Filmbericht über Vargas Llosa hineinmontiere und das – weil die Frau in ihrer Schicksalsergebenheit gleichnishaft wirkt – so intensiv ist, daß ich mich erstens fragen muß, in welchen – ihr unbekannt bleibenden – Zusammenhängen diese Frau in den nächsten fünfzig Jahren wohl noch überall von Filmemachern verwendet werden wird, und zweitens, ob es zulässig ist, zu sagen, »ich verwende« die Frau, wenn ich ihr Bild verwende.

336. die Umarmung

die bolivianische Grußformel »Abrazo«, die nicht Wort allein bleibt, weil sie stets auch die Umarmung meint, welche die Bolivianer bei der Begrüßung ausführen oder in ihrer Geste mindestens andeuten,

336 a
und die leere Hülse, dieses lächerliche Trugwort, zu dem »Ab-razo« wurde, als ich die Person aus Deutschland, die im Brief mit »Abrazo« gegrüßt hatte, zu umarmen wagte.

337. die Quote
der gezielte Hammerschlag, mit dem die Arbeiterin in der Spirituosenfabrik »Casa Garay« in Pinar del Rio die Korken – mit automatenhafter Regelmäßigkeit – in den Hals der Guayabita-Flaschen hineinschlägt, und mein verstohlenes – aus Solidarität mit der Arbeiterin immer wieder unterdrücktes – Vergnügen, zu sehen, daß ab und zu eine Flasche durch den Hammerschlag in Brüche geht und ihren Inhalt über den Arbeitstisch ergießt,
337 a
und die Schmälerung dieses Vergnügens durch den eigenartigen Zwang, herausfinden zu wollen, nach welcher Gesetzmäßigkeit die Flaschen bersten, dieser verspielte Zwang, der auch deshalb unerfüllt bleiben muß, weil mein Aufenthalt in der Fabrik zu kurz ist, als daß ich eine verläßliche Quote von zersplitterten, pro Einheit verkorkter Flaschen erkennen könnte.

338. das Bessere
das Bessere, die bessere Sache als den Konsum, die Fidel Castro für sein Volk wolle, welches aber den Konsum – so sagt mir einer – für das Beste halte.

339. die Plötzlichkeit
die irritierende Plötzlichkeit, mit der die Bäume jenseits des versumpften Sees bei Girardot (an diesem 22. November 1987) zu blühen begonnen haben – ich erkläre es mir mit der Treibkraft des Tropenklimas –: sie sind überzogen von großen weißen Blüten,
339 a
und der Motorenknall in der Ferne, der bewirkt, daß die riesigen Blüten – ich erschrecke – auffliegen und davon – und flatternd

mich spüren lassen, daß, was ich für Blüten gehalten hatte, ein Schwarm von Reihern war im Geäst.

340. das Bajonett

das Bajonett, das ein Contra in Nicaragua einem Sandinisten in den Bauch rammt, und unser von der Fotografie dieser Szene in der Illustrierten »Manchete« provozierter Streit darüber, welches wohl die schlimmere Tat sei, die, einem andern das Bajonett in den Bauch zu rammen, oder die, eine solche Szene zu fotografieren, statt sie eingreifend zu verhindern zu versuchen.

341. die Brandung

diese zutiefst poetische Erfahrung, die nicht auf irgendeiner dumpfen Ahnung, sondern auf der bei zwei Aufenthalten gemachten und genau protokollierten Beobachtung beruht, daß nämlich das Meer im Staat »St. Kitts and Nevis« seine Brandung anhält, wenn der Sonnenball die Horizontlinie berührt, und daß, wenn er im glitterbedeckten glutroten Wasser zu versinken beginnt, auch das leiseste Plätschern ausblendet.

342. die Handschrift

daß überall alles anders ist und daß, wenn überall alles anders ist, auch der Satz selber, überall sei alles anders, überall anders werden muß, dieses nur vermeintlich Erstaunliche, das sich nun, wo ich den Satz am 22. Juni 1999 im Zug nach München zu schreiben versuche, darin zeigt, daß der Satz ein anderer ist wie damals, als ich ihn im schaukelnden Bus nach Oruro schrieb, ein anderer wie damals 1964, als ich ihn mit Elisabeth am Ufer des Ganges zum erstenmal notierte – gleich bleibt nur das, was er bedeutet –, und wieder ein anderer als im Schiff vor den Falklandinseln und ein anderer als am wackeligen Tisch in »La dulce ilusiòn« in Cochabamba, ein anderer schließlich auch noch deshalb, weil die Handschrift zwar meine, aber – das Rattern, Schaukeln, Rütteln sorgt dafür – jedesmal eine andere ist: »Überall ist alles anders.«

343. der Lebensunterhalt

die Erinnerung an die Zöllner im bolivianischen Grenzort Villazon am 26. Dezember 1973, die jetzt – dreiundzwanzig Jahre später – wohl deshalb von der Meldung geweckt wird, der russische General habe seinen Soldaten, als Kompensation für den ausstehenden Sold, die Stadt Sernowodsk zur Plünderung freigegeben, weil ich damals von der Weisung des bolivianischen Finanzministers an seine Zollbeamten wußte, den Lebensunterhalt – so lange, bis die Staatskasse wieder zahlungsfähig sei – aus den Koffern der kontrollierten Reisenden zu bestreiten.

344. die Unpäßlichkeit

die Zerfahrenheit, die fast schon Unpäßlichkeit ist und die ich überhaupt nicht spüre, außer dann, wenn ich in einer Fremdsprache zu reden beginne und die Wörter und Sätze nicht leichthin – wie sonst – über die Zunge kommen, so daß ich feststellen muß, so wie ein Fieberthermometer das Fieber, so messe die Fremdsprache die Grade meines Wohlbefindens.

345. das Wäldchen

der Hut, den der Wind dem Mann – der mir wie eine Figur aus einem Roman von Bioy Casares vorkam – nachts vom Kopf geblasen und ihn weit weg in der Nähe des Wäldchens niedergesetzt hat, in dem kurz zuvor ein eifersüchtiger Liebhaber seinen Rivalen ermordet hatte,

345 a

und die Unbilden beim Verhör mit den Polizisten, das der des Mordes verdächtigte Mann – der mir unter dem Folgenden zur Figur von Juan Rulfo wurde –, das der Mann nicht mehr als entwürdigend empfand, weil er zum Schluß seinen Hut von der Polizei wieder ausgehändigt erhielt.

346. der Detektiv

die Sympathie, die ich für den Detektiv Marlowe empfinde, und dies allein deshalb, weil ihn Osvaldo Soriano im Roman »Traurig, einsam und endgültig« in einem Anflug von ergreifender Selbsterkenntnis sagen läßt: »Ich habe mein Leben lang gefragt und habe darüber vergessen, wie man antwortet.«

347. der Schlüssel
der Schlüssel zum rätselhaften Wesen Paraguays, den mir Fredy Girschweiler an der Expo 2007 in Asunción in die Hände legte, als er mir erklärte, in der einheimischen Sprache Guaraní gebe es kein Wort für »morgen« – wer seinen Plan für den nächsten Tag erläutern wolle, müsse sagen, »falls die Sonne aufgeht«,
347 a
und der Rost, den dieser Schlüssel ansetzte, als zwei Einheimische die wunderschöne Metapher von der Sonne in dieser Nummer 347 bei der Lesung in der Biblioteca Municipal protestierend korrigierten und beteuerten, »morgen« heiße in Guaraní »ko'êro«.

348. der Großbuchstabe
die innige Schilderung des paradiesischen Zustandes, in welchem die Tugendhaften gefahren werden und die Mißgünstigen offenbar zu Fuß gehen müssen, die sich als fundamentales Mißverständnis behaupten wird, solange in der deutschen Übersetzung der zweitletzten Zeile von Gilberto Ayalas Gedicht das kleine »g« von »gefahren werden« nicht durch den Großbuchstaben »G« ersetzt wird, weil erst dann deutlich werden kann, daß die Tugendhaften nicht gefahren werden, sondern zu Gefahren werden.

349. der Pluspunkt
die Sätze, die meine Lesungen aus »El Catálogo Latinoamericano« in Paraguay für mich zum Ärger machten, diese widerspenstigen Sätze, die jedes Mal (und richtigerweise) spanisch begannen, dann aber unweigerlich portugiesisch endeten,
349 a
und die Sätze, die Tage später in Brasilien bei meinen Lesungen aus »O Catálogo Brasileiro« jedes Mal (und richtigerweise) portugiesisch begannen, dann aber unweigerlich spanisch endeten,

349 b
und meine unerfüllbaren Versuche, aus dem peinlichen Stolpern vom Spanischen ins Portugiesische und umgekehrt den eigentlichen Reiz, den Pluspunkt meiner Auftritte zu machen, seit Carlos Orga in seiner Einführung zur Lesung in Asunción dem Publikum eingeredet hatte, das vom Portugiesischen zerfledderte Spanisch gebe meinen Auftritten ihren »toque simpatico«.

350. die Yam
die sachte Entspannung, die sich einstellt, weil ich jetzt weiß, woher dies alles kommt: Yam, Plantain und Squash hinterlassen kaum eigenen Geschmack auf der Zunge; sie rufen aber wilde Bilder herauf, die ihren Geschmack dann entwickeln: Jetzt kann ich mich der Bilderflut nicht mehr erwehren, jener vor Augen und der auf der Zunge.

* * *

351. der Geruch
das Rascheln der Viper im dürren Laub hinter San Grato und die darauf folgende Stille, die so intensiv ist, daß ich mir sage, wenn man Stille riechen könnte, würde mich der Geruch von Lärm überhaupt nicht interessieren.

352. die Eiscreme
die unberechtigterweise als abwegig erscheinende Frage, wieweit Kunst denn erst durch das Material, aus dem sie gemacht ist, zur Kunst wird, die der Confiseur Köbi Scheidegger am 21. August 1981 angeregt hatte mit seiner Feststellung, er mache seine Skulpturen nur deshalb aus Eiscreme und aus Marzipan, weil er dieses Material lieber habe als Bronze und Marmor.

353. die Ahnung
das sachte hereindräuende Unbehagen, diese Ahnung von den Dingen des neuen Tages, die Furcht vor der eigenen Furchtlosig-

keit, die ich – am Morgen, während ich ins Hemd schlüpfe – nur mit den Wörtern der Frage fassen konnte: »Hast du schon an einer Haustür geläutet und Angst gehabt, man könne dir öffnen?«

354. die Endzeit
das viele Augenblicke lang anhaltende – und an verschiedenen Stellen des Körpers spürbare – Arbeiten des Gehirns, bis ich, am Tisch im oberen Stock des »Eckstein« jene Endzeitformel, die gemeint war, aus Vera Pillers Feststellung herauszuhören vermochte: »Es gibt keine Bücher mehr, die man schreiben müßte – es gibt nur noch Bücher, die man hätte schreiben müssen.«

355. die Rolle
mein Staunen ob der Erklärung, mit der Jan mir weismachen will, weshalb ihm der Film »African Queen« nicht gefallen habe: das Schlechte am Film sei, daß der Regisseur John Huston nur den Schauspielern auf der Leinwand Rollen zu spielen gegeben habe, aber nicht den Zuschauern.

356. das Zimmer
die Verunsicherung, mit der mein Blick in Urs' Bildern nach den Zimmerwänden sucht, die die Intimität beschützen, weil Urs auch dort, wo er sein Thema in einer Landschaft ansiedelt, so viel Beschützenswertes aufzählt, daß ich mir Wände herbeiwünsche, die diese Verletzbarkeit eindämmen.

357. die Hälfte
die von Eintragung Nr. 231 geschürte Erinnerung daran, daß mich einmal jemand – es muß Walter Mehring gewesen sein – lehrte, mir immer und überall von allem das Gegenteil vorzustellen, weil eine Sache allein stets nur die Hälfte sei und ihr Gegenteil sie dann erst zum Ganzen füge.

358. das Geheimnis
jener Abend vor Jahren im »Malatesta«, den ein langanhaltender Kuß abschloß, nach dessen Ende Blut von den Lippen der Geküßten troff, dieses Erlebnis, das es nun leichter macht, das Geheimnis in Urs Dickerhofs Blättern aufzubrechen: Da ist nichts so, als sei es, sondern alles so, als sei es immer grad gewesen – auch das, was man vor Augen hat.

359. das Gleißen
der Versuch, herauszufinden, weshalb sich mir im Kino angesichts der weitläufig öden Platzlandschaft, in der Antonioni die atemberaubende Schlußeinstellung von »Professione Reporter« vollführt, immer wieder das dumpfe Gleißen von Miles Davis' Trompete in die Ohren bohrt,
359 a
und die zunehmende Gewißheit, daß sich diese Klänge nur deshalb einstellen, weil es Bilder gibt, die man hören kann,
359 b
und die Frage, weshalb mich wohl die Tatsache schockiert, daß ich fähig bin, Bilder zu hören, diese Frage, die mich gerade jetzt vermutlich nur deshalb als absonderliche bewegt, weil es mich noch nie schockiert hat, daß ich Musik auch sehe.

360. der Sprung
das stufenlos gleitende Vorrücken des Sekundenzeigers, das mich zur Notiz veranlaßt: »Was ist, das ist, und was nicht ist, das ist gewesen, denn es steht nicht fest, daß etwas sein wird – außer die Hoffnung darauf«,
360 a
und die nachträgliche Vergewisserung, daß es das stufenlose Gleiten des Sekundenzeigers war, das diese Notiz provoziert hat, denn ein ruckartig von Strich zu Strich springender Zeiger weckt Hoffnung nur für die Dauer des Sprungs.

361. das Geld

der Satz, den Richard Brintzenhofe so beklemmend beiläufig aussprach, daß ich natürlich ans Falsche dachte, als er sagte, Geld sei auch nur eine andere Art von Papier – Banknoten seien Papier wie jenes, auf das man male oder schreibe, diese Behauptung, die mich gewiß nicht so lange irritiert hätte, wenn Richard kein Maler wäre.

362. die Autobahn

die frühen Fahrten auf gewundenen Straßen und die jetzigen neuen Fahrten auf der Autobahn N 1, dieses Ineinander von vergangenen und augenblicklichen Erfahrungen, das mir bewußt macht, daß jede Autobahn ein Tunnel ist – man fährt durch,

362 a

dieses Erlebnis und die plötzliche Abwesenheit von Erlebnis, das und die sich nun heftig in den Satz drängen: Die Straße führt mich durch die Landschaft, die Autobahn führt über sie hin.

363. die Kassetten

mein ungläubiges Erstaunen ob der Geschichte vom jungen Amerikaner, der – obschon er es tun wollte – den Mut nicht aufbrachte, seinen Fernsehapparat wegzuwerfen und der sich deshalb einen Videorecorder kaufte, damit er die Kassetten, auf die er laufend die Sendungen aufzeichnete, wegschmeißen konnte, weil ihm nur dies das erlösende Gefühl gab, Herr über die unsägliche Bilderflut werden zu können.

364. die Kontur

die Brüchigkeit eines Begriffes, den Dickerhofs Buch ganz vehement signalisiert, und meine Erinnerung an endlose und ausufernde Gespräche, aus deren Dunstschicht nur noch jener eine Satz seine Konturen hat, Freiheit sei nichts anderes als die freie Wahl der eigenen Abhängigkeit.

365. die Gradlinigkeit

die unerbittliche Gradlinigkeit, diese Konsequenz, mit der Dieter seinen einmal eingeschlagenen Weg fortsetzt, diese Überzeugtheit, mit der er weitergeht und die mich zur Notiz veranlaßt: An jeder Weggabelung wählt er den jeweils schmaleren Weg.

366. Pierrot

die uneingestandene Sinnlosigkeit meines Bemühens, herauszufinden, weshalb mich wohl, angesichts des gefährdeten Gesichts von Pierrot, die Ahnung beschleicht, daß *er* es gewesen sein muß, der die Steine so lange ins Wasser warf, bis die Ringe als Muster auf der Oberfläche *blieben.*

367. die Vorstellungskraft

die wochenlang anhaltende Erschütterung über die Auswirkungen der Vorstellungskraft, als die Schauspielerin Bettina Lindtberg am 25. Mai 1984 nach der Premiere von »Charivari« zu mir, dem Autor, sagte: »Ich danke dir. Du hast mich erfunden!«, und die sich später erst ergebende Einsicht, daß die Erschütterung wohl deshalb so lange anhielt, weil mir noch nie jemand etwas derart Gefährdendes gesagt hat.

368. die Abstumpfung

die in Nr. 301 als Immunisierung bezeichnete Gewöhnung, deren Ursache in Nr. 257 beschrieben ist, die sich jetzt – wo ich mich auf das Imponiergedröhn der Motorräder vieler Discoboys schon förmlich konzentrieren muß, um es wahrzunehmen – als beängstigende Abstumpfung zu erkennen gibt, die noch andere Dinge erfassen könnte als nur das Motorengeheul.

369. die Flasche

die Sprite-Flasche, die ich im betörenden Auseinanderfächern aller Formen als Halt für mein Auge auszuwählen gezwungen bin, um im sirrenden Stroboskoptaumel des »Roxy« auch nur einigermaßen noch bei Besinnung zu bleiben,

369 a
und meine Skepsis ob Carolines Einwurf, ich sei in diesem Falle dem Wesentlichen näher im Taumel und beim vorübergehenden Verlust der Besinnung.

370. das Abschreiben
die Versatzstücke aus der Realität und aus der eigenen Imagination, die sich im erfundenen Bild verschmelzen, dieser nahtlos vollzogene Schweißvorgang, an den ich denken mußte, heute morgen, als mir Hans Schumacher sagte, er habe am Anfang seines Romans »Harder und Harder« nichts anderes zu tun gehabt, als die Aussicht vom eigenen Wohnungsfenster aus »abzuschreiben«,
370 a
und die Formulierung, die sich ergab, als ich das »Abschreiben« von Hans Schumacher auf das »Abmalen« in der bildenden Kunst zu übertragen versuchte, dann auf das Erzeugen von visueller Fiktion: »Bilder malen ist eine Sache, aber die Bilder erfinden, die man malt, das ist eine grundsätzlich andere.«

371. der Lehrer
die ganz unterschiedlichen Auffassungen von Rang und von Karriere, von Erfolg und Wohlstand, die wieder gegenwärtig wurden, als ich an meine Primarschulzeit zurückdachte: Wenn ich mir vorstelle, was sich der Lehrer Redmann damals wohl vorgestellt hat, als er uns ermahnte, im Leben etwas Ordentliches zu werden, dann kann ich nur feststellen: Aus mir ist nichts Ordentliches geworden.

372. die Phagozytose
mein Kopfschütteln angesichts der rätselvollen Vorgänge unter dem Lichtmikroskop, das ich auch dann nicht aufgeben konnte, als mir jemand erklärend sagte, man nenne das »Phagozytose«.

373. der Zoll

das resignierte – und angesichts der burlesken Stimmung der Szene auch bitterfröhliche – Kopfschütteln, mit dem wir alle auf Heidi Kräuchis Bericht reagierten, sie habe mit ansehen müssen, wie der Zöllner bei seinen Stichproben im Flughafen Kloten ausgerechnet den großen spanischen Dichter Raffael Alberti aus der Menge der ankommenden Flugpassagiere herausgepflückt und nach der Durchsuchung des Gepäcks seine Manuskripte und Schriftrollen zwecks Bestimmung des Gewichts auf die Waage gelegt habe,

373 a

und das nur auf ganz andere Weise feststellbare Gewicht, von dem wir sprachen, als wir nach Heidis Bericht zueinander sagten: »Jetzt soll noch einer behaupten, Gedichte hätten kein Gewicht!«

374. das Marzipan

die Unheimlichkeit der Gegenstände aus der tagtäglichen Arbeitswelt der Auftraggeber, die durch die Nachbildung erst aus ihrer Alltäglichkeit in meine Unheimlichkeit übersetzt wurden, als die Firma Closomat beim Konditor Köbi Scheidegger zum Firmenfest eine Klosettschüssel aus Eiscreme bestellte und der Chirurg Schnäuzlimüller ein Hüftgelenk aus Marzipan in Auftrag gab.

375. die Fahrlässigkeit

das Sehen, das äußerst aufmerksame Sehen, diese tagtägliche berufliche Tätigkeit des Bildhauers Grass, der sich deshalb kein Fernsehgerät angeschafft hat, weil er – wie er sagte – froh ist, daß er »nach Feierabend nicht auch noch sehen... fernsehen... muß«,

375 a

und die Fahrlässigkeit, deren ich mich jetzt zu bezichtigen habe, weil ich das Verb »sehen« brauchte, wo ich eigentlich »schauen« hätte schreiben müssen,

375 b
und die ganz besondere Art des Sehens wie auch des Schauens, die sich in der hochdeutschen Niederschrift von Paul Grass' mündlicher Antwort verflüchtigen muß, weil er im schweizerdeutschen Gespräch natürlich weder »sehen« noch »schauen«, sondern »luege« gesagt hat.

376. die Zahlwörter
der Wille zur Teilnahme am Geschick der Menschen, die ein Gutwilliger dadurch bekunde, daß er ihre Sprache erlerne, dieser Wille, den Dieter in seinem Sohn Stefan zu wecken versuchte, als er ihm beim Gespräch über das Sprachensprechen im Restaurant »Blumenau« sagte: »Ein guter Mensch spricht mit den Menschen, ein schlechter rechnet ihnen etwas vor«,

376 a
und die gestischen Zeichen meines Einverständnisses mit Dietis Unterscheidung, die ich schrittweise und verlegen abschwächte, je mehr in mir die unangenehme Vermutung wuchs, daß es jene Art von Menschen durchaus auch gibt, die die Sprache der andern nur dazu erlernen, um ihnen – da Zahlwörter ja Wörter und somit Teil jeder Sprache sind – etwas vorrechnen zu können.

377. das Billardspiel
die unbändige Lust, die uns antreibt, Zusammenhänge zu stiften, zufällige wie auch kalkulierte, jetzt, wo Carl Bucher und ich an der Zähringerstraße beisammensitzen, um für jedes Bild und jede Plastik der letzten Jahre einen Titel zu erfinden,

377 a
und das Versteckspiel, das wir betreiben, wenn wir die Bedeutung eines Werkes hinter gegenläufigen Wörtern verbergen, die Offenlegung dann wieder in Anfällen von engagierter Lauterkeit, die Enthüllung, die sich ergibt, wenn wir das im Bild Gemeinte als Titel auch noch in Worten melden,

377 b
und das Billardspiel, als das wir unsere Arbeit deshalb erleben, weil wir staunend und verblüfft beobachten, daß jeder Titel jedem Bild einen »Effet« gibt wie der Billardstab der Kugel,

377 c
und die – uns wie Streiche spielende Kinder beherrschende – Neugier auf die unvermuteten Zusammenhänge, welche die Kritiker künftig einzig deshalb zwischen verschiedenen Werken konstruieren werden, weil wir ihnen ähnliche Titel gegeben haben.

378. der Vorwand
die Frage des guten Geschmacks, auf die sich mein Chef beim Fernsehen beruft, als er, umständlich sich windend, zu mir sagt: »Weißt du eigentlich, daß Blau dir gar nicht steht«,

378 a
und die Verschiedenheit der Geschmäcker, der ich auch weiterhin vertrauen werde, nachdem ich gemerkt habe, daß mein Vorgesetzter die Geschmacksfrage zum Vorwand nimmt, um mir nicht sagen zu müssen, er verbiete es, daß ich in der Sendung »Schauplatz« in meinem Blue-Jeans-Anzug vor den Zuschauern auf dem Bildschirm erscheine.

379. der Fahrpreis
seine tiefe Depression, die der Taxifahrer Segantini im »Blockhus« mit der allabendlichen Panik begründet, das Ziel nicht finden zu können (»... einem Ortsunkundigen läßt sich schnell mal sagen, er sei am Ziel...«), und das Beben in seiner Stimme, als er vom Vertrauen in die Taxiuhr spricht, die einen festen Fahrpreis auch dort anzeige, wo das Ziel erfunden ist.

380. die Vergänglichkeit
man müsse die Dinge abbilden, wenn man nicht einverstanden sei mit ihrer Vergänglichkeit, diese Feststellung, mit welcher der Schriftsteller Kurt Guggenheim seinen Drang begründet, Bilder zu malen,

380 a

und seine Vermutung, die ich – ohne sie zu teilen – aus dieser Begründung heraushöre, daß die Sprache des Schriftstellers weniger als das Bild des Malers dazu tauge, das zu korrigieren, mit dem man nicht einverstanden ist.

381. der Goldgräber

der Erdarbeiter, den ich als Hochstapler bezeichnete, weil er sich als Goldgräber ausgab, und das Unrecht, das ich ihm durch meine Einschätzung deshalb zufügte, weil ich mit demselben Recht den Hochstapler, der sich als Goldgräber ausgibt, einen Erdarbeiter nennen müßte und den Goldgräber, der sich als Erdarbeiter ausgibt, einen Hochstapler, und die zunehmende Verwirrung, die mich befiel, als ich bei der weiteren Übersetzungsarbeit merkte, daß ein Erdarbeiter, der sich als Hochstapler ausgibt, ein Goldgräber ist, der sich als Hochstapler ausgebende Goldgräber aber ein Erdarbeiter und der Hochstapler, der Erdarbeiter zu sein vorgibt, wieder ein Goldgräber, diese Verwirrung, die nur dadurch entstehen konnte, daß das portugiesische Wort für Erdarbeiter »cavador« ist und »cavador« in Langenscheidts deutschem Wörterbuch aber auch »Hochstapler« und »Goldgräber« bedeutet, diese sich stetig steigernde Verwirrung, aus der ich mich nur mit der Feststellung retten kann:

»Ein cavador, der sich als cavador ausgibt, ist ein cavador.«

382. die Lampen

die Lampen im Lichtergeglitzer der Kirchweih am Seenachtsfest, die deshalb so irritierend funkeln und eine ganz andere, nämlich eine mehlige, Helle verbreiten als die übrigen Leuchtgirlanden, weil sie nicht von ihrem Licht leuchten, sondern vom Licht, das auf sie fällt.

383. die Felswand

das Echo, das viel stärker und hymnischer dröhnend von der Felswand zurückkam, als der Alphornton geklungen hatte, der es erzeugte, und Kurt und mich, uns Kinder, am Abgrund über Wengen so hohlig brausend überfuhr, als fliehe es von dort zurück, wo alle Dauer ihr Ende hat.

384. die Dummheit

der dem Straßenmusikanten vor dem »Tiefen Keller« entgegengeschleuderte Ruf »Jugopack! Chöpfed dä Siech!«, dessen Inhalt den Rufer als einen Dummen erkennbar machte, und der Stolz, mit dem dieser Dumme durch die Münstergasse weiterging und uns mit jedem Schritt zu spüren gab, daß er diesen Stolz daraus bezieht, daß die Anhänger der Dummheit endlich auch als Kaufkraftklasse und Marktsegment ernst genommen werden.

385. der Dunst

die dumpfe Glut, als die sich die Hitze durch den betäubenden, geradezu glitschig feuchten Dunst um Vila Malanza an der Mündung des Rio Gumbela in meinen Leib einbrennt, weil ihr Sengen fortwährend alles Wasser tilgt, das sie kühlen könnte.

386. die Willenlosigkeit

die Zerstörung von Sarajevo, die die Soldaten mit ihren fürchterlichen Kriegsgeräten so automatisch vollführen, als täten sie es willenlos, und diese Willenlosigkeit, die sich nur von der grausigen Gewißheit nähren kann, solange man zerstören könne, sei nicht alles kaputt.

387. die Unterscheidung

die bislang unveränderbare Unterscheidung von Tag und Nacht, die mir nun verändert scheint, weil ich den leicht rothaarigen Kerl mit dem Barbenschnurrbart, der Felix Mettler in einer Keilerei im »Blockhus« die Schlagkraft der Fäuste gelehrt hat, nur als jenen Typen charakterisieren kann, der sich vierundzwanzig Stunden lang auf der Nachtseite des Tages bewegt.

388. der Mißton

die Geschäfte zu Gunsten von Volk und Gesellschaft, die Herr Laubinger im Namen der Schweiz zu tätigen verspricht, und der – nur dem genau Hinhörenden vernehmbare – Mißton in seinem Versprechen, der ahnen läßt, daß er die Geschäfte im Namen des Geschäfts unternimmt.

389. das Drehbuch

die Konturen der Dinge und die Grenzen der Erkennbarkeit dieser Dinge, die Renato Arlati in seinem Text »In X« sich so bewußt verflüchtigen läßt, als schriebe er, was zu schreiben unmöglich ist, das Drehbuch zu einem unsichtbaren Film.

390. die Behauptung

die lähmende Abgeschmacktheit des kilometerlangen Autostaus beim Herkinger Kreuz und die beklemmend beunruhigende Faszination des Autostaus zu Beginn von Fellinis Film »Otto e mezzo«;

das fade, eintönige und besonders an schwülen Sommernachmittagen nichts als Gleichgültigkeit weckende Rattern der Schreibmaschinen im ZoKu-Versicherungsbüro und das provokante, blitzenden Ideenreichtum versprühende Klappern der Schreibmaschinentasten in Eric Saties Musikstück »Parade«;

die schale und schläfrige Mattigkeit im weißgekachelten Pissoir unter dem Paradeplatz und die facettenreich höhnische Listigkeit des Kommentars zu unserem Wertesystem in der Pissoirschüssel, die Marcel Duchamp zur Skulptur erklärt hat;

die betuliche Regelmäßigkeit, mit der Moderator Walter Eggenberger bei der Verabschiedung von den Zuschauern seinen Zeigefinger hochschnellen läßt, und die Abschied und Gruß und beides und alles verheißende Insistenz, mit der sich der fehlende Zeigefinger von Friedrich Kuhns unheimlicher Grabfigur auf dem Friedhof Enzenbühl dem Besucher entgegenbohrt;

diese vier Beispiele, die ich nun – voll widerspenstiger Überzeugungslust – als Beleg für meine Behauptung ins Feld führe: Leben ist nicht Kunst, aber Kunst ist immer Leben!

391. Sodom und Gomorrha

die von den Berichten in der Boulevardpresse geschürte Erwartung, bei der Ankunft in Cannes im ekstatischen Sodom und Gomorrha der Zelluloidindustrie zu landen,

391 a

und der Empfang in einer Sodom-Plastikwelt und in einem Glamour-Bi-Glitter-Highlife-Gomorrha, den ich wohl nur deshalb erwartet habe, weil die Leser der Boulevardpresse – wie die Redaktion des »Blick« im publizistikwissenschaftlichen Seminar erklärt hatte – Berichte von Sodom und Gomorrha wünschen, und zwar aus entrüsteter Neugier wie aus neugierigster Entrüstung, die beide durch professionelle Journalisten befriedigt werden wollen.

392. der Ort von allem

die nach tagelanger aufmerksamster Beobachtung vom Hochsitz der »Blue Bar« und eigentlich schon nach dem ersten Augenschein auf der Croisette erforderliche Retouche an diesem dürftig handkolorierten Bild von Gomorrha-Cannes, denn dieses Gomorrha gibt es in Cannes nur deshalb, weil es in Cannes ALLES gibt: das Mickrige und das Gloriose, das Miefige und das Frische, das Miese und das Erhabene, die Industrie und die Selbstverwirklichung, das Unmenschliche und die Anteilnahme, Plastik und Erde, Superman und Peter Pan, den Franc und die Idee, das Flittchen und Roberto Rossellini, das Richtige und das Widerwärtige, Saltimbanques und große Oper, das Abgebrühte und das Lautere, Kommerz und Imagination, Shaw-Brothers und Filmkooperative, Verworfenheit und Geschäftssinn, Spekulation und Überzeugung, Lulu Lafemme und Fernando Rey, das Falsche und das Großartige, Prostitution und Engagement, Klimax und So so la la, Arnold Schwarzenegger und Sophia Loren, das liebliche und das Gute, das Entsetzen und die Freude, Crazy Horse und Heinrich Faust...

392 a
und meine Verwunderung darüber, daß es in Cannes in diesen Wochen alles gibt, was das Leben erzeugt, obschon dieses Festival doch allein dem Film gewidmet ist,

392 b
und die wachsende Überzeugung, daß Cannes während des Festivals nur deshalb ein Ort von allem ist, weil Film – wie jedes Medium, das Kunst ermöglicht – die direkteste Übersetzung von Leben ist.

393. der Markt
die Gespräche der Händler auf der Terrasse des »Carlton«, die mir bewußt machen, daß auf diesem Markt hier nicht nur Filme vermarktet, sondern Mythen verkauft werden: Schneewittchen in den Pranken von King Kong... die Kinder aus der Ehe von James Bond und Papagena... Robin verliebt sich in Superman... Graf Dracula trinkt aufs Wohl von Gipsy Rose Lee... Scaramouche in Manhattan... Bimbo, Pipo und Chico auf der Fahrt zum Mittelpunkt der Erde... Hassi Bel Gebour – by night...

393 a
und die Hartnäckigkeit, mit der ich mir einzureden versuche, daß ein Markt von Mythen immerhin Wesentlicheres liefert als die Messe der Kaugummifabrikanten... und überhaupt...

393 b
und mein fasziniertes Mitansehen des Verkaufs von Trägerraketen für meine Imagination, fasziniert deshalb, weil ich mir einbilde, nach dem zischenden Start selber das Steuer zu übernehmen.

394. Cinema
die Antwort, die Andy Vetsch, der nicht wissen konnte, daß seine Gesprächspartnerin an der Bar des »Martinez« nicht Filme, sondern sich selber verkauft und auf den Meistbietenden wartet, für bare Münze nahm, weil diese Antwort klang, als sei alles, was die Sprechende tue, fester Bestandteil der Filmindustrie: »C'est le cinéma qui m'aide à me débrouiller, le cinéma!«,

394 a
und das Ergebnis unseres anschließenden Gesprächs, daß man nämlich das Wort »Cinéma« in dieser Antwort trotz allem nicht durch »Mikrobiologie« oder »Pneumatik« ersetzen könne, weil diesen Themen gewidmete Kongresse und Messen keine Mythen verschachern.

395. die Stärke
das Flackern der Blitzlichter der Fotografen beim Einzug der Gala-Gäste in den Palais du Festival, die wechselnde Stärke des Lichts auf den Gesichtern der Einziehenden, das tatsächlich ein optisch kontollierbarer Gradmesser für die Beliebtheit des betreffenden Filmstars ist.

396. Superman
die Ängstlichkeit, mit der wir nach dem Interview mit Geraldine Chaplin das Tonband abhören, um uns zu vergewissern, ob ihre Stimme überhaupt wahrnehmbar sei, weil nämlich während des Interviews plötzlich ein Flugzeug über unsere Köpfe hinweggedonnert ist, das ein farbiges Reklameband hinter sich her durch die Luft zog: »Superman – the Superfilm of the Century!«,
396 a
und das erneute Dröhnen eines Flugzeuges über unsern Köpfen, das Carlos Sauras Stimme just in jenem Moment überdröhnte, als er von seiner Abhängigkeit vom Denken der Surrealisten sprach, eines Flugzeuges, auf dessen gigantischem Reklameschweif geschrieben stand: »Christopher Reeve is Superman«,
396 b
und unser Entschluß, die Interviews mit Geraldine Chaplin und Carlos Saura seien trotz des Flugzeuggedröhns auf dem Band sendbar, weil die Herkunft des Lärms für den Fernsehzuschauer durchaus identifizierbar ist: Die beiden Flugzeuge spiegeln sich nämlich kurz im Fenster, vor dem Saura und Geraldine Chaplin auf der Terrasse des Hotels »Martinez« saßen.

397. die Imitation

die Bemerkung des marktgewandten schwedischen Möbelfabrikanten an der Bar des »Martinez«, der uns erzählte, daß seine finanzkräftigsten Kunden aus Scham oder echter Bescheidenheit Ledersessel kauften, deren echtes Leder wie Plastik aussieht: »Die echte Imitation von Plastik!«; der Werbespruch hat Erfolg,

397 a

und die in dieser Feststellung mitschwingende, aber unausgespochene Gewißheit, daß die weniger begüterten Kunden natürlich Sessel mit Plastiküberzügen kaufen, die wie Leder aussehen: Die echte Imitation von Leder.

398. die Künstlichkeit

das Gefühl der totalen Künstlichkeit von jedem und vielem, die ganz Cannes während des Filmfestivals durchweht, und dann die Erfahrung, daß der Zugriff dieser Künstlichkeit vor der Natur unerwarteterweise erlahmt, denn: da kam einer morgens um drei Uhr von einer Party, setzte sich ans Meer, hörte auf den reinen Rhythmus der Wellen, spürte das, was wirklich ist, und sagte dann, er brauche jetzt alle die Filme nicht mehr,

398 a

doch dann das Gelächter, das da noch immer von der Croisette zum Meer hinübersickert und wie der Versuch wirkt, die Kraft der Wellen, die Kraft des Realen (!), das nächtliche Rauschen dieser realen Wellen doch noch in jene Künstlichkeit herüberzuzerren, die nur dort, wo sie durchnervter Fiktion begegnet, einen ebenbürtigen Gegenpart hat.

399. das Sehen

der ungeheuer weit reichende Aufschluß über amerikanische Literatur und amerikanischen Film, den Robert Altman gab, als er meine Feststellung, er sei ein ungemein präzis analysierender Kritiker der amerikanischen Zivilisation, mit dem Satz beantwortete: »Ich ein Kritiker? Ich zeige doch nur, was ich sehe!«,

399 a
und meine von diesem Satz geschürte Vermutung, daß Andy Warhol eine Zeitlang wohl nur deshalb als Konsumkritiker mißverstanden worden ist, weil er die Konservenbüchsen zeigt, die er gesehen hat,
399 b
und die aus dieser Vermutung resultierende Erkenntnis, daß die Absicht des Künstlers und die Wirkung seiner Werke nichts miteinander zu tun haben müssen.

400. der Schauspielerdarsteller
die Figur des Schauspielers, von der Fred Zaugg in seiner Frage an Marco Bellochio sprach, und die Person des Schauspielers, von der Bellochios Antwort handelte, dieses Mißverständnis – das ich zuerst irrtümlicherweise für die Verwechslung von Rolle und Schauspieler hielt –, das sich aber logischerweise einstellen mußte, weil Bellochio in seinem Film eine, wie er's nennt, »Art von Schauspielerdarsteller« einsetzt, also einen Schauspieler, der, ohne sich selber zu spielen, einen Schauspieler darstellen, also einen Darsteller spielen muß.

401. die Kriterien
unsere anderswo angezettelte Diskussion über die Kriterien der Kunst, der Wilfried Moser mit einem banal klingenden Satz plötzlich eine ganz praktische Basis gab: »Hauptkriterium der Kunst ist, daß man sie sieht!«,
401 a
und die Gewißheit, daß es vielleicht doch nicht die Schuld der Künstler ist, wenn ein Großteil der Sehenden immer noch nicht zu schauen weiß.

402. die Untertitel
die Höflichkeit (– ist es das? –) der Franzosen oder einfach die Sekunden, die der einmal gezündete Witz bis zum Auslösen des Lachens braucht und die ich jetzt, während der Vorführung von

Fassbinders Film »Reise ans Licht«, aufmerksam zähle, weil die französischen Untertitel jeweils etwa drei Sekunden vor dem englischen Sprechtext auf der Leinwand erscheinen und die Franzosen dennoch mit Lachen zuwarten, bis der Text gesagt ist.

403. der Volksauflauf

der einen gewaltigen Verkehrsstau auslösende Volksauflauf, der sich sekundenschnell zusammenballt, weil Farrah Fawcett-Majors über die Rue Amouretti geht, dieses Gedränge, Gekeife und Geschubse, durch das die Flics und Gorillas dem Star aus der Retorte vergeblich den Weg zu bahnen versuchen, und die nach dem Verschwinden des Vamps allenthalben auftönende Frage: »Wer war denn das?«,

403 a

und die Erfahrung, daß ein gewiegter Manager hier einen Volksauflauf schon zustande bringt, indem er tut, als gäbe es etwas zu sehen.

404. die Filmkritiker

die Frage »Warum ist die Beziehung Brunos zur Lehrerin im Film nicht geklärt?«, welche Peter Handke aus dem Kreis der scharenweise versammelten Filmkritiker nach der Vorführung seines Filmes »Die linkshändige Frau« gestellt wird und die er mit dem lakonischen Satz beantwortet: »Weil mich diese Beziehung nicht interessiert hat!«,

404 a

und der Unterschied zwischen Künstler und Kritiker, den Handke mit seiner Antwort gallig deutlich macht, weil sich die Kritiker offenbar gerade für jene Dinge interessieren, die den Künstler nicht interessiert haben.

405. das Spielen

das wie immer leicht angewidert wirkende Mienenspiel von Rainer Werner Fassbinder, als er in der Pressekonferenz nach »Reise ans Licht« zu uns Journalisten sagt: »Kino ist keine Imitation von

Leben, drum zeige ich, daß die Schauspieler spielen«, ein Satz, der wichtig ist, weil er mir das Klima von leicht morbider Künstlichkeit erhellt, das in Fassbinders Filmen herrscht,

405 a

und mein Bedauern darüber, daß Fassbinder diesen Satz – den ich die Zuschauer hören lassen wollte – anderntags beim Interview nicht mehr sagt, obschon alle unsere Fragen darauf angelegt sind, ihm das Sagen dieses Satzes zu ermöglichen.

406. Allen Ginsberg

die Verwunderung darüber, daß mir beim Versuch, Andys Frage nach meinem stärksten Eindruck in all diesen Filmen zu beantworten, keine der aufwendig hingedonnerten Actionszenen von Karel Reisz oder Allan Parker in den Sinn kommen, sondern einzig die Szene im Film »Renaldo and Clara«, in der auf dem grasüberwucherten Friedhof von Lowell, Massachusetts, Allen Ginsberg am Grab von Jack Kerouac zu Bob Dylan sagt: »Ich habe ein Exemplar von »Howl« auf Baudelaires Grab in Paris gelegt«,

406 a

wobei ich ausdrücklich gestehen muß, daß mich diese Szene überhaupt nicht ergriffen hätte, wenn Schauspieler Allen Ginsberg und Bob Dylan gespielt hätten.

407. der Blick

die langen Pausen im Gespräch mit Peter Handke und sein Blick, der mich verlegen macht, weil er immer ist, als hätte man gerade etwas Verletzendes zu ihm gesagt.

408. die Sehnsüchte

die aufgerissenen Gesichter der Zaungäste, die dichtgedrängt vor dem Eingang zum Festivalpalast Spalier stehen, in der unausgesprochenen, aber spürbaren Bereitschaft, den eintretenden Stars alle ihre Sehnsüchte entgegenzuschleudern,

408 a
und die stets gezeigte Nonchalance dieser Stars beim Eintreten, die gar nicht ist, als gingen sie unter dem Bombardement von Sehnsüchten.

409. die Farbe
die weiße Farbe, die sich Bob Dylan vor jedem Auftritt mit seiner »Rolling Thunder Review« ins Gesicht schminkt, und dies mit Gesten, als würde er sich liebkosen, wobei erstaunlich ist, daß das weißgeschminkte Gesicht viel mehr wie das von Bob Dylan aussieht als das natürliche, mit der Farbe der Haut.

410. der Quatsch
der Unterschied zwischen dem Menschen und seiner Funktion, der mir ganz heftig auffiel, als unser Kollege vom deutschen Fernsehen, nach dem Interview mit Muhammed Ali, zerknirscht sagte: »Eigentlich beschämend, was ich schon für einen Quatsch zusammengefragt habe, nur weil meine Zuschauer Dinge erfahren mußten, die ich schon wußte!«
410 a
und der von diesem Geständnis ausgelöste intensive Wunsch, Peter Handke wieder einmal privat und nicht in der Rolle des Fernsehjournalisten zu treffen, um ihm zu sagen, daß ich gewisse Fragen nur deshalb gestellt und wiedergestellt habe, um von ihm jene Antworten auf Band zu haben, die ich unsere Zuschauer hören lassen möchte,
410 b
und mein Gefühl der Peinlichkeit, das ich nicht loswerden kann, solange Handke vor der Kamera so spricht, als wolle er *mir* etwas sagen und nicht den Zuschauern,
410 c
und mein verzweifelter Versuch, die tags zuvor an der Pressekonferenz gestellten Fragen jetzt beim Interview im Hotel »Canberra« wieder zu stellen, weil die Antworten von gestern früh längst Teil meines Konzeptes für die Berichterstattung geworden

sind, wobei, trotz allem bohrenden Insistieren, diese Antworten bei den Dreharbeiten nie mehr gleich gefallen sind, wie sie nach den Erfahrungen der Pressekonferenz an der und der Stelle hätten fallen müssen.

411. der Weg

der Weg zu ungeahnten Erfahrungen, den Edward Quinn uns wies, als er auf die Frage »Wohin sollen wir gehen?« sagte: »The best way to go is always the way to unknown places«,

411 a

wobei mir erst nach den ersten Schritten in jene Richtung klar wurde, daß das Befolgen dieses Ratschlages für die meisten von uns eine gefährdende Änderung ihres Lebens herbeiführen würde.

412. der Schauspieler

die Arbeit des Schauspielers, die Keith Carradine bei der Pressekonferenz für »Pretty Baby« auf strikte Art erläuterte, als er auf die Frage einer Klatschreporterin: »Wie fühlten Sie sich, als Sie diese Rolle spielten – umgeben von so vielen nackten Mädchen?« nach sehr langem Überlegen, und nicht ohne leichten Vorwurf in der Stimme, sagte: »Ich habe erst bei der Vorführung des Filmes gemerkt, daß da so viele nackte Mädchen um mich waren.«

413. das Leben

die beim Blick auf die so kunterbunt aufgetakelten Vorbeigehenden und auf den Lebensstil, den sie mit jeder anscheinend so souveränen Geste verkünden, auf die Fassaden und auf alles, was da geschieht, offenkundiger werdende Erfahrung, daß Cannes während des Festivals eine einzige Explosion von Künstlichkeit ist, von allen Künstlichkeiten dieser Welt,

413 a

und die erschreckende Erkenntnis, daß das fiktive Leben in den Filmen des Wettbewerbs sehr viel weniger Künstlichkeit atmet als alles, was außerhalb der Leinwand und hier, draußen auf den Straßen, geschieht,

413 b
und die sich nun zunehmend bestätigende Überzeugung, daß dies nur deshalb so ist, weil Kunst – und sie setzt sich im Film durch – weil Kunst ein Aggregatzustand von wirklichem Leben ist.

414. die Bibliothek
die plötzlich hereinbrechende Bestätigung einer vagen Ahnung durch Edward Quinns Feststellung: »Einer der schrecklichsten Augenblicke ist, wenn die Bibliothek eines eben Verstorbenen verkauft wird, weil doch, solange die Person lebte, auch ihre Bibliothek lebendig war«, diese Ahnung also, die – ohne daß ich sie erkannt hätte – bisher jedesmal in mir aufgestiegen ist, wenn ich in der Bibliothek meines verstorbenen Vaters stand.

415. die Not
die ganz besondere und wenig bedachte Art von Not, die der alte deutsche Seebär, mit dem typischen Seebärenbart, an der Bar des »Petit Carlton« erkennen ließ, als er mir erzählte: »Eines Tages war da ein Maler am Strand, der malte mich auf meinem Schiff ... ich hab's genau beobachtet. Dann hat er das Bild verkauft, und ich hab keinen Sou davon gesehen. So profitiert man von der Not der anderen«,

415 a
und meine Vermutung, daß es Arten von Not gibt, die andern nicht als Not erkennbar sind.

416. die Ehre
die ganz besondere und wenig bedachte Art von Ehre und Würde, die derselbe deutsche Seebär mit dem typischen Seebärenbart im »Petit Carlton« erkennen ließ, als er sagte: »Ich habe noch Begriffe wie Ehre und Würde, und gerade deshalb bettle ich lieber hier jeden Tag die Leute an, als daß ich ins Gefängnis ginge, wo ich gratis essen kann«,

416 a

und der alte Dieb in Belize-City, an den ich mich da plötzlich erinnere, weil er dieselben Begriffe »Ehre und Würde« gebraucht hat, um mir beizubringen, warum er lieber stehle als bettle,

416 b

und die provozierende Bedeutung, die diese Wörter »Ehre und Würde« dadurch annahmen, daß sie der alte Seebär im »Petit Carlton« zu Filmkritikern und Filmschauspielern sprach.

417. die Spielregeln

der Schrecken, mit dem ich plötzlich feststellte, daß nicht nur unsere Interviewpartner in ihren Filmen und viele der Glamourbummler auf der Croisette Rollen spielen, sondern daß auch Andy und ich die Rolle der Fernsehreporter spielen, weil sie von uns in Interviews ein Verhalten erzwingt, das nicht unbedingt das unsere ist,

417 a

und die Milderung dieses Schreckens, die ich verspüre, als ich erkenne, daß nicht nur die Funktion des Interviewers eine Rolle ist, sondern ebenso jene des Interviewpartners; Rollen in einem gut oder schlecht inszenierten Frage- und Antwortspiel, dessen Spielregeln aber von jemand anderem festgelegt werden, nämlich vom Zuschauer oder genauer: von dem, was wir für die Bedürfnisse des Zuschauers halten,

417 b

und die Erfahrung, daß unsere Rolle um so erniedrigender ist, je mehr der Interviewpartner zu erkennen gibt, daß er nicht auf diese Spielregeln einzugehen gewillt ist, indem er meine Frage vor laufender Kamera etwa quittiert mit: »Aber das wissen Sie doch schon!«,

417 c

und die verquere Erfahrung, daß ich mir gerade in solchen Momenten als Versager vorkomme, obschon ich es doch – oder weil ich es doch – schon weiß,

417 d
und die nun plötzlich aufsteigende Erinnerung an die Antwort des trinidadesischen Schriftstellers V. S. Naipaul, der mir die schlimmste Antwort gegeben hatte, die man einem Fernsehjournalisten auf eine Frage geben kann: »Wenn Sie mein Buch »Herr und Sklave« gelesen hätten, dann bräuchten Sie diese Frage nicht zu stellen!«,

417 e
und die Wut, mit der ich auf diesen bisher gröbsten Verstoß gegen die Spielregeln reagierte, als mir der Schriftsteller zu erkennen gab, daß ihn meine Entgegnung nicht interessiere, ich hätte das Buch gelesen, der Zuschauer aber vermutlich nicht,

417 f
und die Beobachtung, daß sich hier in Cannes eigenartigerweise nur die Deutschen nicht an die Spielregeln halten und uns verdrossen zu erkennen geben, daß sie uns als Rollenspieler entlarvt haben und deshalb nicht als ernst zu nehmende Gesprächspartner betrachten, weil ich Fragen, deren Antworten ich schon kenne – stellvertretend für den Zuschauer, der die Antwort noch nicht kennen kann – nochmals stelle,

417 g
und die gesprächige Lässigkeit, mit der die Amerikaner, im Gegensatz zu den Deutschen, alle Antworten noch einmal geben, selbst wenn man ihnen vor der Aufnahme an der Bar verraten hat, daß man weiß, was sie auf diese Fragen zu sagen haben,

417 h
und die beim Überdenken der Interviewspielregeln aufkommende Vermutung, daß Andy Warhol einerseits die zermürbende Wiederholung vermeiden und andererseits dem Interviewer etwas Verblüffung verschaffen wollte, als er damals, in der Galerie Bischofberger, Bices Frage: »Do you like Capitalism?« mit »Ja« beantwortete, und auf die von jemand anderem kurz darauf gestellte Frage: »Do you like Communism?« ebenfalls ein »Ja« ins Mikrophon hauchte und dann, auf die Ausschließlichkeit der einen Antwort gegenüber der andern aufmerksam gemacht, sagte: »Oh,

ich habe bereits vergessen, daß ich die vorherige Frage mit »Ja« beantwortet hatte!«,

417 i

und das Widerstreben, mit dem ich – nach den Canner Anfängererfahrungen – nickte, als Max Rüeger sagte: »Wir, vom Showbusineß!«, und dabei vom Beruf des Journalisten beim Fernsehen sprach.

418. die Uniformen

der aufwühlende Einblick in das Wesen des Krieges, den ich dadurch erhielt, daß der deutsche Seebär im »Petit Carlton« den ganz einfachen Satz: »Ich war im Kriege schon hier in Cannes« so emotionslos, so gleichgültig vorbrachte, daß man aus jeder Silbe, die er formulierte, spürte, daß er von sich aus damals nicht einmal als Zivilist hätte nach Frankreich gehen wollen,

418 a

und die Tatsache, daß ich diesen ganz einfachen Satz nie als derart fürchterlichen Satz erlebt hätte, wenn mir gewisse Filme nicht vor Augen geführt hätten, wie deutsche Uniformen im französischen Straßenbild, vor französischen Fassaden wirken.

419. das Interview

die lange vor unserem Gespräch schon gehegte Befürchtung, daß Paul Mazursky, der heute schon neun Interviews gegeben hatte, die alle um Auffassungen der Emanzipation kreisten, bei unserem, dem zehnten Interview auf diese an sich wichtige Frage antworten würde: »Diese Frage habe ich schon so oft beantwortet – haben Sie keine interessantere?«,

419 a

und meine anfängliche Bange, daß gerade Peter Handke diese Frage nach der interessanteren Frage stellen würde, und zwar dort, wo es um das Verhältnis seines Theaters zum Film ging, und mein Aufatmen darob, daß er sie nicht stellte, obschon er die Theater-Film-Frage vorher bestimmt schon mehr als neunmal hat beantworten müssen,

419 b
und die plötzlich ganz beiläufigen Sätze, deren Klang mich befürchten lassen, Handke werde während seines Antwortens innehalten, weil er sich selber unglaubwürdig vorkommt beim antwortenden Erfüllen der Anforderungen einer Rolle, von der er erkennen läßt, daß sie wohl meinem, nicht aber seinem Bedürfnis entspricht,

419 c
und meine in Interviewsituationen immer wiederkehrende Vorstellung, es müßte jemandem doch ein echtes Bedürfnis sein, etwas Wichtiges immer und immer wieder zu sagen,

419 d
und mein nach glücklichem Abschluß des Interviews sich einstellendes Erstaunen darüber, daß die Zuschauer ein Interview, daß die Zuschauer Fernsehen immer noch für bare Münze nehmen.

420. das Schnarren
die unentrinnbare Gemütlichkeit, die das breite Schnarren aus der Ecke im Restaurant »Chez Felix« verbreitete, genauer: dieses wohlige Schnurren, in dem ich erst dann Wortfolgen und menschliche Sprache erkannte, als mir Pupa sagte, das sei die Stimme von Sergio Leone.

421. die Länge
meine Zweifel an der oft schon gelesenen Feststellung, Bob Dylan habe sich bis jetzt aus Überzeugung und mit Erfolg aus der Vermarktungsmaschinerie der Unterhaltungsindustrie herauszuhalten vermocht, diese Zweifel, die aufstiegen, als ich am Morgen nach der ersten Vorführung seines vier Stunden dauernden Filmes »Renaldo und Clara« – dessen marktwidrige Länge einige Kinobesitzer kritisiert hatten – ein Flugblatt in den Händen hielt, auf dem geschrieben stand: »Renaldo und Clara«-Zwei-Stunden-Fassung für den Kinoverleih jetzt in Vorbereitung!«

422. der Segler

die rechte Brustwarze an der Brust des nackten Mädchens, an der die breite Schärpe mit der Aufschrift »Miss Nude America« ansteht und die von einer vielköpfigen Menschentraube am Strand des »Carlton« so intensiv angestarrt wird, daß niemand beachtet, daß draußen auf dem Meer ein Segler verzweifelt um sein gekentertes Segelboot kämpft,

422 a

und die anfänglich befremdliche Teilnahmslosigkeit der Leute allem anderen gegenüber, die diese kecke »Miss-Nude«-Attraktion provoziert hat, was jetzt aber nicht mehr befremden kann, wo ich am äußersten Rand meines Blickfeldes mit Genugtuung sehe, daß der einsame Segler sein Boot aus eigener Kraft wieder flottgebracht hat.

423. die Bombe

das Geheul der Polizeisirenen, von dem ich nicht weiß, ob es aus einem Film oder aus der Wirklichkeit stammt, und bald darauf die dumpfe Explosion und der Sandpilz einer Bombe am Strand – wobei ich mir, nur deshalb, weil ich in Cannes bin, gleich überlege, ob der weithin dröhnende Knall wohl ein Attentat ankündige oder den Werbegag eines Filmreklameagenten,

423 a

und die in Cannes eigentlich schon ganz selbstverständliche Erwartung, daß nun gleich nach der Explosion, vor der aufgeregt zusammengelaufenen Volksmenge, Eddie Williams ihre Bluse ausziehen würde,

423 b

und die dicken Schlagzeilen des »Nice-Matin«, die mir anderntags bei der Frühstückslektüre im Garten des Hotel »Molière« zu wissen geben, daß die Explosion tatsächlich kein Reklamegag war, sondern von der Zündung einer Bombe herrührte, die die Polizei hinter dem Vorhang im Kinosaal des Festivalpalastes entdeckt hatte.

424. der Marktwert

die künstlerische Begabung, die ich im Jungenalter als Vorbedingung für die Berühmtheit von Schauspielern erachtete, diese Überzeugung, die ich jetzt doch nicht aufzugeben gezwungen bin, weil ich feststelle, daß die Verkehrsstockung, die jeweils beim Auftauchen von Farrah Fawcett oder Muhammed Ali oder Eddie Williams entsteht, tatsächlich nichts anderes erkennen läßt als den Marktwert der betreffenden Personen.

425. die Kuh

die schwarzgefleckte Kuh, die von einem Sennen als lebendes Reklameschild für einen deutschen »Auf der Alm, da gibt's koa Sünd«-Pornostreifen über die Croisette gezerrt wird, diese Kuh, deren Stapfen mich schockiert, weil sie, im Gegensatz zu den aufgekeßten und ausgezogenen Starlets, ohne ihren Willen als lebendes Reklameschild benützt wird.

426. das Verstehen

die früher überhaupt nie beachteten kleinen Gesten und Zeichen, die jetzt plötzlich ein ungeheures Gewicht bekommen, weil sie uns Verstehen und Mißverstehen zugleich demonstrieren: Als Andy seine Schuhe anzog und ich ihn fragte »Du gehst?«, bekam ich die anfänglich verwirrende Antwort: »Nein, ich ziehe nur die Schuhe an«, und als er bei meinem Versuch, ihm Wein einzuschenken, abwinkte, antwortete er auf mein »Du willst nicht trinken?« ganz beiläufig: »Doch. Ich habe nur die Hand bewegt«,

426 a

und die Wertfreiheit der Gesten, auf die wir uns nie gegenseitig aufmerksam machen würden, die Sensibilität für wechselnde Bedeutungen von Dingen, diese Aufmerksamkeit, die wir nie entwickelt hätten, wenn wir Handkes Film »Die linkshändige Frau« nicht gemeinsam gesehen hätten.

427. die Kinder
die kecke Selbstsicherheit in den kindlichen Gesichtern und die unheimlich erwachsenen Gesten dieser schönen Kinder in der Lobby des »Martinez«, oder genauer: die beängstigende Anmut, die die erwachsenen Gesten deshalb erhalten, weil sie von Kindern ausgeführt werden,

427 a
und die Antwort, die wir fanden, als wir uns fragten, was denn dieses irritierende Zusammenwirken von kindlichen Gesichtern und erwachsenen Gesten verrate, nämlich dies: daß diese Kinder in enormen Villen und in Hollywood erzogen worden sind.

428. der Hochmut
der Hauch von Blasiertheit oder Hochmut, den die Tischgesellschaft bei der Party der »Twentieth Century Fox« im Hotel »Montfleury« allein dadurch erhielt, daß man sich an die großen Tische setzte, ohne zu grüßen, und wieder wegging, ohne sich zu verabschieden,

428 a
und die Tatsache, daß nichts anderes dazwischen war als das Nachtessen.

429. die Rasierklingen
mein neugieriger Blick auf die beiden Gaukler, die mehrmals täglich auf dem Gehsteig vor der »Blue Bar« Zigaretten und Rasierklingen verschlucken und nun gerade an der Theke ihr Bier trinken, weil ich – vergeblich, wie sich zeigen wird – erwarte, daß sie nun, vor dem ersten Schluck, die angeblich verschluckten Zigaretten und Rasierklingen aus der Wangennische herausklauben und mir so beweisen, diese Gegenstände nicht wirklich verschluckt zu haben.

430. das Verb
der Verzicht aufs Verb im Filmkommentar, das deshalb unnötig wird, weil der bewegte Film die Handlung nicht nur zeigt, son-

dern selber die Handlung ist, und ein Verb, welches das, was man sieht, auch noch sagt, nichts als Handlungsüberdruß erzeugt,

430 a

und das Verb, das dennoch wieder und wieder im Filmtext plaziert werden muß, weil – so sagt mein Vorgesetzter – weil der Zuschauer noch nicht gemerkt hat, daß die Bewegung im Film die Handlung ist.

431. die Symbole

die ganz artig gespielte Verständnislosigkeit im Gesicht von Marco Ferreri, als er die vielen Fragen der Journalisten zu seinem anscheinend geheimnisvollen Film »Ciao Maschio« in der anklagenden Antwort zusammenfaßt: »Ich arbeite mit Bildern – und ihr verlangt von mir Auskunft über Symbole!«,

431 a

dieser Satz, der die Situation eines vor seinen Kritikern stehenden Regisseurs auf so überlegene Art erkennbar macht, daß ich ihn lieber aus dem Munde eines bedeutenden Regisseurs gehört hätte.

432. Vorher und Nachher

der Unterschied zwischen Vorher und Nachher – und die ganz andere Art der Begegnung, die stattfindet, je nachdem, ob man einem Schauspieler vor oder nach der Vorführung seines Filmes zum erstenmal begegnet, dieser Unterschied, der mir auffällt, weil wohl nur deshalb vor Jane Fonda viele Fernsehkameras aufgebaut sind und vor Jon Voight nur das Tonbandgerät eines Radioreporters, weil die Vorführung des Films »Coming Home« noch gar nicht stattgefunden hat.

433. der Vietnamkrieg

der lang anhaltende sirrende Stich, den Jon Voight in meinem Hirn auslöst, als er Fabios wörtliche Frage: »Warum dieser Vietnamkriegsfilm, »Coming Home«, jetzt?« mit der Frage beantwortet: »Warum der Vietnamkrieg?«

434. die Schauspielerin

der verkehrsgefährdende Volksauflauf unter der Terrasse des »Carlton«, der entstanden ist, weil Jane Fonda da oben sitzt, und meine Beobachtung, daß sie gar nicht auf die begeisterten »Jane!«-Rufe aus der Menge reagiert, sondern ganz ins Gespräch mit einem Journalisten vertieft bleibt,

434 a

wobei ich mich tatsächlich frage, ob sich jemand, angesichts solch massenweiser Neugier noch echt auf ein Gespräch konzentrieren könne, was mir hier nun völlig unmöglich scheint und mich zur Vermutung bringt, das Gespräch mit dem Journalisten sei gespielt, denn eine Schauspielerin müßte, neben ihren vielen andern Rollen, ja auch ein Gespräch mit einem Journalisten spielen können.

435. der Fotoapparat

der verzweifelte und dennoch irgendwie lustvolle Ausdruck auf dem Gesicht des Mädchens, das, eingekeilt in der Menge, die sich unter Jane Fondas Terrasse drängt – die Arme wie eine Ertrinkende ihrem vermeintlichen Retter entgegenstreckend –, mir ihren Fotoapparat auf die Terrasse hinaufreckt mit dem unglaublich innigen Wunsch: »Machen Sie mir ein Bild von Jane Fonda!«

436. der Schild

die Vermutung, daß sich Jane Fonda nur deshalb vor den Augen der erregten Menge auf das (in Nr. 434 beschriebene) Gespräch mit dem Journalisten konzentrieren kann, weil sie der Menge jenen selbstgefertigten Jane-Fonda-Schild entgegenhält, auf den sich alle Sehnsüchte projizieren lassen, jenen spiegelglänzenden Schild, hinter dem sich die eigentliche Jane Fonda verbergen kann, ohne aufgezehrt zu werden, den Schutzschild, für dessen Anfertigung Scott Fitzgerald und Hemingway die schriftliche Gebrauchsanweisung gaben und den die beiden gemeinsam gebastelt haben »aus allem, was man gerade bei der Hand hat«, und das waren in ihrem Falle: »Alkohol, Stiere, bissige Bemerkungen, ordinäres Benehmen, tote Vögel, Frauen, Lügen«, im Fall von Jane Fonda aber nicht etwa das, was sie gerade zur Hand hat, sondern alles das, was man einem Filmstar gemeinhin nicht zutraut.

437. das Naturereignis

mein Unbehagen, das sich geradezu zur Übelkeit steigert und mich treibt, die Pressekonferenz zu verlassen, weil die Filmkritiker andauernd Fragen stellen, als ob Film ein Naturereignis wäre und ein Film nicht von einem Menschen ersonnen würde,

437 a

und das andauernde Mißverständnis – dem auch Kunstwissenschaftler vor der Kunst und Literaturkritiker vor der Literatur unterliegen – dieses Mißverständnis, das daraus resultiert, daß da Fragen gestellt werden, die man etwa nach einem Erdbeben oder einem Wirbelsturm stellen könnte,

437 b

wobei anzufügen ist, daß dieses Fragespiel nach dem Film »Coming home« stattgefunden hat, den viele für einen Film über den Vietnamkrieg halten, der aber nichts anderes ist als ein Film, der zur Zeit des Vietnamkrieges handelt,

437 c

und meine Ahnung, daß auch ich versucht wäre, den Vietnamkrieg für dieses besagte Naturereignis zu halten, wenn ich nicht genau wüßte, daß auch Kriege von Menschen gemacht werden.

438. die Person

die Frage, die Jane Fonda den Frager – trotz ihres deutlich gezeigten Unwillens ob dieses Themas – zu Ende sprechen ließ: »Frau Fonda, in der Szene, in der Sie mit Luke Martin schlafen...«, die Frage, zu der ich eigentlich Jane Fondas Antwort erwartet hatte: »Nein, nicht ich, sondern die Person, die ich darstelle, hat mit Luke Martin geschlafen«,

438 a

wobei ich nur deshalb erwartet habe, daß Jane Fonda die Frage mit der erwarteten Antwort unterbrechen würde, weil sie uns

Journalisten mit taktvoller Aufmerksamkeit ermahnt hatte, Rolle und Schauspieler nicht zu verwechseln oder Filmhandlung und reales Geschehnis,

438 b

und meine sachte Betretenheit darüber, daß niemand Jon Voight sagt, wenn er von Luke Martin spricht, obschon doch der Schauspieler Jon Voight Luke Martin dargestellt hat.

439. die Fiktion

die in Nummer 438 erst als leichte Irritation sich äußernde Verwischung von Rolle und Person, die jetzt Realität und Fiktion tatsächlich ineinander aufgehen läßt, als Jane Fonda die an Hal Ashby gerichtete Frage über den Selbstmord von Bruce Dern in den letzten Szenen von »Coming Home« – als sei Bruce Dern der Name einer Filmfigur – mit der Feststellung beantwortet: »Es gibt mehr Selbstmörder unter den Vietnamrückkehrern als unter der übrigen Bevölkerung – und viele tun es auf viel brutalere Weise.«

440. der Spaziergang

Jill Clayburghs gemächlicher Spaziergang, der nur so lange ein gemächlicher Spaziergang bleibt, als keine Passanten bewundernd oder Autogramme heischend stehenbleiben, denn erst wenn einer oder drei bewundernd stehenbleiben, bleiben plötzlich alle bewundernd stehen.

441. der Trottel

die Frage, wer denn tatsächlich der Trottel sei, der Entführer oder der Journalist, die jetzt plötzlich diskutiert wird, weil Les Wedman, Filmkritiker aus Vancouver, an der Bar des »Carlton« die von echter Verehrung für den Gestohlenen zeugenden Gespräche über den Diebstahl von Charlie Chaplins Leiche damit verwirrt, daß er den Satz aus einem kanadischen Zeitungsartikel zeigt, der die angebliche Forderung der Entführer mitteilt: »Frau Chaplin, wenn Sie nicht eine Million Dollar bezahlen, werden wir Ihren Mann töten!« – wobei jetzt einer anmerkt, daß dieser Boulevardschreiber nach so vielen Berichten über Entführungen in der Hetze der Deadline wohl keine Gelegenheit mehr hatte, daran zu denken, daß er zum erstenmal nicht über die Entführung einer lebenden Person schreibt.

442. die Abbildungen
die beiden ganz verschiedenen Arten von Begegnung, die stattfinden, wenn man eine Person kennenlernt oder einer Person erstmals begegnet, nachdem man sie in der Hauptrolle eines Filmes gesehen hat – und dies vielleicht deshalb, weil im einen Fall ein Mensch vor einem steht, im andern die lebendige Vorlage für eine Vielzahl von Abbildungen, die etwas anderes zeigen als einfach die abgebildete Person.

443. die Aufnahme
die Verbundenheit, die sich eigentlich zwischen uns einstellen müßte, weil Bernhard Weber jetzt, nach der sehr enttäuschenden Aufnahme seines Filmes »Hotel Locarno«, meine wirklich nicht unbedacht formulierten Worte mit ganz heftig beipflichtendem Kopfnicken begleitet: »Ob gute oder schlechte Erfahrung – sie ist gut, weil sie eine Erfahrung war.«

444. der Film
die nach ungezählten Stunden in den Kinosälen von Cannes notierte schlichte Feststellung, daß ein interessanter Film besser ist als ein guter.

445. das Schlängeln
das zuckende, ekstatische Vorwärtsdrängen im Körper des Knaben, von dem man mir sagte, er sei »der berühmteste Junge von Antibes«, dieses verselbständigte Schlängeln, mit dem sich der Knabe Jean durch die dicksten Menschenmauern hindurchwindet, um in die Nähe jener Filmstars zu gelangen, die im Blitzlichtregen der Fotografen stehen, weil er seine Fotosammlung komplettieren will: Jean mit David Bowie, Jean mit Jane Mans-

field, Jean mit Gérard Depardieu, Jean mit Elsa Martinelli, Jean mit Elke Sommer, Jean mit Harold Nicholson, Jean mit Jane Fonda – und Jean mit James Dean, der einzigen Fotomontage in seiner jahrelang Cannes schon abgejagten Sammlung.

446. die Zeitlosigkeit

die verwirrende Zeitlosigkeit japanischer Kleidung, der Papierwände und japanischer Interieurs, die zu bewirken vermögen, daß ich erst, als die weibliche Hauptfigur ganz selbstverständlich und unerwartet sagt »Man telefoniert uns freundlich«, merke, daß Kurosawas Film »Madadayo« in unserer heutigen Zeit spielt.

447. Shakespeare

»Da geht Shakespeare!«, dieser Satz, den ich erheitert vor mich hin rezitiere, jetzt, wo ich Sergio Leone in die Rue Molière einbiegen sehe, weil mir Pjotr Kraska in Zürich Sergio Leone als den Shakespeare unserer Zeit gepriesen hat, der – wie sein englischer Vorgänger – fähig sei, grundtriviale Themen mit allerhöchster Kunstfertigkeit zu adeln und damit der großen Masse aufreizende Unterhaltung und gleichzeitig den Kunstästheten höchsten künstlerischen Kitzel zu verschaffen – genau wie Shakespeare im Trivialsten das Gültigste erkennbar machend,

447 a

und dieses Gültigste im Trivialen, das Kraska in seinem geplanten Roman »Die Hand im Klong« sichtbar werden lassen will, und der Erfolg, der sich – nach seiner Auffassung – deshalb einstellen muß, weil er dieses Gültigste und dieses Triviale mit derselben schneidenden Konsequenz ineinanderweben will wie Sergio Leone und somit also wie Herr Shakespeare.

448. das Bikinioberteil

das barbusige Mädchen, das soeben – von einer ständig sich vergrößernden Menge von Fotografen umlungert – sein Bikinioberteil ausgezogen hat und auf Andys Frage, weshalb es seinen Busen zur Schau stelle, mit freudiger Arglosigkeit antwortet: »Weil ich nicht glauben konnte, daß es mir gelingen werde, ein solches Heer von Fotografen anzulocken nur dadurch, daß ich mein Bikinioberteil ausziehe.«

449. das Denken
die vor Jahren einst in Nr. 165 notierte faszinierende Bemerkung von Markus Imhoof, daß Denken die Sprache brauche und Verstehen die Emotion, die mir jetzt fragwürdig zu erscheinen beginnt, wo ich feststelle, daß die entscheidenden Filme stets deshalb entstehen, weil die bedeutenden Regisseure in Bildern zu denken fähig sind.

450. die Birke
die Verwechslung von Rolle und Schauspieler, der W. S. jahrelang erlegen war, und der verstörende Schock, den er erlebte, als er – in Kleidung und Frisur und in der aggressiven Lässigkeit sein Vorbild James Dean imitierend – hören mußte, James Dean sei als Schauspieler entdeckt worden, weil er pantomimisch hinreißend »eine Birke im Sturm« dargestellt hat.

451. die Gefangene
die Geschichte von der großen Schauspielerin, die, um sich in ihre Rolle einfühlen zu können, die Gefangene besuchen ging, deren Leiden sie im Film darstellen mußte, und der schmerzende Schlag, den sie erlitt, als die Gefangene beim ersten Gespräch über die Rolle zu ihr sagte: »Ich weiß gar nicht, von wem Sie reden!«

452. die Abscheulichkeiten
die beim Nachdenken darüber, wie oft wir in Gefahr sind, die Figur einer Filmhandlung mit dem Schauspieler zu verwechseln, der sie spielt, sich einstellende Gewißheit, daß Pasolinis »Salo« in mir nie jene tagelang anhaltenden kathartischen Erschütterungen ausgelöst hätte, wenn die Rollen der folternden, skalpierenden, Scheiße fressenden, die Zunge ausreißenden Scheusale von bekannten Schauspielern gespielt worden wären, weil man sich

dann vor dem Entsetzen in die Vertrautheit mit dem Darsteller hätte flüchten können und so das Spiel von vornherein erkennbar geblieben wäre,

452 a

und die Abscheulichkeiten, angesichts derer ich mir nur dadurch Mut zum Weiterschauen zureden konnte, daß ich mir immer wieder sagte, diese Personen seien erstens zum Vortäuschen der Grausamkeiten *engagiert* worden und zweitens nichts als *abgebildet.*

453. die Geste

das Erschrecken, das die Geste des David Bennent in mir auslöste, als er, auf den Schultern von Volker Schlöndorff sitzend, im Blitzlichtregen den Fotografen zuwinkte, weil es eine durchaus selbstsichere, entsetzlich erwachsene Geste war, die da aus einem Kinderkörper kam.

454. die Verfügungsgewalt

die sachte Peinlichkeit, mit ansehen zu müssen, wie die schnieken Männer in der Carlton-Bar in die schöngefärbten Gesichter ihrer Freundinnen hineingreifen, um sie – als sei ihnen die Verfügungsgewalt abgetreten worden – mit fester Hand unserer Kamera entgegenzuwenden.

455. der Gesprächsverlauf

das Stimmengewirr in der Blue Bar, welches das Gespräch Francis Ford Coppolas mit einem Filmkritiker in der Ecke überdeckte, und Coppolas unablässiges An-die-Stirne-Tippen, diese immer gleiche Geste, die – weil sie jedesmal anders ausgeführt wurde – mir den Gesprächsverlauf von der Ratlosigkeit über Zögern und dann Unschlüssigkeit bis zum Entscheid durch das Stimmengewirr hindurch verriet.

456. das Ineinander

die langsamen, weit ausholenden Schläge, mit denen Leutnant Marlowe in Coppolas »Apocalypse Now« drinnen im Tempel den Hauptmann Kurtz erschlägt, und die langsamen, weit ausholenden Schläge, mit denen draußen einem Opferstier der Kopf abgeschlagen wird, dieses Schlag um Schlag und Schnitt um Schnitt verschränkte Ineinander von Fiktion und Realität, das mich erschaudern läßt, weil ich weiß, daß Marlon Brando die Rolle des Hauptmann Kurtz nur *spielte,* der Stier aber nach Drehschluß nicht mehr aufgestanden ist, wie es Marlon Brando tat,

456 a

und mein Erinnern, daß sich diese Art von schaudernder Verwirrung bisher jedesmal einstellte, wenn – im Theater oder in einem Happening – reales Geschehen, besonders wenn es endgültig ist, in die gespielte Handlung hereingeholt wird und umgekehrt,

456 b

und das Befremden ob der Tatsache, daß der Darsteller des König Johann zwar wirklich aus einem Glase trinkt, aber nicht wirklich stirbt, weil er das Trinken – im Gegensatz zum Sterben – nicht spielt.

457. die Skrupel

die Skrupel, die mich jahrelang verfolgten, weil ich in meinem Film »Wenn die Steine reden könnten ...« den – vom Kameramann der Nazis dokumentarisch festgehaltenen – Einsturz der Häuser Warschaus rhythmisch zu den Klängen des fürchterlichen Marsches »Heil Hitler, Dir!« hatte vor sich gehen lassen, diese Skrupel, die jetzt vorerst weichen, weil ich sehe, wie Coppola in »Apocalypse Now« die Bombardierung Vietnams zu den Klängen von Wagners »Walkürenritt« geschehen läßt,

457 a

diese Skrupel, die sich jetzt wieder neu einnisten, wo mir klar wird, daß Coppolas Bombardierung Vietnams inszeniert und eben nicht dokumentarisch festgehalten ist,

457 b

und die Konsequenz, mit der Coppola seinen Verfremdungseffekt einsehbar macht dadurch, daß er das Tonbandgerät im Helikopter zeigt, von dem der »Walkürenritt« abgespielt wird.

458. der Filmtitel

mein anhaltendes Fragen, was wohl Costanzo Aliones Filmtitel »Fried Shoes, Cooked Diamonds« mit seinem Film zu tun habe, dieses Fragen, das ich erst aufgab, als ich einsah, daß der Titel besser ist als der Film.

459. der Schluß

mein Erstaunen ob der achten Frage auf dem Fragebogen, den Coppola allen Besuchern seines Films »Apocalypse Now« ausgeteilt hat: »Würden Sie einen andern Filmschluß dem gezeigten vorziehen?«,

459 a

und die Gewißheit, daß der Fragebogen mit den Änderungsvorschlägen der Zuschauer Coppola dazu dienen wird, den Film unverändert lassen zu können.

460. das Radio

die Tangoklänge in den violetten Art-déco-Räumen des Restaurants »L'Entrecôte«, diese sanften Backgroundrhythmen, die ich so lange für Klänge aus dem Radio hielt, bis ich beim Blick durch das Lokal den leibhaftigen Pianisten sah, der da unentwegt Tango spielte, obwohl sich das Publikum gar nicht so verhielt, als würde da ein leibhaftiger Pianist Tango spielen.

461. das Aufwachen

meine Wut auf das Aufwachen, weil es den Traum mit Marushka Detmers in der Hauptrolle auf so abrupte Weise abbricht, daß die Art dieses Aufwachens der größere Schock ist als der Abbruch, der heftigere auch als das plötzliche Wachsein.

462. das Adverb

das Wort »traqué«, mit dem der Untertitel das Adverb im Satz »Er sieht so verhetzt aus!« in Werner Herzogs Verfilmung von Büchners »Woyzeck« übersetzt, dieses »traqué«, für das mein Langenscheidt-Wörterbuch die Infinitive »treiben, verfolgen, umstellen, aufs Korn nehmen, hetzen, orten, feststellen, aufstöbern« anführt, dieses »traqué«, das mich nur deshalb irritiert, weil Kinski den Woyzeck keineswegs gehetzt, sondern – wie er sein muß – *verhetzt* spielt.

463. die Klinge

die Fähigkeit der Phantasie, wahrgenommene Bilder zu ergänzen, die ich feststelle, weil meine Imagination den außerhalb der Bild-grenze liegenden Körper der Marie in die Bildfläche hereinholt, diesen nicht sichtbaren Körper, in den Woyzeck sein Messer so zeitlupenhaft ekstatisch hineinstößt, daß sogar das Erlöschen des Blitzens der Klinge zu einer Art von grauenhaft endgültigem Sonnenuntergang wird.

464. der Ekel

der Ekel, mit dem Peter Bondi erklärt, diese ganze überdrehte, exzentrische Festivalgesellschaft hier sei ihm allerhöchstens eine fünfzehn Zeilen lang dauernde mediokre Cocktailparty wert, dieser Ekel, den ich als gespielten Ekel erkenne, jetzt, wo Bondi anfügt, er sei schon zehnmal zum Festival nach Cannes gekommen,

464 a

und die fünfzehn Zeilen, die 150 Seiten geworden sind, von Romanen, deren Titel offenbar noch erfolgreicher sind als ihre Stoffe, denn Bestsellerautor Peter Bondi berichtet beim Unterricht über das ertragreiche Bewirtschaften von Titeln an der Carlton-Bar, er hätte allein die Titel seiner Erfolgsromane »For Lovers Only« und »Looking Through a Keyhole« schon oft verkaufen können, wenn ihm das Geld wichtiger wäre als die Literatur.

465. der Adventskalender

die vereinzelten leeren Stühle am Montag abend in der sonst immer völlig überfüllten Carlton-Bar, aus deren nun allabendlich zunehmender Zahl der Abstand zum Ende des Festivals erkennbar ist, wie der sich verkleinernde Abstand zum Weihnachtsfest aus der zunehmenden Zahl der offenen Fensterchen im Adventskalender.

466. das Lustobjekt

die roten Plastikstreifen, die über dem Busen der Dame kleben, die mit ihren gummiengen »Sloughies« und dem knackigen Ärschchen wie die Schaufensterpuppe eines Geschäfts für Reizwäsche aussieht,

466 a

und die erstaunlicherweise nicht gespielte, sondern offenbar echter Empörung entspringende Abscheu, mit der die Dame jedesmal reagiert, wenn sie im Gedränge der Croisette von zur Enthaltsamkeit verurteilten algerischen Gastarbeitern betastet wird,

466 b

und ihr zorniger Ausruf »Ich bin doch kein Lustobjekt!«, der mich vermuten läßt, daß ihr noch nie jemand vom Gegensatzpaar »sein« und »sein wollen« / »Sein und Scheinen« gesprochen hat und daß es die Differenzenspanne zwischen beidem sein könnte, welche die verstohlenen Griffe an die prallen Hinterbacken provoziert.

467. die Preisgabe

das noch während meines Sprechens sich einstellende Befremden über all das, was ich Peter Bondi, dieser Gelegenheitsbekanntschaft an der Theke, von meiner Person preisgegeben habe, und mein Gefühl der Peinlichkeit ob der Einsicht, daß ich alles dies, was ihn vermutlich gar nicht interessiert, nur deshalb hergesagt habe, weil es mir noch viel peinlicher erschienen wäre, wortlos neben meinem Nebenmann vor mich hin zu trinken.

468. der Straßenhändler

die alles Zögern überspielende Direktheit, mit welcher der marokkanische Straßenhändler in seinem afrikanischen Faltenhemd auf die blonde Schönheit in den knappen Silberlamé-Hot-pants zugeht, um ihr eine mit saharauischen Fadenklöppeln versehene Schütteltrommel anzudrehen,

468 a

und die mir – schon vor seinem ersten Schritt auf die Schöne zu – erkennbare Vergeblichkeit dieser Schritte.

469. der Wirt
die vorzüglichen Speisen, die uns der Wirt im »Au petit Montmartrois« an der Rue Louis Perrissol auftischt, und die eigenartige Form von Mitleid, die ich dem Wirt gegenüber deshalb empfinde, weil Beat und ich den ganzen Abend lang seine einzigen Gäste bleiben.

470. der Seitenblick
die verstohlenen Seitenblicke, mit denen die hochtourig überdrehte Exzentrikerin aus Kanada unsere Kamera beobachtet, und die wie echt wirkende Beiläufigkeit, mit der sie, weil sie das Objektiv auf sich gerichtet fühlt, die volle Champagnerflasche an die Lippen setzt.

471. die Ampulle
die Ampulle für Injektionen, die John Huston in der »Petit Bar« des Carlton zwischen seinen Fingern hin und her jongliert, und die ausgebrannte Leuchtstange eines TV-Scheinwerfers, als die sich die Injektionsampulle entpuppt, jetzt, wo ich sie auf dem mittlerweile verlassenen Tischchen liegen sehe.

472. die Anmaßung
die Glastür, welche die »Petit Bar« abschließt, in der John Huston – mit der Injektionsampulle zwischen den Fingern – dem spanischen Fernsehen ein Interview gibt, und meine Anmaßung, ich wisse – obwohl kein Wort durch die Glastür dringt –, was er da vor der Kamera sagt, nur weil ich Stunden vorher im »Nice-Matin« schon das lange Interview mit John Huston gelesen habe.

473. die Notiz
mein Unbehagen an der Maßlosigkeit in meiner beim Blick in John Hustons Gesicht geschriebenen Notizbucheintragung, weil ich beim Versuch, die Augen in diesem vom weißen Bart eingerahmten, energievollen und doch milden Gesicht zu beschreiben, völlig unkontrolliert die Bemerkung »titanischer Blick« notiert habe.

474. der Wandspiegel
mein Eingeständnis, daß ich in John Huston nie so fasziniert den Inbegriff des Regisseurs gesehen hätte, wenn sich seine vollkommen weiß gekleidete Person nicht in diesem märchenhaft toten Wandspiegel spiegeln würde, der wie von feuchtem Moos überwuchert scheint.

475. die Routine
dieser unsäglich skeptische, aber von der Routine im Umgang mit Film deutlich gemilderte Blick, mit dem Rainer Werner Fassbinder beim plötzlichen Abbruch des Interviews auf Pupas Feststellung reagiert, die Filmrolle sei ausgelaufen.

476. das Kopfnicken
die wortlose Antwort, die Rainer Werner Fassbinder auf die Feststellung eines Journalisten gibt: »Die dritte Generation der deutschen Terroristen hat also keine Utopie mehr«, dieses stumme Kopfnicken, das deshalb beunruhigend ist, weil es nicht nur mit dem Kopf, sondern mit dem ganzen Körper ausgeführt wird und entschiedenere Antwort gibt, als wenn Fassbinder dazu Worte gebraucht hätte (so daß es mir nötig erscheint, fortan »Körpernicken« in unserem Wortschatz zur Verfügung zu haben).

477. die Bereitschaft
»Das hab ich schon gesagt«, dieser Satz, mit dem Fassbinder mehrere seiner Antworten einleitet, und die mediengerechte Bereitschaft, mit der er daraufhin das schon einmal Gesagte noch einmal sagt, so daß ich für die Sendung jeweils nur diesen einen Satz »Das hab ich schon gesagt« – und nicht etwa über die ganze Antwort verstreute Ausweichlaute – wegzuschneiden brauche.

478. die Diskrepanz
die Diskrepanz zwischen Public Relations und Journalismus, die Peter Nobel deutlich machte, als er auf meine Anfrage, ob er mein Buch »Zelluloid-Paradies« in seiner Zeitschrift »Screen Interna-

tional« rezensieren wolle, sagte: »Schreiben Sie den Text selber und legen Sie ihn mir aufs Redaktionspult«,

478 a

und meine Genugtuung, welche die Sorge über die Verwischung von Journalismus und Public Relations rückgängig machte, als ich anderntags sah, daß der Text in »Screen International« zu distanziert ist, um mein eigener zu sein.

479. die Aversion

mein argwöhnischer Versuch, dem unverständlichen Satz der deutschen Filmkritikerin eine Bedeutung zu geben, diesem Satz, der von gespenstiger Aversion durchsättigt sein mußte, als sie beim Anblick von Werner Herzog im Gedränge sagte: »Wie der Herzog dasteht – furchtbar!«

480. der Himmel

das Dräuende in den strengen Bildern, dieses dumpfe Ungewisse im Film »Woyzeck«, dessen Entstehen ich erst erklären kann, als Werner Herzog sagt: »Es gibt keinen Himmel in diesem Film.«

481. das Bedürfnis

dieses gewaltsam unterdrückte und doch immer wieder verschämt hochkommende Bedürfnis, das ich mir nicht eingestehen will, weil ich es selber als Arroganz deuten muß, dieses Bedürfnis, das sich an der x-ten Pressekonferenz beim Fragespiel zwischen Journalisten und Regisseur meldet, dieses Bedürfnis, nicht immer fragen zu müssen, sondern auch einmal gefragt zu werden.

482. die Ordnung

die Aufgabe des Künstlers, die Max Bense bei seiner Vernissage-Rede auf Max Bill in St. Gallen als »Ordnung schaffen« bezeichnet hat, »Ordnung gegen die Erosionskraft der Natur«, diese Feststellung Benses, an die ich anknüpfen konnte, als Werner Herzog sagte: »Filme machen, das heißt Chaos und Ordnung in ein Gleichgewicht bringen«,

482 a

und der Nebenklang von Beiläufigkeit, mit dem Herzog den darauffolgenden Satz versah: »Ich ziehe das Chaos einer polizeilich verordneten Ordnung vor«,

482 b

und meine Willkür beim Übersetzen, die ich nun zugeben muß, da ich beim Nachlesen in meinem Notizbuch sehe, daß ich Herzogs französisch gesprochenen Satz wörtlich so mitgeschrieben hatte: »J'aime mieux le chaos que l'état policier.«

483. das Fauchen

das nervöse Zucken von Klaus Kinskis Lippen, als er einem Journalisten zuschreit, seine Frage verdiene gar keine Antwort, keine ernsthafte jedenfalls, dieses Zucken, verbunden mit einem schmirgelnden Räuspern, das bewirkt, daß Kinskis Worte statt gesprochen gefaucht klingen.

484. die Betretenheit

die Worte, mit denen ein Journalist seine Frage an Werner Herzog einleitet und die nach Sekunden spürbarer Betretenheit Gelächter im Saal auslösen, weil sie lauten: »Darf ich Sie fragen, Herr Fassbinder...?«,

484 a

und das stillschweigende allgemeine Eingestehen, daß eine solche Verwechslung schon ihre interessanten Gründe haben muß.

485. die Nervenstränge

die immer heftigere Entladung von Spannungen in den Stimmbändern, die offenbar wie Nervenstränge vibrieren und den beängstigenden Eindruck erwecken, Kinski werfe nicht nur seine Stimme, sondern jetzt auch seinen ganzen Körper in das vor ihm aufgebaute Mikrophon hinein.

486. die Haarwelle

die immense pomadisierte Haarwelle vor der Stirn des ganz in auffälligstes Gelb gekleideten Burschen in der Carlton-Bar, diese gigantisch vorragende Haarwelle, die man in unserem Film aber deshalb nicht sehen kann, weil Beat den Jungen nur frontal vor die Kamera bekam,

486 a

und die Auffälligkeit der Haarwelle, die weit mehr Gewicht als der zitronengelbe Anzug gehabt hätte, wenn wir von der richtigen Richtung aus fotografiert hätten,

486 b

was mich lehrt, noch genauer darauf zu achten, aus welcher Richtung ich meine, hier mit Worten fotografierten Beobachtungen festhalte; und falsch kann eine Richtung nur dann sein, wenn sie die Realisierung meiner eigenen Absicht behindert.

487. die Haare

die Mädchen im gelben Tennisdreß und dem »Racquet«-T-Shirt, die ein riesiges Spruchband »Björn Borg – Smash Hit Cannes 79« über die Auffahrt zum Carlton spannen, und der keck wirkende Bursche mit dem »Racquet«-T-Shirt, auf den eine Schar von Fotografen losschießt in der Meinung, dies sei der angekündigte Björn Borg, der sich leider die berühmten langen Haare habe schneiden lassen,

487 a

und die laut geäußerte Vermutung eines skeptischen Fotografen, dies sei vielleicht doch nicht Björn Borg, und wenn er es sei, dann sei sein Manager ein Anfänger in der Branche, der es zulasse, daß der Star seine weltberühmten langen Haare ausgerechnet vor dem Eintreffen in Cannes abschneide,

487 b

und die Aufregung, die in die Schar der Fotografen fährt, als sie den eben jetzt ankommenden richtigen Björn Borg an seinen berühmten langen Haaren erkennen.

488. die Blumen
die Schleif- und Tretspuren in den Blumenbeeten, welche die beiden Fahrbahnen der Croisette teilen, diese niedergestampften Blumen, zertrampelt von den Schuhen der Fotografen, die – im verzweifelten Konkurrenzkampf, der fast schon Keilerei war – zu einer Nahaufnahme von Björn Borg zu kommen versuchen.

489. der Regisseur
die vier grundsätzlich verschiedenen Arten von Regisseuren, deren Verhältnis zueinander das Verhältnis vieler zu allem und nicht etwa aller zu vielem erhellen könnte, wenn man bedenkt, daß im Film »Welcome to Germany« Thomas Brasch, der Regisseur, einen Regisseur einsetzt, der einen Regisseur zeigt, der einen Regisseur spielt.

490. das Bierglas
der entschlossene, keine Sekunde nachlassende und dennoch nicht krampfhafte Griff, mit dem der argentinische Manager im blauen Blazer neben mir an der Theke der »Blue Bar« sein Bierglas während anderthalb Stunden fest umschlossen hält, beim Aufheben, beim Trinken, beim Abstellen und auch dann, wenn es einfach nur auf der Theke steht.

491. das Lispeln
die Aufmerksamkeit, mit der ich Mickey Rourke beobachte, besonders die Bewegungen seiner Lippen verfolge und die Art, wie er sie, wenn sie trockener geworden sind, mit der vorschnellenden Zunge wieder befeuchtet,
491 a
und die Verschmitztheit, mit der ich diese Aufmerksamkeit ostentativ weitertreibe, jetzt, wo ich merke, daß sie allfälligen Beobachtern auffallen müßte, deren schmunzelnder Blick mir eine Art von Ertapptsein anzeigen würde, falls es solche Beobachter gäbe,

491 b
und das Ziel meiner scheinbar verfänglichen Aufmerksamkeit, herausfinden zu können, ob Mickey Rourke, der in Liana Cavanis Film den Heiligen Franziskus mit einem stimmigen und vielerlei verratenden Lispeln ausgestattet hat, dieses Lispeln spielte, oder ob er im Alltagsleben auch lispelt,

491 c
und das Eingeständnis, daß es für einen Filmkritiker bei der Beurteilung dieser grandiosen schauspielerischen Leistung beileibe nicht unerheblich ist, zu wissen, ob er als Franziskus lispelte oder als Mickey Rourke oder als beide.

492. das Raunen
die Frage, warum wohl die Cavani ausgerechnet ihn für die enorm schwierige Rolle des Heiligen Franziskus ausgesucht habe, die Mickey Rourke mit dem ziemlich gewichtlos vorgetragenen Satz beantwortete: »Weil niemand diese Rolle so spielen kann wie ich«, und das Raunen unter den Anwesenden, das verriet, daß sie diese hundertprozentige Wahrheit als Überheblichkeit verstanden und also mißverstanden haben.

493. der Durst
der Durst, den ich nach der Vorführung von Spike Lees »Do the Right Thing« mit einem Bier stillen gehen mußte, dieser Durst, der nun die häufig geäußerte Meinung widerlegt, Hitze sei der einzige Zustand, der sich von der Leinwand nicht auf die Zuschauer übertragen lasse, nicht einmal im Hitzefilm aller Filme, der »Lawrence of Arabia« ist.

494. der Schwenk
Ernsts Trauer über den Verlust des Schwenks, die noch größer ist als jene über den Verzicht auf Zooms in Fernsehsendungen, das Bedauern also, daß diese Bildbewegungen nicht mehr ausgeführt werden dürfen, weil sie – da Schauen Zeit braucht und Sehen nicht – jene Sekunden kosten, die der Zuschauer im Zeitalter des

Zappens braucht für seinen Entschluß, ein anderes Programm anzuwählen,

494 a

und die erst beim Wiederlesen deutlich gewordene Einsicht, daß diese Eintragung durch eine Schärfenverlagerung viel verbindlicher werden könnte, dadurch nämlich, daß das Augenmerk im Titel von »der Schwenk« auf »das Zeitalter« verlegt würde.

495. der Filmbeleuchter

der Filmbeleuchter, der genau das zu verhindern verstehen muß, was nun das zufällige Saallicht herbeiführt, daß nämlich die zwei Grübchen an Jack Nicholsons Nase bei jeder Kopfbewegung Schatten auf dem Nasenrücken erzeugen, die so den Eindruck erwecken, Jack Nicholson sei einer jener sehr seltenen Menschen, die vier Nasenlöcher haben.

496. der Ausruf

der Ausruf »Fürchterlich!«, den die Dame mit dem Hündchen in der Blue Bar zwar laut, aber gar nicht so äußert, als ob die Sache wirklich fürchterlich wäre.

497. der Hut

der graue Hut, den Fassbinder immer und überall und tags und nachts wie ein Markenzeichen auf dem Kopf trägt, und die verblüffende Selbstsicherheit, mit der er ihn – was niemand erwartet hätte – auszieht, als beim Gespräch Pupas auf ihn gerichtete Kamera zu laufen beginnt.

498. die Entschuldigung

mein Bedürfnis, mich bei Peter Bondi entschuldigen zu müssen dafür, daß ich ihn gestern an der Theke angesprochen habe, jetzt, wo ich mit Unbehagen feststelle, daß ich an Bartheken mit dem Nebenmann zu sprechen beginne, weil ich von ihm eine Geste, einen Satz, ein Zeichen für diesen Katalog haben möchte.

499. das Pernodglas

die energische und doch nervöse Geste, mit welcher der Mann mit der Videokassette, auf deren Hülle »Hercule à deux faces« geschrieben steht, sein Pernodglas auf der Theke von meiner Kaffeetasse abrückt, ganz so, als möchte er ein für allemal Klarheit schaffen, zu wem was gehört.

500. das Gesicht

die mir jetzt, beim Notieren von Nr. 499, auffallende Tatsache, daß ich nur die Hände des Mannes mit der Videokassette gesehen habe und nie sein Gesicht, weil man sich an der Bartheke ja nicht frontal gegenübersteht, sondern nebeneinander aufgereiht und den Blick auf die Whiskyorgel gerichtet.

501. das Vertraute

die Mühe, die es mich kostet, ganz Natürliches, Selbstverständliches, Vertrautes aufzuspüren, zu notieren, und die Freude, daß es mir ab und zu dennoch gelingt, weil das, was auffällt, das Unvertraute, das Exotische ist und Cannes während des Festivals selbst in der kleinsten Geste von Exotismus oder Künstlichkeit trieft.

502. das Einspielergebnis

die von den hiesigen Tageszeitungen gemeldete Verhaftung des Regisseurs Stan Dragoti wegen Kokainbesitzes beim Zwischenhalt auf dem Flughafen Frankfurt während der Anreise nach Cannes, diese Meldung, die hier unter den Festivaliers wohl nur deshalb zu reden gibt, weil Dragotis Film »Love at the First Bite« – nach der Statistik der Einspielergebnisse in »Variety« – in der letzten Woche 11 461 097 Dollar eingespielt hat und in der vorletzten 13 271 795 Dollar.

503. der Clochard

der in ein zerfetztes Filmplakat eingerollte Clochard, der in einer Häusernische der Croisette schläft, und meine von den Werbetricks der Reklameagenten abgestumpfte Phantasie, die erst erkennen muß, daß dieser Mann rein gar nichts mit einem Film zu tun hat.

504. der Schuß

das an Erschrecken grenzende Unbehagen, das mir der mögliche Zusammenprall von Fiktion und Realität verursacht beim Gedanken daran, daß Coppola in seinem Film »Apocalypse Now« die Szene, in der Charlie die Vietnamesenfamilie im Boot erschießt, mit Maschinengewehrsalven aus dem Tonarchiv unterlegt haben könnte, denn sowohl Schütze wie auch Erschossene spielen im Film den Schuß, während auf der Tonspur ein Schuß erdröhnt, der einen Menschen tatsächlich getötet haben könnte,

504 a

ein Gedanke, der mich deshalb bestürzt, weil es beim Filmemachen oft geschieht, daß man reale Töne in gespielte Szenen einbezieht, und öfters noch – was schlimmer ist – umgekehrt.

505. die Freunde

die Redensart der Amerikaner, die nur deshalb in meinen Kollegen den irrigen Eindruck weckte, Sidney Lumet – dem ich übrigens gestehen mußte, er habe mein skeptisches Verhältnis zu meinem Beruf mit seinem Film »Network« geprägt – sei ein alter Freund von mir, weil er jede Antwort auf meine Fragen nach nordamerikanischer Sitte mit »Yes, Peter« oder »No, Peter« oder »You know, Peter« begann, obschon wir uns bei diesem Interview im Restaurant »La Belle Otero« zum erstenmal gegenübersaßen.

506. das Keifen

die Frage eines Journalisten nach dem Sinn des Ganzen, die Klaus Kinski mit entsetzlichem Keifen als dumm und blöd abkanzelte und die – ich freue mich über die Relativität der Dinge – Tomás Gutierrez Alea heute an seiner Pressekonferenz leutselig als eine wichtige und interessante Frage bezeichnet.

507. der Fotoapparat
das eigentlich fast fröhlich wirkende Hüpfen des an seinen Riemen baumelnden Fotoapparates auf dem kugelprallen Bauch des schwedischen Touristen, als dieser sich in Trab setzt, um Charlotte Rampling beim Überqueren der Straße zu sehen.

508. das Kompliment
die gemeinsame Erörterung, ob man Hans Eichenlaubs Kompliment an Jean-Luc Godard nicht auch als sein Gegenteil verstehen könne, weil Eichenlaub, der Filmkritiker, nach dem Ende von Godards »Nouvelle Vague« gesagt hatte: »Seit zwanzig Jahren ist das der erste Film, den ich gerne nochmals sehen möchte – mit verbundenen Augen«,
508 a
und die Eindeutigkeit der Bedeutung, die sich erst dann ergab, als wir uns – zum Vergleich – einen Musikkritiker vorstellten, der sagt, er habe Lust, ein Konzert noch einmal zu hören – mit verstopften Ohren.

509. das Klappern
das Klappern der Tasten und das Klingeln des Wagens der altväterischen Schreibmaschine, auf der Jerry Lewis, clownesk seine Arme verrenkend, Leroy Andersons Komposition spielt,
509 a
und mein Zögern, nun einfach vom Klappern der Tasten und vom Klingeln der Schreibmaschine zu sprechen, auf der Jerry Lewis schreibt, ohne redlicherweise zu erkennen zu geben, daß diese Maschinenschreibgeräusche ab Tonband aus dem Lautsprecher kommen und nicht von der Schreibmaschine stammen, die Jerry Lewis ganz frenetisch traktiert.

510. die Schreibmaschine
die Vermutung, daß der Musikant auf der Schreibmaschine, zu deren Geklapper Jerry Lewis seinen Ulk zelebriert, derselbe Musiker war, zu dessen Tonbandaufnahme Reto Parolari in der

Schweizer Fernsehsendung »Zum doppelten Engel« den pedantisch tippenden Bürolisten mimte,

510 a

wobei der Unterschied gemacht sein will, daß man in Parolari ja einen Musiker engagiert hat und nicht, wie bei Jerry Lewis, einen Schauspieler einen Musiker spielen läßt,

510 b

und die andernorts auch schon gemachte Beobachtung, wie stark die verschiedenen Spieler die Musik nur schon mit ihren Gesten und ihrem Ausdruck verändern, obwohl auf dem Tonband stets dieselbe Musikaufnahme zu hören ist.

511. die Gelassenheit

die Unbeteiligtsein suggerierende Gelassenheit, welche die Haltung des Routiniers, des abgebrühten Profis ist, diese Gelassenheit, mit der Jerry Lewis die vielen Kameraproben über sich ergehen läßt, diese Gelassenheit mitten im Gedränge von Hunderten von Zaungästen, die alles andere als gelassen sind, obwohl sie nicht auf ihren Einsatz warten müssen.

512. die Bewandtnis

die dunkelblitzenden Scheiben der Sonnenbrillen, welche die beiden – bei der Pressekonferenz links außen auf der Bühne sitzenden – bullig plumpen Herren verlegen und mit versuchter Unauffälligkeit von den Augen zogen, nachdem ein Franzose Patty Hearst gefragt hatte, ob sie es sich im Alltag leisten könne, auch nur einen Schritt ohne bewaffnete Leibwächter zu tun,

512 a

und Patty Hearsts Antwort, sie sei nicht geneigt, zu verraten, welche Bewandtnis es mit ihrem Sicherheitsdispositiv habe,

512 b

und die unausgesprochene Erwiderung, die – noch vor Patty Hearsts eigener Antwort – in den Gesten der beiden Herren gegeben worden war, denn sie zeigten unwillentlich und überdeutlich, welche Bewandtnis es damit hat.

513. die Unvereinbarkeit

die Unvereinbarkeit des kleinen gedrungenen Körpers mit dem großflächigen, bärtigen Gesicht, die ich erheitert feststelle, weil Jerry Lewis während des Wartens auf seinen Einsatz – und vermutlich, um das blendende Scheinwerferlicht abzuschirmen – das Plakat zum Film »Fried Shoes, Cooked Diamonds«, auf dem großformatig Allen Ginsbergs Kopf abgebildet ist, über sein Gesicht gelegt hat.

514. der Beruf

was ich – und ob ich – alles anders machen müsse in meinem Beruf, diese Frage, die mich verfolgt, seit ich Herrn Seeliger auf meine Feststellung, alles habe mit allem zu tun, entgegnen hörte: »Wenn wirklich alles mit allem zu tun hätte, müßte auch die Zunahme von Unfreundlichkeit im Straßenalltag mit der Art des Fernsehprogramms zu tun haben.«

515. der Unwille

der jeweils nur kurz dauernde Unwille der Kameraleute und die lange währende Verzögerung, die bei den Aufnahmen zu Jerry Lewis' Schreibmaschinenkonzert eintritt, weil sich im Gerangel der Schaulustigen immer wieder ein Arm, der Nacken, die Haare oder die Schulter eines entfesselten Fotografen in den Bildausschnitt der auf Jerry Lewis gerichteten Filmkameras hineinschieben, mit einer Regelmäßigkeit, als hätten die Reporter verabredet, dem wichtigtuerischen unter den Kameramännern die gelungensten Einstellungen zu versauen.

516. die Wirklichkeit

die Wirklichkeit, die mich irritiert, seit Rainer Werner Fassbinder auf Andreas' Frage, wieweit er sich beim Entwurf der Handlung zum Film »Reise ans Licht« von wirklichen Vorkommnissen habe leiten lassen, brüsk zur Antwort gab: »Sie reden von Ihrer Wirklichkeit, nicht von meiner!«,

516 a
und die Wirklichkeit, der mich Franz Gertsch neu vertrauen lehrte, als er mich erkennen ließ, daß sowohl die Abbildung von Wirklichkeit als auch das erfundene Bild nichts anderes sind als: Wirklichkeit.

517. der Befehl
das wutlose Lächeln, das auch eine Begleiterscheinung der Abgeklärtheit sein könnte, dieses Lächeln, mit dem John Huston von den Militärpsychiatern und Ärzten spricht, weil sie die einzigen in den Vereinigten Staaten sind, die seinen verbotenen Dokumentarfilm »Let there be light!« sehen dürfen, und von allen, die das Verbot kommentiert haben, die einzigen, die wissen können, wovon sie reden,
517 a
und der Befehl, der Befehl sei von oben, dieser Befehl, der das Verbot des Antikriegsfilmes »Let there be light!« bewirkt habe und dem sich John Huston deshalb beugen mußte, weil er damals – wie er sagte – in der Armee nur Hauptmann war.

518. der Verzicht
das Vergnügen, mit dem ich zuhöre, wie Carlo Bittel von Wildwestfilmen schwärmt, und mein Verzicht darauf, zu fragen, weshalb eigentlich er nur Wildwestfilme mag, in denen es regnet.

519. die Persönlichkeit
die Übereinstimung der Art, zu sprechen, mit der Art, sich zu bewegen, und der Art, sich zu verhalten, die ich noch nie als eine derart breite und sich ausbreitende, uns einbeziehende Kraft erlebt habe wie gerade jetzt, angesichts dieser in sich ruhenden und doch ausufernden Persönlichkeit, als die mir John Huston an diesem turbulenten Tag erscheint.

520. das Hinken

die leicht frivole Schönheit des Mädchens in der roten Bluse, das die Holztreppe im Restaurant »Gilbert de Cassis« herunterhinkt und dennoch – trotz seines offensichtlichen Willens, uns Gäste im Saal sein Hinken sehen zu lassen – mit jedem Schritt, den es behutsam tut, unwillentlich zu erkennen gibt, daß es nicht zu hinken bräuchte.

521. die Drahtzieher

mein dräuender Verdacht, ein ahnungsloser Statist in einem abgekarteten Spiel von Drahtziehern zu sein, der aufsteigt, als ich den jungen schwarzgelockten Geschäftsherrn im »Gilbert de Cassis« zu seinen Partnern beim Geschäftsessen sagen höre: »Ich rufe den Journalisten beim Fernsehen an und sage ihm, er soll in der nächsten Sendung was Aufregendes über unsern Film erzählen«,

521 a

dieser unangenehme Verdacht, der in mir aufsteigt, obwohl ich ganz sicher bin, daß der Geschäftsherr nicht von mir gesprochen hat.

522. der Interviewpartner

die gezeigte Schönheit der Beine von Faye Dunaway, die ich jetzt als furchtbar irritierend und deshalb störend empfinde, wo ich ihr im Gewühl des 4. Stocks des Festivalpalastes als Interviewpartner gegenübersitze, wobei zu sagen ist, daß mich die Schönheit dieser Beine wohl nicht so irritieren würde, wenn sie nicht mit derart absichtsvoll ostentativer Diskretion gezeigt würde.

523. die Süffisanz

die 200 000 Dollar, die »Andy Warhols Frankenstein« in kurzer Laufzeit eingespielt habe, und der eher Süffisanz als Bedauern verratende Tonfall, mit dem der schnieke blutjunge Geschäftsherr im »Gilbert de Cassis« dann beifügt: »Da muß sich doch mehr holen lassen. Selbst ein mieser Frankenstein gibt erfahrungsgemäß viel mehr her!«

524. die Gesetzmäßigkeiten
die Kulturfeindlichkeit des Kulturredaktors, deren ich mich dann bezichtigen muß, wenn ich in Versuchung gerate, die vermeintlichen Gesetzmäßigkeiten des elektronischen Informationsmediums über das Wertsystem der Kultur zu stellen.

525. der Star
die eifrige Bemerkung des amerikanischen Geschäftsherrn: »You need a star to make money!« und seine betretene Reaktion auf den Vorschlag des französischen Partners, in diesem Falle solle er einen Film mit Alain Delon kaufen, dieses abschätzig hingesprochene: »In America, you know, Alain Delon is nobody and nothing«,
525 a
und das »Cheers!«, das sich die beiden Filmgeschäftsherren zusprechen, nachdem sie sich geeinigt haben, ihren Film erst dann zu drehen, wenn sie einen Star erzeugt haben, der für beide Kulturkreise kompatibel sei.

526. das Mitanhören
meine nach dem unfreiwilligen Mitanhören all dieser Händlergespräche aufkommende Gewißheit, daß nicht das Publikum in erster Linie seine Stars will, sondern daß die Industrie sie braucht, weil so viele Leute von ihnen leben können.

527. der Umsatz
das »nein!«, das allem Unnötigen entgegenzuschleudern ganz leicht ist, und das »nein!«, das auszusprechen mir schwerfällt, seit ich merkte, daß das Unnötige seinen Umsatz auch ohne ein »Ja!« zu machen versteht.

528. die Meinung
»Does it well?«, diese Frage, die an den Tischen der Filmhändler jene Frage ersetzt, die an den Tischen der Filmkritiker lautet: »Is it a good movie?«, und die von den Gesichtern der Händler wort-

los verkündete Meinung, daß ein Film, der viel einbringe, viel besser sei als ein guter Film.

529. die Bereitschaftsstellung

der selbst beim Rauchen, auch beim Sprechen, beim Scherzen, beim Warten immer in Bereitschaftsstellung auf dem Auslöserknopf des Fotoapparates ruhende Zeigefinger der Schüler, die den ganzen schulfreien Himmelfahrtstag hindurch scharenweise vor dem Portal des »Carlton« herumlungern in der jedermann erkennbaren Hoffnung, ihr Objektiv auf eine Weltberühmtheit richten zu können.

530. der Emir

der Student aus Paris mit dem sorgsam angeklebten Tausendundeinenacht-Araberbart, für den ich den Araber in seinem buntdurchwobenen Dischdasch so lange gehalten hatte, bis ich an den ehrerbietigen Bücklingen der Portiers in der Hotelhalle des »Carlton« erkannte, daß diese Märchenbuchfigur kein verkleidet für einen levantinischen Abenteuerfilm werbender Student aus Paris ist, sondern tatsächlich ein Emir von der Piratenküste in seinem angestammten Kleid.

531. der Text

das Verwachsensein des Körpers mit der zu bedienenden Maschine und die völlig automatischen Fingerbewegungen der Telexistinnen auf der fahrbaren Telexstation im Lastwagen, welche die Artikel der Journalisten mit derart monotonem Klappern in die Fernschreiber tippen, daß ganz heftig zu spüren ist: Hier werden nicht Inhalte weitergegeben, hier wird Text verarbeitet.

532. der Engel

mein aufmerksames und doch ergebnisloses Spähen nach einer Reaktion auf David Bowies Gesicht, während Nagisha Oshima etwas vom Prekärsten, vom Verstörendsten sagt, was sich von einem Menschen sagen läßt, daß er nämlich einen Engel für die

Rolle gesucht habe, der schön sei und hart und rein, und daß er ihn in David Bowie gefunden habe,

532 a

und Bowies geflüsterte und – weil sie die gemeinte Person und ihre Rolle trennt – dennoch nicht verlegen wirkende Randbemerkung, der Regisseur Oshima habe ihm nie gesagt, daß er einen Engel zu spielen habe.

533. die Verkündigung

das entnervende Gedränge der Journalisten am Eingang zum Pressesaal, in dem in einer Viertelstunde die Namen der Festivalgewinner bekanntgegeben werden, und das blechern tönende Stimmchen des Sprechers von Radio Monte Carlo aus dem Transistorradio, das sich ein isländischer Journalist im Gepuffe der Leute beim Warten auf den Einlaß zur Preisverkündigung ans Ohr drückt, dieses Stimmchen, das so metallig und brüchig tönt, daß außer vom Isländer von allen andern die – vom Stimmchen als Indiskretion verbreitete – Meldung überhört wird, die »Goldene Palme« sei dieses Jahr den Filmen »Die Blechtrommel« und »Apocalypse Now« ex aequo verliehen worden, die Nachricht überhört wird, auf deren Verkündigung alle hier in dem mißmutigen Gerangel noch eine Viertelstunde lang warten.

534. das Secam

die unvermeidliche Ausklammerung Frankreichs aus dem mitteleuropäischen Netz von Gemeinsamkeiten, die mir das Secam-System des französischen Fernsehens nun suggeriert, weil es die dringliche Überspielung an das im Pal-System funktionierende Schweizer Fernsehen unmöglich macht – dieser grundlegende Unterschied, dieses ganz eigene Raster, den ich jetzt auch im Benehmen, im Denken, im Stil, im Design der Franzosen zu erkennen beginne, dieses Secam-Raster überall, selbst im Gerippe der Bretterwand vor dem Restaurant »L'Esquinade«.

535. die Generalprobe

die bewußte Nachdrücklichkeit, diese offensichtlich einstudierte Natürlichkeit, mit der Jean Claude Brialy als Regisseur bei der Generalprobe zur Preisverleihung auf der Bühne des Festspielpalastes Schritt an Schritt reiht, diese Bühnenschritte, und die ganz andere, die gehemmtere Art zu gehen, mit der Brialy seinen Gang außerhalb des Bereichs der Bühnenfläche fortsetzt.

536. das Balgen

die Frenesie, mit der eine Schar Schulkinder wenige Minuten nach dem Abschluß des Festivals in die Korridore des Palastes stürmen,

536 a

und ihr Balgen, mit dem sie versuchen, einander die eben von den Wänden gerissenen spektakulären Filmplakate zu entwinden,

536 b

und die Behendigkeit, mit der sie die eroberten Fetzen von Plakaten unter ihrem Hemd verbergen, als ob es Reliquien vor fremdem Zugriff zu schützen gälte.

537. das A

der Buchstabe A, der jetzt, schon wenige Minuten nach der Schlußzeremonie, im Namen JAMES BOND fehlt, und meine Vorstellung, ein sportlicher Souvenirjäger habe, von seinen Freunden gestützt, den triumphportalähnlichen Reklameaufbau für den Film »Moonraker« über dem Eingang zum »Carlton« erklettert, um das dicke A aus Styropor als Souvenir herunterzuholen – weil das A aus dem Namen James Bond ganz andere Bedeutungen provoziert als ein A aus irgendeinem anderen Wort.

538. die Menge

die imaginäre Liste, die ich mir beim Anblick von Marcello Mastroianni anfertige, der da auf der Terrasse des »Miramar« Kaffee trinkt, diese Liste der Veränderungen, die in ihm vorgegangen sein müssen, seit er festgestellt hat, daß er nicht mehr Kaffee trinken kann, ohne daß sich eine gaffende Menge um ihn schart – Veränderungen, die in einem Schauspieler geschehen müssen, wenn er merkt, daß er nicht mehr ein Schauspieler, sondern ein Star ist.

539. die Natur

die Erklärung für mein rätselhaftes Unbehagen angesichts der Szenen im Moor, der Szene von Maries Ermordung und der Schlußeinstellung vor der realen Architektur in Herzogs Verfilmung von »Woyzeck«, diese Erklärung, die ich aus John H. Müllers Geständnis heraushöre: »Ich hasse Kunstsprache in realen Landschaften«, weil mir jetzt klar wird, daß da inmitten von Natur eine Sprache gesprochen wurde, die nicht eine natürliche ist,

539 a

und die Steigerung dieses Unbehagens beim Ansehen von Bohumil Herlischkas Verfilmung der Smetana-Oper »Die verkaufte Braut«, weil da inmitten von Natur nicht nur eine Kunstsprache gesprochen, sondern auch Kunstmusik gespielt wird, deren Herkunft unerklärt bleibt und die mich Natursprache und Naturmusik herbeiwünschen läßt,

539 b

und die von Werner Herzogs – in echten Architekturszenerien und in der freien Natur angesiedelter – Verfilmung des »Woyzeck« geweckte Überzeugung, daß Kunstsprache auch einen künstlichen Raum, Kulissen also, erheischen würde, damit sie natürlich werden könnte.

540. der Reaktionär

der Reaktionär, als der sich unser großsprecherischer Tischnachbar zu erkennen gab, weil er unentwegt den Konkurrenzkampf im freien Markt der Informationsmedien pries und gleichzeitig – vom Zusammenhang wollte er nichts wissen! – den Wertezerfall beklagte, den dieser mit sich bringt.

541. die Polizei

die Mahnung des Vaters, der sich mit seinem Töchterchen an der Hand vergeblich einen Weg durch das Gedränge vor dem Festivalpalast zu bahnen versucht: »On ne peut pas passer«, und die aufgeweckte, fast erwachsen wirkende Skepsis, die über das Gesicht des Mädchens fliegt, erwachsen deshalb, weil es daraufhin den Vater ganz ernsthaft fragt: »Est-ce-que c'est la police qui dit ça?«

542. das Ministerium

die Wolke von Papieren, die der Wind nach geschlagener Festivalschlacht durch die nun verlassenen Korridore des Pressezentrums bläst, was bewirkt, daß ich mich plötzlich in die ausgestorbenen Korridore des nächtlichen brasilianischen Ministeriums versetzt fühle, durch die der Wind im Film »Orfeu negro« eine Flut Tausender von Formularen, Protokollen und Akten bläst.

543. die Legende

das Abmontieren von Plakaten, Dekorationen, Schriften von allen Wänden, das wenige Minuten nach Festivalschluß schon einsetzt, dieses Abblättern von Glanz und Glamour, das den Eindruck erweckt, es sei die Legende Cannes, die da nun von allen zementenen Fassaden Cannes' abbröckelt.

544. das Filmwörterbuch

das meistgehörte Wort während des Festivals, dieses von Polizisten, Wächtern und Kontrolleuren im Gewühl regelmäßig immer wieder gerufene »Dégagez!«, dessen Bedeutung ich jetzt, wo ich es zum hundertsten Mal höre, im »Dictionaire du Cinéma« nachschlage, wobei mir dank dieses Nachschlagens klar wird, daß das meistgebrauchte Fachwort des Filmfestivals nicht aus dem Filmwörterbuch stammt.

545. die Evakuierung

die Koffer, die sich schon wenige Augenblicke nach Abschluß des Festivals vor allen Hotels, vor Läden, Restaurants und an allen Haltestellen türmen, diese Koffer auf den Trottoirs, die den verunsichernden Eindruck erwecken, als sei die sofortige Evakuierung der Stadt Cannes angeordnet worden.

546. die Lücken
die Lücken in der bislang makellos geordneten Reihe von Luxusjachten im alten Hafen, die zunehmende Zahl leerer Ankerplätze, die – so sagt mir ein Einheimischer – jeweils ein untrügliches Zeichen für vielerlei Dinge seien und die jetzt aber – wie die in Nr. 465 beobachtete steigende Zahl leer gebliebener Stühle in der Carlton-Bar –, nichts als das nahe Ende des Festivals ankündigen.

547. der Kinderwagen
der rumplige ungefederte Kinderwagen, in dem der vergammelte Straßensänger, der sich seinen Zuhörern auf dem Gehsteig als »Elvis, the second« vorzustellen pflegt, Verstärker, Mikrophon, Gitarre und Lautsprecher für seinen Auftritt vor sich her stößt, und nicht etwa ein havariertes Baby, das ich zuerst beängstigt in diesem zerschlissenen Gefährt vermutet habe.

548. das Getümmel
der Volksauflauf, der entsteht, wenn ein bekannter Schauspieler über die Croisette spaziert, und das Fehlen dieses Volksauflaufes, wenn ein weltberühmter Regisseur über die Croisette geht, was nicht mit der Bedeutung der gehenden Person zu tun hat, sondern schlicht und einfach damit, daß man das Gesicht des Regisseurs in seinem Film nicht zu sehen bekommt.

549. das Knirschen
diese brüchige Verbindung von Klirren und Knacken, dieses spitze Krachen, das deshalb so schwer zu beschreiben ist, weil ich es noch nie vorher gehört habe, und das ich höchstens mit einem mir bekannten Geräusch, dem Platzen eines Bonbons etwa, vergleichen kann, dieses harte, meinen Versuchen der Beschreibung widerstehende und als Schauder über den Rücken fegende Knirschen, das entstand, als Zulus französischer Freund nach dem letzten Schluck »Rosé de Cabernet« das Rotweinglas zerbiß und herunterschluckte.

550. die Erniedrigung

die Erniedrigung, von der ich mir wünsche, der Gaukler habe sie selber nicht wahrgenommen, diese Verachtung, die deutlich wurde, als ein besoffener Amerikaner den atemberaubende Garben speienden Feuerschlucker auf der Straße vor der »Blue Bar« hinter dessen Rücken Schritt um Schritt und Geste um Geste nachäffte, die Erniedrigung, die ich eigentlich nur deshalb als solche erlebt habe, weil man nie wußte, welchem von beiden nun der Applaus des Publikums galt.

551. das Orchestrion

das Bersten des Orchestrions in Freds »Diabelli«-Verfilmung, an das mich das Zerschellen von Dutzenden von Gläsern erinnert, die der besoffene Amerikaner bei seinen berserkerheftigen Sprüngen über viele Tische hinweg von den Marmorflächen fegt, diese Batterien von Gläsern, die in Scherben gehen, ohne daß dem taumelnden Gast – wie es wohl in der Schweiz Sitte wäre – vom Kellner die Rechnung für die angerichtete Bescherung präsentiert wird.

552. das Schwiizerdüütsch

das aus vielen Läden und Schaufenstern bekannte Schild »english spoken – si parla italiano – man spricht Deutsch«, das im Fenster des Restaurants »Le 13« an der Rue Louis Perrissol durch die Zeile ergänzt war »Mir redet Schwiizerdüütsch«, diese Vertrauen suggerierende vierte Zeile, die uns von unserem Plan abzubringen vermochte, das Nachtessen in diesem Restaurant einzunehmen,

552 a

und die sich jetzt beim Notieren einstellende Erinnerung an das mit vielen Bedeutungen beladene Schild an der Tür zu Schuhmachers Antiquariat in Amsterdam, auf dem in deutscher Sprache geschrieben stand: »Man spricht Holländisch.«

553. der Gast

meine von Polanskis »Tanz der Vampire« geschürte Vorstellung, in einem abgeschiedenen Wirtshaus in Transsylvanien zu sitzen, die aufkommt, als ich – den ganzen Abend lang der einzige Gast im Lokal – den Wirt des Restaurants »Le Montmartrois« zu drei späten Gästen, die sich an einen der andern Tische setzen wollen, sagen höre: »C'est reservé, tout est reservé!«,

553 a

und das plötzliche Zerbrechen meiner transsylvanischen Vorstellung, in die ich mich schon recht abenteuerlich hineingeschaukelt hatte, als weit nach Mitternacht – und nicht etwa im morbiden Reigen blaßgeschminkter Vampire – tatsächlich noch jene Gäste kommen, für die alle Tische reserviert sind.

554. die Hostessen

dieser eigenartige, Erstaunen ob der Relativität aller Verhaltensweisen auslösende Artikel, den ich im »Nice Matin« vom 25. Mai im Anblick der vielgestaltigen Busenpracht am Strande hier in Frankreich las, der Bericht über Khomeinys Fahndung nach Verstößen gegen die neuen Kleidervorschriften in Iran und die Anklage gegen Air France, die nur aufgehoben werden kann, wenn die französische Fluggesellschaft »die Saumlänge der Röcke ihrer Stewardessen binnen Wochenfrist auf ein amtlich beglaubigtes Mass verlängert: Les hostesses d'Air France trop court vêtues.«

555. die Mücken

die Vermutung, daß Mücken in ihrem Leben nie lange Distanzen fliegen, weil sie im Restaurant »Le Montmartrois« immer am selben Fleck unter der Lampe in der Luft stehen, diese Vermutung, die ganz beiläufig mein Gefühl begleitet, daß Mücken, die im Restaurant am selben Fleck in der Luft stehen, ganz intensiv mediterranen Sommer bedeuten.

556. die Urinlache

das Loch in meiner Schuhsohle und die Erinnerung an das Geglucker im Schuh nach dem letzten Regen, die mich nun zu akrobatischen Verrenkungen verführten, bei denen ich nur vorwärts kann, wenn ich mich mit beiden Händen an den Wänden abstütze (wobei ich vermute, daß ein heimlicher Beobachter mein Tun als Zeichen totaler Geistesverwirrtheit auffassen müßte), nur weil ich versuchen will, der Urinlache auf dem Pissoirboden der »Blue Bar« auszuweichen, obschon sie nicht nach Urin, sondern ganz unverwechselbar nach dem Saft von frischem Spargel riecht.

557. das Zehnfrankenstück

das Strichegerangel auf dem französischen Zehnfrankenstück, das der Maler Georges Mathieu entworfen hat und das mir jetzt, wo ich damit mein Pelforth bezahle, in Erinnerung ruft, daß ich früher einmal Grund zu haben glaubte, von Georges Mathieu fasziniert zu sein,

557 a

wobei ich trotz aller Bedenken ob der ausgehöhlten Virtuosität dieser Striche die französische Regierung für ihren Mut zu loben versucht bin, daß sie einen als Abstrakten und Provokateur verschrienen Maler ein Geldstück entwerfen läßt – selbst wenn ich sie dafür tadeln möchte, daß sie keinen besseren Maler damit beauftragt hat.

558. die Sloughies

die halb entsetzten, halb erregten Blicke, die das langbeinige Mädchen in den aufreizenden Sloughies, diese letzte noch in Cannes verbliebene Festivalière, am Tag nach dem Festivalabschluß in den Straßen auf sich zieht und die sich von verwirrten Schweizer Touristen mit verstörten Blicken anstarren lassen muß, als sei sie ein furchterregendes Relikt aus einer unheilen Welt.

559. die Leibhaftigkeit

die Leibhaftigkeit, welche die Medienrealität, in ihrem heftigen Kampf mit der Wirklichkeit, den Personen verleiht, und dies so intensiv, daß ich mich zur Unterscheidung förmlich zwingen muß, ob ich einer Person im Zelluloidparadies von Cannes leibhaftig begegnet bin oder ob ich sie – nur – auf dem Bildschirm unseres Montagewagens gesehen habe.

560. die Bevölkerung

die bestimmt in keiner andern Stadt mögliche und deshalb nirgendwo anders erlebbare, hier aber über Nacht geschehene plötzliche Auswechslung der Bevölkerung: wo sich am Sonntag noch aufgekratzte Festivaliers am äußersten Rand der Wirklichkeit tummelten, besetzen am Morgen nach Festivalschluß nun – bewaffnet mit zersetzender Biederkeit – weithin erkennbare Touristen Straßenzug um Straßenzug.

561. der Rahmen

das Abwaschen des »Stardust«, der Glamourspuren, und dieses andere Cannes am Morgen nach Festivalschluß, das nun seine nüchterneren Zeichen setzen will, etwa in den leeren Rahmen der Leuchtfläche, die gestern noch für »The world is full of married men« warb und in die nun eben eine Käsereklame für »La vache qui rit« eingepaßt wird.

562. die Gangart

der gemächlich schlendernde Schritt, die im Urlaubsrythmus ausgeführte Gangart, welche die über Nacht nach Cannes eingerückten Touristen von den Festivaliers unterscheidet, die am Abend vorher noch von Kino zu Kino, von Gespräch zu Besprechung, von Umtrunk zu Umtrunk hetzten.

563. der Fund

die präzise wie ein gigantisches Skalpell und träge wie ein Elefantenrüssel ausschwingende Bewegung des Kranarms, der die viele Stockwerke hohe Reklamewand für Polanskis »Tess« von der Carlton-Fassade abhebt mit einer Sorgfalt, als wäre sie ein archäologischer Fund aus entlegenen Zeiten.

564. die Ergänzung

die Ergänzung des in Nr. 525 vom amerikanischen Geschäftsherrn ausgesprochenen Satzes: »You need a star to make money!« durch die von mir erwartete, aber dennoch ausgebliebene Anfügung: »And you need money to make a star!«, wobei zum Geld dann auch noch ein Körper aus Knochen und Muskeln nötig wäre, solange die Verehrung der Massen noch an Fleisch und Blut gebunden ist und noch nicht an computergenerierte Irrwische mit allen Aspekten von Menschen.

565. der Genitiv

das Verbot des Genitivs im Filmkommentar, dem ich – ausgerechnet nach meiner Rückkehr aus Rumänien – unterworfen worden bin und unter dem ich – ich spüre es – leide, als ob dieses Verbot die Inhalte der Filme beträfe, weil ich weiß – und ich weiß es aus Staatssicherheitsbüros –, daß die Zensur einer Form, hier des Genitivs, ihre Inhalte unweigerlich mitverändert.

566. der Alltag

das Tuscheln in den Touristengruppen ob des aufgedonnerten Mädchens in Sloughies, das sich aus der Festivalzeit herausverirrt hat in eine lebbare Ordnung, dieses nervöse Tuscheln, an dem man erkennen kann, daß in Cannes nach dem vermuteten Pandämonium des Zelluloidfegefeuers (dem man Dinge nachsagt, die sich kaum sagen lassen) wieder die heile Welt des touristischen Alltags eingekehrt ist, in dem jeder weiß, welchen Aufenthalt er gebucht und bezahlt hat.

567. der Kinderdarsteller

der erst beim Betrachten der Pressefotos im »Nice-Matin« erkannte Kindersmoking, diese verkleinerte Erwachsenenkleidung, die selbst der winzige David Bennent, den strengen Garderobevorschriften folgend, beim Einzug in den Palais tragen mußte: varietégesättigte Showkleidung, die erst die in Nr. 453 notierte Geste des Kinderdarstellers so unheimlich, so gnomenhaft erscheinen ließ wie das beängstigende Winken des alten, aber alterslosen Liliputaners vor Marinos Schaubude beim Knabenschießen – und zu jener Zeit, als Schaubuden die verstörendste Nahrung waren für jedermanns Phantasie.

568. der Stolz
die Frage »Wer ist das?«, auf die der Knabe – beim Mitansehen, wie der zwölf Meter hohen aufblasbaren Figur des Stars im Hafen von Cannes die Luft herausgelassen wurde – von seinem Vater zur Antwort bekam »Arnold Schwarzenegger«, und der sichtliche Stolz, mit dem der Knabe die Bestätigung empfing, als sein Vater auf die Nachfrage »Ist das der Weltmeister?« überdeutlich artikulierend sagte: »Ja, der Weltmeister im Nichtskönnen!«

569. die Empfindung
die Betroffenheit beim Mitanhören der Händlergespräche von Cannes, die ich schon in Nr. 393 mitzuteilen versuchte und später dann in 521, dieses Gefühl, das sich jetzt, zwei Jahre später, wieder einstellt, wo ich merke, daß es bereits damals eine Empfindung gewesen sein mußte wie jene, die Peter Handke zu seinem Satz veranlaßt hat: »Ohne gemeint zu sein, fühlte ich mich betroffen.«

570. der Augapfel
die Großaufnahme des Augapfels der Hauptdarstellerin, der in Peter Handkes Film »Das Mal des Todes« wie eine pralle geschälte Litschi-Frucht in der Augenhöhle liegt, eine allerdings, von der man meinen könnte, sie müsse jetzt gleich platzen, so dünn und verletzlich scheint das Häutchen, das sie umspannt,
570 a
und der Schauder ob der fürchterlichen Erwartung, der mich schüttelt und mich zwingt – nun angesichts von Handkes extremer Kameraeinstellung –, das Bild des Auges in Buñuels »Chien andalu« aus meiner Vorstellung zu vertreiben, weil das, was dort geschieht, nicht nur im Bild seinen vollen Schrecken bewahrt, sondern auch in der Erinnerung ans Bild.

571. die Enttäuschung
die ganz endgültige Art von Enttäuschung und die Aufhebung ihrer Endgültigkeit, die mich aufwühlt, weil Markus Fischer beim

Berichten von den Dreharbeiten zu seinem Dokumentarfilm »Ursula« erzählt, die von Geburt an blinde Ursula habe zum Kameraauge gesagt: »Wenn ich sehen könnte, dann wäre ich sicher enttäuscht.«

572. der Flugzeuglärm

die Erinnerung an Carlos Sauras verwegene Andeutungen über den Surrealismus im letzten Jahr in Cannes, die – wie Nr. 396 festhält – fast im Dröhnen zweier Flugzeuge mit dem »Superman«-Reklameschweif am Himmel – »Superman shooting now!« – untergegangen wären, und die Beharrlichkeit, mit der sich Saura durch den Flugzeuglärm nicht von seinem Gedanken abbringen ließ, die mich jetzt plötzlich beeindruckt, wo ich im Garten neben dem Sporting-Club Alejo Carpentier und Miguel Littin die Köpfe heben sehe, weil jetzt, ein Jahr später, ein Flugzeug daherdonnert, das ein Reklameband hinter sich herzieht mit der Aufschrift »Superman – shooting now completed!«,

572 a

dieses Heben der Köpfe, das mich befürchten läßt, daß Alejo Carpentier und Miguel Littin nicht so unbeirrbar wie Saura weitersprechen und das Gespräch abbrechen oder bessernfalls unterbrechen würden, bis Menahem Golans »Superman«-Reklameflugzeug außer Hörweite ist.

573. das Telefon

der Satz, den ich mir im dunklen Kinosaal während der Vorführung von Jonathan Sarnos Film »The plants are watching« in dem Augenblick notiert habe, als Rilla und Robert umschlungen aufs Bett sanken, diese Notiz: »Sie legen sich hin, als ob bald das Telefon läuten würde«,

573 a

und das jetzt einsetzende Läuten des Telefons, das mir angst macht, weil ich ob des Gedankens, das Telefon müsse jetzt bald klingeln, nicht zu erwarten gewagt habe, daß es tatsächlich bald klingelt.

574. der Swimmingpool

das Mädchen, das sich bei der Abschlußparty im Casino Cannes, mit seinem Champagnerglas in der Hand, als ob es unabsichtlich geschähe, ganz nahe an den Rand des Swimmingpools stellte, so nahe, daß es den Anschein erweckte, es wolle vor aller Augen hineingestoßen werden,

574 a

und die eigentümliche Mischung aus Hohn und Mitleid, die sich ausbreitete, als es ins Wasser stürzte – hineingefallen war, viel eher als daß es gestoßen worden wäre –, weil keinem der vielen anwesenden Fotoreporter sein Sturz ins Wasser ein Bild wert war.

575. der Wasserball

der Wasserball, der jedesmal, wenn der Springbrunnen hinter dem Palais in Cannes abgestellt wird, klatschend ins Wasser fällt, dieser Ball aus Wasser, der sich hoch oben bildet, sobald der Wasserstrahl der Fontäne in der Düse unterbrochen wird und das Wasser für einen Augenblick ohne die Stütze durch den Strahl als Kugel in der Luft steht.

576. Wilhelm Tell

das Gefühl der Peinlichkeit, das mich in John Carpenters Film »Elvis« anfällt, als die Mutter zum Knaben Elvis sagt: »A storm is coming soon« – aber eigentlich nur deshalb, weil dieser Satz im Untertitel mit »Ein Gewitter ist im Anzug« übersetzt ist,

576 a

wobei es anzumerken gilt, daß mir Friedrich Schillers Formulierung im Film »Elvis« vermutlich nicht aufgefallen wäre, wenn wir nicht als Schüler bei der Lektüre des »Wilhelm Tell« ausgerechnet diesen Satz als hochdeutsche Ausspracheübung immer und immer wieder auf fünf verschiedene Betonungsarten hätten hersagen müssen.

577. der Gewinn
das Rauchverbot in den Kinosälen, dank dem ich Jaime Chavarris Film »La Dedicatoria« als einen Gewinn erleben konnte, als den Gewinn nämlich, 90 Minuten lang nicht geraucht zu haben.

578. der Greis
die Bestürzung, mit der Dagmar von ihrem Interview mit James Stewart zurückkam und die deshalb anhielt, weil sie nicht den strahlenden Leinwandhelden gesprochen hatte, den wir alle vor unserem Auge haben, sondern einen gebrechlichen, brabbelnden Greis, der nur, wo er sagte, was die Journalistin bereits über ihn wußte, zu erkennen zu geben vermochte, daß er James Stewart war.

579. Cannes
der Satz, mit dem Andreas Vetsch auf erhellende Weise all den Glanz und Abglanz von den Gesichtern und Fassaden im Charivari des Festivals abkratzt: »Alle Leute leben in einer Form ihrer Jugend – und hier in Cannes tun sie es intensiver als anderswo.«

* * *

580. die Kindheit
meine Weigerung anzuerkennen, daß die kindlichen Gesten in der Altersdemenz Zeichen des Zerfalls seien, weil Eugens Gesten von jener frischen wachen Kindlichkeit sind, die verraten, daß sich da einer – mit List und endlich mit Erfolg – in seine Kindheit zurückgelebt hat,
580 a
und meine eben überprüfte Feststellung, daß ich noch nie jemandem begegnet bin, von dem ich das Umgekehrte sagen könnte, nämlich: er habe sich – mit List und endlich mit Erfolg – in sein Alter vorgelebt.

581. die Flüchtigkeit

die Nachricht vom Lenker, der die Herrschaft über sein Auto ver-loren und – schleudernd – die Schallschutzmauer auf der rechten Seite der N1 durchbrochen hatte, diese Meldung, die ich – das merke ich jetzt – bei der ersten Lektüre einzig deshalb falsch ver-standen habe, weil ich in meiner Flüchtigkeit das Wort »Schall-schutzmauer« als »Schallmauer« gelesen hatte.

582. das Verdikt

die Verwirrung ob der Verlagerung der Bedeutung, die Irene da-durch zu stiften vermochte, daß sie beim Abtippen von Nr. 482 mit Benses These über die *Ordnungen,* die der Künstler schaffe, die Endung »-en« unterschlagen (oder zu tippen vergessen) hatte, und das Spiel, dem sie mich so aussetzte, elf Abonnenten des »Kata-logs von Allem« zu erklären, Ordnungen seien etwas anderes als nur die Mehrzahl von Ordnung: Ordnung ist Verdikt, Ordnun-gen sind Erfindung.

583. der Spiegel

der verängstigte Blick in den Spiegel mit der fragenden Ahnung, um wieviel gealtert mich mein Spiegelbild wohl zeigen würde, wenn der Spiegel tatsächlich vorginge,

583 a

und mein Lächeln beim Eingeständnis, daß ich mir diese verwe-gene Frage sicher nie stellen würde, wenn mich Franz Kafkas Feststellung nicht so beeindruckt hätte, die Kunst sei ein Spiegel, der vorgehe wie eine Uhr.

584. das Unbehagen

die Gedanken im heutigen Gespräch mit Georg über die Zusam-menhänge zwischen unserem Wirtschaftssystem, der freien Marktwirtschaft, und der Gesellschaftsform Demokratie, die nun plötzlich vom Unbehagen zersetzt werden, wir hätten in letzter Zeit damit begonnen, das Wirtschaftssystem zu unserer Gesell-schaftsform zu machen,

584 a

und die Bestätigung dieses Unbehagens beim Anhören der Gespräche jugendlicher Discofans unter meinem Fenster, die einander Ideen so anbieten, als funktioniere unser Denken nach den gleichen Mechanismen wie der Geldverkehr,

584 b

und der gerade jetzt aufklingende Widerhall der verzagten fünf Wörter, die ich als Walter Mehrings letzte Worte vor seinem Tod im Pflegeheim Erlenhof an der Lagerstraße in Erinnerung behalten habe: »Die Spießer werden immer jünger.«

585. der Geburtstag

die kurze, aber tiefgreifende Verunsicherung, die es mir unmöglich machte, André Heller mit einem bestenfalls geistreichen Seitenhieb zu entgegnen, weil er, als er ins Honorarformular für die TV-Sendung »Zirkus – Theater ohne Bedeutung?« das Datum seines Geburtstages eintragen mußte, mit glaubwürdigem Kopfschütteln sagte: »Es wäre mir mehr geholfen, wenn ich da das Datum meines Todestages eintragen könnte.«

586. die Wucherungen

die Ausbuchtungen in den geraden Flächen von Willy Wimpfheimers »Figur XI/1971«, diese Wucherungen, die zu wachsen scheinen, als wollten sie mir bedeuten, daß es keine Kunst gäbe ohne die Natur und daß die Natur ohne die Kunst immer nur sich selber bliebe.

587. die Katze

das erst im nachhinein erkannte leichte Stocken in Kurt Schatts Erzählfluß, das eintrat, als eine schwarze Katze einige Meter vor uns auf dem Feldweg über den Höckler streunte, dieses sanfte Zögern im Sprechrhythmus, das ich erst als ein Zeichen der Beunruhigung erkennen konnte, als Kurt – dem ich eigentlich jeden Hang zum Aberglauben abgesprochen hätte – aufatmend sagte: »Gut, ist sie uns nicht über den Weg gelaufen.«

588. die Schuld

die Schuld, die sich als Gesprächsthema in unsere Plauderei eingeschlichen hatte und sie zum Disput machte über Kriegsschuld, Schuld am Krieg, zum Streit, der enden mußte, als die Feststellung fiel, wo alle schuld seien, gebe es keine Schuldigen,

588 a

und die Schuld, die wir jetzt möglicherweise auf uns laden, nämlich die Schuld, diese Feststellung unwidersprochen gelassen zu haben.

589. die Obszönität

die anfänglich nicht erklärbare betretene Peinlichkeit, die der Dialog der philippinischen Schauspieler, in der Unterhaltungssendung »La Palmita« des Tessiner Fernsehens am 19. April 1991, in mir auslöst, als die Filipinos statt in ihrer Landessprache Tagalog in absichtsvoll breit gestelztem, salopp hinsynchronisiertem Schweizerdeutsch zu reden beginnen,

589 a

und meine Verwunderung ob der Tatsache, daß sich diese Betretenheit eigentümlicherweise jetzt einstellt und nicht schon damals spürbar war, als ich in Hongkong Brigitte Bardot Chinesisch reden hörte und später Emil Hegetschweiler in der Synchronfassung des Filmes »Bäckerei Zürrer« Italienisch,

589 b

und der Eindruck von Obszönität, der endlich meine Betretenheit erklärt, diese Obszönität, zu der jeder gesprochene Satz wird, weil ich die Filmszene in der tropischen Hütte unter Palmen als Mißbrauch südostasiatischen Ambientes, philippinischer Physiognomie, asiatischer Würde und die Synchronisation als Vergewaltigung der Schauspieler erlebe, die da von den Unterhaltungsmachern ohne ihr Wissen der Lächerlichkeit preisgegeben werden – am obszönsten wirkt der von einem athletischen Filipino gerufene Satz: »Sellebüre, alles uusschtiige!«,

589 c
und die erst nach der Sendung wach werdende Ahnung, die Verballhornung mache weniger die Asiaten als vielmehr die Arroganz der Deutschschweizer lächerlich,

589 d
und das nun doch fällige Eingeständnis, daß ich immer noch nicht herausgefunden habe, ob es obszön wirkt, wenn philippinischen Schauspielern im Dialog biederstes Schweizerdeutsch unterlegt wird, oder ob nicht eher dieses saturierte, überheblich selbstgefällige Schweizerdeutsch eine obszöne Sprache ist.

590. der Kommentar
die fast schon abrupt, auf jeden Fall irgendwie atemlos gehauchte Frage »Was ist das?«, die Marion stellte, angesichts der ohne Kommentar gezeigten Bilder von ausgemergelten, leidenden Gestalten im Grenzgebiet von Irak und Iran,

590 a
und meine fast schon Freude zu nennende Genugtuung darüber, daß es also doch noch Leute gibt, die wissen wollen, was sie sehen.

591. die Albernheit
das träge Licht, in dem dieser Tag – den ich lustlos, aber dennoch guter Dinge in Angriff nehme – vor mir liegt, und die Vermutung, daß es dieses Licht ist, das bewirkt, daß dieser Dienstag – so sehr ich gucke und suche – überhaupt nicht wie ein Dienstag aussieht,

591 a
und die – um jeden Anschein von Albernheit schleunigst wegzuwischen – nun doch nötige Erklärung, daß es mir tatsächlich schon einmal gelungen ist, einen Freitag an seinem Aussehen zu erkennen.

592. der Schmerz
der arglose, geradezu treuherzige Ausdruck im Gesicht von Abdelkader al Domany, als er die von uns zuerst mit Kopfschütteln

erwiderte Frage stellte: »Tut Schmerz weh?«, und der an Stelle einer Antwort nun einsetzende Disput über seine Frage, der zur Einsicht führt, daß außer seinesgleichen nur *eine* Person diese Frage stellen kann, nämlich jene, die noch nie Schmerz empfunden hat.

593. die Einigkeit
das Kind, dem wir, da herrscht Einigkeit, die in Nr. 592 erwähnte Frage »Tut Schmerz weh?« allenfalls zutrauen würden, dem wir die Berechtigung, sie zu stellen, dann aber gleich wieder absprechen, weil uns klar wird, daß wohl jedes Kind Schmerz empfunden haben muß, bevor es sprechen lernte, und nicht umgekehrt.

594. die Zerfahrenheit
mein bis heute ergebnislos gebliebener Versuch, eine Person zu erfinden, die sich in Temperament und Charakter mit solch irritierender Zerfahrenheit ausstatten ließe, daß es mir möglich würde zu sagen: »Eintretend kam er raus, rauskommend trat er ein.«

595. das Mikrophon
das Wort »hauchte«, von dem ein Leser meinte, ich hätte es in Katalognummer 417h. nur gebraucht, um nicht schon wieder »sagte« brauchen zu müssen, was deshalb ein Irrtum ist, weil Andy Warhols Stimme tatsächlich so leise und tonlos war, daß jeder Toningenieur in Verzweiflung geriet und es deshalb durchaus zutreffend ist zu sagen, er habe sein »Ja« ins Mikrophon gehaucht.

596. die Skepsis
die Behauptung im eben gelesenen Essay, die Welt lasse sich grob in die zwei Bereiche Stadt und Landschaft aufteilen, und die Skepsis, die diese Behauptung in mir auslöst, weil sich die Welt, die ich hier vor Augen habe, immer schärfer in die zwei Bereiche teilt: Parkplatz und Fahrbahn.

597. das Fest

das eigentümliche Fest, als das ich meine Stimmung beim Schreiben des Gedichts »Der Schein« erlebe, wobei sich in die Festlichkeit jene Melancholie einschleicht, die von der Erfahrung ausgelöst wird, daß der Schluß jedes Gedichtes das Ende jenes Festes ist, das nie angefangen hat: damit es endlich beginne, schreibt man weiter.

598. die Einheiten

meine an Stolz grenzende Genugtuung darüber, daß es mir gelungen ist, die abendlichen Gespräche im »Eckstein« in dem Satz zusammenzufassen: »So wie Stunden Einheiten des Tages sind und Minuten Einheiten der Stunde, so sind Erfahrungen Einheiten des Lebens«,

598 a

und mein unausgesprochenes Eingeständnis, daß diese an Stolz grenzende Genugtuung vermutlich nicht davon gespeist ist, daß ich den Satz für einen bedeutenden halten kann, sondern ganz einfach davon, daß ihm keiner der Gesprächspartner widersprochen hat.

599. die Interessenvertreter

meine Skepsis ob des Plans des Kaufmanns Eugen – zwecks Erforschung der Wesenheit des menschlichen Lebens –, einen Gesprächszirkel zu gründen, der sich »Gesellschaft philosophierender Geschäftsleute« nennt, diese Skepsis, die von der aus vielen Gesprächen herausgehörten Tatsache provoziert ist, daß nur ganz wenige dieser Interessenvertreter des Marktes ihr Denken aus den Mechanismen des Gesetzes von Angebot und Nachfrage zu befreien vermögen, diese Skepsis also, die mich vermuten läßt: Würden sie philosophieren, so wären sie keine Geschäftsleute.

600. Afrika

die durch die Trennwand zwischen den Abteilen im Zug dringenden Stimmen einer jungen Frau und eines älteren Mannes, die über Afrika reden, und zwar so, als sähe Afrika genau gleich aus wie die Repischtal-Landschaft, durch die der Zug gerade fährt, was mich deshalb eigenartig berührt, weil ich weiß, daß beide Gesprächspartner afrikanische Dörfer und afrikanische Landschaft fast jeden Abend in der Tagesschau vor Augen haben.

601. die Zukunft

das Gewimmer in der Sitzreihe hinter mir bei der Vorführung von Charlie Chaplins Film »Circus« im Kino in Vevey im Mai 1969, dieses sirenenartige Heulen, das sich anhörte, als schalle es über weite Ebenen und frisch vernarbte Grenzen in diesen Tag hinein, und das mir wohl nur deshalb noch jetzt in den Ohren hallt, weil mir ein Blick nach hinten verraten hatte, daß es niemand anders war als der greise Charles Chaplin, der da vor seinem jugendlichen Abbild auf der Leinwand weinte, jammerte angesichts einer Vergangenheit, die nur die Tränen jenes Menschen weckt, dessen Zukunft schon vorbei ist.

602. die Sprache

die drei Dinge, die beschrieben sein wollen mit Wörtern, die so dicht ihre Körper füllen und so satt alle Konturen fassen, daß die Sprache wie das Echo wirkt, das erklingt, wenn der Blick die Dinge streift.

603. der Empfang

»Die SSG-Crew freut sich auf Ihren Besuch«, die warm sich aus Lautsprechern ausbreitende Frauenstimme im Zug nach Genf, die meinen Gang zum Speisewagen anstachelt, und der enttäuschende Empfang am Tisch durch einen unwirschen Kellner, der in gar nichts erkennen läßt, daß er sich auf meinen Besuch freute,

603 a

und meine Überlegung, daß das englische »To be delighted« eigentlich noch größere Freude ausdrückt als das deutsche »sich freuen«, jetzt, wo die Lautsprecherstimme – während ich meine obligaten Speisewagen-Cannelloni und ein Fläschchen »Aigle-les-murailles« bestelle – ihre Ansage in englischer Sprache wiederholt: »The SSG-Crew will be delighted to serve you.«

604. der Nußbaum

der winterlich kahle Nußbaum vor dem Schopf, der Willy Wimpfheimer als Atelier dient, und meine mir – während wir die Nüsse knacken – scheu gestellte Frage, wie weit der Stamm eigentlich in die Eindrücke hineinwuchere, die mich hier belauern, weil ich mich unverhofft denken höre, im Werden der Formen hier teile sich stille Beharrlichkeit mit, genau wie jene, mit der ein Nußbaum seine Nüsse treibt.

605. der Protest

die wütende, zu Taten auffordernde Trauer, die sich in mein Erschaudern mischt ob des unerwartet sich artikulierenden Eingeständnisses, daß die Freundlichkeit, mit der ich den Menschen – vorab auch den gestreßten Kassiererinnen im Shoppingcenter und den mürrischen Platznachbarn im Tram – zu begegnen versuche, nichts anderes ist als aktiver Protest gegen die wachsende Unfreundlichkeit in der Welt.

606. die Freiheit

das Wort »Freiheit«, das mir jetzt wie eine Obszönität erscheinen will, weil ich spüre, daß der Redner Blocher, wenn er »Freiheit« sagt, die freie Marktwirtschaft meint,

606 a

und dieses Gefühl von Mißbrauch eines Wortes, das nun plötzlich die Erinnerung weckt an jenen Abend im Gottlieb-Duttweiler-Institut, an dem ich mir während Dürrenmatts Rede zu Ehren von Vacław Havel das leicht abgewandelte Zitat auf den Rand des Programmzettels notiert hatte: »Derjenige, der Demokratie sagt, aber Geschäftsinteresse meint, ist ebenso verachtenswert wie jener, der die Demokratie unmaskiert mit Füßen tritt.«

607. die Sorgfältigkeit

die Sorgfältigkeit und nicht etwa die Sorgfalt, die mir jetzt als ein absolut zu heiligender Wert erscheint, wo ich mithöre wie ein Gast im »Sonnenberg« die Frage, warum er aus der Stadt aufs Land gezogen sei, mit dem Satz beantwortet: »Weil dort die Zeit sorgfältiger vergeht.«

608. die Krone

die beängstigend tief über der Straße hängende graue Wolke, die mich von jenem Augenblick an nicht mehr zu beängstigen vermag, in dem ich erkenne, daß sie keine Wolke ist, sondern die vom Staub der ungepflasterten Wüstenpiste eingepuderte Krone der einsamen Dornakazie,

608 a

und die ganz andere Art von Beängstigung, die sich nun doch auch meldet, weil ich mich erinnere, daß Brian unseren Landrover immer dort angehalten hat, wo eine einsame Dornakazie in der Wüste steht, und daß sich mir jedesmal beim Aussteigen eine ihrer nadelharten Stacheln durch die Schuhsohle hindurch in den Fuß gebohrt hat.

609. das Erschrecken

die vielen bereits erlebten Formen von Erschrecken, die ich (wie Punkte einer Inventarliste) in meinem Erinnerungsvorrat abrufen mußte, bis ich guten Gewissens den Satz aufschreiben konnte: Ich habe noch nie einen Mann augenfälliger erschrecken gesehen als den einsamen Fußgänger in Mindelo, nachts um halb drei, an der Ecke von »Avenue der afrikanischen Einheit« und »Boulevard Che Guevara«, als ich im Vorbeigehen zu ihm sagte: »Gute Nacht!«

610. der Spagat

der Kitsch, der nicht mehr aus dem bleibenden Eindruck der zirzensischen Darbietung auszusondern war, dieser Kitsch, in den der eine der beiden in billige Mondänität gekleideten Zuschauer hinter mir im Circus Darix Togni in Turin die atemberaubende Anmut der Kontorsionistin zu verwandeln vermochte, als er während des Schlußapplauses – und ohne die, üblicherweise Heimlichkeit verratende, vorgehaltene Hand – zum andern sagte, die Akrobatin habe im unvergleichlich souveränen Spagat, der den Auftritt abschloß, mit ihren Schamlippen den Fußboden geküßt.

611. der Klischnigger

die in amerikanischen Filmen häufig zu hörende verachtende Bezeichnung für Schwarze, für deren schändliche Potenzierung ich den Ausdruck »Klischnigger« so lange gehalten hatte, bis ich erfahren habe, daß »Klischnigger« eine Berufsbezeichnung ist und der 1813 geborene Edward Klischnigg der Begründer dieses Berufsstandes.

612. der Verzögerungseffekt

der lästige Verzögerungseffekt, der heute all mein Handeln durchwuchert, weil der Gedanke an den Vorsatz, nicht rauchen zu wollen, jede Minute des Tages beherrscht und sich in jede Entscheidung hineinbeißt: Ich muß, will ich den Verzögerungseffekt aufheben, rauchen.

613. die Faust

die drohend erhobene Faust und dann der aggressive Ruf: »Was häsch gseit!«, mit dem der auf mich losstürmende Wichtigtuer im Niederdorf auf meinen Satz reagiert hatte: »Grüezi wohl!«

614. der Stromausfall

das funkelnde Lichtermeer der nächtlichen Stadt Frankfurt und das urplötzliche – als habe jemand alle Lampen und Leuchtreklamen gleichzeitig ausgeknipst –, das vollkommene Auslöschen aller Lichter in der ganzen Stadt, das ich so lange für die fürchterliche Folge eines totalen Stromausfalls gehalten habe, bis ich merke, daß die schlagartige Dunkelheit unter uns deshalb eingetreten ist, weil das Flugzeug, in dem ich sitze, die dicke Wolkenschicht über uns nun durchstoßen hat.

615. die Stunde

ich hätte ihm eine Stunde seines Lebens gestohlen, dieser schlimmste aller mir je gemachten Vorwürfe, den ich von Pablo Stähli zu hören bekam, weil er offenbar eine Stunde lang vergeblich versucht hatte, mich telefonisch zu erreichen,

615 a

und das Glück, daß er dieses Diebesgut – das ich, wären es 10000 Franken gewesen, vergleichsweise leicht in seine Hände zurück hätte legen können – bisher noch nie zurückgefordert hat.

616. die Arbeit

diese angenehme Stimmung von Gelassenheit, die sich in mir ausbreitet, während ich Marcello Mastroianni im Film »Oci Ciornie« auf der Leinwand spielen sehe, weil ich trotzdem nie das Gefühl habe, einem Schauspieler bei der Arbeit zuzusehen.

617. die Folgen

die lakonische Trockenheit im Satz: »Nur Tote sterben nie«, mit dem der greise Greta-Garbo-Verehrer im »Esquinade« meine Frage beantwortet hatte, wie weit sich seine Art der Verehrung mit dem Tod der Schauspielerin gewandelt habe, und meine kurz nur aufflackernden Gedanken an die möglicherweise schauerlichen Folgen seines Nachsatzes: »Bei Filmstars spielt es keine Rolle, ob sie lebendig sind oder tot.«

618. die Schießerei

mein Ärger darüber, daß ich mich dreißig Minuten nach Beginn von David Lynchs Film »Wild at Heart« vom Sessel erheben muß, weil sich ein verspäteter Zuschauer durch die Sitzreihe drängt und sich dann im leeren Fauteuil neben mir niederläßt,

618 a

und die Steigerung meines Ärgers im Gefühl, sinnloserweise aufgestanden zu sein, weil dieser Zuschauer zwei Minuten später bereits eingeschlafen ist,

618 b
und die abermalige Steigerung meiner Wut, als der Mann so heftig zu schnarchen beginnt, daß ich die Dialoge der Schauspieler auf der Leinwand nicht mehr hören kann,
618 c
und der Höhepunkt meines Ärgers in jenem Augenblick, in dem der schnarchende Zuschauer neben mir seinen Kopf auf meine Schulter fallen läßt,
618 d
und das Gedröhne, Geknalle und Geklirre in der Szene der Schießerei vor dem Silo, das mir nur deshalb auf die Nerven geht, weil es meinen Platznachbarn – aller gegenteiligen Hoffnung zum Trotz – seelenruhig schnarchend weiterschlafen läßt.

619. der Zuschauer
die Bezeichnung »Zuschauer«, mit der ich den in Nr. 618 geschilderten Mann im Kino versehen habe, und meine nun aufkommenden Bedenken, ob es wohl falsch oder richtig sei, diesen Ausdruck auf jemanden anzuwenden, der die Filmbilder, weil er schläft, gar nicht sehen kann.

620. die Nummer 411
die mir jetzt notwendig erscheinende Erklärung, daß sich die in Katalognummer 411 gestellte Frage »Wohin sollen wir gehen?« auf die Wahl eines Eßlokals bezog und daß uns das Befolgen von Edward Quinns Antwort »The best way to go is always the way to unknown places« vorab deshalb zu ungeahnten Erfahrungen führte, weil wir das kambodschanische Restaurant an der Rue Cousin im Bewußtsein betraten, den besten Weg gegangen zu sein.

621. das Zeitmaß
das mir bislang unbekannte, neue Zeitmaß, das ich einzuführen habe und mit dem es von jetzt an zu rechnen gilt, seit ich feststellte, daß es Menschen gibt, deren Leben nicht in Stunden und Minuten eingeteilt ist, sondern in Zigarettenlängen.

622. der Nebensatz
die in Katalognummer 267 (als Beiprodukt eines Gesprächs mit Felix Mettler) in einem Nebensatz untergebrachte Feststellung, daß Kunst ein Aggregatzustand von Leben sei, und die bei der Lektüre fünf Jahre später erst gewonnene beunruhigende Einsicht, daß diese Feststellung eigentlich in einen Hauptsatz gehört – und zwar in einen mit Ausrufezeichen.

DER CARMINESISCHE KATALOG

623. das Werweißen
die schweizerisch-italienische Grenze, die wir in Mosers engem Sportwagen bei Brissago überquerten, und Wilfrid Mosers beim ersten Blick in die Landschaft auf der andern Seite geäußerte Feststellung, so wie jetzt hier habe es vor fünfzig Jahren auf der andern Seite der Grenze ausgesehen,
623 a
und Raras und mein Werweißen darüber, ob das in Mosers Satz mitklingende Bedauern der Tatsache gilt, daß es auf jener Seite nicht mehr so aussieht wie auf dieser, oder daß es auf dieser noch nicht so aussieht wie auf jener Seite.

624. die Grenzwächter
das befremdlicherweise fast schon verschmitzt wirkende Hochschnellen der Hand zum Schirm der Uniformmütze, mit dem sich der strenge italienische Grenzwächter, nach dem unerbittlichen Durchwühlen des Rucksackes eines jungen Engländers am Grenzübergang Valmara, von den Reisenden im ASPAN-Bus nach Intra verabschiedet; – und die bei aller erwarteten Unvereinbarkeit von Verschmitztheit und Strenge nun doch erfahrene Vereinbarkeit dieser vermeintlichen Gegensätze, die Rara mit der Entdeckung begründet, im Gegensatz zu den schweizerischen Grenzwächtern übten die italienischen ihren Beruf nicht nur aus,

sondern sie spielten ihn perfekt wie eine Rolle und gäben damit der Brechung durch Verschmitztheit bei aller amtlichen Strenge ihren Platz.

625. die Kolonne

der Einblick ins Wesen Italiens, den mir der Anblick der wenigen und alten einheimischen Frauen verschafft, die von Brissago im viel zu geräumigen ASPAN-Bus nach Italien unterwegs sind (hoffentlich kein Anzeichen dafür, daß der Busbetrieb bald eingestellt wird!), und die – vom Busfenster aus zu besichtigenden – Scharen der jüngeren Italiener, die, jeder einzeln in seinem Auto und einer hinter dem andern, die enorme kilometerlange Kolonne bilden, die der breite Bus hinter sich auf der engen Uferstraße staut.

626. der Schluck

meine Weigerung anzuerkennen, daß ich zwei unvergleichbare Größen miteinander vergleiche, wenn ich nun nach dem ersten Schluck aus lauterer Begeisterung zu sagen wage: Der Geruch dieses Weines ist der gleiche wie die Farbe dieser Blume,

626 a

und die Wichtigkeit, die ich der Tatsache zuschreibe, daß dieser Wein »Amarone« heißt und die Blume »Kamelie«.

627. die Nacht

der Stromausfall in der carminesischen Nacht, die so undurchdringlich ist, daß ich außer Dunkel überhaupt nichts sehen kann, und mein – von Martin Deans erhellendem Buch »Der Mann ohne Licht« in der Finsternis nun provoziertes – Fragen, unter welchen Bedingungen sich der Satz wohl bewahrheiten könne: Wie die Nacht aussieht, das kann man erst erkennen, seit es künstliches Licht gibt.

628. das Gedröhn
die Landschaft um Carmine, von der du nicht wissen kannst, daß sie schön ist, solange du sie nie ohne Motorradgedröhn von der Uferstraße her erlebt hast.

629. der Halbkreis
der über Carmine farbenreicher als anderswo erleuchtete Halbkreis, dessen Rand sich als funkelnder Bogen über die Horizonte spannt und von dem ich seit Kindesbeinen weiß, daß man ihn Regenbogen nennt (weshalb ich zu behaupten wagte, Regenbogen seien mir vertraut), eine Behauptung, die ich nicht mehr erneuern kann, seit ich im Frühjahr 1993 miterlebte, wie sich der Regenbogen nach einem geradezu sprudelfrischen Gewitter auf den Lago Maggiore niedersenkte, sich als irisierende Farbenbahn auf die Wasseroberfläche des Sees legte, bis Gelb und Grün und Blau und Rot die Farbe des Wassers geworden waren und ich im Herbst jenes Jahres in den endlosesten aller Regenfälle ein mysteriöses Zeichen über See und Bergen entdeckte, das ich erst nach langem Beobachten als den Schatten erkannte, den ein Regenbogen zu werfen vermag.

630. die Weigerung
der carminesische Wirt im »Ristoro San Gottardo«, der auf meine Feststellung, er sei ein Carminese, den Kopf schüttelte, weil er keine Ahnung hatte, was ein Carminese ist,
630 a
und sein kopfnickendes Bestätigen, jetzt wisse er, was gemeint sei, als ein Gast mein Insistieren, jeder Einwohner von Carmine sei wohl ein Carminese, mit der Antwort abblockte, wer in Carmine wohne, sei ein Carmeniter,
630 b
und meine – als stillschweigenden Entschluß gefaßte – Weigerung, das richtige Adjektiv dem unrichtigen vorzuziehen und die im »Zibaldone« zu Carmine notierten Eintragungen den »carmenitischen Katalog« zu nennen, weil die Melodie und der Rhyth-

mus von »carminesisch« viel mehr dem entspricht, was ich in Carmine vor Augen habe.

631. die Geschäftsbriefe

die winzigen Schriftzüge, mit denen ich die für den Text vorgesehene Hälfte von sieben Postkarten über und über bedecke, weil ich irgendwie überzeugt bin, auf diese Weise die Ansicht meiner Freunde in Italien zu entkräften, daß die Schweizer das Schreiben nur erlernen, um Geschäftsbriefe schreiben zu können.

632. das Piktogramm

das strikte Piktogramm, zu dem das Mienenspiel der Italienerin beim apodiktischen »nein!« gerann, und meine Sprachlosigkeit ob der unerwartet eintretenden Veränderung der Bedeutung, die Emma im »Ristoro San Gottardo« in Carmine Superiore dadurch erzielte, daß sie dieses »nein« mit einem knappen Zucken im linken Mundwinkel in ein »ja« verwandelte und Minuten später – als wolle sie mir ihren Zeichenvorrat offenlegen – demonstrierte, daß ein plusterndes Vorstellen der Wangenmuskeln sowohl aus »ja« wie auch aus »nein« ein »sowohl als auch« erzeugen könne.

633. der See

die schöne und reine Landschaft hier am See, aus der ich mir, damit sie schön sein kann und rein, die Straße wegdenken muß, die durch sie führt.

634. die Telefonkabine

der von uns allen heute festgestellte Hauptunterschied zwischen der Schweiz und Italien, der darin zu erkennen ist, daß bei jedem Gewitter mit Blitzschlag in Carmine immer wieder die elektrische Beleuchtung aussetzt – und der Sturz ins Dunkel, in das wir gestoßen sind, wenn der Lichtschein aus den Nachbarhäuserfenstern, die Straßenlaternen und die in gespenstigem Neonrot glimmende Telefonkabine dort unten am Parkplatz – »zaff«! – weg sind, während jenseits der Grenze, in der Schweiz, die Lampen der Uferpromenade von Brissago und der ganze Lichterbaum über den Berghang hin (vertrauensvoll) leuchten und das Licht in jeder Stube brennt, als würde es draußen überhaupt nicht gewittern.

635. die Zeichen

all die vielen Dinge, die Gesten – und dazu gehört die Art, wie sich der alte Ezio auf den Kastanienstock stützt, wenn er abends den Weg vom Dorf herunterkommt –, die Verhaltensweisen und Zeichen, die, obschon Carmine kaum eine Viertelstunde von der Schweizer Grenze entfernt liegt, doch so radikal Italien bedeuten, daß ich mich ertappe, wie ich carminesisch sage, wo ich italienisch sagen will, und daß ich es deshalb sage, weil ich das carminesische Wesen als italienischer erlebe als das italienische.

636. die Unsicherheit

das Wörtchen »galt«, auf dem meine Augen beim unbedachten Überfliegen der Nachrichtenseite im »Tagblatt der Stadt Zürich« vom 4. Juni 1977 steckenbleiben, weil ich eigentlich »gilt« erwartet habe, wobei mir erst dieses »galt« im Satz »Roberto Rossellini galt als der hervorstechendste Vertreter des italienischen Neorealismus« ins Bewußtsein ruft, daß ich soeben die Nachricht von Rosselinis Tod gelesen habe,

636 a

und die peinliche Unsicherheit, die sich bei mir immer dann einstellt, wenn man beim Gespräch über einen Menschen von der Gegenwart in die Vergangenheitsform hinüberwechselt,

636 b

und die erfreute Genugtuung darüber, daß Onkel Hans nicht unbedingt gestorben sein muß, wenn ich von ihm sage: »Er war Geometer.«

637. die Salve

die Lichtung im Gewölk über uns, die, wenn einer der Blitze aus der unerbittlichen Salve über den Wolken zündete, zum Loch im Himmel wurde, das zu allem Erträumten Zulaß gab, und wenn ein Blitz aus dem entnervenden Stakkato unter die Wolken fuhr, zum Schlund, durch den, was irdisch war, abgesaugt zu werden drohte ins aufgewühlte All.

638. das Gewitter

der Wille, der jetzt etwas anderes wurde als jene Kraft, die Gedachtes ziemlich nahe an Gemachtes zu rücken vermag, weil Rara, als sie im Gewitter vom 2. Juli 1998 das Licht anzünden wollte, seufzte: »wollen heißt, daß man nicht kann«, und als auch der zweite Knopfdruck die Stube in Carmine nicht erhellte, mit gespielter Resignation anfügte: »könnte man, müßte niemand wollen!«

639. die Desolatheit

die während des Abendessens in Carmine jeden Appetit coupierende Desolatheit, die mir immerhin erklären hilft, weshalb wohl diese Frage ausgerechnet während der Tagesschau mit den Schreckensbildern vom Krieg der Serben gegen die Bosnier in mir aufsteigen konnte: Gibt es Dinge, die schön sind und trotzdem möglich?

640. das Produkt

»La mia opera – mein Werk«, als das Italo Calvino beim Interview mit Heinz Bütler seine Bücher bezeichnet, und der – während Calvino spricht – in mir aufsteigende Wunsch, einmal einen Schreiner, einen Schlosser oder einen Gießer das Produkt, das er herstellt, »mein Werk« nennen zu hören.

641. die Tasten

die schweren Regentropfen, die mit ihrem Gewicht die einzelnen Blätter des Bäumchens im Steilhang so rhythmisch niederdrücken, niederklappen, als sei jedes Blatt eine Taste des Klaviers, auf dem ein belämmerter Pianist die »Mondscheinsonate« spielt.

642. das Deutsch
das gebrochene Deutsch, das die Ladenbesitzer in Cannobio jetzt plötzlich sprechen, und die Zeit, die sie genutzt hatten, die sieben Jahre, seitdem der deutsche Tourist auf der Piazza Angelo Custode gesagt hatte: »Ich und Italienisch? Die wollen mir was verkaufen, nicht ich ihnen!«

643. die Dose
die farbig bedruckte Dose aus Cannobio, die ich trotz ihres Inhaltes gekauft habe und die eine wichtige Schachtel ist, weil sie mir zeigt, daß es durchaus kein Vergehen ist, eine Verpackung dem vorzuziehen, was sie enthält.

644. das Finstere
unser Stehenbleiben auf dem steilen Weglein von Carmine Inferiore hinauf zum Zibaldone, das jeweils so lange dauerte, bis ein neuer Blitzschlag uns den Wegverlauf in seiner flackernden Lichtgarbe anzeigte und uns weitere Schritte erlaubte auf dem Pfad, der – ich erinnere mich – bei der letzten Strompanne statt vom Blitz vom Vollmond beleuchtet worden war.

645. die Aussicht
die herrliche Aussicht vom »Zibaldone« aus über den Lago Maggiore ... und dann meine Frage, woher wohl dieses Gefühl komme, ich habe nur dann ein Recht, die Aussicht zu genießen, wenn ich ihre Schönheit weitergebe in meinem Verhalten, gewissermaßen stellvertretend für jene, die sie nicht genießen können, diese Aussicht.

646. das Erstmalige
die rätselhaften Wolkenformationen über Carmine am 11. August 2002, die ich – »so öppis hani no nie gseeh!« – mit einer fliegenden Untertasse verglich, und diesen Vergleich erschreckt zurücknahm, weil mir klar wurde, daß wir, darüber redend, aus allem Erstmaligen unweigerlich ein Déjà-vu machen.

647. die Pflanze

der Schatten des Zweiges der Pflanze, der über die Krone des Stützmäuerchens wandert, dieses total unscheinbare Vorkommnis, dem ich – da staune ich – das Gewicht eines Ereignisses geben kann nur dadurch, daß ich beschreibe, wie die Wanderung des Schattens am rechten Rand um 11 Uhr 07 begann und um 11 Uhr 53 am linken Mauerrand endete, und mehr Gewicht noch erhält der Schatten und seine Bewegung, wenn ich sage, daß die unauffällige Pflanze Bitterling heißt und das Mäuerchen, über das sein Schatten wanderte, in Carmine steht.

* * *

648. der Typ

das blasse Gesicht mit den fast schon mädchenhaften Zügen und die welke Gefühlsarmut in dieser kränkelnden Lust an der coolen Gleichgültigkeit allem gegenüber, was nicht Macht verschafft – diese Eigenschaften im Gesicht, also in der Maske des Schurken Drogenkönig im Film »Mega-Force 2. Teil«, die mich zur Feststellung veranlassen, dies sei nun endlich die Trivialversion jenes lautréamont'schen Typs, der zur Beschreibung paßt, für die ich seit zwei Jahren einen Träger suche (den ich voreilig in dem mäusefaden Schläger von Nr. 387 zu sehen glaubte): Er bewegt sich vierundzwanzig Stunden lang auf der Nachtseite des Tages.

649. die Unverwechselbarkeit

der Stolz darüber, daß es vielleicht doch so etwas wie Unverwechselbarkeit geben muß, der mich – nach dem Festchen im Hause von Lore und Ernst in Feldbach – beim Blick in den Toilettenspiegel überkommt, als ich mit erhobenem Zeigefinger – warnend – zu meinem Spiegelbild sage: Dieser Zustand wunderbar leichter Betrunkenheit, in dem ich mich jetzt befinde, ist für einen Schauspieler äußerst schwer darzustellen.

650. der Irrtum
die schönen blauen Augen des greisen Hans Coray, welche die Journalistin der Zeitschrift »Schöner Wohnen« in ihrem Artikel über den Designer beschrieb, diese Augen, die ein Irrtum sind, der sich nicht durch eine Richtigstellung im Blatt beseitigen läßt, ein Irrtum, auf den mich Rara, Corays Gattin, aufmerksam macht, als sie sagt: »Er hat gar keine blauen Augen, er schaut nur wie jemand, der schöne blaue Augen hat.«

651. die Verfolgung
die Verfolgung durch einen Unbekannten, dessen Opfer ich zu sein glaubte, weil ich den Schatten des Bösewichts in der steilen Klusstraße näher kommen und wieder Distanz nehmen sah, und die Panik, die diese Verfolgungsjagd in mir auslöste – aber nur, bis ich erlebte, wie mich der Schatten des Verfolgers überholte, der Schatten allein ohne den Körper dessen, der ihn zu werfen schien,
651 a
und die unregelmäßige Anordnung der Straßenlaternen, die – so klärte sich die Jagd – dazu führte, daß ich selber den Schatten meines vermeintlichen Verfolgers warf, wie auch jenen zu meinen Füßen, von dem ich einwandfrei wußte, daß es mein eigener war,
651 b
und die Heiterkeit, die mich kurz aufs heftigste durchfuhr, als ich mir ganz laut sagen mußte, daß ich es war, den ich für meinen Verfolger gehalten hatte.

652. die Figur
dieser »Er«, von dem jeder einigermaßen ernst zu nehmende Schauspieler spricht, wenn er sich selber auf der Leinwand sieht: »da lacht er…, dann stirbt er…, da trinkt er…, da geht er« – dabei geht doch er, der »ich« sagen könnte,
652 a
und die Erfahrung, daß nur »ich« sagen kann (wo er »er« sagen müßte, wenn er von sich selber spricht), wer sich selber mit der Figur verwechselt, die er spielt.

653. die Schlachtplatte

»Die Schlachtplatte sieht schön aus!«, Helens Feststellung im Restaurant Hirschen in Trubschachen, die Elvis Y. mit dem Satz präzisierte: »Sie sieht nicht nur so aus, sie ist es auch«,

653 a

und die den Tischgenossen rätselhafte Heiterkeit, die mich befällt ob der vorerst ebenso zufälligen wie nebensächlichen Entdeckung, daß sich Helens Feststellung und Elvis' Satz ohne Pause dazwischen sagen lassen, was nicht der Fall sein könnte, wenn Helen festgestellt hätte: »Die Schlachtplatte sieht gut aus«, weil Elvis erst hätte von der Platte probieren müssen, damit er hätte sagen können: »Sie sieht nicht nur so aus, sie ist es auch.«

654. die Null

die erstaunliche Ernsthaftigkeit, mit der einige der wenigen Passagiere im Flug SR 494 die Feststellung des Stewards »In Moskau ist null Grad« zum Anlaß nehmen für eine Diskussion darüber, ob man nicht richtigerweise sagen müsse: »In Moskau sind null Grad«,

654 a

und die Feststellung des pausbäckigen Schaffhausers, wir kämen nur deshalb zu keinem Ergebnis, weil wir nicht fähig seien, uns vorzustellen, daß weniger als eins bereits wieder Mehrzahl sei,

654 b

und das Gelächter, das losbrach, als jemand – ich weiß nicht mehr wer – anfügte, das Erstaunlichste an unserem Problem sei, daß das Wort »Mehrzahl« immer in der Einzahl steht.

655. der Mond

der viereckige Mond, der da erstaunlicherweise heute über Cannes am Himmel steht, und die Hartnäckigkeit, mit der ich mir einrede, daß dieses Erstaunliche völlig unmöglich sei – obschon ich mir doch das Unmögliche immer wieder herbeiwünsche – und eine Täuschung sein müsse, was ich aber erst beweisen kann, als ich merke, daß der viereckige Mond über Cannes kein Mond ist, sondern der in den Lichtkegel eines Scheinwerfers geratene Betonklotz, der hoch oben den Auslegerarm eines Baukrans im Gleichgwicht hält.

656. das Und

die in der Diskussion mit Frido erörterte Frage, ob sich mit den Mitteln der Sprache ein verläßliches, ein genaues Bild des Lebens erzeugen lasse, und meine kurz hereinbrechende Antwort, daß zu diesem Zweck aber jeder Satz mit »und...« beginnen müsse.

657. die Erfahrung

die Hartnäckigkeit, mit der ich jetzt, siebzehn Jahre später, die Erfahrungen, die ich am 3. Januar 1975 gemacht hatte, in meine Erinnerung zurückzuholen versuche, was mir – der besagten Hartnäckigkeit zum Trotz – nicht gelingen will und mir deshalb keine Einsicht gibt in die Art der Erfahrung, die mich an jenem Tag veranlaßt hat, den eigenartigen Satz ins Notizbuch zu schreiben: »Manche sind nicht immer weniger als viele«,

657 a

und die aus diesem hartnäckigen Bemühen unverhofft resultierende Einsicht, wie oft es mir mißlingt, eine gemachte Erfahrung an Rara weiterzugeben, sondern nur noch die Erinnerung daran.

658. die Einsamkeit

das Geschimpfe, mit dem Otto am ersten Abend, als ich ihn im »Eckstein« kennenlernte, über die Leute lästerte und seinen Hund als den einzigen pries, dem Vertrauen zu schenken sich lohne, und die Trauer dann am zweiten Abend, als Otto von seiner Einsamkeit berichtete, unter der er litt wie unter einer unheilbaren Krankheit,

658 a

und das verärgerte, zuckende Kopfschütteln, mit dem er mich unwillig abblockte, als ich, der ich nicht an die Unheilbarkeit der Krankheit Einsamkeit glaube, sagen wollte: »Zur Einsamkeit braucht es immer zwei.«

659. das Sieb

die Feststellung, daß man von Germain Nouveau nicht etwa deshalb nicht mehr spricht und die Großartigkeit des Monsu Desiderio nicht etwa deshalb vergessen worden ist, weil das, was die beiden taten, zwecklos gewesen wäre, sondern ganz einfach nur deshalb, weil die Zeit das großmaschigste aller Siebe ist – und offenbar nur selten jemand das Herstellen von feinmaschigeren für sinnvoll hält.

660. der Stuntman

mein Entsetzen ob der Geschichte des Selbstmörders, der sich in einem vierjährigen Ausbildungskurs mit den Fächern Akrobatik, Dramaturgie und Pantomime zum Stuntman hatte ausbilden lassen, damit er so die Möglichkeit erhalte – und 1977 hat man sie ihm gegeben –, sich von einer Felsenklippe in den Abgrund zu stürzen,

660 a

und der Film, für den der Stuntman engagiert worden war, der ihm nichts anderes zu sein schien als der in aller Öffentlichkeit einsehbare Beleg dafür, daß er, was er tun wollte, auch wirklich tat.

661. die Flucht

die Diskussionen, wieweit man das Wort »Flucht« neu und anders – als gewohnt: die Flucht aus der DDR – definieren müsse, damit es einen Sinn erhalte, weil ohne diese neue Definition kaum einer verstehen konnte, was Jean-Pierre meinte, als er sagte: »Die Flucht aus der Freiheit ist auch eine Lösung«,

661 a

und die Feststellung, daß auf die gleich darauf an ihn gestellte Frage kaum noch Fluchtgründe bietende Orte aufzuzählen blieben, außer jenem, den Jean-Pierre gemeint haben mußte: seine vergiftete, quälende Phantasie.

662. die Segeltuchtasche

der zerlumpte Mann mit der Segeltuchtasche, deren blaue Farbe längst aus dem Gewebe geschabt worden war und in der er dennoch jahrein jahraus alle seine Habseligkeiten durch den Limmatquai trug, und dies offenbar nur deshalb, damit ihm der Gepäckaufbewahrungsschalter im Hauptbahnhof nicht zur Heimat wurde,

662 a

und die Vergrößerung des Jammers im Bild dieses Mannes, die ich erziele, wenn ich statt »Heimat wurde« nun sage »Heimat werde«.

663. das Bemühen

das erkennbare Bemühen, es beiden – Frauen und Männern – recht zu machen, das der Präsident der ASASTP an der Generalversammlung erkennen ließ, als er seine Eröffnungsrede mit dem Begrüßungswort begann: »Liebe Mitgliederinnen und Mitglieder«,

663 a

und mein Eingeständnis, daß mir die Unstimmigkeit erst aufgefallen war, als ein Versammlungsteilnehmer den Redner mit dem Zuruf unterbrach: »Max, jetzt hast du uns aber vergessen«,

663 b

und mein Nachdenken, das mir eigentümlicherweise wie ein Nachrechnen vorkam und mir nach einer Weile klarmachte, daß der Rufer recht hatte, weil nämlich die Wörter »Glied« und also auch »Mitglied« sächlichen Geschlechts sind,

663 c

und mein Zögern, das mich jetzt – Wochen später – beim Eintragen dieser Wahrnehmung in den »Katalog von Allem« befällt, weil ich diese Nummer 663 mit »das Bemühen« überschreibe, wo ich ebensogut und ebenso genau »die Vergeblichkeit des Bemühens« hätte schreiben können.

664. das Ticken

das quälende Ticken der Wanduhr im Wartsaal des Bahnhöfchens von Maccagno, das derart unerbittlich, trocken und endgültig tönt, daß sich beim Versuch, dieses – erst wie Schläge eines Hämmerchens, die vom Echo ins Unerträgliche verlängert werden, und nach einer Weile dann wie das Bersten feucht gewordener Knallfrösche die Wartsaalstille durchbrechende – Knacken zu beschreiben, der Satz in mein Notizbuch schleicht: »Wenn die Zeit endet, führen nur die Uhren sie weiter.«

665. der Bröckelkohl

das Gemüse Broccoli mit seinem wolkigen Schirm auf den grünen Stengeln, das mir so lange ausgezeichnet schmeckte, bis ich in einem deutsch-italienischen Wörterbuch las, dieses Gemüse heiße auf deutsch: Bröckelkohl,

665 a

und das heftige, tempobestimmte Klima der James-Bond-Filme, das sich jetzt plötzlich verflüchtigt, und eigenartigerweise nur deshalb, weil ich mir vorstelle, im Vorspann stehe statt des italienischen Namens des Produzenten der Name Albert Bröckelkohl.

666. das Ei

das Erschrecken ob der Tatsache, daß ich, um zu erfahren, ob ein Ei faul ist oder gut, die Schale zerschlagen, daß ich also um den Inhalt erkennen zu können, die Form zerstören muß,

666 a

und der Trost, den es mir bedeutete, als ich auf der Suche nach Beispielen dafür, daß man Inhalte erkennen könne, ohne die Form zu zerstören, außer durchsichtigen Plastiktüten und Glas als drittes auch das Wissen als Ergebnis der Suche notieren konnte, denn das Wissen um den Inhalt allein vermag die Zerstörung der Form zu verhindern.

667. der Inbegriff

meine Suche nach dem Inbegriff der Dinge (dem ich am Beispiel Verzweiflung auf die Spur zu kommen versuche), die in der Gewißheit gipfelt, daß ich mir keinen heftigeren, keinen unerbittlicheren Verzweiflungsakt vorstellen kann als die Tat des Frierenden, der – um endlich Wärme zu gewinnen – seinen Ofen verbrennt,

667 a

und die in kleinerer Schrift im Notizbuch als abzuklärende Frage vermerkte Mutmaßung, ob dieser Frierende wohl nicht ein naher Verwandter jenes Glücklichen sei, der Glück nur erleben kann, wenn er es verschleudert,

667 b

und meine Suche nach einem Zusammenhang mit diesem Text über den Inbegriff, der sich nicht einstellen will, auch jetzt nicht, wo ich merke, daß mir beim Schreiben dieser Katalognummer unverhofft die Frage eingefallen ist: »Wie soll eine Flasche voll werden, wenn sie niemand füllt?« – noch ohne die Antwort: »Im Regen.«

668. die Absicht

die nachträgliche Änderung an Nr. 517a, die ich vorzunehmen gezwungen bin, weil ich dort den verbotenen Film von John Huston »Let There Be Light« als Antikriegsfilm bezeichnet habe und jetzt, nach der endlich möglich gewordenen Vorführung des Films in Cannes, feststellen muß, daß ein Dokumentarfilm über den Krieg erst dann zum Antikriegsfilm wird, wenn er mit der entsprechenden Absicht gedreht worden ist, und nicht allein dadurch, daß er in mir – wie jeder Film zum Thema Krieg – Antikriegsgefühle weckt.

669. der Name

die Frage, was es wohl sei, das mich am Namen Kneschaurek fasziniert – die Härte der Konsonantenabfolge und die alles Harte durchtränkende Saftigkeit der Vokale? –, so sehr fasziniert, daß ich mir zeitweise sogar vorstellen könnte, Kneschaurek zu heißen,

669 a

und mein Suchen nach jener Erfahrung, die damals die Lust am Namenswechsel ausgelöst haben könnte, diese vergebliche Suche jetzt, wo ich von der laotischen Sitte höre, nach wichtigen Erfahrungen, Krankheiten auch, seinen Namen zu ändern.

670. der Heiterkeitserfolg

die Unterrichtsstunde des Lehrers Zoss in der Sprachschule Alpha, in der er uns die Unterschiede von »sein« und »bleiben« beibringen wollte, die im Portugiesischen von enormer Bedeutung sind – »ser« und »ficar« –, diese beiden Wörter, denen ich einen Heiterkeitserfolg (einen anerkennenden zudem) verdanke, weil sie sich mir zur schnell geäußerten Feststellung fügten: »Parvo não se é, parvo so se fica.« – »Dumm ist man nicht, dumm bleibt man nur.«

671. die Batterie

die mir beim Betrachten der Porträts von sechs Stammgästen auf dem Zifferblatt der Odeon-Uhr an meinem Handgelenk einfallende Präzisierung von Katalognummer 664 über das Ticken im Wartesaal des Bahnhofes von Maccagno (in der es hieß, wenn die Zeit ende, führten sie nur die Uhren weiter), die jetzt gemacht sein will, wo mir klar wird, daß die meisten Uhren die Zeit nur so lange weiterführen, wie ihre Batterie ausreicht.

672. der Sammler

die Streichholzschachtel, die der fahlhäutige Alte mit der Knollennase fast jedesmal, wenn ich ihn in der »Weissen Rose«, meiner Lieblingskneipe, traf, aus der Tasche zog, um uns raten zu lassen, was das Schächtelchen nun wieder Neues enthalte,

672 a

und der Satz: »Ich sammle alles, was sich in einer Streichholzschachtel verstauen läßt«, mit dem er das milde Klappern der Dinge in ihrer Schachtel in einem Tonfall begleitete, als möchte er anfügen: »Was nicht hineinpaßt, interessiert mich nicht«,

672 b

und das sonderbare Gefühl des Einverständnisses mit dem Sammlungsziel dieses Mannes, das ich mir eingestünde, wenn ich den Satz, mit dem ich auf den seinen reagierte: »Und ich sammle alles, was sich auf den 284 Seiten meines Notizbuches unterbringen läßt«, in jenem Tonfall ausgesprochen hätte, der den Nachsatz erwarten ließe: »Was nicht mehr hineinpaßt, interessiert mich nicht«,

672 c
und die Begründung dafür, daß ich diesen Nachsatz nicht gesagt haben kann, die darin liegt, daß mich auch das interessiert, was auf Seite 285 und den folgenden stände, wenn es diese Seiten im Notizbuch gäbe.

673. der Duden
mein lange dauerndes Suchen nach einem andern Wort, weil Beppo mir gesagt hatte, er verstehe den von mir gebrauchten Ausdruck »verstäätenc« nicht und man müsse wohl Deutschschweizer sein, um ihn verstehen zu können,
673 a
und die unzähligen, krampfhaft herbeigedachten Verben, mit denen ich Beppo die Bedeutung von »verstäätenc« zu erklären versuchte, was mir auch dann nicht gelang, als ich aus dem Duden das Wort »festmachen« zitierte,
673 b
und Beppos verständnisvolles Kopfnicken, als ich endlich »verstäätet« mit »festgezurrt« übersetzte, dieses Nicken, das mich deshalb verunsicherte, weil »festzurren« einen Vorgang bezeichnet, der keineswegs »verstäätenc« ist und das »verstäätenc« lediglich als Teil des ganzen Vorganges enthält.

674. die Verschmitztheit
die Verschmitztheit, die mich beglückte, als ich in Katalognummer 672 die beiden Konditionalformen »gestünde« und »stände« entdeckte, die sich ohne meine ausgesprochene Absicht eingeschlichen hatten, und meine Ungewißheit, vielleicht einen Fehler begangen zu haben, die erst nachließ, als ich mir einredete, das Wort »stehen« habe mit »verstehen« ebensowenig zu tun wie mit »gestehen«, und daß dies eigentlich erst die Konditionalform jedermann verständlich mache,
674 a
und der Vorgang des totalen Mißverständnisses, den ich mit dem selbsterfundenen Verb »zerstehen« (dem Gegenteil von »verste-

hen«) nachvollziehbar machen wollte, das ich aber sofort wieder in geradezu panischer Unsicherheit aus dem Text strich, als ich mich zu fragen begann, ob die Konditionalform in diesem Falle »zerstände« oder »zerstünde« heißen müsse.

675. der Stummfilm

der Stummfilm »Ben Hur« im Fernsehen, der meine Gefühle mit seinem getragenen Pathos der langsamen Gesten in eine derart graue Vorzeit unserer Kultur zurückträgt, daß sich in mir der – erwiesenermaßen falsche – Eindruck festsetzt, Stummfilm sei etwas, das vor der Erfindung des Films gemacht worden ist,

675 a

und meine Weigerung, die Ansicht zu ändern, Stummfilm sei etwas, das vor der Erfindung des Films gemacht worden ist, weil das Gefühl, es sei so, auch dann noch haftenbleibt, wenn ich mir einrede, daß ich aus ihm den falschen Schluß gezogen habe.

676. das Unscheinbare

die geschärfte Aufmerksamkeit, mit der ich beim Flug über die Grenze aus dem Flugzeugfenster schaue, um herausfinden zu können, ob und wie Grenzen von oben erkennbar seien oder nicht, und meine Vermutung, daß da etwas Unscheinbares große Konsequenzen habe, als ich das erste Ergebnis meiner Aufmerksamkeit in die ganz einfache Feststellung faßte: »In der Schweiz liegen die Dörfer viel näher beisammen als in Frankreich.«

677. die Grenzen

das anscheinend unausrottbare Bedürfnis nach Grenzen, das dem Menschen innewohnt und das ich erst jetzt als dieses Bedürfnis zu erkennen vermag, wo ich verschreckt beobachte, wie die Leute der Abschaffung der Grenzen in einem bald geeinten Europa dadurch zuvorkommen, daß sie neue und eigene Grenzen um sich ziehen, so etwa eine befestigte zwischen sich und die Asylsuchenden, die Fremden,

677 a
und das Stichwort »Xenophobie«, das ich als Überschrift über dieser Katalognummer absichtsvoll vermieden habe, weil mir der nüchterne Fachausdruck in seiner bestimmenden Sachlichkeit wie eine Entschuldigung erscheinen will für das Unentschuldbare.

678. der Helvetismus
die Art des Beobachtens, wie die Leute der Abschaffung der Grenzen in einem bald geeinten Europa dadurch zuvorkommen, daß sie neue und eigene Grenzen um sich aufbauen, diese Art des Beobachtens, die ich in Katalognummer 677 als »verschreckt« bezeichnet habe und an der ich festhielt (nachdem Rara kritisiert hatte, das Wort »verschreckt« sei ein Helvetismus und deshalb durch »erschreckt« zu ersetzen), weil mein Beobachten mit anderem angefüllt ist als nur mit Schrecken, wie er im Adverb »erschreckt« enthalten ist.

679. die Narbe
das nur für die Kameras der Reporter bestimmte Lächeln, zu dem sich der aus der Schweiz ausgewiesene tamilische Asylbewerber zwingt, dieses Lächeln, in dem so viel lodernder Schmerz enthalten ist, daß es in seinem Gesicht steht wie eine frisch verkrustete Narbe.

680. die Gastronomie
die von keinem Lehrbuch der Gastronomie und auch nicht von Harry Schraemlis 1950 erschienenem Standardwerk des Gastgewerbes »Von Lucullus zu Escoffier« beantwortete Frage, ob ein gutes Restaurant, das im Zeitungsständer seinen Gästen eine schlechte, eine hundsmiserable Zeitung zur Lektüre anbietet, ein gutes Restaurant bleibe,
680 a
und meine Weigerung, gerade das für Qualität eines Unternehmens zu halten, daß man den Kunden stets einfach das anbietet, was sie wollen.

681. das Saure

die Unmöglichkeit, mir die Frage zu beantworten, warum ich eigentlich Morgengrauen immer als etwas Saures empfinde, und das Erstaunen darob, daß es mir nie in den Sinn käme zu fragen, weshalb ich die Abenddämmerung als saftig erlebe, wie eine überreife Frucht.

682. das Schweizertum

das befremdende Wort »Schweiz« in der Rede des Redners Blocher, das sich mir so zischend in die Ohren bohrt, als spräche er von jenem unhandlichen und unangenehmen Ding, das die Verwalter des reinen Schweizertums geflissentlich ignorieren.

683. die Mitochondrienmanschette

mein Wissen um die Gestalt und die Funktion der Mitochondrienmanschette, das sich, ich gebe es zu, auf die spärliche und dennoch absolut grundlegende Kenntnis beschränkt, daß die Mitochondrienmanschette eine unsichtbare Manschette ist – was nur den erstaunen kann, dem es schwerfällt, sich vorzustellen, daß etwas unsichtbar und trotzdem Manschette sein kann.

684. die Beantwortung

die Frage, wie es wohl umgekehrt wäre, deren Beantwortung ich fürchte, jetzt, wo ich entdecke, daß viele nur so lange in Frieden mit der Welt leben, wie sie ihre eigene Welt zur Welt machen.

685. der Vergleich

Nello Gattikers abschätzig gemeinter Satz: »Ich lese doch keine Gedichte!«, den ich eigentlich mit einem strafenden »Ich schaue doch keine Bilder an!« verballhornen wollte, und meine Zufriedenheit darüber, daß ich nicht dazu kam, weil Rara den Kern der Sache viel genauer traf, als sie dazwischenfuhr: »Ich schaue keine roten Bilder an!«, und, nachdem Herr Gattiker weggegangen war, mit endlich gelöstem Lächeln sagte: »Erst wenn man sie gesehen hat, kann man erkennen, daß es rote Bilder sind«,

685 a
und die gemeinsame Einsicht, daß Raras Vergleich mit den Bildern erstaunlich präzis jenen Unterschied zwischen Sehen und Schauen bestimmt, den das altbekannte und dennoch nie gehörte Sprichwort faßt: »The more you look – the more you see.«

686. das Schlimme
dieses Schlimme, von dem Per Kirkeby sprach und das mir jetzt erst recht als das radikal Verunsichernde, das messerscharf Gefährdende, das alles Verändernde, Bestürzende erscheinen will, wo er mit erleichterter Beiläufigkeit anfügt: »Was nie schlimm war, kann nicht gut werden.«

687. die Hilfe
das Gejohle, die Rufe, das Schreien der total aufgekratzten Discojugend, das sich nicht nur verlängert, sondern auch verstärkt in der Gasse unter meinem Fenster, seit die Disco »Cinecittà« im Nachbarhaus bis 4 Uhr morgens geöffnet ist, dieses Gejohle, die Rufe, das Schreien, gegen das ich mich ganz energisch taub stelle (taub stellen muß, damit ich konzentriert an diesem Katalog arbeiten kann), was mir nur deshalb Sorgen macht, weil ich befürchte, mich einmal auch dann taub gestellt zu haben, als jemand echt um Hilfe rief, vor lauter echten Schmerzen schrie.

688. das Schmatzen
das saugende Geräusch, das Professor Stauffer in der Fernsehsendung vom 2. Februar immer beim Einatmen durch den Mund erzeugte und das von dem an sein Jackenrevers gehefteten Mikrophon zu einem derart sausenden Schmatzen verstärkt wurde, daß ich jenem Zuschauer recht geben mußte, der nach der Sendung reklamierte, das habe sich angehört, als hätte da einer die Luft küssen wollen.

689. das Strafmaß

die Frage nach dem Strafmaß, die ich mir selber stelle ohne die Aussicht, sie je beantworten zu können, da mir während all dieser Beantwortungsversuche immer klarer wurde, daß diese Frage eigentlich gar keiner Antwort bedarf, zumal sie mit Vehemenz von meiner Überzeugtheit ausgelöst worden ist: »Der Frieden straft jeden Schriftsteller, der über Frieden schreibt, ohne ihn zu leben.«

690. die Zerknirschtheit

mein Erstaunen ob der Vielfalt der Dinge, auf die sich die Bedeutung von Raras Feststellung übertragen läßt: »Es darf einem Clown nicht genügen, Clown zu sein, er muß zudem noch lustig sein«,

690 a

und die sanfte Zerknirschtheit, die in mich fuhr, als ich mir bewußt machte, was man alles miteinander verwechselt, wenn man meint, Clown sein sei allein schon lustig.

DER ÖSTERREICHISCHE KATALOG

691. die Silos

das Erlöschen der Scheinwerfer, das die überdimensionierten und deshalb stets wie Häuser aus der Zwergensicht wirkenden Silos rechts an der Autobahn vom Flughafen Wien zur Stadt auf einen Schlag im Dunkel verschwinden läßt, und zwar so heftig, als sei nicht das Licht, sondern als seien die Silos ausgeknipst worden.

692. die Buschenschenke

der Empfang durch Peter und Christa in Radkersburg heute abend und das Beisammensitzen in der Buschenschenke (ein Wort, dessen Bedeutung ich – obschon sie mir erklärt worden ist – vergessen habe), die so intensiv waren, daß ich morgen früh wieder abreisen könnte im – andernorts sich erst nach längerem

Aufenthalt einstellenden – schönen Gefühl, wirklich dort gewesen zu sein.

693. das Erstaunen

mein Erstaunen über die Hartnäckigkeit, mit der sich mir, trotz meiner erwiesenen Unfähigkeit, erzählte Witze im Gedächtnis zu behalten, jener Witz eingeprägt hat, den mir der Hauptplatzkurtl im Grazer »Lükl« erzählt hat:

»Eine nächtliche Seitenstraße irgendwo in Louisiana. Im Rinnstein liegt ein toter Neger. Sirenengeheul. Der Polizeiwagen kommt angerast. Der Polizeigehilfe untersucht die Leiche: Drei Einschüsse im Bauch und sechs im Rücken, zwei Messer stecken in der Brust und vier unter den Schulterblättern. Da sagt der Sheriff zum Gehilfen: Hey Joe, einen so ungewöhnlichen Selbstmord hab' ich noch nie gesehen!«

693 a

und die Vermutung, daß sich dieser Witz nur deshalb als einziger in meinem Gedächtnis gehalten hat, weil er ebensogut kein Witz sein könnte.

694. der Findling

der grob gezimmerte Tisch, der wie ein klobiger Fremdkörper in der Mitte des Zimmers in der hellen, geordneten, hohen Wohnung an der Hildebrandgasse in Wien steht und den ich wie einen zu untersuchenden Findling abtaste, weil er jener Tisch ist, an dem Peter Rosei saß, als er sagte: »Die Beschreibung eines Tisches muß besser sein als der Tisch, sonst ist sie unnötig«,

694 a

und dieser derbe Tisch, der mir jetzt deshalb als besonders wichtiges Belegstück erscheint, weil mich noch kein anderer Satz so heftig das Vertrauen gelehrt hat in die verbessernde Kraft, in die Tragkraft der Sprache,

694 b

und die so – nämlich angesichts dieses Tisches – gewonnene Einsicht, daß zwar der Tischler den Tisch zu verbessern vermag, der

Schuster den Schuh, der Maurer die Mauer, der Programmierer das Programm, der Bäcker das Brot, der Küfer das Faß, daß aber Sprache alles zu verbessern vermag.

695. das Morbide

das Gerücht von der Fähigkeit der Österreicher, Tragisches in Morbides zu verwandeln, das ich bestätigt fand im Gelächter aus dem Publikum, als ich bei der Lesung im Innsbrucker »Bierstindl« Katalognummer 147 vorlas,

695 a

und die Angst, die Leute würden bei Nummer 1193 – mich friert, wenn ich diese Nummer lese – wieder lachen, die mich bewog, auf das Vorlesen dieser Nummer zu verzichten.

696. die Losung

die Losung, die Peter Rosei und ich im Frühling 1993 über jeden gemeinsam verbrachten Tag setzten, und ihre unverhofft in unserem Alltag nun spürbare Wirkung, die endlich der herbeigeträumte Beleg war dafür, daß Wünsche wirklich nützen, weil wir uns am 12. März, am Tag der Losung »Unverzagt vorwärtsschauend«, ganz ohne Absprache gegenseitig auf die erfreuende Unverzagtheit aufmerksam machten, mit der wir vorwärtsschauten.

697. das Abenteuer

der Satz, den übrigens auch Ernest Hemingway auf seiner besessenen Jagd nach beschreibenswerten Abenteuern gedacht haben könnte (falls er in eine ähnliche Situation geraten wäre), den aber HCA als Soldat im 2. Weltkrieg – nach der Versenkung seines Kriegsschiffes und nachdem er sieben Stunden lang einsam in der kalten Ostsee geschwommen war – gesagt haben will, der Satz, der seine Retter erstaunte: »Endlich ein richtiges Abenteuer!«,

697 a

und die Vermutung, daß H. C. Artmann, halb erfroren, nach seiner Rettung vielleicht noch die Kraft, aber kaum mehr Lust gehabt haben mag, diesen Satz auszusprechen – wobei ich überzeugt bin, daß er dennoch der Typ ist, der diesen Satz ausgesprochen hätte oder ihn ausgesprochen haben könnte, wenn seine Zunge zu jenem Zeitpunkt nicht ein Eisklumpen gewesen wäre.

698. das Stück

die fast unfaßbare Fülle von Typen, von Situationen, von Farben, Gerüchen, Formen, von Schicksalen in dem Theaterstück, das uns Herwig, von dem niemand weiß, daß er von Kreuzbruck heißt, einen Abend lang resümiert, das Stück, an dem er jahrelang schon Tag um Tag arbeitet, und seine Feststellung, die die gewaltige Fülle begreifbar macht, als er auf meine Frage, wo man denn das Stück sehen könne, sagte: »Mein Stück, das spielt man nicht im Schauspielhaus, mein Stück, das spielt man draußen im Leben.«

699. die Bürstenerzeugung

die Tatsache, daß ich die Seilergasse in Innsbruck eine Stunde später – auf der Suche nach dem Laden von Franz Ganspöck, »Bürsten, Pinsel, Besen. Älteste Bürsten- und Pinselerzeugung« – nur deshalb nicht wiedergefunden habe, weil jetzt die Sonne schien und mit ihrem Schein aus dieser Stadt eine andere machte.

700. die Browning

die Frage, ob Allem Vorname oder Familienname sei angesichts der Website von Allems Guncraft, der Waffenhandlung in Zionsville, Pennsylvania, auf deren Katalog Helmut Eisendle bei der Suche nach meinem »Katalog von Allem« im Internet gestoßen war,

700 a

und der Unterschied zwischen Sprache und Mordinstrument, über den wir stritten (wo doch beide als Waffen taugen) und der relevant, ja ausschlaggebend wird, wenn jemand durch Klicken statt Lieferung 14 aus dem »Katalog von Allem« versehentlich Lieferung 14 – die Browning, Kaliber 6.75 – aus dem »Katalog von Allems Guncraft« bestellt.

701. die Kauflandschaft

das in unermeßlichen Gebäudehallen sich ausbreitende Einkaufszentrum »SCS – Shopping City Süd« außerhalb von Wien, in das ich mich deshalb hineingewagt habe, weil es Schauplatz von Peter Roseis Roman »15 000 Seelen« ist, dieser triumphale Rummelplatz des Überflusses, der so gar nichts von einem der sattsam vertrauten Shopping-Center an sich hat, sondern viel von einer quadratkilometergroßen Kauflandschaft, deren Berge stets wieder aufgeschichtet sind, bevor sie – von der Erosion der Erwerbsgier – abgetragen werden können, und deren Täler nur freigeschaufelt bleiben, um Platz zu schaffen für kaufwütige Scharen und für jene, die die Berge in nie erlahmendem Eifer immer schon neu aufgeschichtet haben, bevor sie Hügel werden können.

702. die Gewalt

mein Entzücken ob der makellosen Symmetrie im Fassadengewirk des Dornava-Schlosses südlich von Gornja Radgona, ob der Festigung dieser Symmetrie durch die Ebenmäßigkeit der Allee, die zum Schloß hinführt, und das augenblickliche Erlöschen meines Entzücktseins, als Peter Rosei zu erklären versucht, daß es solche makellose Symmetrie in der Natur nicht gebe und daß nur der Einsatz von Gewalt sie herbeizwingen könne.

703. die Perlustration

die Perlustration, die sich jetzt, wo sie vollzogen wird, als eine schlichte Durchsuchung entpuppt, der mich der Zöllner bei Spielfeld wohl nur deshalb unterzieht, weil er meiner Beteuerung nicht glauben will, ich hätte nicht die Absicht, die jugoslawische Grenze zu überqueren – dieses rätselhafte und Unerhörtes verheißende Wort, das durchaus auch Futter ist für meine Zuneigung zu Österreich, die dadurch gesteigert wird, daß in diesem Land viele Dinge ganz anders heißen als in der mir vertrauten deutschen Sprache; und wo man die Dinge anders benennt, dort werden sie mir so neu und unvertraut wie etwa: die Trafik mit ihrer Verschleißberechtigung, der Nebochant und die Famulanten, der Kukuruz beim Buschenschank, der ungustiöse Sandler, dieser Vernaderer, der als Tschecherant von Remassuri lebt und von Bouchecavü.

704. die Lehrerin

das eigentümliche Wort »Lernerin«, das ich erst einmal vernommen habe, und zwar am 22. November 1996 aus dem Mund der Mutter von Elisabeth-Joe Harriet bei ihrem Bericht von der schlechten Lernerin, als welche die Lehrerin Pia gerügt hatte, und von der Umkehrung der Schelte durch das Geständnis der – von Pia als gut bezeichneten – Lehrerin, sie habe von der schlechten Lernerin Pia mehr gelernt, als Pia, die schlechte Lernerin, wohl je von ihr, der guten Lehrerin, werde lernen können.

705. die Halbtotale

die Bilder, ihre Notwendigkeit und dann der Zweifel an der Notwendigkeit dieser Halbtotalen – »ein Bild sei in jedem Fall besser als kein Bild!« –, dieser Argwohn, der hochsteigt, während wir die Einstellung von Lawrence Norfolk an der Säule der Wiener Votivkirche ausleuchten, der Zweifel, der deshalb wächst, weil ich einsehe, daß es unmöglich wird, Peter Roseis beeindruckenden Anspruch zu erfüllen: Wenn Bilder nicht besser seien als ihre Vorlage, seien sie unnötig,

705 a

und die erst nach Arbeitsende offenbar gewordene Verwechslung, die zum Glück immer mehr ihren Charakter als Verwechslung verliert und die mir unterlaufen ist, weil ich beim Filmen an Bilder dachte, während Rosei aber – Nr. 694 zeigt es – von Texten gesprochen hatte.

706. das Organ

die Wut, die der Wütende vor allem in seinen empört fuchtelnden Gesten ausdrückte, die er – als sie nachließen – unerwarteterweise in einem beängstigend bellenden Fauchen in der Stimme fortsetzte, diese rätselvolle Übertragung von Wut und Abscheu von einem in ein ganz anderes Organ, nämlich von den Armen in die

Stimme, was mich deshalb beängstigt, weil ich sie als Anschauungsmaterial erlebe für das Funktionieren des Naturgesetzes: Wenn Wut erkaltet, wird sie Haß.

707. die Schändung

der nur leicht beunruhigende Gedanke daran, daß es Länder gibt, in denen »Schändung der Nationalflagge« ein strafbares Vergehen ist, und die diesen Gedanken begleitende Frage, ob, was wir hier tun, wohl tatsächlich als Schändung gelten müsse, diese Frage, die natürlich niemand aussprach, als Elvis Y. Meyer mit seinem roten Filzstift das Schweizerkreuz in die österreichische Flagge zeichnete, die vor dem Preber Schützenhaus flatterte, in welches der Schützenverein 1978 auf Initiative von Wolfgang Schaffler die Schweizer Literatur zum Wettschießen gegen die österreichische Literatur aufgeboten hatte,

707 a

und die ebenso unausgesprochen gebliebene Beantwortung dieser Frage durch die Gewißheit, es sei nicht Schändung, sondern vielmehr Ehrung der Flagge, wenn Elvis Ypsilon auf solche Weise die – an der als Schriftstellertagung getarnten Freundesfeier von Tamsweg zelebrierten – Gemeinsamkeiten der schweizerischen mit der österreichischen Literatur dokumentiere,

707 b

und die in ungezählten Freudenbieren ertränkte und wohl deshalb nie über den Dorfrand von Preber hinausgetragene Kunde, daß Jürg Laederach das legendäre Preber Wasserschießen mit seiner hohen Punktezahl für die Schweizer Literatur entschieden hatte.

708. die Schreiberfahrung

die »Erfahrungsgeilheit«, die Max Frisch am 18. März 1986 als den eigentlichen Motor seines Schreibens bezeichnet hat, diese arbeitslustige Art von Geilheit, die Schreiberfahrung also, die Erfahrung beim Erfinden von Handlung jener der eigentlichen Handlung ebenbürtig macht und die jetzt mein Erlebnis nährt, wo ich Peter Rosei sagen höre: »Je mehr wir nachdenken, um so mehr haben wir erlebt.«

709. das Geschlecht

die Plawatsche, unter der ich mir sicher mehr als zwölf verwegene Dinge vorgestellt habe, bis mir Heinz Mis sagte, dies sei der wienerische Name für Balkone, wie die, unter denen wir jetzt im Hof des Restaurants an der Schloßgasse 21 sitzen, wobei ich ihm gestehen mußte, daß nur das Geschlecht des Wortes verhindert hat, daß der richtige Begriff unter den zwölf erwähnten verwegenen Dingen war.

710. der Mürzzuschlag

das Schild mit der warnenden Aufschrift »Mürzzuschlag« am Eisenbahnwagen des Zuges im Bahnhof Graz, das ich für den Hinweis dafür hielt, für die Benützung dieses Wagens werde eine zusätzliche Gebühr erhoben,

710 a

und das Lächeln, das ich mir nicht verkneifen konnte, als Peter und Christa mich aufklärten, daß die Reise in diesen Wagen nicht zuschlagpflichtig sei und das Schild »Mürzzuschlag« das Fahrtziel des Zuges ankündige, nämlich das Städtchen Mürzzuschlag, das an der Mürz liegt, dem Nebenfluß der Mur.

711. der Overkill

das sirrende Gesause der Musik aus den Lautsprechern im Wiener Shopping-Center »SCS – Shopping City Süd«, dieses belämmernde Zuviel von allem im Geflirre von Millionen von lockenden Signalen auf den grellen Verpackungen, auf Plakataufbauten, in Leuchtschriften, Werbedurchsagen, Punktlaufslogans und im Bombardement von blendenden Reklamereizen, dieses Gewitter von lähmenden Eindrücken, das in seinen Propagandablitzen und im glückversprechenden Hagelschlag das Virus der Willenlosigkeit über mich zu schütten droht – und mein hoffnungslos vergeblicher Versuch, mich gegen dieses allgegenwärtige Virus zu immunisieren, indem ich mir im Indoktrinationenstrudel ein dauernd wiederholtes, ganz nüchternes Wort als Impfstoff injiziere: Overkill.

712. die Naivität

die List, die ich aufzubringen versuche, um dem Begriff »Naivität« endlich auch möglichst viel Positives abzugewinnen, dieses Bedürfnis, positiv werten zu wollen, was vielerorts negativ belastet ist, bei dem ich mich ertappe, seit mich Peter Rosei in seinem – eingestandenermaßen großartigen – Text »Bodega Zürich – ein Blues für Freunde« als »der große Naive« beschrieben hat.

713. die Bricole-Technik

die Bricole-Technik, von der mir Helmut Eisendle im Restaurant »Zum grünen Anker« des herrlichen Wirtes Herr Glück, nach meiner Lesung in Wien, erklärt, daß sie Konstellationen auf dem Billardtisch durch den Abprallwinkel von den Banden zu sprengen vermöge, und mein Verwirrtsein darob, daß es ihm gelingt, mir klarzumachen, daß der »Katalog von Allem« möglicherweise ein Beitrag sein könnte zum Erarbeiten einer literarischen Bricole-Technik, und daß da der im Titel eingestellte Fokus beim Beobachten – statt durch den gewichtenden sprachlichen Effet – erst durch das festgelegt wird, was an den Banden passiert,

713 a

und mein Einverständnis mit Helmuts Übertragung der Bricole-Technik auf meine Katalogarbeit, das ich dann geben müßte, falls es mir gelänge, die Wirklichkeit allein dadurch zu verändern, daß ich sie beobachte.

714. der Kübelreis

der Reiskübel, der mir zugegebenermaßen ein vertrauterer Begriff wäre, wenn es um ihn ginge, als der Kübelreis, von dem mir Peter Rosei erklärt, er sei neben dem Schilling und dem Dinar der Slowenen, die sich am Rand der Steiermark mit seltenen Gütern eindecken kommen, die dritte Währung hier in Radkersburg, denn der Kübel aus Plastik ist die Gratisdreingabe für jeden Jugoslawen, der fünf Kilo Reis im Laden kauft – und der Preis jedes Gegenstands, ob Hose, Laterne oder Rasenmäher, wird am Wechselkurs des Kübelreises gemessen, bevor man ihn erwirbt.

715. der Gelsenreichtum

der Gelsenreichtum der Gegend um Radkersburg, der mir als etwas ähnlich Wertvolles erscheinen wollte wie der Uran- oder Bauxitreichtum erzhaltiger Erde, aber nur so lange, bis mich die erste Mücke in die Wade stach und Peter den juckenden Stich als eine Folge des Gelsenreichtums bezeichnete, was mir endlich klarmachte, daß Gelsen nicht ein seltenes Erz ist, sondern ein österreichisches Wort für Stechmücken, von denen es hier im Dreiländereck wimmelt.

716. die Trinksitten

der Nachtrag, der gemacht sein will, jetzt, wo sich beim Wiederlesen von Nr. 707 die Erinnerung entfacht ans Schriftstellertreffen in Tamsweg 1976, das der Erörterung der Gemeinsamkeiten der österreichischen und der schweizerischen Literatur gewidmet war, weil eine Lesung in der vollbesetzten Dorfscheune ebendiese Gemeinsamkeit in den vorgelesenen Texten demonstrieren sollte und ein Mann aus dem Publikum unsere ganze ausführliche Demonstration zunichte machte, als er – wohl unter dem Eindruck der flatternden Aussprache der Vortragenden – verärgert in die Runde sagte: »Die einzige Gemeinsamkeit dieser beiden Literaturen sind wohl die gemeinsamen Trinksitten ihrer Autoren.«

717. die Tafel

die mahnende Schrift *»Prepovedano odlaganie smeti!«* auf gelber Tafel am Weg, der über die Hügel zur Grenze führt zwischen Gornja Radgona und Radkersburg, diese Drohung, die ich aus der Tafel herauslese: »Achtung Grenze! Weitergehen verboten!«, die mich zwingt, meine Schrittweise zu ändern und schließlich die Wanderung in Slowenien abzubrechen,

717 a

und mein im Lachen ertränkter Ärger über den von einer gelben Tafel erzwungenen Abbruch meines Ausfluges, als mir Peter abends nach meiner Rückkehr die Bedeutung dieser warnenden Inschrift mit Hilfe des slowenischen Wörterbuches übersetzt: »Schuttablagerung verboten!«

718. das Exemplar

der zum Erbrechen reizende Überfluß der Warentürme im Wiener »SCS – Shopping Center Süd«, der – in der tausendfachen Anordnung von allem – als Alptraum von der Überflutung durch Dinge auch dann erhalten bleibt, wenn ich mir vorstelle, es gebe in der Welt von jedem Ding nur ein Exemplar, weil »eins von allem« ja immer noch soviel wie alles bedeutet.

719. der Fahrschein

mein von Graz bis Radkersburg gültiger Fahrschein, den wir – wenn wir in der Schweiz wären – »Billett« nennen würden und von dem der Schaffner, der bei uns Kondukteur hieße, sagt, er habe ihn noch nicht gezwickt, dieses Zwicken, das mir ein Knipsen ist, weil ein Schweizer in dieser Situation sagen würde, der Kondukteur habe sein Billett noch nicht geknipst.

720. die Kur

»Du mußt unbedingt zur Kur gehen! …«, dieser erschreckend ernst gesagte Ratschlag, den ich mit der Feststellung beantworte: »Ich fühle mich aber überhaupt nicht krank«, und dem Heinrich Mis eine unerwartete Bedeutung gibt, als er fortfährt: »… weil einige der großartigsten Filme überhaupt – ›Otto e mezzo‹ und ›Oci ciornie‹ – in Kurhäusern spielen.«

721. der Widerwille

die mitleidigen Blicke meines Gegenübers im Zug, die mir verraten, daß er mich für einen Deppen hält, weil ich Peter Roseis »Das Lächeln des Jungen« beim Lesen verkehrt herum halte,

721 a
und mein Widerwille gegen die – ziemlich sicher und ohnehin vergeblichen – Mühen, den Leuten erklären zu müssen, daß es nur deshalb so aussieht, als hielte ich das Buch verkehrt in Händen, weil der Buchbinder des Residenz-Verlages den Papierblock irrtümlicherweise verkehrt herum in die Buchdeckel eingebunden hat.

* * *

722. der Rekord
meine Unsicherheit, ob es richtig sei und warum es nicht richtig sei, die Tätigkeit von Igors Freund mit einem Rekord in Verbindung zu bringen (die mich wirklich nicht hätte beunruhigen müssen, weil ein Lachen – wie mir scheint – besser am Platz gewesen wäre), als Igor den Rekord seines Freundes in treuherziger Arglosigkeit mit den begeisterten Worten beschrieb: »Er hat einen drei Quadratkilometer großen Wald auf eine achtundzwanzig Quadratzentimenter große Leinwand gemalt.«

723. der Satz
die schwer zu beantwortende Frage, ob wohl alles nur deshalb so sei, wie es ist, weil wir vieles für das halten, was es zu sein scheint, die überraschenderweise leichter zu beantworten ist, wenn ich sie umformuliere zum Satz, ob wohl vieles nur deshalb so sei, wie es ist, weil wir alles für das halten, was es zu sein scheint.

724. der Nachtrag
der Nachtrag zu Katalognummer 282, als der mir mein entsetzter Kommentar zu Gian Franco Angeluccis Film »Honey« deshalb erscheinen will, weil ich nun die Bäume, die in jener Nummer den Druck eines Gedichtes auf Papier ermöglichen, mit dem Strom gleichsetze, der das Abspielen eines Filmes möglich macht, wenn ich sage, »Honey« sei so entsetzlich belanglos, daß er das Wasser nicht wert ist, das die Turbinen antreibt, um den elektri-

schen Strom zu erzeugen, der verbraucht werden muß, damit der Film gezeigt werden kann.

725. das Lieblingsland

die Republik São Tomé e Principe, das schönste Land, das ich je gesehen habe, diese absolut zutreffende Feststellung über mein Lieblingsland auf dem Äquator, die ich kaum begonnen wieder abbreche mit dem Bedürfnis, sie zu kommentieren, weil ich inne werde, daß es auch Länder gibt, die ich gesehen zu haben glaube, ohne je dort gewesen zu sein,

725 a

und die zusätzliche Gefährdung, der ich meine Feststellung aussetze, indem ich nicht verhindere, daß man diesen Satz auch so verstehen könnte, als würde ich ein Bild mit dem verwechseln, was es zeigt.

726. die Stimme

das vom Eindruck der Ganzheit, der in sich ruhenden Einheit genährte Wohlgefühl, das sich im Kino einstellt, jetzt, wo ich feststelle, daß die Stimme wohl bei keinem andern Schauspieler in so hohem Grade Teil des Körpers und Teil der Gesten ist wie gerade bei Marcello Mastroianni, und das sofortige Schwinden dieses Wohlgefühls im Augenblick, in dem Mastroianni in einer Synchronfassung mit fremder Stimme in einer fremden Sprache zu reden beginnt,

726 a

und das unkorrigierbare Gefühl, ich habe – wenn Mastroianni mit fremder Stimme (also: mit der Stimme eines Fremden) und in fremder Sprache synchronisiert ist – einen ganz andern Menschen als Marcello Mastroianni vor mir.

727. die Hoffnung

mein Versuch, mir stille Dinge vorzustellen, der unversehens in der Feststellung endet, es gebe nichts Stilleres als die Hoffnung.

728. die Schritte

dieses Glücksgefühl, nach dessen Ursprung ich nicht lange zu fragen habe, weil es das Gefühl ist, bei den ängstlichen Schritten im dichten Nebel um Zelg-Wolfhalden unerwarteterweise den Weg – den ich nicht sehen kann – wieder unter den Füßen zu spüren.

729. der Druckfehler

das »n«, das mir im Text über Trakls Gedicht nur deshalb auffällt, weil es ein Druckfehler ist, und meine Vermutung, daß es gar kein Druckfehler sein müßte, weil gute Literatur eigentlich immer Liter*n*atur ist.

730. der Skandal

der Skandal, von dem die viele Zentimeter große Schlagzeile im »Blick« berichtete, und die Entrüstung zweier Leser im Café Raben ob des derart Vermeldeten: »Und das soll normal sein!«, die mir beim Morgentrunk die endgültige Überzeugung verschaffen, es gebe wirklich keinen größeren Skandal als das Normale.

731. die Verhinderung

das Gerede über der Krieg in Bosnien-Herzegowina, das mir deshalb zum Hals heraushängt, weil die fünf Männer am runden Tisch im »Weissen Wind« offenbar von der Annahme ausgehen, daß Kriege ausbrechen wie Naturereignisse, wie ein Vulkan oder ein Wirbelsturm,

731 a

und die mir immer berechtigter erscheinende Vermutung, daß Gespräche über den Krieg, die nicht davon ausgehen, daß Kriege ausbrechen wie Naturgewalten, bereits ein erster kleiner Beitrag sind zur Verhinderung von Kriegen,

731 b

und das bereits in den Manöverübungen der Rekrutenschule erstmals erwachte Bedürfnis, den Satz des Majors: »Die blauen Soldaten greifen uns an« durch den Satz zu ersetzen: »Die blauen

Soldaten müssen uns angreifen«, weil auf diese Weise stets auch jene Machthabenden denunziert sind, die die Soldaten – bei Todesstrafe für Befehlsverweigerung – zum Angriff zwingen,

731 c

und die jetzt bereits zur sanften Gewißheit gewordene Vermutung, daß eine solche Formulierung (»Die blauen Soldaten müssen uns angreifen«) – weil sie den Befehlsgeber belastet – den Mechanismus des Krieges durchschaubarer macht und also ein zweiter kleiner Beitag ist zur Verhinderung von Kriegen.

732. die Gärtnerei

die Werkstatt eines Blumenmachers, als die sich die vermeintliche Gärtnerei entpuppt, deren Blütenpracht beweisen zu wollen scheint, daß es Schöneres gebe als das Schöne, das die Natur uns gibt.

733. die Welt

die Hochgestimmtheit, dieses nach außen gestülpte Selbstgefühl, das sich als eine Art von Festlichkeit auf fast alle Gesichter legte, an diesem 6. April 1992, als die Bevölkerung von Sevilla vor der Eröffnung eingeladen war, Publikum im sonst leeren Gelände der Weltausstellung zu spielen und all den Abfertigungsbeamten an der Einschienenbahn, den Verkäufern, den Busfahrern, den Kellnern, den Maschinisten am Panoramalift, den Billettkontrolleuren, den Sicherheitsbeamten, den Putzequippen, den Reiseführern und Polizisten zu ersten Erfahrungen im Umgang mit den aus aller Welt erwarteten Besucherströmen zu verhelfen, damit sie Übung erlangen im effizienten und fachgerechten Kanalisieren von im Voranschlag herbeigerechneten Menschenmassen, die nach der Eröffnung des monumental überbauten Territoriums dann kaum mehr etwas spüren werden von dieser nun noch alles bestimmenden Festlichkeit, die sich heute wie eine Epidemie vom einen auf den andern überträgt, in der wortgewordenen Form des unausgesprochenen euphorischen Geständnisses: »Kommt her, wir proben die Welt!«

734. die Kraft
mein unbedachtes Tun und gleich darauf das Unbehagen bei der Erwartung eines Vorkommnisses, das Clifford Still recht geben könnte, der sagte, das Kunstwerk sei eine lebensspendende Kraft, todbringend aber sei sein Mißbrauch.

735. die Löcher
die beim Eintreten in den Saal der Kunsthalle Basel ganz heftig verspürte Irritation, die dadurch entsteht, daß ich Clifford Stills überwältigende riesige Gemälde im ersten Augenblick als große Löcher in der Wand erlebe, irritierend zudem auch deshalb, weil die drei Bilder auf der linken Wand den Blick hinauslassen in einen gelben, einen rotgelben, einen roten Tag, die beiden Bilder an der rechten Wand in eine blauviolettschwarze bodenlose Nacht.

736. die Veröffentlichung
der Begriff »Öffentlichkeit« und die Veröffentlichung, als die man die Drucklegung eines Buches gemeinhin bezeichnet, und die Bücherbeige aus sorgsam in Zehnerpakete abgepackten Bänden, die so vergessen und abgeschieden auf der Kellertreppe von Ted Wilentzs Laden lagerten (und deren Staubschicht die Fingerabdrücke eines jeden der sieben Leute barg, die sich in den letzten fünfundzwanzig Jahren an diesen Paketen vergriffen hatten, ohne sie zu öffnen), daß es mir schwerfällt, einen Zusammenhang zwischen dem Druck eines Buches und seiner Veröffentlichung zu erkennen.

737. der Dimmer
das weithin leuchtende Lächeln im Gesicht der Dame am Auskunftsschalter im »Jelmoli« und das fahle Schimmern, zu dem dieses Lächeln jedesmal verblaßt, wenn sich ein Kunde nähert, der um eine Auskunft bitten wird, ganz so als habe er mit dem Tritt auf eine verborgene Fußtaste einen bestens funktionierenden Dimmer in Betrieb gesetzt.

738. der Sachverhalt

dieser Sachverhalt, der so einfach ist, daß er eigentlich zu den allerersten Feststellungen im frischen Leben gehören müßte, diese Gegebenheit, von der ich nicht weiß, weshalb sie vierzig Jahre verstreichen ließ, bis sie sich mir als Entdeckung anbot: Schaut man in den Spiegel hinein, so schaut man aus ihm heraus,

738 a

und die Zweifel am Wahrheitsgehalt meines Satzes, die mich noch während der Niederschrift dieser Katalognummer zu beschleichen beginnen, weil ich feststelle, daß ich diesmal tatsächlich die Wörter »schauen« und »sehen« verwechselt habe, denn wenn man in den Spiegel hineinschaut, sieht man sich herausschauen, ohne mit den Augen des Herausschauenden sehen zu können, was außerhalb des Spiegels zu sehen ist,

738 b

und der sternenförmige Spiegel im phantasmagorischen Haus von Bruno Weber in Spreitenbach, dessen Reflexion mich zu all diesen Schlüssen und Fehlschlüssen angestiftet hat, weil er tatsächlich der einzige mir bekannte Spiegel ist, in dem man, wenn man hineinschaut, das sieht, was man sähe, wenn man herausschauen könnte.

739. die Kriminalität

die Bestürzung, mit der ich in der »NZZ« von der alarmierenden Zunahme von kriminellen Gewalttaten in unserer Stadt lese, und die gleich nach der Lektüre (all der Zahlen und Daten von Raubüberfällen) schon nötig gewordene Anmerkung, daß die Bestürzung weniger von den Zahlen und Daten zum Anstieg der Gewalttätigkeit hervorgerufen wird, sondern von der Tatsache, daß die beiden Gäste im Café Raben, die eben denselben Artikel gelesen haben, nun als Abhilfe verstärkte Polizeipatrouillen in den Straßen fordern, ohne auch nur ein Wort dafür zu verschwenden, was denn anders werden müsse, damit es nicht zum Anstieg der Kriminalität kommen könne.

740. der Augenblick

die lange Zeit verschüttete Erinnerung daran, daß in jenem Augenblick des 18. Juli 1953, als ich in einem Schaufenster der Galleria Vittorio Emmanuele in Mailand zum erstenmal Fernsehen sah, ein Bild von John Wayne in krachlederner Westernmontur auf dem Bildschirm stand, und die Frage, ob es wohl etwas mit der Faszination dieses allerersten Augenblicks zu tun habe, daß ich John Wayne als Typ nicht ausstehen kann,

740 a

und die erst jetzt, wo ich mir diese Frage stelle, aufkommende Einsicht, daß meine Aversion gegen John Wayne nichts mit seinem schauspielerischen Können oder Unvermögen zu tun hat, sondern einzig und allein mit der Tatsache, daß er Mitglied der »Motion Picture Alliance for the Preservation of American Ideals« war, die so viele künstlerisch lautere Leute wegen angeblich »unamerikanischer Aktivitäten« verfolgt hat.

741. die Eule

meine Unfähigkeit, mir Eulen im Flug vorstellen zu können, die ich jetzt beim Anblick der ausgestopften Eulen – mit dem plumpen Körper und den vergleichsweise kleinen Flügeln – im Schiltener Schulzimmer feststelle,

741 a

und die Ursache dieser Unfähigkeit, die ich mir nur damit erklären kann, daß ich noch nie Eulen fliegen gesehen habe.

742. die Diktaturen

der Irrtum, je kürzer und prägnanter eine Antwort sei, desto genauer treffe sie den Kern der Sache, den ich erst als den von Fernsehgewohnheiten provozierten Irrtum, der er ist, zu erkennen fähig war, als ich Léonard Lavalle auf den Einwurf des Gesprächsleiters, er solle sich ganz kurz fassen, sagen hörte: »Mir fehlt die Zeit, um genau sein zu können…«,

742 a
und mein Fragen, ob es wohl einen Zusammenhang gebe zwischen dem Zwang zur Kürze, dem Recht auf Ausführlichkeit und Lavalles Aussage, jetzt, wo ich beim Blättern im Handbuch der Einreisebestimmungen der Staaten dieser Erde feststelle, daß die Vorschriften demokratischer Länder differenziert und deshalb ausführlich sind, jene der Diktaturen aber so kurz, daß sie sich auf die drei Wörter reduzieren ließen: »Fast alles verboten.«

743. die Gräte
der Kamm im Haar der Kammverkäuferin, von dem ich nicht mehr weiß, ob er aus einem Traum oder aus der santomensischen Realität stammt, dieser Kamm, der nur deshalb so unangenehm trüb und milchig weiß erschien, weil er die Wirbelsäule einer Seezunge war mit all ihren Gräten.

744. der Pferdestall
das verstohlene, leicht höhnische, jedenfalls mitwisserische Lächeln, mit dem Frido und ich 1956 nach einer Turnstunde im Gymnasium feststellten, der große Thomas Mann habe einen Text verschlechtert, statt ihn zu verbessern, weil er nichts anderes zu tun wußte, als in der Schülernovelle, die Frido Mann seinem Großvater Thomas zum Korrigieren gegeben hatte, den schönen Ausdruck ».. . der Stall seiner Pferde« durch das abgestandenere Wort ».. . der Pferdestall« zu ersetzen.

745. das Zähneputzen
mein ergebnisloses Bemühen, herauszufinden, welcher Zusammenhang denn eigentlich bestehe zwischen dem Abnehmen der Brille und dem Putzen der Zähne, weil ich merke, daß ich auch jetzt wieder zum Zähneputzen die Brille abgenommen habe,
745 a
und mein im Rasierspiegel indiskret vergrößertes Lächeln beim Gedanken an die Absicht, einmal andere Brillenträger zu fragen, ob ich der einzige sei, der dies tue.

746. das Derivat

mein Einwand, ein Derivat müsse doch – um das zu sein, was sein Name benenne – irgendeine Ursprungssubstanz haben, von der es herkomme – diese Reaktion auf Rolfs schnippische Bemerkung, Klaus Kinskis Film »Paganini« sei ein Derivat von Nichts.

747. die Wahrnehmungsstörung

die Verstörtheit, die mich durchzuckt und mich zwingt zu prüfen, ob ich nicht unter einer momentanen Wahrnehmungsstörung leide, als im Shopping-Center Glatt das Schild der Firma Riethmüller, Kirchheim, vor meine Augen kam mit der Aufschrift: »Der absolute Hit! Die Seife, die nicht reinigt, sondern schmutzig macht!«,

747 a

und das als angenehm empfundene Schwinden des Gefühls, unter einer Wahrnehmungsstörung zu leiden, als ich – endlich! – merke, daß die Seife der Firma Riethmüller, Kirchheim, in der Abteilung für Scherzartikel angeboten wird.

748. der Kern

diese vorurteilslose Zuneigung, der eigentliche Kern der Sache, die stets gemeint sein muß, und die angsterfüllte Ahnung, daß ich die Sache aus den Augen verliere, wenn ich den Kern der Sache – der immer nur Teil der Sache sein kann – isoliere und zur Sache selber mache.

749. die Verbote

die endlose Liste von Verboten, die nötig seien, um die Grenzen menschlichen Verhaltens festzulegen, und mein Erstaunen, daß da unter so vielem Verbotswürdigen der doch nicht unwichtige Hinweis fehlt: »Morde sind verboten«,

749 a

und die im Gespräch von Louis geschürte Vermutung, das Morden fehle nur deshalb auf seiner Liste der Verbote, weil die Abend für Abend aus vielen Kanälen losflirrenden Mordsequenzen trivialster Brutaloschrottfilme in der mitterweile angewohnten Häufung von »Mega-Force«, »A-Team«, »Delta-Force« – undundundundundundund – Mord als immerhin mögliches Verhalten und als Begleiterscheinung menschlichen Lebens ins Bewußtsein träufeln, ohne je die wertende Empfindung zu wecken, man wohne einem verbotenen Vorgang bei.

750. die Unvertrautheit

das nur schwach als Unsicherheit erkennbare leichte Zögern in den Schritten und die – mit offenbar gespielter, Unvertrautheit wegwischender Selbstsicherheit – den Schankraum abtastenden Blicke des Paares beim Eintreten ins kammerkleine Restaurant »Weisse Rose«, die in mir die flüchtige Frage auslösen, ob es wohl, außer einem Restaurant, eine zweite Art von Raum gebe, in dem sich so offenkundig erkennen läßt, daß ihn jemand zum ersten Mal betritt.

751. der Prokurist

das kaum merkliche Retardieren, dieses die Anfangssilben jedes Wortes akzentuierende Zögern im Aussprechen des Satzanfangs: »Als ich noch Prokurist war ...«, das hörbar macht, daß der Mann am Nebentisch, der dies sagte, immer davon träumte, Prokurist zu *werden,*

751 a

und das vorsätzliche diskrete Pressen in der Stimme, um der Wortabfolge ein herbeigehofftes Tempo zu geben, das trotz aller vermeintlichen Bestimmtheit im Klang nicht verhindern kann, daß die Lüge erkennbar bleibt.

752. das Kaninchen

mein Vergnügen, aufmerksam zu registrieren, wie haarscharf Gérard aus Mauritius – wenn er deutsch spricht – an der genauen Bedeutung vorbeiredet, und mein Verzagen ob des Unvermögens, ihm klarzumachen, weshalb es falsch sei zu sagen: »... dann hab' ich die Forelle geschlachtet«,

752 a
und die, für mich jedenfalls, unlösbare Schwierigkeit, ihm deutlich zu machen, daß die sprachliche Unterscheidung die Folge einer zoologischen Verschiedenheit ist wie jener zwischen der Forelle und dem Kaninchen, von dem man nichts Falsches behauptet, wenn man sagt, man habe es geschlachtet.

753. der Fleck
die Fingernägel und die Spucke, mit denen ich den schmierigen Fleck zu entfernen versuche, den ich auf meinem schönen schwarzen Pullover entdeckt habe, und der Spottruf »Trottel!«, den ich mir selber verpasse, als ich merke, daß meine Reinigungsbemühungen deshalb ergebnislos bleiben, weil sich der Fleck nicht auf dem schönen schwarzen Pullover befindet, sondern auf der Glasfläche des Spiegels, in den ich schaue.

754. der Ofen
die fette Kuh, von der Benno erzählte, sie habe manchen Winter lang in der Küche seiner Mutter in Polen gelebt, nicht etwa weil sich das Tier hineinverirrt hätte, sondern weil es als lebender Ofen dienen mußte, der mit seiner Körperwärme den kalten Raum heizt.

755. der Pflotsch
der milchig trübe Pflotsch vor meiner Tür, der schon unter der Schwelle durch in den Hausflur pflatscht, und das Stapfen meiner Füße, das eher schon ein Platschen ist, durch dieses glasig verschmutzte Gallert, diesen widerlich alles verklebenden Matsch, den der Feind Winter vor meine Füße klatscht,

755 a
und das mit jedem neuen platschenden, pflotschenden und pflatschenden Schritt, den ich tue, wachsende Vergnügen daran, daß ich mir nicht Mühe geben muß, alle diese eigentümlichen Wörter aufwendig zu umschreiben, weil der neueste Duden sowohl Platschen wie Pflotsch, pflatschen und Matsch – die ich für lokale

zürcherische Slang-Ausdrücke hielt – als Teil des offiziellen deutschen Wortschatzes aufzählt und zudem alle meine Bedenken mit dem Slogan auf dem Umschlag beschwichtigt: »Maßgebend in allen Zweifelsfällen«.

756. der Streß

die Angst vor jenem Streß, den nicht etwa Überarbeitung erzeugt, sondern den der verkrampfte Verschluß aller Poren vor dem winterlichen Frost und die unauflösbare Spannung aller Muskeln in der neblig schweren Kälte dieses Februars herbeiführt, aus dem mich nur der Wunsch herauszuretten vermag, sofort die Koffer zu packen, um in ein Land zu reisen, in dem zu dieser Jahreszeit die Sonne scheint,

756 a

und der Verzicht auf das Kofferpacken und auf die Abreise aus dem schlechten Gewissen heraus, das mir einhämmert, ein Land nur zur eigenen Erholung vom Streß zu gebrauchen heiße das Land mißbrauchen.

757. die Vergeßlichkeit

der verschreckte Ärger über meine Vergeßlichkeit, der mich sticht, weil es mir beim besten Willen – und nach zweistündigem vergeblichem Versuch – nicht mehr gelingen will, mich an die heftige Formulierung zu erinnern, mit der Lancelot Sandor vorgestern, am 17. Februar 1992, im »Eckstein« die Aufgabe der Dichter definiert hatte – in Erinnerung ist mir nur noch, daß die Definition heftig war und daß ich mit dem spontanen Ruf darauf reagiert hatte: »Das gehört in den ›Katalog von Allem‹!«,

757 a

und die neue Nahrung für den Ärger über meine Vergeßlichkeit, weil Sandor bei meiner telefonischen Nachfrage sich selber auch nicht mehr erinnern konnte, was er vorgestern gesagt hatte.

758. die Zeile
meine Empörung, die sich statt mit Wut zunehmend mit bissigem Ingrimm füllt, je öfter ich im eben erschienenen Buch »Eigentlich Xurumbambo« den Text »Der Tag« durchlese, weil ich feststellen muß, daß der Verleger Werner Bucher vom »Orte«-Verlag eigenhändig eine zusätzliche Zeile hineingeschrieben hat, und das Gefühl der Durchtriebenheit, mit dem ich mich nun frage, ob es ihm wohl Strafe sei, daß ich nicht erkennen lasse, seinen Eingriff bemerkt zu haben.

759. die Opfer
die Junkies, Dealer, Ganoven, Räuber und Säufer seiner Romane seien Opfer unserer Gesellschaft, diese meine Feststellung in der Einführung zu Hubert Selbys Lesung in der Roten Fabrik und der unerwartete Widerspruch des Autors Selby, der die Zeichen auf dem Maßstab, mit dem ich gesellschaftliche Entwicklungen messen zu können glaubte, gehörig durcheinanderbrachte, weil er sagte: »Ich zeige keine Opfer! Ich weiß doch, daß das meiste von dem, was jemandem zustößt, nichts anderes ist als die Folge einer Entscheidung, die man selber einmal getroffen hat!«

760. die Galavorstellung
Xylidin, Vulkanfiber, Styropor, die Kunststoffe, die ich heute so häufig und ausführlich an meinen Fingerspitzen zu spüren bekommen habe, als seien sie Elemente, die uns umgeben, Krysoplast und Prinkolit und Phragmobasidiomyzet und Quolatatlin, die meinen Traum inspiriert haben müssen von der Galavorstellung im blattgoldverzierten, stukkaturverhangenen Theatersaal, in dem das Publikum in Smoking und Opernkleid – auf fein und strikt nach Sichtverhältnissen und Preiskategorien abgestuften plüschgeblähten Sitzen – dem endlosen Drama beiwohnt, das frisch gesäte Gras aus der den Bühnenboden ebenmäßig bedekkenden Erde wachsen zu sehen.

761. die Zusammengehörigkeit
der schweifende Blick, mit dem das eben eingetretene Paar, wie in Nr. 750 angetönt, im winzigen Schankraum der »Weissen Rose« nach freien Plätzen sucht, diese eigentlich ruhevollen Blicke, die so stark Zusammengehörigkeit ausstrahlen, daß sie mich zwingen, vom »Blick des Paares« zu schreiben, obschon ich doch genau weiß, daß ein Paar keinen Blick haben kann, sondern nur die einzelnen Partner im Paar.

762. der Aufschnitt
der Unterschied zwischen der Fleischerware Aufschnitt und einem prahlenden Aufschneider, der mich deshalb fast verzweifeln ließ, weil es mir auch in minutenlangen Erklärungen nicht gelingen wollte, Gérard aus Mauritius das Lachen begreiflich zu machen, mit dem der Metzger Gérards Satz quittiert hatte: »Den Aufschneider bin ich seit langem satt!«

763. die Präsenz
die hektischen, enorm kleinteiligen – aber dennoch nie zerfahrenen – Gesten und die fiebrige Präsenz des Körpers von S. Z., die in mir den verstörenden Eindruck erwecken, ihr Leben sei nicht in Stunden, Tage, Wochen, Monate, Jahre eingeteilt, sondern in Momente und in Augenblicke.

764. der Egoist
die fragwürdige, aber immerhin beeindruckende Überzeugtheit von der Schlüssigkeit seiner Logik, mit der der Egoist sein Tun vor uns rechtfertigt: »Wie kann ich denn egoistisch sein, wenn ich nicht einmal weiß, was das Wort »Egoist« bedeutet?«

765. die Brille
die Erleichterung, mit der ich nun endlich den Satz hinschreibe »Ich habe die Brille nicht auf«, nachdem es mir lange, sehr lange nicht hatte gelingen wollen, die Dinge so zu beschreiben, wie ich sie sehe, wenn ich die Brille nicht aufhabe.

766. die Bugwelle

das irrwitzig schnelle, dem Denken offensichtlich immer wieder vorauseilende Sprechen des Moderators Hugo Balder in der Sendung »Tutti-Frutti«, das mir unversehens die Bedeutung des lange Zeit unverständlich gebliebenen Satzes aus dem »Lehrbuch der Wassersportler« begreifbar macht: »Wenn ein Motorboot zu schnell fährt, klettert es die Rückseite seiner eigenen Bugwelle hinauf.«

767. die Tragweite

die bestürzende Bedeutung des schlichten und oft gebrauchten Wortes »kaputt«, die mir noch nie in dieser beklemmenden Tragweite bewußt geworden ist wie damals, 1976, als Frau Geissberger vor ihrem Swimmingpool in Wollishofen sagte: »Man kann nicht mehr baden. Das Wasser ist kaputt!«,

767 a

dieses anderthalb Jahrzehnte voraustönende Echo, dessen Ursprungsklang ich jetzt, 1991, zu vernehmen glaube, wo ich einen Politiker das Badeverbot im Luganersee mit genau derselben Formulierung erklären höre, was in mir die bissige Hoffnung weckt, diesen dritten – eigentlich bange erwarteten – Satz nie hören zu müssen: »Man kann nicht mehr atmen. Die Luft ist kaputt!«

768. die Wirkung

der beim Lesen von Zeitungsartikeln zum 85. Geburtstag von John Huston sich ergebende Gedanke, daß es durchaus möglich wäre, Nr. 668 über den Kriegs- und den Antikriegsfilm durch den – übrigens auf viele Kunstwerke zutreffenden – Nachsatz zu ergänzen: »Die Absicht eines Künstlers und die Wirkung seines Werkes müssen nichts miteinander zu tun haben.«

769. der Sidian

mein – mir nun doch wie eine Parodie auf Bemühen erscheinendes – Bemühen, mir vorzustellen, wie Paul ist und wie er sein oder aussehen könnte, weil ich über ihn nie etwas anderes erfahren habe, als daß er ein Sidian ist.

770. das Schlimmste

dieses lang sich hinziehende Gespräch darüber, was – außer Tod und Krankheit – das Schlimmste sei, das Eltern zustoßen könne, und die andauernde Unentschiedenheit, bis sich endlich eine Mehrheit in der Meinung fand, das Schlimmste sei, ein gesundes Kind zu haben, das überhaupt nicht neugierig ist auf die Welt.

DER PERNAMBUKANISCHE KATALOG

771. der Sonnenuntergang

das Protokoll des gigantischsten Sonnenuntergangs der westlichen Hemisphäre, das Theo und ich bei der ersten Atlantiküberquerung, am 13. August 1973, ergriffen an der Reling der »Augustus« stehend, vor der Küste von Pernambuco auf einem Papierfetzen abfassen, schreiben, um das Ereignis nicht mit Stimmlärm zu verdünnen,

771 a

und dieser erste mit dem Naturablauf mitgeschriebene Sonnenuntergang, der – als Theo seine Sonnenbrille abnahm, um den Feuerball auf dem Horizont ohne Filter erleben zu können – die Notiz erzwang:

»Die längst zur Gewohnheit gewordene Künstlichkeit des durch die Sonnengläser beobachteten Lebens behagt mir in diesem Moment nicht mehr: Ich muß das Polaroid-Grün von meiner Netzhaut entfernen. Da leuchten alle Farben auf, sie werden selbständig, das Rot wieder rot, ohne einen Hauch von Grün, das Blau wieder eigentlich blau – ungedämpft – und die untergehende Sonne in den Augen wie ein schmerzhafter Wespenstich, ohne die künstliche Korrektur der Filterung. Ehrlich, das finde ich einen unglaublich wichtigen Satz: ›Da wird es wieder rot‹ – vermutlich unternehmen wir deshalb unsere Südamerikareise! Wir müssen doch unser hartnäckiges Zivilisationspolaroid loswerden, besonders, weil andere Völker sich dieses noch gar nicht leisten können. Ich jedenfalls starre jetzt so gebannt in die gelbrotbläulich glühende Kugel hinein, daß sie mich mit geschlossenen Augen noch blendet; auf meiner Netzhaut wird sie noch lange weiterglühen.«

772. das Testergebnis

der strenge Test, dem ich mein Erinnerungsvermögen unterzog, als ich denselben Weg zur Praça Dom Vital, den ich vor acht Jahren mit Felix Mettler schon gegangen war, jetzt wieder ging, und die Erstaunlichkeit des Testergebnisses, daß ich mich nämlich nur an jene Dinge erinnern konnte, an die ich mich hatte erinnern wollen.

773. das Geratter

der scheppernde Lautsprecher, der die Stimme des Vortragenden auch in kleinen Räumen, in denen selbst die dünnste Stimme trüge, blechern verzerrt, weil doch – die Erklärung wirkt wie Hohn – weil nur so die Stimme das Geratter der in Brasilien allgegenwärtigen Klimaanlagen übertönen kann.

774. die Heftklammer

die Jahreszahl der Publikation, die im Impressum der Cordel-Heftchen fehlt, dieser Literatur, die zu unserer Freude auf den Märkten des brasilianischen Nordostens auch im Computerzeitalter immer noch von einer aufgespannten Schnur flattert,

774 a

und die einzige Möglichkeit, das Erscheinungsjahr dieser Schnur-Heftchen zu eruieren, nämlich der Grad, in dem der Rost die Heftklammer angefressen hat, die das Heft zusammenhält: Wenn der Rost der Tropenfeuchte die Klammer schon ganz zerfressen hat, so daß von ihr nur noch ein brauner Fleck im Bundfalt übrig ist, dann ist das Heft vor 1975 erschienen.

775. der Sturz
die fehlenden Deckel der Abwasserschächte in den Straßen von Cabanga und der vom Anblick des offenen Lochs geschürte lähmende Schreck beim Sturz ins Nichts, der aber nicht etwa vom Stürzen ausgelöst ist, sondern davon, daß man nicht wissen kann, ob man 5 Zentimeter oder 10 Meter tief fällt,
775 a
und das erleichterte Trittfassen des Herzschlags, wenn man merkt, daß die Fallhöhe, diesmal, nur die Höhe des Randsteins war.

776. die Leckereien
das Restaurant »Prazer de comer«, dessen Schild mir unsägliche Leckereien versprach, und die heitere Enttäuschung beim Betreten des Lokals, weil der Raum kein Restaurant war, sondern eine Malerwerkstatt, deren Angestellte die farbenfeuchte Tafel »Restaurante Prazer de comer« zum Trocknen an die Hauswand gehängt hatten.

777. der Vorwurf
»Ich gehe zur Arbeit«, die entschlossene Feststellung, mit der Kaugummiverkäufer Sergio seinen Aufbruch begründete, als er sein Klapptischchen unter den Arm nahm und den Vorwurf in der Antwort seiner Frau geflissentlich überhörte: »Du gehst auf Kunden warten und nennst das dann Arbeit!«

778. der Zusatz
Raras beklommene Frage als sie sich gegenüberstand: »Ist das ein Spiegel?«, und der erleichterte Zusatz, mit dem sie auf mein »Ja« reagierte: »In dem Fall bin das ich.«

779. die Länder
das, was alles in den hunderteinundneunzig Ländern der Erde vorkommt, und die verstörende Tatsache, daß erstens – nur schon ein Gang durch die Rua Direita/Travessa do Cirigado zeigt es – dies alles in Brasilien geschehen kann und daß es zweitens – Amado bestätigt es jedem – auch wirklich geschieht.

780. der Schaum

die starre eckige Schachtel, die eigentlich der Kirchenraum von »Conceição dos Militares« in Recife ist, und die beschwingte Auflösung aller Ecken und Kanten durch die luftigen Schaumflocken, die der Wind durch die Gasse und in den Raum geweht zu haben scheint – dieser verzaubernde Eindruck von Schaum an den Wänden, der mir nichts anderes ist als Schaum, auch wenn ich mir einrede, daß er, in Wirklichkeit, steinerner Bauschmuck ist aus der Zeit des brasilianischen Barock.

781. die Würde

der Motorenlärm auf der Avenida Boa Viagem, die den Atlantik entlangführt, und das mit dem Autokrach vermischte Scheppern der Lautsprecherbässe der Autoradios vor dem »Clip«, die ich jetzt, wo ich das Rauschen der Wellen da vor mir hören möchte, wie eine flagrante Verletzung der Würde des Meeres erlebe.

782. der Bumerang

das lebende Straßenpflaster, über das Rafael und ich in Suape zum Strand gingen, lebend, weil Kinder den Weg mit »Seesternen« gepflastert hatten,

782 a

und die plattenartigen Panzer dieser riesenhaften »Estrelas do Mar«, die in der Luft ärgerlicherweise zu Bumerangs wurden und so unser ökologisches Gewissen verhöhnten, als wir die einzelnen Teile der Pflasterung ins Meer zurückzuschleudern versuchten.

783. das Menetekel

die rote Staubspirale, die – verwirrend wie ein zerzaustes Menetekel – durch die Landschaft fuhr von Gaibú bis nach Recife und die ihre magische Wirkung auf uns auch nicht verlor, nachdem ich gemerkt hatte, daß der Fahrtwind sie laufend vom Berg trockener roter Erde hochwirbelte, der auf der Ladebrücke eines vor uns fahrenden Lastwagens aufgeschichtet war.

784. das Blut

daß Fleisch ein Stück aus einem einmal lebenden Organismus ist und nicht etwa auf Bäumen wächst oder – wie es der Geruch in Schweizer Metzgereien erwarten läßt – ein Nebenprodukt der Papierindustrie ist, der Geruch also des brasilianischen Fleisches, der natürlich der saure Geruch des Blutes ist, des sauren Blutes, das in ihm pulste.

785. die Armutsprobe

die Kochrezepte, die Norbert Loacker erst dann als vor dem Menschen verantwortbar bezeichnet, wenn sie durch die Armutsprobe geschickt worden sind,

785 a

und mein Gang durch die Reihen der Verelendeten, die vor der Kirche São Francisco in Recife kauern, der mich dazu treibt, Loackers Formulierung so weit zu radikalisieren, daß jede Idee erst dann ihre Verbindlichkeit vor dem Menschen behaupten kann, wenn sie die Armutsprobe bestanden hat.

786. der Luxus

die Kuschelrock-Klänge aus unter Palmen versteckten 20 000-Watt-Boxen, mit denen die idyllische, abgeschiedene Bucht von Calhetas andauernd beschallt wird, als gelte es, auch die letzten verbliebenen Reste des Echten mit einer erstickenden Folie von Künstlichkeit zu überziehen, damit alles Echte, also das Selbstverständliche, möglichst schnell zu Luxus werde.

787. der Krach

der Riß eines Lautsprecherkabels, dem ich beim Bad am nun vorübergehend unbeschallten Palmenstrand von Calhetas die ebenso schöne wie interessante Erfahrung verdanke, daß Stille viel spannender, aufregender und interessanter ist als Krach.

788. die Ungeheuerlichkeit

die Ungeheuerlichkeiten, welche die Leute aus Europa den Ureinwohnern seit der sogenannten Entdeckung Amerikas angetan haben und denen nun 1994 – so will es mir scheinen – eine zusätzliche beigefügt wird, als ich den Conférencier am zweiten Karnevalstag in Recife auf der Avenida Guararapes durch den Lautsprecher melden höre, die Indianer vom Stamm der Tupi-Guarani und der Tabajos könnten ihre Tänze, die sie barfuß tanzen, deshalb nicht aufführen, weil die Straßen mit den Glasscherben zerschmetterter Bierflaschen übersät sind.

789. das Papier

die Erschwerung der Arbeit, die über Mittag gar zur Verunmöglichung jeder schriftstellerischen Arbeit wird, und dies nicht etwa, weil bei 41 Grad am Schatten die Ideen ausbleiben und die Geschichten versiegen, sondern nur deshalb, weil in der pernambukanischen Hitze das Blatt Papier immer wieder an der schweißfeuchten Hand kleben bleibt, die es beschriften soll.

790. die Ruderschläge

die bewegliche Struktur, als die im Glitzerstreifen des Vollmondes auf der Wasserfläche am 29. Januar 1986 das Wellenspiel des Atlantik erkennbar ist, der gekräuselte flüssige Plan, der uns plötzlich zum unheimlichen Weltraster wird, weil Felix nach kurzem Überlegen feststellt – und nicht etwa behauptet –, in dieser Musterung des Wellenschlages müßten auch heute noch die Nachwirkungen der Bugwelle der Schiffe der Entdecker und die Ruderschläge der Galeerensklaven spürbar sein.

791. das Meer

die eigentlich betörende Tatsache, am Meer zu wohnen, und dann doch dieses – zum Wahnsinn treibende und zu unbedachtem Handeln anstiftende – Bedürfnis, statt Nestlé-Werbespots aus rumpelnden Lautsprecherwagen, statt hymnisch das ganze Quartier überschallender Fußballreportagen, statt Automotoren, die wie Preßlufthämmer knallen, und statt plärrenden Musikgescheppers am Strand endlich einmal das Meer rauschen zu hören.

792. der Arm

der Mulatte im knapp sitzenden Gutsherrenanzug, der seinen Arm – beim Apero im Restaurante Leite – ausstreckt, trotz aller Beiläufigkeit der Geste so ausdrücklich unbeteiligt ausstreckt, daß ich – hätte die Geste beschrieben sein wollen – sagen müßte: Sein Arm streckt sich aus.

793. die Souveränität

der Schwarze, der auffiel, weil er statt Shorts und T-Shirt, wie alle, einen veritabeln violetten Anzug und einen Filzhut trug, und die Souveränität, mit der er diesen Hut vor der Ausschankbude »Recanto do Sol« vom Kopfe zog, nicht um jemanden zu grüßen, sondern um seinen Spargel – als er vom Gehsteig auf die Straße urinierte – diskret vor fremden Blicken zu verbergen.

794. die Dinge

das labyrinthische Gewimmel von Verkaufsständen im Revier um Rua Direita, Rua das Aguas Verdes, Rua das Calçadas, Rua do Rangel, in dem ich den Mausefallenverkäufer Mausefallen anpreisen und den Holzlöffelverkäufer mit seinem Besteck klappern und die Briefumschlagverkäuferin Briefumschläge,den Rattengiftverkäufer Rattengift ausrufen höre, und den Spiegelverkäufer und den Knopfverkäufer und den Trockenfleischverkäufer und den Haarspangenverkäufer und den Lichtschalterverkäufer, der einen altertümlichen Drehschalter beim Kauf von zwei neuzeitlichen hochmodernen Kippschaltern in Zahlung nimmt, und den Unterhosenverkäufer und die Besenverkäuferin und den Wasserhahnenverkäufer und den Bonbonverkäufer, der beim Kauf von drei Bonbons ein viertes als Dreingabe gibt, und den Feuerzeugverkäufer und die Schleifsteinverkäuferin mit jener souveränen Selbstverständlichkeit ihrer Arbeit nachgehen sehe, daß es mir nichts als natürlich erscheint, es müsse ebenso viele Verkäufer geben, wie es Dinge zu verkaufen gibt.

795. die Straße

die Ergänzung der Wirklichkeit durch das Bild und nicht die Ergänzung des Bildes durch die Wirklichkeit, die ich erregt feststellte, als ich in der Galerie Stahli in Recife das Bild einer regennassen Straße sah, in dessen Glas sich die regennasse Straße vor der Galerie spiegelte.

796. das Mondlicht

der Widerschein des Mondlichts auf der Wasseroberfläche, dieses oft schon beobachtete Beleuchtungsspiel der Natur, das sich unverhofft zum überwältigenden Zaubertheater steigerte, als ich zum erstenmal die glitzernde Spiegelung jedes einzelnen Sterns auf der Meeresfläche sah, das Lichtergeflimmer, dessen Leuchtkraft in mir den Wunsch erwachen ließ: Dieses Schauspiel möchte ich nie in der Neonfassung sehen müssen.

797. die Wonne

die Wonne, die der pernambukanische Maracatù in mir auslöst, und das nun alle Lust begleitende Bedauern, niemanden hierzuhaben, der mir sagt, ob ich träume.

798. die Karambole

mein nur aus der Neugier auf das Spiel des Zufalls erklärbares Verlangen, Maria dos Prazeres de Melo Travaso kennenzulernen – die am 10. Juni 1985 beim Erziehungsministerium des Staates Pernambuco einen Kredit in der Höhe von 2641500 (»in Worten: zwei Millionen sechshunderteinundvierzigtausendfünfhundert«) Cruzeiros beantragt und bewilligt erhalten hatte – sie kennenzulernen, und nicht etwa deshalb, weil ich erfahren möchte, wozu sie dieses Geld verwendet hat, sondern einzig deshalb, weil der Händler im Markt von Recife, der einen Stapel ausgeschiedener Antragsformulare des Ministeriums als Packpapier vor sich hat, die saftige Karambole, die ich mir erstand, ins offizielle Antragsformular für den besagten Kredit eingewickelt hat.

799. die Körpertemperatur

dieses euphorische Gefühl, die Ränder meiner Glieder seien in Auflösung begriffen, dieses Durchlässigwerden der Poren für die schwelende warme Luft, das jenes Gefühl neugieriger Wollust erzeugt, von dem in Katalognummer 1163 die Rede sein wird, jenes Gefühl des entspannten Einbezogenseins in die feuchte Natur, als würde ich Teil des Wachsens, Wucherns und Welkens um mich herum, das Eingestimmtsein also in die umgebende Welt, für das mir Felix Mettler bei unserem Gang durch das pernambukanische Marktgewühl von Caruarú endlich die physiologisch verbindliche Erklärung liefert, als er sagt, wir befänden uns nun in jenem Teil der Welt, in dem die Außentemperatur mit der menschlichen Körpertemperatur übereinstimme.

800. das Feuerwerk

der Stromausfall vom 11. Januar 1994, der zeigte, wie undurchsichtig schwarz die – nicht mehr von Elektrizität korrigierte – Nacht ist, und der nötig war, damit ich merken konnte, daß der Tropenhimmel über Pernambuco in dauernder Bewegung ist und wie im Aufruhr ohne Unterbruch Lichter, auch geschweifte, durch die Finsternis sausen, fahren, zacken, sirren, hundertfach, so daß sich mir erstmalig nun in fünfzig Jahren die Gelegenheit bietet, das Sternengesprenkel des Nachthimmels mit einem Feuerwerk zu vergleichen, was ich jetzt ergriffen und mit Nachdruck tue.

801. die Brosamen

daß mich Brosamen erschrecken können (!), dieses Unvorstellbare, das Wirklichkeit wurde, als sich die Krümel auf meinem Frühstückstisch plötzlich in abgezirkelten Bahnen zu bewegen begannen, einen magisch erscheinenden Reigen vollführten, gespenstiges Ritual, das nicht etwa eine Sinnestäuschung war, sondern die Folge der Mühsal von Hunderten von Ameisen, von denen jede eine Brosame – größer als ihr Körper – vom Tisch abtransportierte.

802. die Hitze

die Unverträglichkeit zweier Dinge, die im Nordosten Brasiliens im Überfluß vorhanden sind, der Hitze und des Lärms, denn die Vorstellung von siedender Mittagshitze ist doch immer – und nicht nur im Film – mit lähmender Stille verbunden; und mir, dem Hitze ein Genuß bedeutet, vermag nur Lärm die Hitze zur Qual zu machen.

803. die Sterilität

das Gegenteil alles dessen, was die sachlich kühlen, nüchternen architektonischen Zeichen der modernen Wolkenkratzerüberbauung Jardim Transatlantico verheißen, dieses Gegenteil zu anonymer Funktionalität und urbaner Sterilität, das uns das Mädchen aus der Nachbarwohnung vorlebte, als es AC/DC abschaltete, Winword wegklickte und mit der Suppenschüssel fürs Abendessen in Händen mit dem Lift ins Erdgeschoß fuhr, den Wohnblock verließ, die Schüssel durch den dichten Feierabendverkehr der Avenida Boa Viagem balancierte zum Strand hin, durch den Sand stapfte, einige Schritte ins Meer hinein tat und dann die Suppe langsam, feierlich sogar, in die Meereswellen schüttete als Weihnachtsgabe für die Wassergöttin Jemanjà, anschließend rückwärts gehend aus dem Wasser stieg, bevor sie zum Abendessen ins betongenormte Hochhaus zurückkam, wartend noch nach E-Mails luchste, als sei ihr rituelles Tun in dieser Umgebung der strengen seriellen Formen nichts als reine Selbstverständlichkeit.

804. der Lärmpflug

die Klangwolke aus all den vielen aufgedrehten Radiogeräten – vom Strand her, vom Club der Eisenbahningenieure gegenüber, aus parkierten Autos, von den Ständen der Kokosnußverkäufer, vom Zeitungskiosk an der Ecke –, durch die hindurch der Propagandalautsprecherwagen mit seiner Rhythmusfrenesie und der

Werbung für Nestlés »Bliss« hindurchfährt wie ein alles umwälzender Lärmpflug.

805. der Tote

der Betrunkene, der mit seinen Armen, wie ein Gekreuzigter so schlaff, über den Schultern seiner beiden Freunde hing, daß ich ihn zuerst für einen Toten hielt, den die beiden Jungen – als Zeichen der Zusammengehörigkeit – mitnahmen hinein in den Tanz und in die Frenesie dieses entfesselten Karnevals.

806. der Spaten

die Bedachtsamkeit, die eigentlich Inbrunst zu nennen wäre, mit welcher der Bauer vor seiner Hütte bei Barra de São Miguel den staubtrockenen Ackerboden aufbricht, als schriebe er sein Gedicht der Verzweiflung mit dem Spaten in die Erde.

807. die Spontaneität

der Hut, dieses einzige Besitztum, das der Mann namens Clovis da Souza – den ich ausdrücklich ehren will – zu verschenken hatte, und die mich ebenso verwirrende wie entwaffnende Spontaneität, mit der er mir seinen Hut aus Freude darüber schenkte, einem Ausländer in der Ausschankbude »Barraca do Paulista« in Caruarú zu begegnen,

807 a

und meine – auf die andern Trinker in der Bude sicher übertrieben wirkenden – Gesten, die mir helfen mußten, die fehlende Spontaneität zu überspielen, mit der ich auf Clovis da Souzas so spontan hergegebenes Geschenk hätte reagieren müssen.

808. die Überprüfung

der Zauber eines Palmenhains und im Vergleich dazu die Kokosplantage vor Itapissuma, deren in Reih und Glied aufragende Palmen mir endlich die Überprüfung der Vermutung ermöglichten: Je höher die Palme ist, um so schneller bewegt sich der erhoffte Schatten unter mir, dem Schlafenden, weg.

809. der Atem
der »heiße Atem« und seine Entsprechung, der »versengende Blick«, erwähnt in der Zeitung »Diario de Pernambuco«, die am 11. Januar meldet, der 16jährige Benedetto Supino müsse deshalb eine geschwärzte Brille tragen, weil sein Blick alle Dinge entzündet, die er anschaut, und daß er leicht zu schwitzen beginne vor jedem Brand.

810. die Schuppen
die wie Schuppen vom Glas abfallende Spiegelfolie am Toilettenspiegelchen des Café Savoy, das dieses heftige Bedürfnis weckt, endlich Schluß zu machen mit dem unhaltbaren Sachverhalt, daß ich mich immer nur seitenverkehrt kenne.

811. die Früchte
die Früchte auf meinem Teller, deren Namen ich gerne wissen möchte, nach denen ich aber deshalb nicht fragen kann, weil ich nicht zu sagen vermag, wie sie schmecken, solange ich nicht weiß, wie man sie ißt; und die Namen, die man mir nannte, Pitanga und Pitomba, die ich nun dauernd verwechsle, weil sich die Früchte genauso ähnlich sehen, wie ihre Namen ähnlich klingen.

812. die Verlagerung
das Tageslicht, das uns die Häuser an der Straße nach Campina Grande zeigt, und die Nacht, die mir zeigt, was darin ist, diese maßgebende Verlagerung der Lichtquelle, die auch die Unterscheidung zwischen hell und dunkel leichter macht.

813. der Boden
der Frevo Pernambucos, dieser euphorisch kurzatmige Tanz, den ich als Sinnbild brasilianischer Sehnsüchte erlebe, weil seine Frenesie mir den Eindruck gibt, die Füße der Tanzenden seien während der Dauer des Tanzes viel länger in der Luft als auf dem Boden.

814. die Eigenschaften

die den Kampfhähnen angeborenen Charaktereigenschaften, einander gegenseitig die Federn auszureißen, die Schenkel wundzustoßen, die Haut aufzuschlitzen, die Augen auszuhacken, den Schädel kaputtzupicken, von denen ich mir wünschen würde, es wären wirklich Eigenschaften der Kampfhähne, weil ich jetzt im »Palacio do Galo« von Beberibe dieses verstörende Gefühl nicht los werde, es seien Eigenschaften der Menschen, die da den Hähnen mühevoll anerzogen worden sind.

815. die Waffen

die Umkehrung der Verhältnisse im pernambukanischen Karneval und vor allem auch die Auswechslung der Waffen für den Überlebenskampf, weil ich da miterlebe, wie die Rechtlosen ihr Recht im Tanz fordern, die zerschundenen Straßenkinder ihre Heimat in der Frenesie, der Obdachlose, der in der Kartonhülle eines Siemens-Eisschrankes vor der »Arapuá« in der Rua do Sol wohnt, sein Recht auf menschliche Wärme im Verlust der Besinnung, die Opfer ihre Vergeltung im Übermut, die Verstoßenen ihre Achtung im Taumel.

816. die Laszivität

die verwegene Laszivität des Glücksspiels, mit der die Zollbehörden auf dem Flughafen Guararapes jeden Passagier bei der Ankunft in Recife die Chance, gefilzt zu werden oder ungeschoren davonzukommen, durch den Druck auf einen theatralisch aufgebauten roten Knopf selber nutzen lassen, denn ein heiterer Klang und grünes Licht verheißen jedem Schmuggler höchstes Glück, während ein schriller Ton und rotes Licht, dieser multimediale Touristenschreck, Durchsuchung heißt und Kofferöffnen,

816 a

und die Verstärkung dieser Roulette-Laszivität dadurch, daß die Kunde geht, der Zufallsgenerator werde nicht durch den Knopfdruck des Reisenden bestimmt (dem das Schicksal nur scheinbar in die eigenen Hände gelegt ist), sondern durch die verborgene

Fußtaste eines Zollbeamten, der seine Opfer nach strikteren Gesetzen auswählt als nach jenen des Glücksspiels.

817. die Fehleinschätzung

der Bettler bei der Einmündung der Rua Capitão Rabelinho in die Avenida Herculano Bandeiro, der in ein so theatralisch zerrissenes Bettlerkostüm gekleidet ist, daß ich unschlüssig bleiben muß, ob ich einen Bettler vor mir sehe oder einen Pernambukaner, der als Bettler verkleidet zum Karnevalsball geht,

817 a

und die gewaltige Fehleinschätzung, die einem Westeuropäer wie mir unterlaufen kann, daß nämlich nur in jenen Ländern der Landstreicher, der Bettler ein Karnevalsthema sein kann, in denen er kein bedrückendes Problem ist.

818. das Weihwasserbecken

die flüchtige Geste, mit der die Surfer, bevor sie sich in die Wellen werfen, am Strand die Hand ins Wasser tauchen und sich damit bekreuzigen, als sei der Atlantik ein Tausende von Quadratkilometern großes Weihwasserbecken.

819. die Hauptstraße

die Gasse Travessa do Cirigado, deren ganze Breite man mit ausgestreckten Armen von Wand zu Wand durchmessen kann, die aber dieser Enge trotzt und sie sprengt mit dem totalen Inventar menschlicher Lebensformen in so überwältigender Intensität zwischen ihren beiden Mauern, daß sie mir zur Hauptstraße wird der Millionenstadt Recife.

820. das Motorrad

die Inbrunst, mit der ein Bettler, im Schatten der Masseneuphorie des »Bompreço«-Werbekarnevals an der Avenida Boa Viagem, mit seinem Handrücken und darauf auch mit seinen Fingerspitzen – völlig verzückt – die gleißende Karosserie eines luxuriösen Motorrads streichelt, einer Honda CBR 1000 F,

820 a
und die mich rührende Verlegenheit, mit der er sich vor mir da-
vonstiehlt, als er merkt, daß er bei seinem heimlichen Tun gese-
hen worden ist.

821. der Unterbruch
das Lied »Isso é que é a vida«, das Rafael auf der Fahrt nach Cal-
hetas am Steuer trällernd vor sich hin sang, und der nur einen Au-
genblick lange Unterbruch, der verriet, daß er erst, als er mich be-
schwingt miteinstimmen hörte, merkte, daß er sang.

822. der Mißerfolg
der See, den Pablo und Iraçema und Rafael und ich im Gebiet um
Barra de São Miguel und Caloeiras suchten, ohne ihn je sehen zu
können, und die einzige Erklärung für unsern Mißerfolg, daß der
ganze fünfzig (!) Kilometer lange See deshalb nicht sichtbar ist,
weil die Landschaft, in der wir ihn suchen, der Grund des aus-
getrockneten Sees ist.

823. der Bus
das Aufknattern des Motors beim Anriß am Start, die rennstrek-
kenwürdigen Manöver, um den Bus des Konkurrenzunterneh-
mens auf offener Strecke überholen zu können, das hektische Auf-
stacheln des Motors vor dem Rotlicht, das Poltern der Körper der
älteren Fahrgäste im Aufprall beim Wechsel auf Grün, das Hin-
einpreschen der Passagiere, die sich an den Haltestellen mehr in
den Bus hineinwerfen, als daß sie einsteigen würden, dieses Ge-
rangel und Getös und Geratter, von denen ich als Passagier im
Zürcher Verkehrsverbund nie hätte ahnen können, daß sie unab-
dingbare Kennzeichen einer Autobusfahrt sind, mit der Linie 033
in Recife beispielsweise,

823 a
und der vom Chauffeur wie als Entgegnung auf meine Frage,
warum denn keiner, der in den Bus hineinwolle, merke, daß es
neben ihm noch vier Dutzend Leute gebe, die in den Bus hinein-

wollen, unwirsch hingemöhnte Satz, wer darauf achte, daß neben ihm noch jemand den Bus der Linie 033 erreichen wolle, der erreiche den Bus der Linie 033 nie.

824. der Rasierpinsel
das dichte, büschelartige Wurzelwerk, das die umgestürzten Kokospalmen am Strand von Suape wie Rasierpinsel erscheinen läßt, die Riesen hier am Ufer liegengelassen habten, und der absolut praktische Umgang mit der Natur, den diese Riesen betreiben, weil sie, so erzählte uns die Fischersfrau, den Wurzelstock der Palme erst dann als Pinsel benützen, wenn die grüne Palmenkrone vom Rasieren abgenutzt ist.

825. die Wasservögel
die bunten Wasservögel, die da, weit draußen zur Farbfleckenlinie aufgereiht, über den Horizont gehoben wurden und immer wieder in einem Wellental vor Gaibú verschwanden, diese Vögel, von denen mir einige ihres plastikgrellen Gefieders wegen wenig vogelhaft erscheinen wollten, bis ich sie als Surfer erkannte, die da draußen auf die Ankunft einer großen Welle warteten, der sie sich anvertrauen könnten.

826. der Verdacht
der vergebliche Versuch, in einer der Kneipen, in »Caija« oder »Buraco do Sargento« auf dem Patio São Pedro, in Ruhe und entspannt ein Bier zu trinken, weil ich dauernd und unwillentlich einbezogen werde in den Überlebenskampf von Dutzenden (und im Laufe des Abends von Hunderten) von Recifensern, die mir irgend etwas verkaufen oder irgend etwas abbetteln wollen und die mir in jedem ihrer Blicke das heftige Gefühl geben, durchaus mitverantwortlich zu sein am Geschick der vielen hier, der Verdacht auf Mitverantwortung als beklemmende Ahnung, die mich hindert, aufzustehen und anderswo unbehelligt mein Bier trinken zu gehen.

827. der Spieltrieb

die kecke Selbstsicherheit, mit der sich drei zerschundene Straßenkinder an den von den Gästen eben verlassenen und vom Kellner noch nicht abgeräumten Tisch vor der Bar »Cija« auf dem Patio São Pedro setzen, um mit übertrieben großen Gesten wohlverpflegte Gäste zu spielen,

827 a

und das hastige Naschen an den Speiseresten in den Tellern, das erschreckend deutlich macht, welche bedrängende Überlebensstrategie die Kinder in ihrem Spieltrieb verbergen.

828. der Kantentheoretiker

die Art, wie die senkrechte Wand auf den waagrechten Boden stößt, die – so sagt der beflissene Kantentheoretiker Diriwächter – Aufschluß gibt, wie nichts sonst, über den Charakter des Landes und seiner Leute,

828 a

und mein Forschen nach Art und Charakter, das ergebnislos bleibt, weil es mich statt über den Charakter des Landes und seiner Leute immer nur informiert über den Unterschied von Kanten in der Schweiz und im jeweils andern Land.

829. die Schlange

die Gegenspur, auf welche die Autofahrer vor uns auf der Straße nach Itapuama – einer nach dem andern – lebensgefährlich ausscheren, um dort – im kollektiven Racheakt – die verletzte, ekstatisch in die Höhe schnellende, schmerzverkrümmt zuckende Riesenschlange nochmals und nochmals zu überfahren – so lange, bis sie leblos auf dem Asphalt liegt –, als gelte es Rache zu nehmen an der gehaßten Kreatur, die an vielem schuld sein muß und an allem.

830. die Physik

der steile Winkel zwischen Rückenlehne und Sitzfläche der niederen Lehnstühlchen, in die Betinho seine Kunden am Strand von Boa Viagem plaziert, wenn sie Biere wollen, dieser Winkel, der die Oberschenkel der Gäste so steil stellt, daß ihr Portemonnaie – den Gesetzen der Physik entsprechend – ganz von selbst aus der Hosentasche in den Sand fällt, was Betinho zu einem leicht höheren Lebensstandard verhilft als jenem des fliegenden Händlers, der am Strand sein Bier verkauft.

831. die Mahlzeit

die Leute, die vor der Glastür des Restaurante Leite über die Praça Joaquim Nabuco gehen, die – man gibt uns zu spüren, daß uns dies eigentlich nicht hätte auffallen dürfen – zu jener Mehrheit gehören, die sich im ganzen Leben nie eine Mahlzeit im Restaurante Leite leisten können.

832. der Schatten

der Schatten auf der Rua Aurora, der nur deshalb unheimlich ist, beklemmend gar, weil ich trotz langen Suchens nirgendwo etwas ausmachen kann, das ihn wirft.

833. die Gegenwärtigkeit

das Buch »Brasil« von Erol Lincoln Uys, das ich zwar selber hingelegt hatte, das jetzt aber mit jener provozierenden Gegenwärtigkeit auf dem Fenstersims des elften Stockes liegt, als giere es danach, gelesen zu werden.

834. die Bedürftigkeit

die Verstörtheit, die mich packt, weil die beim Eindunkeln angehenden Lichter in der Avenida Dantas Barreto nichts als den gebündelten Überlebenskampf der Camelôts und den Überlebenswillen der Straßenkinder beleuchten (das Tageslicht hatte etwa denselben Effekt wie Probenlicht auf der Bühne),

834 a

und die Frage, ob eine solche Wahrnehmung überhaupt zulässig sei und ob sie nicht Kitsch mache aus der Bedürftigkeit.

835. die Sonnenfinsternis
die obskuren Sektenprediger, die offenbar bereitwillig mit ihren Beschwörungen den brasilianischen Boulevardblättern zum Recht verhelfen, die Sonnenfinsternis von 1999 in den Schlagzeilen als Weltuntergang zu bezeichnen, als seien sie beteiligt an dem von der Auflagesteigerung erzeugten Gewinn.

836. die Air-condition
das Lufterlebnis, das sich (ähnlich dem in Nr. 200 protokollierten von Salvador) in den vergangenen Jahren jeweils bei der Landung im Flughafen Recife ereignet hatte und das von jetzt an ausbleiben muß, weil alle Zeichen offener Tropenarchitektur getilgt und die Höhlen und Öffnungen und Terrassen (durch welche Außenluft in den Baukörper eindringen konnte) verstopft worden sind, die Veranden verglast, die Wände abgedichtet, damit die Air-condition nun dieselbe gekühlte Normluft verbreiten kann wie auf allen Flughäfen überall auf der Welt.

837. das Bißchen
die wahnwitzigen Geschichten und die Legenden, deren Figuren den Sertão beleben, beleben müssen, weil in einem Ort, in dem es so wenig gibt wie hier, nur die Phantasie das vorhandene Bißchen vervollständigen kann,
837 a
und die Geschichte von der fünf Meter langen Schlange Sucurujù, die wir auf der Piste von Matabù nach Barra de São Miquel – quer – überfahren haben, (genauer:) überfahren haben sollen, und die in ihrem Todeskampf mit dem Schwanz so heftig zuckend um sich schlug, (genauer:) geschlagen haben soll, daß sie den Bauern Gesualdo, der zufälligerweise in diesem Augenblick am Wegrand vorbeiging, (genauer:) vorbeigegangen sein soll, mit ihrem hornhautverstärkten Hinterteil – rätselhafterweise! – erschlagen hat.

838. das Schulterklopfen

das in Hochglanzbildern ausgehängte Angebot des Reiseunternehmers R. M. und sein nach ungezählten Caipirinhas am Strand von Maria Farinha endlich gewagtes Schulterklopfen, das ich als die wortlose Version des Ausrufes verstanden habe: »He, du, PKW, du kannst doch all dies gar nicht gewollt haben, was wir dir anzubieten hatten«,

838 a

und dieses unausgesprochene Salbadern, in dem ich die Reaktion erkannte auf meine Minuten vorher getane Äußerung: »Ein solches Brasilien hält furchtlos allem stand, was die Reisebüros mit ihm anstellen.«

839. der Unterschied

die Fenster der Wohnung an der Avenida Boa Viagem und der verwegene Sound-Mix, der dadurch entsteht, daß heute, Sonntag, durch jedes dieser fünf Fenster eine andere Musik aus einem andern Lautsprecher in die Wohnung eindringt – und durch die verschlossene Türe jene, mit welcher der Nachbar im 11. Stock den Korridor füllt –, so daß es mir schwerfällt zu erkennen, welcher in diesem Klanggemisch der Ton des Radioprogrammes von Reinaldo Belo auf FMRecife ist, das ich hören wollte; wobei es nun aber – entnervt stelle ich dies fest – auch keinen Unterschied mehr macht, ob ich meinen Radio laufen lasse oder nicht.

840. die Strafe

die an der Hausmauer in den 11. Stock hochbrandende Beschallung aus den Lautsprechern, mit der die Verkäufer des Getränkestandes vor dem Jardim Transatlantico auch weit nach Mitternacht auf der Avenida Boa Viagem noch Kunden anzulocken versuchen, und die Vermischung ihres Sambas mit dem auf Höchststufe gedrehten Heavy Metal aus den Autoradios der Kunden, die nach langem transistorbegleiteten Nachtbummel am Strand ihren frisierten Motor gewaltig aufknattern lassen, dieses nächtliche entnervende Geräuschchaos, das mich bei der Arbeit und beim

Schlaf stört und mich – weil es stört – an Maria Helena Zoss' unvergleichlich brasilianische Feststellung erinnert, die Strafe gebühre nicht – wie etwa in der Schweiz – jenem, der Lärm mache, sondern jenem, der sich vom Lärm stören lasse.

841. die Perversion

die Perversion, die ich mir vorwerfe, jetzt, wo ich beim Aufklingen des Walkürenritts im Radio FMRecife an Francis Ford Coppola denke statt an Richard Wagner, und dies vermutlich nur deshalb, weil es wohl kaum einem Dirigenten gelingen wird, die Bilder von »Apocalypse Now« aus meinem Kopf zu vertreiben, die zugegebenermaßen stärker sind als jedes eigene Bild, das ich mir beim Anhören des Walkürenritts je habe machen können.

842. die Metzgerei

der gegen die Straße hin offene Laden des Metzgers in Caruarù, der mir – auch wenn die Fleischstücke von Fliegen bekrochen und von den Abgasen des Straßenverkehrs geräuchert werden – immerhin in Erinnerung ruft, was eine Metzgerei ist, ein Bild, an das ich mich halten will, seit ich Silvia Trenker bei ihrer Rückkehr aus der Schweiz sagen hörte, dort sei das Angebot der Metzgereien so drapiert wie hier in Brasilien die Auslage von Sterns Juwelenladen.

843. der Abbruch

die fürchterliche Macaiba, diese Frucht, die nun tatsächlich nicht so schmeckt, wie sie aussieht, und die in mir die verwegene Lust weckt, herausfinden zu wollen, wie denn die Dinge wären, wenn sie so sind, wie sie aussehen, und der Abbruch dieses Versuches, weil ich verschreckt merke, daß ein Ding, das so aussieht, wie es ist, das jeweils andere ist.

844. das Negerherz

das irritierende Licht in einem Raum des Wolkenkratzers hinter der Churrasqueria »Tertulia«, das mich, weil es ununterbrochen und in unregelmäßigen Zeitabständen an- und ausging, vom Verspeisen meiner Picanha abzulenken vermochte,

844 a

und der konzentriertere und lustvollere Biß in das Stück Fleisch, nachdem ich gemerkt hatte, daß nur ein Blatt des Coração-de-Negro-Baumes (und daß er »Negerherz« heißt, klingt da wie ein Vorwurf) vom Wind so vor dem Fenster des Hochhauses hin und her bewegt worden war, daß es das Licht immer wieder abdeckte und dadurch den Eindruck erweckte, da knipse jemand die Zimmerlampe die ganze Nacht lang ununterbrochen aus und wieder an.

845. das Gedränge

der klebrige Schweißfilm, mit dem in dieser feuchten Hitze des brasilianischen Februars die Haut des ganzen Körpers überzogen ist, und das tatsächlich nur in der Vorstellung unangenehme Gefühl von Glitschigkeit, wenn sich zwei Körper berühren, etwa mit den Oberarmen im Gedränge des Autobusses oder der Fähre.

846. die Hupen

der Zwang, zu jeder Nachtstunde zu hupen, wenn man im Auto am Puteiro »Clip« und an den davorstehenden Mädchen vorbeifährt, dieser resigniert und nicht etwa freudig klingende Hupton, dessen ich überdrüssig bin, weil er so gar nichts mehr zu tun hat mit der euphorischen Vitalität jener Hupen, die Blaise Cendrars bei seiner ersten Brasilienreise 1924 beschrieben hat, mit jenem Hupen nämlich, aus dem »der Fortschritt und die Freude am Geldverdienen« herausklingen.

847. das Vexierbild

das irritierende Licht in einem Zimmer des Hochhauses hinter dem Restaurant »Tertulia«, das mich – weil es ununterbrochen an- und ausging – vom Essen meiner Picanha abzuhalten vermochte und aus dem ich in Katalognummer 844 nur deshalb »das irritierende Licht« machen mußte »in einem Raum des Wolkenkratzers hinter der Churrasqueria Tertulia«, weil ich diesmal wirklich niemanden im unklaren darüber lassen will, auf welches der vier sächlichen Substantive sich das Relativpronomen »das« bezieht.

848. der Liter

die Kräfte der Natur, deren Wirken niemand kontrollieren könne, außer Itamar, der Bettler von Jaboatão, denn er – so sagte man mir unter dem Siegel der Verschwiegenheit, als ob man von einem Zauberer spräche – denn er brauche, wenn er seinen Zuckerrohrschnaps vom Ausschank zu seiner Hütte trage, keine Flasche: der Liter Schnaps lasse sich von ihm in seiner rechten Hand nach Hause tragen wie ein fester Gegenstand.

849. das Positive

das Positive des quälenden Motorengedonners, des stolz seine 100 000 Watt in die Welt hineinhämmernden »Trio electrico« und des entnervenden Lautsprechergeplärrs unter meinem Balkon, dieses Positive, daß ich nämlich in meiner Empörung die drei Wörter kennenlernte, »zangarreio«, »zanguizarra« und »zaragata«, die, herrlich genau und sogar lautmalerisch bestechend, jene Sache erfassen, die mich ärgert.

850. das Schmuckstück

das golden aussehende Armband, für das der Mann an allen Tischen des Patio São Pedro einen Käufer sucht, und seine zugekrampfte Faust, in der das Schmuckstück verborgen ist, die er mit derart flüchtiger Verstohlenheit öffnet, daß er den Gedanken wecken muß, er habe das funkelnde Ding eben – drüben beim Hotel »4. Outubro« – einer amerikanischen Touristin vom Arm gerissen.

851. der Rundhorizont

die sonntägliche Beschallung des Strandes von Boa Viagem durch ungezählte fahrbare und stationäre und irgendwo versteckte Lautsprecher, die intensiv dröhnend alles verändern, was sie umgibt, und die aus allem, was ihr Klang berührt – etwa aus dem Rauschen des Meeres –, die Natur herausfiltern und diesen aufsteigenden Ozean wie die blaustichige Rückprojektion auf einem schrumpligen Rundhorizont erscheinen lassen.

852. die Trauer

Samba, Axé, Frevo, Pagode, Forro, all dies, was Musik ist, und die klassische Musik, die – sagt man mir – deshalb nicht Musik ist, weil sie zur Trauer dient und nur, wenn jemand Mächtiger gestorben ist, vom Radio FM gesendet wird.

853. die Musik

das völlig verquer und überlaut neben allen Sendebandbreiten eingestellte Radiogerät am Stand des Schuhmachers vor dem Gebäude der »Banorte« auf der Praça Dom Vital und der wackelige Lautsprecher, der scheppernd jeden Klang verzerrt und ihn zur ohrenbetäubend verkündeten Botschaft macht: welche Art Musik da gespielt wird, ist egal, denn Musik ist in jedem Fall besser als keine Musik.

854. die Einöde

dieser Wahnsinn, erkennen zu müssen, daß ich der Wirklichkeit ausgerechnet mitten in der unbewohnten Einöde des Sertão entgegenzuschreien gezwungen war: »Stopp jetzt! Ich komme nicht mehr nach, mitzuschreiben, was es zu beschreiben gibt!«

855. die Begleiterscheinung

meine apodiktische – auch heute abend wieder verteidigte – Weigerung, es als normale Begleiterscheinung des menschlichen Lebens zu erachten, daß in einem Land (in diesem nämlich!), in dem Grundnahrungsmittel unter Armeeschutz an die Hungernden des Sertão verteilt werden müssen, im Fernsehen so viele Stunden des Tages für Sendungen über Schönheitsdiäten und Schlankheitsprogramme – und so weiter – vergeudet werden.

856. die Großaufnahme
die Unheimlichkeit, welche die Umbanda-Zeremonie (mit der Opfergabe an Jemanjà) weit unten gegen Piedade überraschenderweise erst dadurch erhielt, daß ich sie vom Fenster aus durch Pablos Fernrohr genauer verfolgen konnte, als ich sie sah, solange ich dabei war, und die Heimlichkeiten des Rituals, die mir nur deshalb Unheimlichkeiten wurden, weil ich nun sehen konnte, was ich aus der Nähe kaum hatte sehen können, und weil mir diese stummen Großaufnahmen alle zur Illustration der eingebildeten Frage wurden, ob die Gläubigen, die rückwärts gehend aus dem Wasser steigen, weil es verletzend wäre, der Meeresgöttin Jemanjà den Rücken zuzukehren, durch ihr Rückwärtsgehen nun nicht Agunju beleidigen, den Gott des Festlandes.

857. der Bahnhofsvorstand
die Bank aus bröckelndem Beton auf dem Perron des Bahnhofes von Boa Viagem, auf welcher der Bahnhofsvorstand geschlafen hatte, der mir im Januar 1987 deshalb aufgefallen war, weil ihn, wer eine Fahrkarte kaufen wollte, zuerst wecken mußte, und das Auffallende jetzt, sieben Jahre später, daß es diese Bank aus bröckelndem Beton, auf welcher der Bahnhofsvorstand schlafen könnte, auf dem Perron des Bahnhofes von Boa Viagem nicht mehr gibt.

858. die Schar
die verstörende Hektik, mit der eine Schar verwahrloster Bettelkinder auf dem Patio São Pedro von Tisch zu Tisch zieht, Krimskrams zu verkaufen versucht oder nur mit ausgestreckten Händen »Money... Money... Money« wimmert,
858 a
und der nach dem Abzug der wilden Schar an allen Tischen zu beobachtende, mit verstohlener Beiläufigkeit – man will ja nicht als mißtrauisch erscheinen! – ausgeführte Griff der Gäste an ihre Hosentasche, um sich zu vergewissern, daß der Geldbeutel noch an seinem Ort ist.

859. das Vorbild

der Fischer João, der am Strand von Suape seine Netze flickt und dies mit so großen zusammenhängenden Bewegungen der Arme tut, daß ich ihn als das Vorbild zu jener Figur erlebe, von der man hier sagen hört, sie tanke so viel Sonnenlicht, daß sie nach Feierabend zu leuchten beginne.

* * *

860. die Ausklammerung

Louis' strenge – von der in Nr. 749 aufgeführten »Liste der Verbote« geschürte – Gedanken über Mord und über Mordszenen im Fernsehen, das Mord in der selbstverständlichsten allabendlichen Häufung als immerhin mögliches Verhalten ins Unterbewußtsein riefe, und meine daran entzündete Vermutung, dieses Gefühl immerhin möglichen Verhaltens könnte eher dadurch hervorgerufen werden, daß oft – wie in den James-Bond-Filmen etwa – zwar Morde in fast ununterbrochener Serie gezeigt, die Verfolgung des Mörders wie auch die Trauer der Angehörigen um den Ermordeten aber ausgeklammert würden und daß dies, verbunden mit dem frenetischen Dauerverschleiß an Menschen, zum Effekt beizutragen vermöge, den Louis befürchtet: Nicht das Zeigen könne verhängnisvoll sein, sondern das Nichtzeigen, die Ausklammerung der Folgen einer Tat.

861. der Tobiak

Raras überschwengliches Schwärmen vom – Erdnuß- und Maisgeschmack mit Herbstfeuerduft verbindenden – Geruch der Tobiak-Suppe, die ihre Mutter einst gekocht hatte, und unser vergebliches Blättern im Stilwörter-Duden, im Herkunfts-Duden, im Rechtschreibe-Duden, im Fremdwörter-Duden, im Großen Duden, um endlich herauszufinden, was denn Tobiak überhaupt sei.

862. die Spitzenqualität

die Meinung des einen Weinhändlers an der »Expovina«, sein Wein schmecke so gut, daß jeder Käufer das Gefühl haben müsse, absolute Spitzenqualität zu äußerst günstigem Preis erworben zu haben, und der ungewollte Einblick in die Mechanismen der freien Marktwirtschaft, der mir ermöglicht wurde, als ich hörte, wie der andere Weinhändler dem einen riet: »Dieser Wein schmeckt so gut, daß du ihn preislich höher einstufen mußt, denn wenn du ihn zum üblichen Preis anbietest, merkt niemand, wie gut er ist.«

863. das Auslassungszeichen

der Apostroph – von dem mir der Duden verrät, daß er deutsch »Auslassungszeichen« heißt oder »Häkchen«, das den Ausfall eines Lautes oder einer Silbe kennzeichnet –, dieses dünne geschwungene Strichlein nach dem »u« in meiner Visitenkarte, das der chinesische Setzer in Hongkong unnötigerweise und nur deshalb in den Text der Karte gesetzt hatte, weil er den winzigen dunkeln Fleck, diese schmutzige Verfärbung im Papier, auf das ich ihm Namen und Adresse geschrieben hatte, für ein deutsches Schriftzeichen hielt.

864. das Falsche

das freundliche »Guten Abend!«, mit dem Kiby das Telefongespräch eröffnete, und das nachdrückliche »Guten Morgen!«, das er zur Antwort erhielt (und das die kurze Verunsicherung erwachen ließ, das Falsche gesagt zu haben), diese beiden gegenteiligen Wünsche im Anruf nach Hawaii, die wirkten, als seien Abend und Morgen, Nacht und Tag nur deshalb keine Gegensätze, weil sie gleichzeitig stattfinden.

865. die Sache

die Sache, von der ich – ohne mich der Anmaßung schuldig zu machen – zu behaupten wage, sie sei unwichtig, obschon sie von vielen verlangt wird; (doch auch dieses häufige Verlangtwerden vermag ihr keine Wichtigkeit zu geben, weil sie nur deshalb verlangt wird, weil es sie gibt); und gäbe es sie nicht, es käme niemandem in den Sinn, sie zu verlangen.

866. die Münze

die 10-Francs-Münze, die ich dem Kaugummiverkäufer mehr zustecke als gebe, und mein Erstaunen darob, wieviel leichter ich eine Münze ausgebe als eine gleichwertige Banknote.

867. der Quaderer

die Berufsbezeichnung für den Würfelmacher, an die ich zuerst dachte, als der junge Mann – an Monsieur Loyals Abschiedsfeier – beim Händeschütteln sagte »Quaderer«, diese Berufsbezeichnung, die sich erst dann als Familienname entpuppte, als er wiederholte »Dani Quaderer«, und der Widerwille vor mir selber, der mich schüttelte, weil ich mich beim schnellen Gedanken erwischte: »Aha, endlich ein Wort, das mit »Q« beginnt, für meinen ›Katalog von Allem‹.«

868. das Sexsymbol

der Macho-Mann, von dem der Zeitungstext den Genannten unweigerlich abrückt, wenn die Pressemeldung lautet: »Das Fotomodell Max Jones, das den Inbegriff des Macho-Mannes verkörperte, ist tot; es ist den Folgen seiner Alkoholkrankheit erlegen«,

868 a

und das Sexsymbol, von dem die Pressemeldung (in der »Neuen Zürcher Zeitung« vom 16. Juni 1989) die Genannte erstaunlicherweise nicht abrückt, auch wenn die Nachricht lautet: »Das Fotomodell Kay Kent, das als Doppelgängerin des Sexsymbols Marilyn Monroe berühmt geworden war, ist gestorben; es ist mit einer Überdosis an Schlaftabletten aus dem Leben geschieden.«

869. die Hände

der jugendliche Kopf des Reichserbauers Bruno Weber und seine treuherzig klingende, kindlich naive Stimme, die es mir schwermachten, der irgendwie hämisch wirkenden, Behauptung Glauben zu schenken, Weber sei doch schon mehr als sechzig Jahre alt, und die erst beim Blick auf seine Hände – die einer andern Generation zugehörig scheinen als das Gesicht – gewonnene Einsicht, daß die Behauptung tatsächlich wahr sein könnte.

870. die Neugier

die Vorschläge zu möglichen erfolgversprechenden Heilmethoden, bei denen Vorstellungskraft allerdings das Medikament ersetzen muß, die aufgetischt werden, weil Moritz berichtete, er sei von der Krankheit des Priapismus befallen, und die offensichtliche stillschweigende Übereinkunft der Teilnehmer in der Runde, trotz aller ungestillten Neugier nicht danach zu fragen, worin diese Krankheit denn bestehe.

871. die Rückfahrkarte

die vom Schaffner geknipste Rückfahrkarte nach Treib, die eigenartigerweise ausgerechnet jetzt zum unerwarteten Relikt wird aus der Schatztruhe des Zelluloidparadieses, weil sie mich daran erinnert, wie Sonia Braga von jenen Kolleginnen erzählte, die das Opfer ihrer Filmrolle geworden sind, ohne je wieder aus ihr herausfinden zu können, diese Rückfahrkarte, die Sonia Braga jeweils fordert, bevor sie eine Rolle annimmt: »Ich brauche den Fahrschein für die Reise in die darzustellende Person hinein, und nur wenn er auch für die Rückreise gültig ist, fahre ich wieder aus der Filmfigur hinaus und zurück zu mir selber.«

872. die Umstülpung

das fast nicht als Wechsel wahrnehmbare Ineinander von Außenfläche und Innenseite, das Willy Wimpfheimer in seiner Skulptur herbeiführt, diese erhellende Umstülpung des Verborgenen und Geahnten nach außen, die mich bestärkt, den möglicherweise mißverständlichen Satz nun doch zu notieren: »Die Kunst ist der Spiegel, aus dem man herausschaut.«

873. der Schock

der schmerzhafte Schock, der nicht etwa davon ausgelöst wird, daß die Blinde, die mir am 16. März in der S-Bahn 14 nach Wetzikon gegenübersitzt, mit dem Taschentuch die leeren Augenhöhlen betupft, dann im Gepäcknetz nach dem Geschirr des schwarzen Blindenhundes tastet, den Hund mit traumwandlerischen Gesten anschirrt und den zusammenlegbaren weißen Stock zur vollen Länge auszieht, sondern davon, daß sie – vor dem unsicheren Gang zur Wagentüre – zu mir sagt: »Auf Wiedersehen!«

874. die Eisbären

die Meldung über das Fischsterben an der britischen Küste in der NZZ vom 17. März 1992, das in mir – als sei es ein Scherz – die absonderliche Frage provoziert, ob Eisbären wohl erfrieren können, weil da geschrieben steht, die Untersuchung der Todesursache habe ergeben, daß die Fische ertrunken seien,

874 a

und die erst beim Wiederlesen der Meldung erfahrene Richtigkeit der Formulierung »Tod durch Ertrinken«, weil ich nun feststelle, daß da nicht von einem Fischsterben die Rede ist, sondern von einem Delphinsterben.

875. die Gnadenlosigkeit

die Gnadenlosigkeit, mit der sich der Schlag des Hammers auf den Meißel in den Stein überträgt, den er trifft, und meine Erfahrung, daß es nur die Leidenschaftsfähigkeit des Bildhauers ist, die diese Gnadenlosigkeit mit jedem Schlag rückgängig machen und in Zärtlichkeit verwandeln kann.

876. die Maske

das spürbar von weit innen kommende Lächeln, zu dem mich der fröhliche Ausdruck der Maske auf dem Basler Marktplatz am 10. März reizt, dieses erlösende Lächeln, das sich in Erschrecken wandelt, als ich – beim Blick durch die großen Augenlöcher der Maske – merke, daß der Mann, der hinter der Maske steckt, nicht zurücklächelt und ein gelangweiltes fades Gesicht zur Schau trägt, das mir jetzt jede Lust nimmt, über seine Maske zu lächeln.

877. die Quatilät

der Gürtel mit der scheinbar edlen Christian-Dior-Schnalle, den ich einem fliegenden Händler in Hongkong abgekauft hatte und in den mit Goldbuchstaben »Quatily from Italy« eingedruckt war (»Quatilät aus Italien« also), was ich schlicht für einen Druckfehler hielt, so lange, bis Cham Wah mir erklärte, das Wort »Quatily« habe den Hersteller beim Prozeß wegen Fälschung gerettet, weil er dem Gericht so erklären konnte, er habe nie behauptet, Qualität aus Italien zu verkaufen.

878. die Biederkeit

die ansteckende Biederkeit in den wie abgestanden wirkenden Gesichtern, die mich betrübt, weil die Personen, solange sie ihre Basler Fasnachtslarve aufhatten, viel aktivere Menschlichkeit ausstrahlten als jetzt, wo sie unmaskiert auf dem Treppenabsatz des Imbergäßleins sitzen, so teilnahmslos, daß selbst der buntscheckige Stoff ihrer Kostüme ausgebleicht erscheint.

879. die Spannung

die Plastik von Willy Wimpfheimer, die den abgewirtschafteten Raum, in dem sie aufgestellt worden ist, nun plötzlich mit derart vibrierender Spannung auflädt, daß ich mich bei der ängstigenden Vorstellung ertappe, dieser Raum werde einstürzen, sobald die Plastik weggetragen wird.

880. die Schönheit

die Einsicht, daß ich einen Gegenstand nie werde als schön empfinden, als schön bezeichnen können, solange die drei Dinge zu seinen Bestandteilen gehören: Absichtstrug, Anspruchszwang, Verheißungslist,

880 a
und die Einsicht, daß ich einen Gegenstand nie werde als schön empfinden, als schön bezeichnen können, wenn die drei Dinge nicht zu seinen Bestandteilen gehören: Maßlauterkeit, Stilverantwortung, Vertrauensmut,

880 b
und die Einsicht, daß es mich mehr befriedigen würde, wenn mir endlich ein Satz gelänge, der schön ist, als ein Satz, der Schönheit treffend und stimmig beschreibt.

881. der Mechanismus
der dumpfe Klang der Trommel, der so urtümlich aus ihrem tiefsten Wesen kam, so satt und sinnenvoll und dröhnend, daß ich zu sagen wagen mußte: »Die Trommel schlug«, obschon ich doch weiß, daß es – damit sie tönen kann – immer einen Menschen braucht oder einen Mechanismus, der sie schlägt,

881 a
und der Vergleich mit jener Glocke, von der ich bedenkenlos zu sagen wagte: » Die Glocke schlug«, weil es weder ein Mensch noch ein Mechanismus war, der sie schlug, sondern der Sturmwind, der sie schüttelte und Glockenrand und Klöppel aufeinanderschlagen ließ.

882. der Blickwinkel
der Mann, der am 3. März 1992 um 18 Uhr 54 in der Cafeteria des Museums Rietberg ein Glas Apfelsaft trank und mich während der ganzen Dauer seiner Anwesenheit aufs tiefste beunruhigte, weil er mich in Gehabe, Pulloverfarbe, Haarschnitt, Brillenmodell, Mimik, in der Art, wie er den Kopf seiner Begleiterin zuwandte, wenn er sich angesprochen fühlte, in der Stellung der Zähne, in der Unmittelbarkeit, den Arm zu heben, bevor er sich in den Haaren kratzte, in der Augenfarbe und in der Form des leicht nach unten gebogenen Schnurrbartes an den eigentlich doch verstorbenen Richard Brautigan erinnerte, so sehr, daß ich ihn nicht mehr anzuschauen wagte – weil ich glaubte, er spüre

meinen entgeisterten Blick –, und an all die bedauerten Erfahrungen, die der Dichter mir in Zürich verschafft hat,

882 a

und die Erleichterung, die fast schon Trost sein wollte, daß sich beim Aufstehen aus dem weißen Strohsessel unversehens ein Blickwinkel ergab, aus dem der Mann für Augenblicke nicht wie Richard Brautigan aussah.

883. die Polizistenmütze

das mir höchst unvertraute Herkunftsschild »Made in Botswana« im Innern der Polizistenmütze mit dem gußeisernen Emblem »Mauritius Police«, diesem Erinnerungsstück an Gérard, den mauritischen Polizisten – das aufzubewahren ich mich verpflichtet fühle, weil mir noch nie vorher ein Polizist seine Dienstmütze geschenkt hat –, das mir aber eigenartigerweise kaum die Erinnerung an Erlebnisse während meines Aufenthaltes in Mauritius wachruft, sondern vielmehr an Gérards Deutschunterricht in Zürich (der zu den Katalognummern 3, 4, 752 und 762 führte), von dem er sagte, das deutsche Wort »Sprachschule« müsse in seine Muttersprache mit »Umerziehungslager« übersetzt werden.

884. das Gegengeschenk

Reni Schellings Antrag, den ich deshalb wie einen Nachtrag zu den Nummern 244, 268 und 442 über das Verhältnis von Vorlage und Bild – von Abbildung und Abgebildetem also – verstehe, weil es Renis freundschaftlicher Wille war, Rara ein seltenes und deshalb sehr kostbares Modell einer Rosenthal-Vase unter der Bedingung zu schenken, daß Rara ihr als Gegengeschenk eine Fotografie dieser raren Rosenthal-Vase anfertige.

885. der Sonntag

Sevilla am Sonntag, diese wie von einem altklugen Bühnenbildner entworfene Stadtlandschaft, stadtgewordenes Capriccio teatrale, aus dem alles Störende gestrichen und nur das dramaturgisch Nützliche belassen zu sein scheint, nämlich diese mir aus Lotfi

Mansouris zerfärbter Inszenierung von Bizets »Carmen« vertraute Hispanität, die – und nur die – mich nun dazu verführt, Daniel Bollag zu gestehen: »An Sonntagen ist Sevilla so, wie ich mir Sevilla vorgestellt habe.«

886. das Warten

mein träger Ärger ob des stundenlangen Wartens, das besonders in den bleiernen Nachtstunden dieses 3. April 1992 quälend wird und mir deshalb entwürdigend erscheint, weil nie feststeht, wie lange ich denn zu warten habe – nur eines steht fest: stundenlang,

886 a

und die Steigerung dieses Ärgers dadurch, daß mir kein Angestellter des Flughafens Barajas und keine der Schalterdamen von Iberia einen Grund für die viele Stunden dauernde Verspätung des Fluges IB 128 nach Sevilla anzugeben bereit ist, was die Ungewißheit des Wartens eindeutig erträglicher gemacht hätte,

886 b

und die unerwartet aufblitzende Erheiterung, die von der elektronisch gesteuerten Anzeigetafel in der Schläfrigkeit dieser menschenleeren Halle ausgeht und nun plötzlich jede Geste leichter macht, weil dort, wo bei der Ankündigung des Fluges IB 402 das »i« wäre im Wort »Bilbao«, ununterbrochen das ganze Alphabet durchrasselt und sich offensichtlich nicht aufhalten läßt, wobei ich das Gefühl nicht los werde, es sei in dieser nachmitternächtlichen Trübe niemand mehr hier, der Grund hätte, daran interessiert zu sein, das panisch klappernde Alphabet zu stoppen.

887. die Begründung

das Filmmaterial vom 11. Februar 1972, das ich nur deshalb nach Jahren visioniere, um mich zu vergewissern, daß Andy Warhols Stimme tonlos ist, weil Theo dieses »ist«, das jetzt in Nr. 595 als »war« dasteht, aus dem Grund in die Vergangenheit gesetzt haben wollte, weil Andy Warhol zwischen meinem Schreiben und Theos Lesen jener Nummer gestorben ist – eine Begründung, die ich nicht nachvollziehen kann, da ich jedesmal, wenn ich die Stimme höre, feststellen muß, daß sie tonlos ist,

887 a

und das Mißverständnis, als das Theo diese Katalognummer deshalb bezeichnet haben möchte, weil er von Warhols realer Stimme redete, während ich die Filmstimme meinte, die mir im Moment, in dem ich Warhol sprechen höre, zur realen wird.

DER LISBOËTISCHE KATALOG

888. die Warteschlange

der bislang als spannend erlebte Wandel eines geographischen Begriffs in einen politischen, den ich – als Schweizer eigentlich ja auch Europäer – nun am eigenen Leib zu spüren bekam, als mir der Paßbeamte, zu dem ich in der endlos scheinenden Warteschlange endlich vorgerückt war, mit abweisender Handbewegung sagte: »Dies ist der Schalter für Europäer, die Schweizer werden dort drüben an Schalter 7 abgefertigt«,

888 a

und diese politisch durchaus berechtigte Zurückweisung, die ja leichter zu verschmerzen gewesen wäre, wenn an Schalter 7 das Schlangestehen – das ich mit dem Erreichen des ersten Schalters überwunden glaubte – nicht nochmals neu begonnen hätte.

889. der Christbaum

das Weihnachtsgefühl, das überraschenderweise wie Trotz von den Gegendingen geweckt wurde angesichts der Provokation, die der Kellner zu begehen versuchte, als er den Christbaum in der »Bar Trevo« an der Praça Camões statt mit Glitzerkugeln, Engelshaar und Kerzen mit Banknoten jeder Wertstufe schmückte.

890. das erste Mal
der Tag im Ozeanarium von Lissabon, der ein Tag ist, wie ich ihn – ohne daß er eingetreten wäre – öfters schon herbeigesehnt hatte, der Tag nämlich, von dem ich sagen kann, so viel wie heute habe ich noch nie zum erstenmal gesehen.

891. das Gegacker
das aus dem Untergeschoß des Restaurants »O Chico« in Sintra heraufsteigende, atembeklemmend kurzatmige Gegacker, dessen würgender Klang Vorstellungen von Flügelschlagen und Verzweiflungsflattern weckt, dieses Gegacker, das nichts anderes bedeutet, als daß wieder ein Gast »Frango asado« bestellt hat, und das plötzliche Verstummen dieses Gegackers, das anzeigt, daß das gewünschte Gericht bald serviert werden wird.

892. die Distanz
die Art, wie sie sprechen, und nicht das Thema, das sie besprechen, die zwei jungen Deutschen heute nacht im Restaurant »O Chico« in ihrem Gespräch am Nebentisch, dessen Verlauf sich mir als unbeteiligtem Zaungast nur im Wachsen der inneren Distanz zwischen den beiden während ihres gedämpften Redens mitteilt, das wirkt, als sei sie ihm, der vor ihrer Liebe aus Deutschland floh, heimlich nach Portugal nachgereist, um ihn endlich in Ruhe zur Rede stellen zu können.

893. die Weihnacht
meine mir nur nach und nach eingestandene Dankbarkeit für die Ahnung, Weihnacht könne vielleicht ein zum Kurzstreckentarif erreichbares Ziel sein, jedenfalls etwas anderes als einfach ein Datum im Kalender, die mir der Chauffeur eines lisboëtischen Autobusses der Linie 68 verschafft, weil er auf der Tafel an der Stirnseite, die üblicherweise die Endstation der Buslinie angibt, »Boas Festas« – »Frohe Weihnacht« – angeschrieben hat.

894. die Schreibmappe
die – mir nun doch selber auffallenden – Schritte, die ich auf die Bettler zu mache, ohne wie bisher zu erwarten, daß sie mit ausgestreckter Hand auf mich zukommen, diese Schritte, die ich als Folge meines schlechten Gewissens darüber zu deuten gezwungen bin, daß ich für die lederne Schreibmappe im Laden von Sousa & Silva mehr Geld ausgegeben habe, als man für solche Dinge zur Verfügung haben dürfte.

895. das Gewohnte
der weißhäutige Schuhputzer auf dem Gehsteig vor der »Confeitaria Suiça« in Lissabon, der einem schwarzen Afrikaner für ein paar Escudos die Schuhe putzt, dieser Schuhputzer und sein Tun, das mir nie aufgefallen wäre, wenn ich es nicht als die eigentlich erfreuliche Umkehrung alles längst Gewohnten erleben würde.

896. die Monitore
einerseits die Landschaft auf den Monitoren im Wagen des Expreßzuges »Alfa Pendular«, andrerseits die Landschaft vor dem Wagenfenster – und dann die Erwartung des nie eintretenden Augenblicks, in dem das Kunstschöne und das Naturschöne zusammenfallen, weil auf beiden Scheiben – einen Blick lang – dieselbe Landschaft steht.

897. das Kreuzworträtsel
meine Faszination für die Azulejo-Kachel, die mir nie zu erkennen gibt, welche verschiedenen Muster sie zusammen mit mehreren genau gleichen Platten zu erzeugen vermag, dieses magische Zusammensetzspiel, das ich als jenes visuelle Kreuzworträtsel erlebe, bei dem jedes Wort, das ein anderes kreuzt, die Bedeutung dieses andern Wortes verändert, ein Kreuzbildrätsel.

898. das Schweinefleisch
warum Schweizer Wirte portugiesische Gäste nicht mögen und warum portugiesische Wirte Schweizer Gäste lieben? ..., diese

Fragen, die ausgelöst wurden, als der Tischnachbar in der »Casa do Alentejo« eine halbe Portion (»meia dose«) vom Schweinefleisch bestellte,

898 a

und die Antworten, die da lauteten: … weil portugiesische Gäste – wenn sie ein Gericht bestellen – gewohnt sind zu fragen »Reicht es für drei?«, und Schweizer Gäste auch in Portugal meinen, jeder müsse sein eigenes Gericht bestellen und die Riesenportion alleine essen.

899. die Buchstaben

die Plötzlichkeit, mit der mich vor Julião Sarmentos Bild »Maconde« im Münchner Haus der Kunst das Bedürfnis anfällt, Striche in mein Buch machen zu können, die sich einerseits zu Buchstaben fügen, andrerseits aber in der Reihung die Umrisse jener Körper zeichnen, die sie beschreiben,

899 a

und die Mischung aus Neugier und Gelassenheit, mit der ich etwa eine Viertelstunde lang die Oberfläche von Juliãos Bild absuche, um den Gegenstand aufzuspüren, der dieses Bedürfnis in mir ausgelöst haben könnte: »Buchstaben werden Wörter werden, Bilder werden Gegenstand.«

900. die Übertreibung

die völlig unglaubhafte Geschichte vom Bauch, den ein dicker Mann in Lissabon einziehen mußte, die ich so lange für eine Übertreibung hielt, bis ich durch das Wagenfenster der Straßenbahn Nr. 28 (Prazeres – Martim Moniz) einen Mann sah, und nicht einmal einen sonderlich dicken, der seinen Bauch einziehen mußte, weil die Trambahn an der Kreuzung der Straßen São Tomé, São Vicente und Escolas Gerais durch so enge Gäßchen kurvt und fast die Hausmauern streift, aus deren Türen Leute treten, daß dicke Bäuche hier tatsächlich ein Verkehrshindernis bilden.

901. die Veränderungen

das nervöse Warten vor versammeltem Publikum, ob Antonio Lobo Antunes wohl doch noch zu seiner Lesung bei den Solothurner Literaturtagen erscheine, diese Niemandszeit, während der ich, der ihn eingeladen hatte, nichts Spannenderes zu tun weiß, als das Ausmaß an Veränderungen zu beobachten, die sich einstellen, wenn ich in meinem Einführungstext das Wörtchen »als« durch das Wörtchen »weil« ersetze:

901 a

weil ich Sie angerufen hatte und deshalb mit Ihnen zu sprechen glaubte, und weil dies erst gelungen war, nachdem ich die Nummer 315 38 85, die im lisboëtischen Telefonbuch stand, und dann 469 10 73, die mir der Auskunftsdienst angegeben hatte, und schließlich 315 80 79, den Verlag, bei dem Sie in diesen Tagen einmal vorbeischauen sollten, und dann 943 08 22, die Nummer, die Sie selber ins Anmeldeformular für Solothurn eingetragen hatten, oft und immer wieder, und ausdauernd zudem, angewählt hatte, und ab und zu – beileibe nicht unfreundlich – aufgefordert worden war, meine Meldung an Sie einem Antwortgerät anzuvertrauen, was ich jedesmal tat,

... und weil ich, hie und da von einer lebendigen Frauenstimme aufgefordert, morgens um 10 Uhr wieder anzurufen, morgens um 10 Uhr wieder anrief, um ein zu schnell ablaufendes Tonband zu begrüßen oder von einem leicht stotternden Kind begrüßt zu werden, das mir sagte, Sie wüßten nichts davon, daß ich schon mehrmals angerufen hatte,

... und weil deshalb – aber nur vielleicht – alle Mühe vergeblich war oder wenigstens zu sein schien, wucherte – während ich mit Ihnen zu sprechen glaubte –, wie ein Kristall heftig in der Salzlösung wächst, bis sie vom Gewächs durchsättigt ist, die Frage:

... ob Chaos und Taumel das Ergebnis von Zerfall seien oder ob der Zerfall von Chaos und Taumel herbeigeführt werde und ob sich die Bruchstücke, die der dauernde Zerfall hinterläßt, nicht fortwährend zu neuen Gebilden zusammensetzen lassen, die, wieder zerfallend, kleinere und kleinere Brocken ergeben, bis sich der Schutt und Schotter, aus dem die letzten Bauten waren, in Staub und Sand aufgelöst haben, die der letzte dann, indem er die Silikate und Tone beimengt, zu jenem Zement vermischt, aus dem die zweite Welt sich bauen ließe, und ob dies die Rettung wäre und ob gerettet werden müsse, auch wenn der Ruf nach Rettung nicht vernehmbar würde:

»Caos e cambaleio provêm do desmoronamento
ou resulta a desagregação do delirio e do
caos?«

901 b

weil mich der Leutnant auf dem Flughafen von Principe festnehmen wollte und weil er sagte, ich sei beobachtet worden, wie ich den Satz auf der Tafel über dem Tor der angolanischen Garnison von Santo Antonio in mein Notizbuch abschrieb: »Angola è a trincheira do socialismo na Africa!« (»Angola ist der Schützengraben des Sozialismus in Afrika!«), schoß in mir die Frage hoch: wieweit das Geschriebene zu andern Zwecken verwendbar sei als das mit der Schrift Gemeinte?:

»Até que ponto se pode utilizar o escrito
com outras intençoes para além do que
opina a pròpria escrita?«

901 c

weil ich den durstigen alten Mann sah, der auf den nebelverhangenen Monte Verde heraufgestiegen kam, um dort oben auf der windzerzausten Spitze die Wolken zu melken, und weil ich von ihm zu hören bekam: »A agua sò è esteio para o nadador!« (»Das Wasser trägt nur den, der schwimmt!«), setzte sich dieser Satz unversehens in der Frage fort: ob der Fluß der Sprache den Redenden denn sicherer trage als den, der schreibt?:

»Quem corre menos perigo de afogar-se na
queda da lingua, o que fala ou o que
escreve?«

901 d

weil ich den alles überragenden Affenbrotbaum sah in der atemberaubenden Anfangseinstellung von Manoel de Oliveiras Film »Não – ou a vã glória de mandar« und weil die Kamera den Baum so unerbittlich umkreiste, bis er tatsächlich zum Bild von allem wurde, begann ich zu wissen, daß Form und Inhalt nur in jenen ganz seltenen Fällen, in denen sie sich zum einen vereinen, jenes Dritte erzeugen, das ein Aggregatzustand von Leben ist:

»Quais são as condiçoes que transformam a
obra em estado de agregado da vida?«

901 e

weil ich mit ansehen mußte, wie der Clown Pipo im »Circo Altivez« Eier zerschlug und darin doch stets nur anderes fand als das, was er suchte, begann ich mich zu fragen, ob man Form tatsächlich zerstören müsse, um herausfinden zu können, was sie verbirgt?:

»Serà preciso destruir a forma de um
objecto para poder revelar o que contem?«

901 f

weil das Wasser der Dusche im Hotel von São Tomé in der Mittagshitze auch an jenem Tag wieder versiegte, an dem ich gelesen hatte: »Wenn ich nicht schreibe, habe ich nicht geduscht«, glaubte ich zu ahnen, auf welche Weise nur das Selbstverständlichste zum Außergewöhnlichen führt:

»O evidente e o extraordinario, qual è o
motor que os poe em interacção?«

901 g

weil der Bauer vom Ilhéu das Rolas mir sagte, die größten Kürbisse – und er rief das Wort für »Kürbis«, dieses unvergleichliche »abòbora«, mehr als daß er es sagte – die größten Kürbisse wüchsen in jener Pflanzenreihe, die er genau auf der Linie des Äquators angepflanzt habe, und weil er durch alle meine Skepsis nicht von seiner Behauptung abzubringen war, hörte ich für immer auf zu zweifeln daran, daß nur die Fiktion aus Erkenntnis und Information leibhaftige Erfahrung zu machen vermag:

»E verdade que sò a arte transforma
informação e cognição na propria
experiência sensual?«

901 h

weil ich – wie ich es dem Tonbandgerät gemeldet hatte – auch am 4. Januar wieder im Treppenraum des Hauses an der Rua Mae d'Agua Nummer 15 stand und – vor dem Abflug – wieder an Ihrer Tür klingelte, was jenes Geräusch erzeugte, das die Pförtnerin – wie letzte Woche – herbeilockte, die mir auch diesmal und schon wieder sagte, Sie bewohnten die Wohnung im 3. Stock, Tür F, ohne eigentlich hierzusein,

... und weil alles Läuten, Schellen und Klingeln ergebnislos blieb und weil sich die Wohnungstür nie öffnen wollte – als verkeile sie sich im Rahmen nur, um sich nicht öffnen lassen zu müssen – obschon von jenseits ein Rauschen zu hören war wie jenes, wenn ein Senderwahlzeiger durch alle Zonen der Frequenzbereich-Einstellskalen eines Radiogerätes saust,

... und weil ich schließlich alle Unterlagen mitsamt der schriftlichen Einladung zu den Literaturtagen nach Solothurn der wirklich freundlichen und hilfsbereiten Pförtnerin gab, die mir versprach, Ihnen alle diese Papiere bei der ersten sich ergebenden Möglichkeit auszuhändigen,

... und weil ich – Mißtrauen war es gegenüber der Zuverlässigkeit dieser vielleicht doch nur hilfsbereit wirkenden Pförtnersfrau – das Doppel der Papiere – die ich eine Stunde später im Postamt beim Flughafen an Sie adressiert abschickte – unter der Türe durchzuschieben versuchte, deren Spalt aber keinen Platz ließ für die Dicke eines Blattes Papier, blieb mir nur noch, mit der Frage Abschied von Lissabon zu nehmen, ob ich den Satz wohl umkehren müsse, damit er zutrifft: Die Welt sei deshalb, wie sie ist, weil wir das, was ist, für das halten, was es zu sein scheint?:

»E por isso que o mundo é como é
porque tomamos o que é
por aquilo que sò parece ser?«

902. der Gegenbeweis
daß es in Lissabon einen Park gibt, der Mayer heißt, diese Tatsache, die mir deshalb erwähnenswert scheint, weil es nur dort zu erfahren gibt, daß – allen kunsttheoretischen Gegenbeweisen zum Trotz – Federico Fellini enorm viel mit Bertolt Brecht zu tun hat.

903. der Schmetterling
die Erfindung der Kinematographie, die Tonmann Nuno nur schon deshalb als eine der segensreichsten feiert, weil erst der Film uns die Möglichkeit geschenkt habe, die wundersame Verwandlung einer unansehnlichen Larve in einen überwältigend schönen Schmetterling zu erleben,
903 a
und das portugiesische Wort für Schmetterling, »borboleta«, das Nuno so klangreich sinnlich ausspricht, daß mir das Wort ebenso schön erscheinen will wie der Schmetterling selber.

904. das Welttheater
das von Tausendschaften von unfreiwilligen Statisten in hinreißend exakt getimten Auftritten gespielte Welttheater, als das Rara das Gewimmel vor der Terrasse des Cafés »São Domingos« in der Rua dos Barros Queiros bezeichnet, weil es ein choreographisch bestechendes – und doch naturalistisch ausgelebtes – Bild der Verhältnisse zwischen den Rassen und Klassen vor unsere Augen führt – wobei das einzige Verwirrliche ist, daß sich dieses Welttheater immer nur von links nach rechts abspielt, weil nur selten jemand von rechts nach links durch diese Gasse geht.

905. der Tourist
der Tourist, als der ich offenbar aussehe und den die Einheimischen hier in Silves – was mich geniert – stets englisch anreden,
905 a
und die portugiesische Zeitung, die – sobald ich sie mir unter den Arm klemme – mein Aussehen offenbar so total verändert, daß

ich fortan in meiner Lieblingssprache Portugiesisch angesprochen werde.

906. das Erotikprogramm

der poetische Unterton in jeder Erotik und der fälschlicherweise als Erotikprogramm angekündigte Pornofilm im Hauskanal des Hotels »Viking«, der mir erschreckend klarmachte, wieviel mehr Pornographie mit Gewalt zu tun hat als mit Erotik.

907. der Berufskollege

der lisboëtische Straßenbahnfahrer in seinem gravitätisch daherrumpelnden Tramwagen der Linie 15 (Praça do Comércio – Cruz Quebrada), der vor Jahren zu Verwandtenbesuch in der Schweiz war und sich an Zürich als an jene Stadt erinnert, in der sein schweizerischer Berufskollege lieber mit leerem Wagen – und dafür pünktlich! – von der Endstation wegfährt, als noch 20 Sekunden auf den alten Mann zu warten, den er mit schwerem Koffer heranhumpeln sieht.

908. die Platte

daß Gerichte aus anderem bestehen als aus dem Wort auf der Speisekarte, das sie benennt – Tamboril etwa, den ich bestellen wollte –, diese gastrosophische Grunderfahrung, die mir der Kellner im Restaurante Balau in Portimão verschafft, als er statt der Speisekarte eine Platte an den Tisch bringt, mit allen Fischen drauf, die zur Auswahl stehen, und sich ausführlich darüber wundert, daß der Gast wissen will, wie der Fisch heißt, den er bestellt.

909. die Schärfenverlagerung

das Paar sitzt am runden Tisch, eine leere Weinkaraffe vor sich, er liest Zeitung, sie sitzt abgewandt da im grünen Kleid, diese Szene im Gemälde von 1925, dem Abel Manta den Titel »Die Äpfel« gab, weil auf dem Tisch eine Schale mit fünf Äpfeln steht,

909 a

diese Schärfenverlagerung vom Paar und seinem angedeuteten Schicksal auf die fünf Äpfel, diese Veränderung der Fokussierung, in der ich – geradezu erregt – ein verwandtes Vorgehen entdecke, wie ich es im »Katalog von Allem« praktiziere im Verhältnis von Eintragung zu ihrem Titel.

910. die Mühe

das blendend pralle Sonnenlicht über dem Eingang zum »Friedhof der Freuden«, dieses heiße Licht, durch das der alte Mann an Stöcken so zäh und gekrümmt vorwärts schritt, als schleppe er nur mit Mühe seinen schwarzen Schatten am Boden hinter sich her.

911. das Gestell

das anscheinend unnötigerweise vergitterte Büchergestell an den Wänden des Hörsaals der Faculdade de Letras, Instituto de Estudos Germânicos der Universidade de Lisboa, dessen Leere – und das irritiert mich während meiner Lesung – dessen Leere danach giert, mit Dingen gefüllt zu werden, die ich gerne dorthin stellen würde, wenn ich mir von allen möglichen Gegenständen noch einen andern vorstellen könnte, als immer nur diesen einen: eine vom Saft pralle Orange, eine algarvische,

911 a

und die Bange, im Vorlesen zu stocken und von den Zeilen abzurutschen, wenn ich jetzt andern Gegenständen Platz in meiner Imagination gäbe: Ich bleibe bei der Orange und lese weiter.

912. die Portugiesen

unsere Schwierigkeiten, die Portugiesen zu verstehen, weil sie, wenn sie reden, alle Vokale als denselben Laut aussprechen und zudem die Konsonanten vernuscheln,

912 a

und die Tatsache, daß sie viel besser zu verstehen sind, wenn sie singen, weil der Gesang den beim Sprechen verschluckten Vokalen ihren Klang (und ihre Bedeutung) zurückgibt,

912 b
und die Brasilianer, die wir bestens verstehen, weil sie, wenn sie reden, die Vokale so vollmundig aussprechen, als würden sie singen,

912 c
was dazu führt, daß Portugiesen, wenn sie singen, überraschenderweise brasilianisch reden.

913. die Vorhut
die unvergleichbare Niemandszeit an lisboëtischen Sonntagabenden, an denen ein menschenleeres Lissabon aus seinem Labyrinth von Calçadas und Becos jene stadtgewordene Poesie hervortreten läßt, die es an Werktagen vor dem Ansturm der Geschäftigkeit schützt und verborgen hält und die es gelegentlich als alte, verwunschen ratternde Tramwagen mit ihren vereinzelten Passagieren hinter trüb erleuchteten Fenstern wie eine zaghafte Vorhut in den anbrechenden Wochenalltag hineinschickt.

914. die Uhr
das Befremden, das sich steigert bis zur Irritation, jedesmal mehr, wenn Rara, die keine Uhr trägt, mich beim Bummeln durch Lissabon nach der Zeit fragt, weil seit Wochen, immer wenn sie diese Frage stellt – und sie stellt sie mehrmals täglich –, der große Zeiger meiner Armbanduhr ganz genau die volle Stunde zeigt.

915. das Adjektiv
das zufällig mitgehörte Gespräch einer Schweizer Reisegruppe in der »Confeitaria Suiça« über die schweizerischen Charaktereigenschaften, die mir so total aus der Verhaltensnorm und aus dem Erfahrungsbereich jedes Bürgers herausgehoben erschienen, daß ich – um sie charakterisieren zu können – statt »schweizerisch« eigentlich das Adjektiv »schweizisch« einführen müßte,

915 a
und die nachträgliche Überlegung, daß man mit demselben Recht etwa für Italien das Adjektiv »italienerisch« einführen müßte, weil ja nicht alles »italienisch« ist, was die Italiener tun.

916. das Kistchen

mein Erstaunen darüber, daß in jeder Besuchergruppe, die das Restaurant »O Mira« in Guincho betritt, mindestens einer war, und immer war es ein Mann, der ein rätselhaftes schwarzes Kistchen mit sich trug, dessen Inhalt mir Geheimnis blieb, bis São, verblüfft ob meiner Ahnungslosigkeit, erklärte, das mysteriöse schwarze Kästchen sei das Radio, das doch jeder aus Furcht vor Dieben aus dem Auto ausbaue, sobald er einen Parkplatz gefunden habe.

917. die Laterne

der Geschmack des Namens der grellen Pfefferfrucht in der Form einer Laterne und in einer Farbe, als brenne im Innern ihr Licht, dieses geheimnisvollen Gemüses aus Guinea-Bissau, das Rara in der Markthalle am Cais do Sodré entdeckt hatte und das uns afrikanisches Gewächs schlechthin bedeutet, weil wir in der pfefferscharfen Fruchtigkeit immer auch seinen Namen mitessen, seit wir erfahren haben, daß dieses Gewürz Sukulubemba heißt.

918. die Prüfung

die von zwei Experten des Faches bewertete Meisterprüfung für Taschendiebe, als deren Prüfungsgegenstand ich in der Trambahn 28 in Lissabon offenbar auserwählt worden war, und meine Überzeugung, daß der schick gestylte und dennoch tölpelhafte Lehrling im feinkarierten Sakko die Prüfung unmöglich bestanden haben kann, weil er drei mühevolle Runden durchzustehen brauchte, bis er endlich im Besitz meiner Brieftasche war,

918 a

und meine Wut darüber, daß ich nicht genauso trainierte Muskeln habe wie James Bond und die drei Diebe, Lehrling und Experten, mit Kinnhaken von extremer Wucht durch das Wagendach fliegen lassen konnte,

918 b

und meine – jetzt aber Spaß beiseite! – Wut darüber, daß ich plötzlich zu merken begann, wie ich in allen Fahrgästen in der Tram Komplizen der drei Taschendiebe sah,

918 c
und meine Wut darüber, daß ich glauben mußte, der Tramführer der Linie 28, der die drei Diebe trotz meines Gezeters an der Station Sè aussteigen ließ, sei am Gewinn des Raubzuges beteiligt,

918 d
und meine Wut darüber, daß das Erlebnis mit den drei Dieben nichts anderes als das Mißtrauen allen Leuten gegenüber in mir mehrte und daß ich spürte, wie es wuchs,

918 e
und meine Wut darüber, daß ich (nun) auf die Freundschaftlichkeit großherziger Leute – seit der Stunde, in der mich die drei Skepsis lehrten – nicht mehr mit der Unbefangenheit reagieren kann, mit der ich solche Großherzigkeit ehren möchte,

918 f
und die Wut darüber, daß ich, als die Diebe, im von ihnen geschickt veranstalteten Gedränge der dritten Runde, endlich zu meiner Brieftasche gekommen waren, von Rara den Vorwurf zu hören bekommen mußte, ich sei zu den Verbrechern in den zwei ersten Runden viel zu freundlich gewesen.

919. die Getränke
die ungewollt sich ergebende Arglosigkeit, die jetzt plötzlich alles heute nachmittag Getane zu relativieren begann, weil und als der wankende Mann, der sich in der Schnapsboutique »A Ginjinha« am Rossio kaum mehr auf den Beinen zu halten vermochte, mit rudernden Armen und mit flatterndem Zungenschlag zu mir sagte: »Was haben wir denn anderes als Getränke getrunken?«

920. die Nasenflügel
die Verwunderung in den Gesichtern zweier Marktfrauen, als sie Rara und mich morgens um 3 Uhr wie zwei Fährte witternde Hunde mit vorgereckten Köpfen und mit gespreizten Nasenflügeln schnuppernd und schnüffelnd durch den Engros-Markt von Cais do Sodré gehen sehen auf unserer Suche nach dem Gewürz, das wir vor zwei Stunden im Restaurant »Rio Grande« in der

»Sopa Alenteijana« genossen haben und das wir – weil es zer-hackt der Suppe beigemischt war – nun nicht an der Form, son-dern nur am Geruch erkennen können,

920 a

und die endlich erlösende Einsicht, daß wir uns mit unserem schnüffelnden Schnuppern nur deshalb nicht wie drittklassige Hundeimitatoren eines miefigen Varietés blamieren müssen, weil unser Schnüffeln nach dem phantastischen Kraut uns in der rech-ten Ecke der Halle schließlich doch zu einer Kiste voll von die-sem lebhaft frisch riechenden Gewürz mit den fächerartigen Blät-tern geführt hat, das die Marktfrauen »Cuentros« nennen.

921. der Narr

meine an mich selber gestellte Frage, ob mich der Psychiatriepfle-ger aus Spreitenbach, von dem ich wissen wollte, weshalb er aus-gerechnet nach Lissabon gefahren sei, wohl zum Narren halten wolle oder nicht, als er, an der Bar des Avenida Palace, mono-ton wie beim Aufsagen eines Klassikers zu antworten begann: »... weil ich herausfinden will, was mit mir los ist«, und das so-fortige Schwinden meines Gefühls, zum Narren gehalten zu wer-den, als er fortfuhr: »... und weil ich gehört habe, dies sei der be-ste Ort, um es herauszufinden.«

922. die Kochkunst

ihr Loblied auf die portugiesische Küche, dann ihre Warnung da-vor, portugiesische Gerichte im Luxusrestaurant genießen zu wollen, und Raras Erklärung für die so gegensätzlich scheinenden Empfehlungen, die großartige portugiesische Kochkunst sei die einer Volksküche und werde nicht durch die Verfeinerung in teu-ren Restaurants besser,

922 a

dieser unfreiwillige Nachtrag zu Norbert Loackers in Nr. 785 postulierter Armutsprobe, welche die portugiesische Küche mit derart guten Noten bestanden hat, daß Luxusbetriebe in diesem Land schlicht unnötig wären.

923. der Stuhl

die ganze Welt in einer einzigen Gasse, und der wacklige Stuhl vor dem Café »São Domingos« in Lissabon, von dem aus diese ganze, in Nr. 904 geschilderte Welt zu überblicken ist, der mir nun als jener – aus dem Bereich der Metaphern in die Realität hinausgeworfene (und zu jedermanns Benutzung bereitgestellte) – Stuhl erscheinen will, den Fernando Pessoa für seinen Menschen entworfen hat, der fähig sei, das gesamte Schauspiel der Welt, nur seine Sinne gebrauchend, auf einem Stuhl zu genießen.

924. die Mandarinen

die erstaunlich flachen algarvischen Mandarinen, die Rara vom Sodré-Markt nach Zürich mitbrachte und die so intensiv nach Mandarinen riechen, daß ich sagen dürfte, sie röchen nicht nach Mandarinen, sondern nach jenen Bonbons, die ganz intensiv nach Mandarinen riechen.

925. der Deckel

die Heftigkeit des Entschlossenen, mit der mein Platznachbar im Flug SR 691 von Lissabon nach Zürich den Schiebedeckel des Flugzeugfensters neben sich schloß, diese Entschiedenheit, die mich deshalb erschreckte, weil sie verriet, daß er an der aufregenden Welt da unter ihm überhaupt nicht interessiert war.

* * *

926. die Kondolation

die zuerst spielerisch gedachte und dann plötzlich halbwegs ernst werdende Kondolation, die auszusprechen ich nachdrücklich unterließ, weil sie Gigi – auf meine Frage, woher denn ihre sichtliche Verzweiflung komme – mit widerwilliger Heftigkeit im Tonfall zu provozieren versucht hatte: »Heute vor einem Jahr ist Elvis Presley gestorben, und kein Mensch kondoliert mir!«

927. die Antwort
dieses fahrig hingenuschelte »... doch ...«, dessen Bedeutung so unbestimmbar war, daß es wie die Antwort klang auf die ungestellte Frage: »Hast du nicht gern Angst?«

928. der Pleonasmus
die Äußerung »Ich bin Afrikaner«, mit der Brian aus Zimbabwe meine Frage nach seinem Herkommen beantwortet hatte und die nun alle meine Bedenken zerstreut, ich hätte einen Pleonasmus begangen, als ich in Katalognummer 895 den Mann, dem ein weißhäutiger Schuhputzer in Lissabon die Schuhe putzte, als schwarzen Afrikaner bezeichnete, weil niemand wird bestreiten können, daß Brian sowohl ein Weißer wie auch ein Afrikaner ist.

929. der Fehler
»Wie hast du das gemacht?«, diese Frage, die Toni, erstaunt, als hätte er einem Zaubertrick beigewohnt, an mich richtete, nachdem er mich ohne Sakko absitzen und dann mit dem Sakko sitzen sah, und das Achselzucken, mit dem ich ihm antworten mußte: »Ich habe einen Fehler gemacht. Die zwei Einstellungen im Film passen wirklich nicht zusammen.«

930. die Grasnarbe
der Mann mit den schweren Schuhen, der so heftig über die Grasnarbe zwischen den Radspuren stapft im Weg von Heubach nach Rüschegg, daß er alle Blumen zerstampft mit seinem verbissen wirkenden Trampeltrott, der mich zur möglicherweise unberechtigten Feststellung verführt, dieser Mann sei – wenn ihn seine Dienstpflicht zum Wiederholungskurs ruft – sicher ein guter Soldat.

931. die Wut
meine Wut über den Wahlsieg der Reaktionäre, von der die Leute sagen, man sehe sie mir nicht an, und meine dadurch geschürten Zweifel, ob meine Wut denn anders erkennbar sein könne als darin, daß ich wütend bin.

932. das Unglück

das Glück, geboren zu sein in einer Zeit gewaltiger und vielversprechender Entwicklungen, dieses Glück, das immer gleich dem Unglück ruft, mit ansehen zu müssen, wie sich die Dummheit dieser Entwicklungen bemächtigt.

933. der Briefträger

der Mensch, der man nicht ist und der man nur sein kann, wenn man ihn spielt, der Briefträger also, der Jack Nicholson nicht ist, der er aber wird, während er sagt, interessant werde sein Beruf dann, wenn er spielen könne, was er nicht sei.

934. der Bauch

die Leute, von denen man spöttisch sagt, sie hätten den Kopf im Bauch, die mir immerhin noch viel besser dran zu sein scheinen als jene bedauernswerten, von denen man sagen müßte, sie hätten den Bauch im Kopf.

935. die Disponentin

die Kriegseinsätze und die dabei gemachten Erfahrungen, von denen der Tonoperateur Gregor Zindy in der TV-Kantine berichtet und so einem bieder erscheinenden Berufsbild geradezu mythische Dimensionen gibt: eine Disponentin beim Fernsehen disponiere nicht Fernsehproduktionen, sondern Schicksale, wenn sie sich überlegt, welches Fernsehteam sie ins Kriegsgebiet von Irak, Bosnien oder Transnistrien schicken will.

936. der Unterton

die unsichtbaren Bilder, von denen ich noch immer nicht weiß, ob es sie gibt, obschon ich mich bei vielen Gelegenheiten an den Unterton von Verzagtheit erinnere, mit dem Aldo Pagliacci im Atelier von Forio seufzte: »Wenn ich nur wüßte, wie man dieses Bild sichtbar macht!«

937. der Äquator

das Abenteuer der Begegnung mit Albertino Bragança auf dem Äquator, das mir bevorstand, und meine verstörende Einsicht, daß ich mich weniger auf dieses Abenteuer freute als vielmehr auf die künftige Erinnerung daran.

938. der Dienstgrad

das in Leutseligkeit verkleidete Großsprechertum in der Stimme, mit der K. R. im Restaurant »Rössli« in Schwyz »Bier für alle!« bestellt, und die Harschheit, mit der er verlangt, daß sein Befehl alsogleich erfüllt werde, diese Harschheit, die mich deshalb unangenehm berührt, weil sie verrät, daß K. R. zu jenen Schweizern gehört, die selbst im Zivilleben, und dort vorab im Umgang mit Serviertöchtern, erkennen lassen, welchen Dienstgrad sie in der Armee errungen haben.

939. die Epoche

die mysteriöse Zeitlosigkeit, die sich in meiner Vorstellung plötzlich über die nüchterne Alltäglichkeit der Stadt legte, weil Sunny, als ich ihn fragte, in welcher Epoche denn all die Merkwürdigkeiten geschehen seien, von denen er erzählte, mit beunruhigender Selbstverständlichkeit antwortete: »Als Zürich am Amazonas lag.«

940. der Mut

dieser Augenblick kühnen Mutes, der mich elektrisierte, als ich erleben mußte, wie ein als Zivilist verkleideter, bullig schnöder Kontrolleur im Tram nicht zulassen wollte, daß ich einen ohne Fahrschein aufgespürten Afrikaner in Schutz nahm, dieser Mut, der so heftig wurde, daß ich ihn nur mit dem Satz beschreiben konnte: »Ich stürmte vor mir selber her.«

941. der Grund

meine vergeblich bleibenden Versuche, dem hochdeutsch redenden Gast am Tisch den Grund der Heiterkeit zu erklären, die ausgebrochen war, als ich den Wirt des Restaurants »Lobster Village«, der Herr Stürchler heißt, mit »Grüezi, Herr Stolperer« begrüßt hatte,

941 a

und die Erinnerung an eine ähnliche Art der Heiterkeit, damals vor neun Jahren, als ich Herrn Mager vom Bayerischen Rundfunk an einer Sitzung versehentlich als »Herr Hunger« angesprochen hatte.

942. die Wiederholung

meine Verwunderung über den enormen Bedeutungswechsel, den die schlichte Wiederholung eines Verbs zu erzeugen vermag, als ich mir eingestehen mußte, daß die Formulierung »In Carlos' Xurumbambo-Bar in Mindelo möchte ich mir vorkommen können wie Hemingway in ›La Terrazza‹ in Cojimar« meine Gefühle viel ungenauer faßt, als wenn ich sage: »In Carlos' Xurumbambo-Bar in Mindelo möchte ich mir vorkommen können, wie sich Hemingway in ›La Terrazza‹ in Cojimar vorgekommen ist.«

943. die Unkenrufe

die Ahnung, daß ich Corinne heute im Büro vielleicht nur deshalb »Guten Morgen!« gewünscht habe, weil ich – allen Unkenrufen zum Trotz – die Vermutung nicht loswerden kann, daß so ihr Morgen besser sei als ohne meinen Wunsch.

944. das Muttermal

das Muttermal auf dem Bauch, das ich erst heute, am 5. Oktober 1992, beim Bad in Raras Wanne entdeckt habe, dieser breite und nierenförmige dunkle Fleck auf meiner Haut, der mich zu erschrecken aufhörte, als ich merkte, daß er kein Muttermal ist, sondern der Schatten eines Schaumtupfers von Meeralgen-Zusatz, den die Badezimmerlampe von der Oberfläche des Badewassers auf meinen Bauch projizierte.

945. der Schirm

»Das ist ein Damenschirm!«, dieser Satz, mit dem Alex den ihm angebotenen Regenschutz ablehnte und ohne Schirm in den strömenden Regen hinaustrat,

945 a

und mein Eingeständnis, daß Alex' Argument meine frühere Notiz nun Lügen straft: »Die Industrie stellt Damen- und Herrenschirme her, und dies, obschon doch im Falle starken Regens jeder und jede lieber einen Schirm hat als keinen.«

946. der Gegensatz

der Gegensatz zwischen Zug und Landschaft, durch die er fährt, zwischen Natürlichkeit und Künstlichkeit also, die ich beide nun erlebe, wo ich merke, daß die auf reine Funktionalität hin neu designten Wagen der modernisierten Bahn Rheineck–Walzenhausen durch eine wilde Natur fahren, die sich immer noch nicht modernisieren ließ,

946 a

und mein Einverständnis mit Werners Zwischenruf, der da nur lautete: »Glücklicherweise!«

947. der Markierstab

die neugierige Ungeduld bei der langwierigen Suche nach dem Markierstab, von dem ich keine Ahnung habe, wie er aussehen soll, und den es aber irgendwo dennoch geben muß, weil in der Gebrauchsanweisung für das Zahlenschloß meines neu erworbenen Pilotenköfferchens wörtlich steht: »Mit dem Schloß öffnend, schieben den Knopf in der Richtung nach der Markierstab und niederhalten bis die zweite Operation durchgeführt werden hat«,

947 a

und der mit Spitz versehene Strich in der Zeichnung zur Gebrauchsanweisung meines Pilotenkoffers (»Made in China«), der meine Vermutung weckt, daß es ein Wörterbuch geben müsse, in dem das chinesische Wort für »Pfeil« deutsch mit »Markierstab« übersetzt ist.

948. das Heroin
das in der Grube zwischen Handballen und Unterarm aufgefangene Blut des Junkies, der in der U-Bahn-Station Theaterplatz in Frankfurt kauert, dieses verkrustete Rot, das mich ekelt, ängstigt und verwirrt, so daß ich meinen Kopf bestürzt wegdrehe, und der Satz, mit dem es ihm gelingt, meinen Blick zurückzuholen: »Du spritzt dir Heroin nicht, weil dir die Welt ohne es nicht erträglich ist, sondern du spritzt es, und wenn du es gespritzt hast, ist dir die Welt ohne es nicht mehr erträglich.«

949. der Gang
der langsamere Gang, mit dem Erich B. nur deshalb schneller vorwärts kommt als ich, weil er – so einfach ist das – die längeren Beine hat.

950. der Wurm
der Wurm an der Angel jedes Fischers, der mir nun nicht mehr einfach als nützlicher Köder erscheinen will, sondern als fürchterlich obszönes Geschlinge, weil der Redaktor von RTL plus, neben den ich an der Droemer-Knaur-Party im Frankfurter Hof zu sitzen kam, meiner Frage, ob es ihn nicht frustriere, aus all den cheapen Sex- und Actionfimen ausgerechnet die schalsten und dümmsten auswählen zu müssen, mit dem abschätzigen Einwand begegnete: »Der Wurm muß dem Fisch schmecken, nicht dem Angler!«,
950 a
und meine unausgesprochene Weigerung, vor dem Bildschirm instinktiv zuschnappen und mich wie ein Fisch verhalten zu müssen, die sich auch dann nicht in Einverständnis kehrte, als er anfügte: »Wenn ich den besseren Film wähle, verlieren wir glatt eine Million Zuschauer.«

951. die Clownnummer
die beiden Clowns, als die mir die Maler H. R. Penck und Strawalde erscheinen, während sie ihr riesiges Gemeinschaftsbild ma-

len, weil mich als Zuschauer der Eindruck beschleicht, der eine pfusche provozierend – und hämisch die Reaktion des Partners beobachtend – in des andern Pinselstriche hinein,

951 a

und meine Vermutung, der eine beobachte nur deshalb des andern Reaktion – wie Footit und Chocolat – mit derart ostentativer Häme, weil beide allein durch sie zu erkennen zu geben vermögen, daß sie das Malen nur spielen können, solange eine Fernsehkamera in ihrem Rücken auf jeden neuen Strich lauert.

952. die Schnauze

die Kartonbuchstaben, die er, als Antwort auf unsere Fragen, mit der Schnauze vor Elisabeths und meinen Augen ausbreitete ... – und die Wahrheit über den des Lesens kundigen Hund Peg von Brescia, die auszusprechen wohl nur deshalb so schwierig und anstrengend ist, weil ich nicht sicher sein kann, daß in einem solchen Fall die Wahrheit und die Wirklichkeit dasselbe sind.

953. die Abzweigung

meine Versuche, mich durch den Gebrauch von »sei« und »wäre«, von »werde« und »würde«, »singe« und »sänge«, »stände«, »stehe« oder »stünde« mit Konditional und Konjunktiv vertraut zu machen, diese Versuche, die unversehens zu praktischen Übungen wurden, als Dieters elfjähriger Sohn Stefan von seiner Lust zu sprechen begann, die er hätte, wenn er schon erwachsen wäre, von der Lust, den Roman eines Wandersmannes zu schreiben, der an jeder Weggabelung die Abzweigung nach rechts wählt, wobei aber im Buch stets geschildert würde, was geschähe, wenn der Mann die Abzweigung nach links einschlüge.

954. die Humanitätswut

mein unentwegter Blick auf Charles Chaplin beim Empfang im Garten seines Hauses in Vevey am 16. April 1969, dieses beharrliche Beobachten seiner Motorik, seiner Mimik und seines gestischen Verhaltens, von dem ich mir – wie ich nachher feststellen sollte: irrtümlicherweise – Aufschluß erhofft hatte über das, was Jean Cocteau gemeint haben könnte, als er nach einem Treffen mit Charles Chaplin am 18. November 1952 in sein Tagebuch schrieb: »Er hat eine kindliche Humanitätswut«,

954 a

und mein angesichts der Ergebnislosigkeit meines beobachtenden Starrens erst nach der Abfahrt aus Vevey aufkeimender Verdacht, meine Aufmerksamkeit der falschen Sache zugewandt zu haben, als ich Gestik und Mimik nach Zeichen von »kindlicher Humanitätswut« absuchte, anstatt dem, was er sagte und meinte, in dieser Runde und in seinen Filmen.

DER BÜLACHER KATALOG

955. die Zahnbürste

der folgenreiche Scherz, mit dem sich der dumme August in viel zu großer Soldatenuniform an seinem Offizier, dem Clown, rächt und, nachdem er dafür mit Hieben und Exerzieren bestraft worden ist, völlig entgeistert sein Gewehr wegwirft und mit dem Protestruf desertiert, die Armee habe ja keinen Humor! ... (diese Forderung nach Humor, die ein dummer August nur äußern kann, wenn er aus der Rolle fällt – und aus der Rolle fallen kann er nur, wenn er so klug ist, daß er weiß, wie dumm er ist),

955 a

und der folgenreiche Scherz, den sich Pionier Graf beim Strafexerzieren leistete, das wir in der Kaserne Bülach jedesmal durchzustehen hatten, wenn irgendeiner seine Zahnbürste auf der Planke über dem Bett nicht nach links ausgerichtet hatte, Grafs Antwort nämlich auf die Frage des Offiziers: »Was tun Sie, wenn hinter jenem Gebüsch dort plötzlich ein Feind auftaucht?«, die da lautete: »Ich renne in die Kaserne und schaue nach, ob alle Zahnbürsten nach links ausgerichtet sind!«,

955 b

und die Strafe, die Pionier Graf für seine mit gespielter Arglosigkeit gegebene Antwort einstecken mußte, welche alle die furchterregenden Übereinstimmungen bloßlegte, die zwischen Offizier und Weißclown, zwischen Augusten und Soldaten bestehen und mir klarmachte, daß es also doch nicht bloß der unpassende Schnitt gewesen sein konnte, der uns veranlaßte, unsere Rekrutenuniform unser Clownskostüm zu nennen.

956. der Flugplan

die Sehnsucht wegzukommen, einfach wegzukommen, die noch nie so virulent war wie in der Kaserne Bülach und die Gegenstand geworden ist in den Passagierflugzeugen, die, weil die Kaserne in der Startschneise des Flughafens Kloten liegt, so beeindruckend niedrig über unsere Köpfe brausen, als könne man sie dabei vom Exerzierplatz aus mit hochgestrecktem Bajonett aufschlitzen,

956 a

und die Constellation der Sabena, die, von der Startbahn hochbrausend, die Antenne des Koreafunks über der Kaserne Bülach zu knicken scheint und deren silbernes Aufblitzen über dem Höraggenwald so irritierend ist, als sei der offizielle Flugplan – nach Absprache mit dem Waffenplatzkommandanten – darauf ausgerichtet, die Konzentrationsfähigkeit der Rekruten zu testen und den Willen, sich von einer einmal in Angriff genommenen Sache durch nichts, aber auch gar nichts, ablenken zu lassen,

956 b

und die unausgesprochenen und deshalb um so gefürchteteren Strafen, die jenen Mitrekruten drohen, die, ob des silbrigen Aufblitzens eines Flugzeugkörpers über dem Kasernendach, das Verbot des Oberleutnants, den Kopf zu heben, um den startenden Sehnsuchtsvögeln nachzuschauen, nachzuträumen, vergessen, und den Blick und dann den Kopf nach oben richten,

956 c

und die Erlösung vom Zwang, den Blick gesenkt zu halten und zu tun, als ob da nicht lockend gleißende Silbervögel über unsere

Köpfe brausen würden, diese Entspannung, die eintrat – und dann blieb –, als der famose Korporal Hungerbühler unserem Zug am 20. Juli 1960 beim Exerzieren den unerwarteten Befehl erteilte: »Kopf drehen – rechts hoch!«, und dann, als der Befehl ausgeführt worden war, schrie: »Die Caravelle der Swissair auf ihrem Flug nach Paris!«

957. der Befehlsempfänger

der kurze Schlaf jener Nacht auf Pikett bei der Verbindungsübung der Übermittlungstruppen, den ich statt im Kantonnement mit allen befehlsgemäß allein im sorgfältig angeschriebenen »Warteraum für Befehlsempfänger« in einem Keller in Niederweningen verbringen mußte, und meine beim Aufwachen aufkommende Vermutung, mein Schlaf von einer Stunde Dauer sei nur deshalb ein guter und erfrischend alptraumloser gewesen, weil mir – erstens – der Befehlsempfänger im Warteraum wie eine verwegene Romanfigur vorkam, mir, der – zweitens – nicht als Befehlsempfänger, sondern als Schlafberechtigter in den Warteraum für Befehlsempfänger abkommandiert worden war.

958. der Stabsdarsteller

der Stabsdarsteller, als der ich in den KP im Keller von Dielsdorf abkommandiert worden war und als der ich am aufklappbaren Tisch zwischen trüben Betonwänden saß, diese Amtsbezeichnung Stabsdarsteller, die mich verpflichtete, einen Ranghöheren, der ich nicht war, darzustellen, zu spielen – und die durch alle Rollenlust hindurchschlagende Beschämung, die mich beschlich, weil ich nach Abschluß der Nachtübung immer noch nicht herausfinden konnte, was oder wen ich nun eigentlich darzustellen gehabt hatte.

959. das Einrücken

Sutermeisters Oper »Raskolnikoff«, die ich am 2. Oktober 1960 voll Neugier im Stadttheater Zürich vor der Abfahrt des Zuges in die Kaserne ansehen wollte und die mir erst im nachhinein unheimlich erscheinende Tatsache, daß ich die Aufführung nur deshalb in der Pause verlassen habe, weil im Theater die Zeit bis zum Einrücken zu schnell vergeht.

960. der Voyeur

die Peinlichkeit, zum unfreiwilligen Voyeur gemacht worden zu sein, weil ich – als Wachtsoldat auf der zum Wachtlokal erklärten Empore über dem Kantonnement in der Turnhalle von Egnach – mit ansehen mußte, wie der Oberleutnant und seine drei Leutnants mit laientheaterhaft gespielter Verbissenheit sich gegenseitig anstachelnd – während die Kompanie draußen in Reih und Glied stand – Tornisterpackungen auseinanderzerrten, Zahnbürsten von der Planke fegten, Mannsputzzeuge auf den Boden warfen, Kaputtrollen zerfledderten, Wolldecken von den Matrazen rissen und dann die Kompanie hereinbefahlen, um – statt in den ersehnten Ausgang zu dürfen – blitzblanke neue Ordnung zu erstellen als Strafe dafür, daß irgendeiner seine Lederriemchen am Tornister nicht sauber verschlauft und ein anderer die Zahnpastatube nach rechts statt parallel zur Zahnbürste nach links im Becher stehen hatte.

961. die Vorschriften

die Vorschriften für das Verhalten, das straffe Bewegen und die Körperhaltung, die nicht mehr nur beim Exerzieren, Funken, Schießen, sondern jetzt auch beim Warten darauf streng durchgezogen werden, so streng, daß ich mich – es steht im Soldatentagebuch vom 18. Oktober 1960 – nur deshalb gezwungen sehe, schöne Pilze oder Blumen zu zertreten, um nicht in die folgenschwere Versuchung zu kommen, sie anzusehen.

962. die Gürtelschnalle

die ungerufene Bitterkeit, mit der ich mich – beim Anblick der Soldaten, die in der Samstagnacht wie normale Jugendliche aussehen – jetzt plötzlich Rosa Pocks Feststellung aus Nr. 288 beipflichten sehe, die Fortschritt als Ungerechtigkeit jenen gegenüber bezeichnet hatte, die vor uns lebten, weil ich mich des quälenden Unbehagens erinnere, damals in der Rekrutenzeit auch im Urlaub, im Theater, bei Festen, im Kino, beim Kirchgang und sogar als Redner bei öffentlichen Vorträgen immer die Soldatenuniform aus ihrem rauhen, zwickenden grünen Stoff tragen zu müssen – und wehe, die Gürtelschnalle hätte sich nicht ganz genau an der Kante der Knopflochreihe des Waffenrockes befunden.

963. der Besuch
das kurze, ohnehin vergebliche Nachsinnen darüber, welche Frage ich G. wohl bei meinem Besuch in Kilchberg (den ich – wie bei Strafandrohung für Verstoß vorgeschrieben – in grüner Uniform und mit dem Bajonett am Gürtel zu absolvieren hatte) – welche Frage ich ihm gestellt haben mag, damit er – der Satz steht im Rekrutentagebuch – antworten konnte: »Die Zukunft weiß nur Gott. Die Menschen kennen sie nicht. Sie machen sie nur.«

964. die Dankbarkeit
der entsetzlich burleske Dialog, zu dessen Mitspieler mich Reinmann, Oberst, bei der Aushebung am 3. Mai 1960 gemacht hatte, und die Frage, die ich mir unmittelbar nach Schluß des unfreiwilligen Sketches stellte, ob ich wohl solche Zwiegespräche bei den Aufführungen unserer Jugendbühne Leimbach ins Märchenspiel oder ins Osterdrama einbauen könne,
964 a
und meine Dankbarkeit gegenüber Reinmann, Oberst, als ich Jahre später merkte, zu welchem Erfolg er mit diesem Dialog der Clowntruppe des Zirkus Bramarbasani unfreiwillig verholfen hatte.

965. das Wehrhandwerk
der Stolz auf die anscheinend edle Pflicht des Wehrhandwerks, den uns Leutnant Nußknacker einimpfen wollte, obschon er selber alles tat, um statt Stolz in seinen Untergebenen Ekel hervorzurufen, und den säte er am 9. September 1960 erstmals aus, als er Urs

und Beat – weil sie während der Theoriestunde verstohlen etwas gekaut hatten – befahl, während zwei Stunden mit offenem Mund vor der Klasse zu stehen, ohne das Gekaute herunterzuschlucken,

965 a

und die erstaunliche Beobachtung, daß dieser Ekel in uns Ungestraften heftiger wuchs als in den beiden vermeintlich Blamierten, weil die Blamage viel weniger auf sie gefallen als vielmehr auf den Vorgesetzten zurückgefallen war.

966. die Vertikale

Wunsch, Anregung, Weisung, Bitte, Aufforderung, Rat, Anweisung, Hinweis, diese Ausdrucksarten, die sich alle – das wurde uns beigebracht – vom Befehl unterscheiden, und unser ergebnisloses Erörtern, wodurch er sich denn von Wunsch, Anregung, Forderung, Weisung, Bitte usw. unterscheide, das erst zu seinem Ergebnis kam, als wir am eigenen Leib erfuhren, daß ihm, dem Befehl, nicht widersprochen werden und daß der Befehlende nicht auf Dummheit oder Irrtum in seinem Befehl aufmerksam gemacht werden kann, daß aber der elementare Unterschied zwischen Befehl und allen andern Kommunikationsformen im Gegensatz von Vertikaler und Horizontaler liegt, weil alle andern – horizontal – von Gleich zu Gleich, von Mensch zu Mensch gesprochen werden, der Befehl aber – vertikal – vom Vorgesetzten zum Untergebenen, und daß Befehl und Dialog ein Gegensatzpaar sind, unvereinbar wie Wasser und Glut.

967. die Inspektion

die Taschentücher, die wir Rekruten aus den Hosentaschen klauben und Hptm Badet am 3. September 1960 in Münsingen entfaltet zur Inspektion hinhalten mußten; – und unsere kopfschüttelnd gestellte Frage, ob er uns wohl zur Verweigerung des demütigen Taschentuchpräsentierens hatte provozieren wollen, als er die minutiöse Inspektion mit der Rüge abschloß, wir vom zweiten Zug trügen zu wenig Stolz zur Schau.

968. die Verschiebung
die Veränderung der Tonlage, diese verräterische Verschiebung der Stimmlage zum Freundlichen hin, die eintrat, als Adj Uof Rüegsegger in der Telefonzentrale der Kaserne Bremgarten das Telefongespräch mit Fourier Kaufmann beendet hatte und nun den Anruf von Major Kägi beantwortete.

969. die Stenographie
die mich anfänglich verängstigende Kenntnis der Strafen, die das Vernachlässigen eines militärischen Befehls nach sich zieht, und das Gefühl der Verachtung meiner Person, der Erniedrigung, das mich peinigte, als ich – der ich Stenographie nicht lesen kann – den Brief mit dem Absender »Schweizerische Armee« öffnete und feststellen mußte, daß Hptm Caprez seinen militärischen Befehl zum Wiederholungskurs in Stenographieschrift gab.

* * *

970. der Dank
der Dank, den mir Viktoria aussprach, als sie sagte: »Ich danke dir herzlich«, der aber ganz gewöhnlicher Dank war, weil ich nicht im geringsten zu spüren bekam, daß sie herzlich dankt.

971. die Verbindlichkeit
die fast beängstigende Verbindlichkeit, die der in Katalognummer 617 notierte Satz des greisen Greta-Garbo-Verehrers jetzt plötzlich erhält, bei Stars spiele es keine Rolle, ob sie lebendig seien oder tot, als mir Maria Riva (am 15. Januar 1993) ganz nüchtern und mit überzeugter Beiläufigkeit sagt: »Meine Mutter lebt heute mehr als vor ihrem Tod«,
971 a
und meine heitere Überzeugung, daß dieser so verwegen klingende Satz nicht mehr seine absolute Richtigkeit hätte, wenn Maria Riva die Tochter von jemand anderem als von Marlene Dietrich wäre.

972. das Interesse

die Sendung mit dem Trio Eugster, die so viel mehr Zuschauer vor den Bildschirm lockt als die Dokumentation über die Zukunftschancen der Welt, daß Brigitta Rosenberg unsere gemeinsame Verständnislosigkeit in der lakonischen Empörung beenden kann: »Was viele interessiert, kann gar nicht interessant sein«,

972 a

und unsere tröstende Übereinkunft, es müsse etwas anderes sein als Interesse, das die Zuschauer die Trio-Eugster-Sendung einschalten läßt.

973. der Trost

der Trost, es müsse andern wohl auch schon so ergangen sein, den ich mir angstvoll und fast schon verzagt zuredete, als ich merkte, daß ich den Mantel anhatte, ohne mich erinnern zu können, ihn angezogen zu haben.

974. der Braunstich

meine augenblickliche Seelenlage, die ich lange Zeit dafür verantwortlich machte, daß mir jede Farbe im Straßenbild der chinesischen Stadt Shiqui, jede Hauswand, jedes Kleidungsstück, jedes Boot und selbst das Wasser des Perlflusses so erschienen waren, als sei ihnen ein starker graubrauner Farbton beigemischt,

974 a

und die Fotos von Siqui, die ich Jahre später zu sehen bekam und deren vermeintlicher Braunstich mich verwirrte, weil dort die Farbe jeder Hauswand, jedes Kleidungsstückes, jedes Bootes und selbst das Wasser des Perlflusses jene alles durchtränkende Tönung von Graubraun aufwies, die mir – der ich Abbildungen nur sehr skeptisch als Belege für die Wirklichkeit zu benutzen wage – zeigte, daß meine Wahrnehmung damals doch nicht stimmungsbedingt, sondern eine zuverlässige war.

975. die Forelle

»Ich arbeite an einer Forelle«, diese Auskunft, die mir der Schriftsteller W. gab, während der vielen Tage, an denen er die Beschreibung eines Fisches zu verfeinern versuchte,

975 a

und die Angelrute, die er nach Abschluß des Beschreibens aus dem Schrank holte und mit ihr zum Ufer ging, um so seine Arbeit an der Forelle fortzusetzen.

976. das Medium

der Disput über das Fernsehprogramm des Vorabends, den ich in der überfüllten S-Bahn mit anhören muß und der meine Ansichten über die Funktion des Mediums minutenlang erschüttert, weil in jedem Satz die unausgesprochene Meinung mitklingt, das, was nicht im Fernsehen zu sehen sei, habe sich nie ereignet.

977. das Nein

die Frage des Kameramannes Tschema im Restaurant San Marco in Sevilla »Kommt »Patxarana« auch im »Katalog von Allem« vor?«, die ich, nachdem ich einen Schluck dieses stechenden Schlehenschnapses getrunken hatte, mit einem gespielt aufbrausenden »Nein!« beantwortete,

977 a

und mein nun beim Schreiben aufflackernder Ärger über die Art dieses – immerhin apodiktischen – »Nein!« und ihre Folge, daß »Patxarana« nun doch im »Katalog von Allem« vorkommt.

978. die Bratsche

der Gesichtsausdruck des amerikanischen Zöllners und seine Gestik in der Fotografie von Michael Manns Einreise nach den USA, diese Haltung, die mich an den in Katalognummer 373 beschriebenen Zöllner erinnert, der im Flughafen Zürich Raffael Albertis Gedichte auf die Waage legte, weil der Amerikaner nun Michael Manns Bratsche mit jenem freundlichen Argwohn betrachtet und sie so in der Hand hält, als müsse er sie, um irgendeiner – auch ihm selber lästigen – Vorschrift zu genügen, nun gleich auf die Waage legen.

979. die Deckungsgleichheit

die äußerst seltene Deckungsgleichheit zwischen dem Gesagten und dem Gemeinten, die mich wie Entspannung berührte, als ich Silvia sagen hörte: »Es freut mich sehr, daß du dich freust.«

980. das Ja

diese aus lang anhaltendem Kehlkopfgeflimmer zusammengesetzte Antwort, die auf mich so verunsichernd wirkte, daß ich mir sagen mußte, dies sei das verneinendste »Ja«, das ich je zu hören bekommen habe,

980 a

und meine jetzt hartnäckig sich festsetzende Neugier, welches wohl das bejahendste »Nein« sein werde, das ich je zur Antwort bekäme?

981. der Paulistaner

der Einwohner von São Paulo, als der sich der freundliche, deutsch sprechende, rothaarige Herr im Restaurant »Amarelinho« zu erkennen gab, weil ich genauer hatte wissen wollen, was denn seine rätselhafte Aussage bedeute: »Ich bin Paulistaner«,

981 a

dieses Wörterpaar São Paulo und Paulistaner, das uns zu dem – von Staunen und Gelächter unterbrochenen – einen vollen Nachmittag andauernden neugierigen Wettbewerb verleitet,

herauszufinden, wie

denn die Einwohner von Beromünster, von Rio de Janeiro, von Ljubljana, Besenbüren, Saskatchewan und von Cox's Bazar heißen, wie man die Leute aus Niger von jenen aus Nigeria unterscheidet und den Veneter vom Venezianer, wie der Schweizer Botschafter in seiner Grußadresse zum venezolanischen Nationalfeiertag die Einwohner von Caracas ansprechen muß, damit sie der Dolmetscher als Einwohner von Caracas ansprechen kann;

herauszufinden, was

denn den Martiniquesen in Martigny unterscheide vom Oktodurer in Martinique;

herauszufinden, warum

in Lissabon statt Lissabonner und Lissabonnerinnen denn eigentlich nur Lisboëten leben, warum die Japanesen tatsächlich keine Japaner sind und die Schweizerländer keine Schweizer, warum man Madegassen sagen muß, wenn man Madagaskarer meint, und Carioca für Riodejaneirenser, warum in England die Engländer nie die engländische Nationalhymne singen und Ivorer nicht die elfenbeinküstische, Anhalterinnen aber jene von Sachsen;

herauszufinden, ob

man die Bürger von Mitlödi Mitlödier, Mitlödianer oder Mitlödiner nenne, jene von Milano Milaner, Milanesen oder etwa Mailänder – in Anlehnung an die Thailänder, Schöftländer, Finnländer –, die Bürger von Caltanisetta Caltanisetter, Caltanisettiner oder -aner, von Bujumbura Bujumburaner, Bujemburenser, Bujumburoten oder schlicht Bujumburer, ob vor der Menge in Kastanienbaum von Bäumen die Rede sein müsse, in Cochabamba von Cochabambesen oder Cochabambinern, ob in Bellinzona Bellinzoneser, Bellenzer oder Bellinzoniten wohnen und ob es kein Fehler sei, wenn man die Leute aus der texanischen Stadt Corpus Christi Christen nennt;

herauszufinden, ob

Brienzwiler der Name des Ortes oder der seiner Einwohner sei und ob, wer in der DDR wohnte, ein Dédéärler oder ein Deutscher war und ob es stimme, daß das Elektrizitätsnetz von Bangladesch ein bengalisches ist;

herauszufinden, ob

ein Münchner, der sagt, er sei ein Monegasse (und umgekehrt), eigentlich lüge, ob die berühmte Dame aus Vientiane sich Vientianesin nennen müsse, Vientianerin oder Vientianotin, weil doch die Vertreterin von Laos eine Laotin ist, der Bote aus Ifni aber dennoch kein Ifniote;

herauszufinden, ob

Doktor Schweitzers Urwaldspital auf lambarenischem Grund stehe, ein Paß von Burkina Faso ein fasotischer oder ein burkinabensischer sei, ob man vom Sieg der dschibutischen Nationalmannschaft über die salomonische berichten müsse und ob der große Edgar Mittelholzer recht hatte, als er für seine Vorfahren aus dem appenzellischen Mittelholz überzeugt die Bezeichnung Mittelhölzer einführte;

herauszufinden, ob,

wer auf der herrlichen Insel Principe haust, Principiner sei, ein Prinz, Principenser oder Principier, ob der Papst ein Vatikaner sei und Elias Canetti rustschukischer Herkunft;

sicher war für uns nur,

daß die Einwohner von Dominica keine Dominikaner sind, von Merlischachen keine Merlischächter, daß der vermeintlich tirolensische Tiroliner, der den bschlabsischen Gemeindeanzeiger redigiert, ein waschechter Bschlabser ist, und daß immer noch niemand herausgefunden hat, wie man die Bewohner von Bucaramanga, dem österreichischen Christkindl und von Cuando-Cubango nennt,

981 b

und die Heiterkeit ob der Nachricht, daß »Wassertrompeter« keine Berufsbezeichnung eines Musikers ist, sondern der Name eines Einwohners des Städtchens Wassertrompeten im Bezirk Bischofteinitz in Westböhmen, und der Abbruch unseres Wettbewerbes, weil niemand wußte, wie die Anrede des Bürgermeisters an seine Mitbürger von Malmö deutsch synchronisiert werden müßte.

982. die Kaufkraftklasse

mein Widerwille, einzustimmen in die Begeisterung über die Umsatzsteigerung der Jugendindustrie, die heute abend in der Disco »Cinecittà« (vormals »Primo« und dann »Riverside«) gefeiert wird, weil ich mir eingestehen muß, daß ich in jener Zeit jung war, als Jugend eine Altersstufe und noch keine Kaufkraftklasse war.

983. das Glockengeläut

der Weg durch Zollikon, den ich, vom Bahnhof her am 25. Februar 1993 unterwegs zur Beerdigung von Werner Hartmann, einschlug in der Gewißheit, ich werde schon zur Kirche gelangen, wenn ich nur dem Glockengeläut folgte, das wie ein dumpfes Orgeln über die Hausdächer herunterklang,

983 a

und die Irrwege, die ich ging, ohne die Kirche finden zu können, weil der Klang der Glocken – »schön«, dachte ich, »daß sie für Werner so heftig läuten« – weil der Glockenklang von überall herkam und der Wind ihn mir immer wieder von anderswo herantrug.

984. das Problem

die am Stammtisch in der »Rheinfelder Bierhalle« geführte polternde Diskussion dreier Einheimischer über das Ausländerproblem, die mit derart beleidigender Heftigkeit ausgetragen wurde, daß ich, am Nebentisch, mir sagen mußte, das Problem am Ausländerproblem seien die Einheimischen.

985. der Treibstoff

der Neujahrswunsch, den Joel Nelson mit derart beeindruckender Inbrunst aussprach, die nichts als Treuherzigkeit war, daß in der Herzlichkeit seiner Worte eine heilige Gewißheit mitklang, als wisse er, daß der Treibstoff, der die Welt in Gang hält, das Widerspiel zwischen erfüllten und unerfüllten Wünschen ist.

986. die Überzeugung

Silvans Feststellung »Ich will vorwärtskommen!«, die überraschenderweise die Kraft einer Antwort hatte, obschon da von niemandem eine Frage gestellt worden war,

986 a

und ebendiese Kraft, die nur von der Überzeugung gespiesen sein konnte, jedes persönliche Vorwärtskommen bleibe eine Clownerie, solange es die andern nicht auch vorwärtsbringt.

987. das Kerbholz

das sirrende Feixen in der Stimme des gutgekleideten Mannes an der Bar des »Blockhuus«, der mich mit »Aha, Herr Fischer!« anredete und mir, höchst aufgebracht, all die schrecklichen Dinge sagte, die er Herrn Fischer hatte sagen wollen,

987 a

und meine spielerische Hinterlist, den Irrtum des Mannes nicht aufzuklären, weil es durchaus vergnüglich war, an Herrn Fischers Stelle zu vernehmen, welche Kinkerlitzchen Herr Fischer auf dem Kerbholz haben soll.

988. das Trinitrotoluol

mein Traum von der schlimmen Prüfung, die ich trotz aller Ängste und nur deshalb bestand, weil ich nach drei vergeblichen – und vom strengen Experten mit höhnischem Lächeln begleiteten – Versuchen, den Namen des Sprengstoffes Trinitrotoluol auszusprechen, triumphierend zu sagen wagte: »Teeänntee.«

989. der Reiseführer

die Stadt Waranbul, von der ich noch nie gehört hatte und die nur deshalb im Reiseführer durch die Türkei Platz finden konnte, weil der Computer – als der Autor einen Abschnitt des Textes in die Vergangenheit gesetzt haben wollte – natürlich aus jedem »ist« ein »war« machte.

990. die Schmiere

die Langeweile im Gesicht des pilzköpfig frisierten Mannes mit dem runden, auffallend straffhäutigen Gesicht, der nun (am 25. März 1993) schon so lange unter meinem Fenster in der Schifflände steht und sein Gelangweiltsein mit derart ostentativem Nachdruck zur Schau stellt, daß er – obwohl er das Gegenteil bewirken zu wollen scheint – den Verdacht erwecken muß, da stehe einer Schmiere,

990 a

und meine Hoffnung, ihm mit diesem Verdacht der Verdächtigkeit unrecht zu tun, damit ich das schlechte Gewissen los werde, in einem pilzköpfigen, straffhäutigen Mann, der mit gelangweiltem Gesichtausdruck in der Schifflände steht, etwas Fragwürdiges gesehen zu haben.

991. die Vernunft

der Nachdruck, mit dem ich beim Gespräch über Diktaturen – und beim Tod von Enver Hoxha – betone, die einzige Diktatur, unter der zu leben ich bereit wäre, sei die Diktatur der Vernunft – und das schnelle Abklingen dieses Nachdrucks, noch bevor der Satz zu Ende gesprochen ist, weil ich merke, daß die Vernunft, die eine Diktatur errichtet, die reine Unvernunft wäre.

992. der Fisch

die Sehnsucht nach dem Fisch, die in Robert Rauschenbergs Augen schimmerte, und der unerwartete Spannungsabfall in seiner Stimme, als er am 15. April 1993 beim Blick auf die Limmat, die an Jamileh Webers Galerie vorbeifließt, sagte, er könne deshalb nie Fischer sein, weil er die Enttäuschung darüber nicht ertrage, daß der Fisch anbeiße und mit seinem Beißen das beseeligte Warten auf den Biß beende.

993. der Maler

das Bild und sein Maler und die Bilder, die er malen will, diese fast romantische Vorstellung, die ich angesichts der notwendigen unter den Bildern von Hugo Schuhmacher korrigieren muß, weil ich spüre, daß hier ein Maler jene Bilder malt, die gemalt sein wollen.

994. das Krepuskel

»marschieren«, »registrieren«, »perforieren«, »parlieren«, »excusieren«, »desirieren«, alle diese Tätigkeitswörter in Jacques Duponts näselnd vorgetragener Schilderung seines guyanesischen Urlaubsabenteuers, diese französischen Verben, die er, der Franzose, dadurch im Deutschen verständlich zu machen vermochte, daß er sie mit der deutschen Endung »-ieren« versah – und das Versagen seiner Eindeutschungstechnik bei den Substantiven, das offenkundig wurde, weil bei seiner Schilderung des Krepuskels alle in unserer Runde an ein Geschwür, einen Virus, einen Einzeller dachten und nicht an die Dämmerung – »le crépuscule« –, die er meinte.

995. das Lachen

das Lachen und das Lachen des Stefano Wenk, das sich vom ersten dadurch unterscheidet, daß da im Präsentationsheft der Absolventen der Zürcher Schauspielakademie nicht ein Lachender abgebildet ist, sondern einer, der jemanden ganz heftig auslacht,

995 a

und diese Beobachtung, die ich, so wie sie nun dasteht, zu Ende geschrieben habe, obschon mir während des Schreibens bewußt geworden ist, daß ich mich wenigstens einige Augenblicke lang hätte fragen müssen, ob ich da vom Lachen des Stefano Wenk zu schreiben habe oder vom Lachen jener Person, die Stefano Wenk in seiner Rolle darstellt.

996. die Lust

»die Lust«, von der mir erst jetzt auffällt, daß sie als Stichwort unter neunhundertfünfundneunzig Eintragungen im »Katalog von Allem« fehlt, wo mir Jürg Federspiel sein Buch »Geographie der Lust« übergibt, in dessen Widmung geschrieben steht, dies sei sein Beitrag zum »Katalog von Allem«.

997. der Kauf

die hochaufgereckte, auch im Handgemenge um Einzelstücke stolz bleibende Haltung der Käuferin, die, im offensichtlichen Bemühen, sich Überblick zu verschaffen über das frenetische Ausverkaufsgewühl bei ABM, feierlich fast vorwärts schreitet, als wolle sie mit ihrer adeligen Distanziertheit alle Welt wissen lassen: »Ich bin, was ich kaufe«,

997 a

und die gequälte Verschrobenheit des hektisch daherhumpelnden Käufers, der vor dem Foulard-Tisch den Weg der oben beschriebenenen Käuferin kreuzt, vor allem dann aber die »Kauflust« geradezu parodierende Nervosität, in der die Angst des Mannes mitschwingt, den Kauf seines Lebens zu versäumen, die mich reizt, ihm die Losung zu verpassen: »Ich kaufe, also bin ich.«

998. die Eifersucht

meine Unfähigkeit, herauszufinden, auf welche Weise der Vergleich mit der Neugier unser Gespräch über Eifersucht zu befördern vermag, als Edda beteuert, ihre Erfahrung treffe auf beide Eigenschaften gleichermaßen zu: »Ich hab doch das Brot meines Bäckers gern, und trotzdem habe ich ihn noch nie nach dem Rezept gefragt.«

999. das Auffallendere

die eigentümliche Unerfülltheit im Gesicht des Mannes im Hinterraum, der mir auffiel, weil er seinen krötigen Bauch mit enormem Erfolg in seiner weiten Hose versteckt hielt, und dessen dumpf stierer Blick auf den Fernsehschirm mir erst dann als das Auffallendere in die Augen stach, als ich von ihm sagen konnte: »Er sitzt da und schaut zu, wie die Zeit vergeht«.

1000. der Verwendungszweck

das rätselhafte Ding, von dem ich nicht wissen kann, wozu es taugt und wozu es sich verwenden läßt, obschon da deutlich eine Kerbe erkennbar ist und ein Joch und eine Delle und eine Want und eine Nut, in die Daumen und Zeigefinger passen würden,

1000 a

und unser Werweißen über den Verwendungszweck dieses Gegenstandes, den ich in meiner Ahnungslosigkeit nur als Wurfkörper benutzen könnte, im Fall von übergroßer Wut, etwa zum Fenstereinschlagen, wie fast jedes nicht festgeschraubte oder angeleimte Ding.

1001. das Porträt

das Bild und dann das Porträt, das ich so lange für ein Bild hielt, bis mir Wilfrid Moser – als ich ihm mit der Widmung in »Eigentlich Xurumbambo« für das Bild dankte – aufgebracht sagte, er habe mir nicht ein Bild geschenkt, sondern ein Porträt gegeben,

1001 a

und meine Frage, ob in Mosers Einwand der zu beachtende Unterschied zwischen »Bild« und »Porträt« bestehe oder zwischen »geschenkt« und »gegeben«.

1002. die Mehrheitsfähigkeit

das ungeeichte Wort »Mehrheitsfähigkeit«, das der Dichter Tabucchi als Verschleierungsformel bezeichnete, als er – an der Bar des »Kreuz« in Solothurn und beim Gespräch über eine mehrheitsfähige Kulturberichterstattung – behauptete, sein Gedicht »Don Quixotes Fahrrad« sei nicht mehrheitsfähig, und ich mich – auftragsgemäß – trotzdem zu fragen hätte, wie ich wohl auf mehrheitsfähige Weise über Gedichte berichten müsse, die nicht mehrheitsfähig sein können, weil sie nicht mehrheitsfähig sein wollen,

1002 a

und die Antwort, mit der mir der Vorgesetzte beizubringen versuchte, daß mein allfälliger Bericht über Antonio Tabucchi dann mehrheitsfähig würde, wenn ich den Dichter fragte, warum er darauf verzichte, ein mehrheitsfähiges Gedicht zu schreiben.

1003. die Erwartung

die Frage, die mich so alert stimmte, daß ihre Beantwortung zu Ende war, bevor Rara den Nachsatz anbringen konnte, sie sei in der Erwartung gestellt worden, daß ich sie verneine.

1004. Enver Hoxha

was mich Enver Hoxha gelehrt habe?, diese strenge Frage aus dem Mund der mir unbekannten furiosen Marxistin-Leninistin, die überraschend an meiner Haustür in der Trittligasse geklingelt hatte, nur um mich (der ich durch die Ausländern verbotene Benützung öffentlicher Verkehrsmittel gegen den Willen des albanischen Volkes verstoßen haben soll) revisionistischen, provokatorischen, reaktionären Verhaltens in Tirana zu bezichtigen,

1004 a

und meine Antwort auf die strenge Frage »Was hat dich Enver Hoxha gelehrt?«, die ich erst geben konnte, als ich Jahre später Enver Hoxha im Video bei der Abnahme der 1. Mai-Parade beobachtet und dabei gelernt hatte, daß man zum Klatschen nicht – wie es meine kräfteverzehrende Art ist – beide Hände gegeneinander, sondern nur – kräftesparender – die rechte Hand in die ruhende linke schlagen muß.

1005. der Arsch

der beduselte finnische Tourist an der Bar des »Blockhuus«, der – sich dauernd auf sein geplustertes Hinterteil schlagend – Zürich als den Arsch der Welt verflucht, weil es hier den finnischen Schnaps nicht gibt, Koskenkorva, mit dem er sich vollaufen lassen möchte, und mein Wohlgefühl ob der Einsicht, wie leicht es mir diesmal fällt, mich nicht für seine Enttäuschung verantwortlich fühlen zu müssen.

1006. der Drogenkonsum

das Wort »Drogenkonsum«, das ich heute nicht weniger als siebenmal in verschiedenen Artikeln des »Tages-Anzeigers« gelesen habe und das sich dreimal davon auch anders verstehen ließe als so, wie es gemeint ist, weil es unterschwellig verrät, daß der Konsum die Droge ist.

1007. das Substantiv

das ernsthafte Spiel, von dem in Nr. 981 die Rede war und das sich nun in Boa Viagem unversehens wiederholte, als sich Ana Christina Maria Batista de Jesus unaufgefordert an unsern Tisch im »Graça« setzte und sagte, sie komme aus dem paulistanischen Städtchen Araraquara, was Pablo und mich veranlaßte, so lange auf das Mädchen einzureden, bis es uns verraten hatte, daß die korrekte Bezeichnung für die Einwohner von Araraquara nicht – wie wir zuerst meinten – Araraquaraner und Araraquaranerin lautet und erst recht nicht Araraquarenser und Araraquarenserin, sondern – will man die Übersetzung genau vollziehen, wird das Adjektiv zum Substantiv und umgekehrt – der oder die Araraquarensische und ein Araraquarensischer.

1008. das Verständnis

das Mißverständnis zwischen Rara und mir, das Toni derart mißverstanden hat, daß er sich mit ihr bestens verstanden und mich spüren lassen hat, es gebe kein besseres Verständnis als ein mißverstandenes Mißverständnis, denn ein verstandenes Mißverständnis bleibe ein Mißverständnis.

1009. der Bluff

die steigende Nervosität, mit der ich nun schon den dritten Tag nach dem Zettel suche, auf dem mir Jean Tinguely an jenem 3. März 1971 in Paris die drei Elemente aufgeschrieben hat, die die Grundlage seines Werkes seien, weil ich endlich überprüfen können möchte, ob mich meine Erinnerung täuscht oder nicht, Tinguely habe als die Grundpfeiler seines Schaffens die drei Begriffe genannt: Sicherheit, Tarnung und Bluff.

1010. die Mißbilligung

die verachtungsgeladene Mißbilligung im Gesicht des Tischnachbarn in der »Spaghetti-Factory«, der unser Gespräch über Fremdenhaß mit derart coolen, abschätzigen Blicken begleitet, daß ich ihm eigentlich sagen möchte: »Du glaubst es nicht, die Schweiz grenzt ans Ausland!«

1011. der Flug

meine Abneigung gegen lange Nachtflüge, die ich immer gerne gegen – sogar noch längere – Tagflüge tausche, und meine von zwei Fläschchen Dôle geförderte Flucht in den Schlaf, den ich jetzt auf dem Flug SR 148 nach Brasilien deshalb suche, weil nur er mir am Morgen in Rio das Gefühl geben wird, als käme ich an, ohne unterwegs gewesen zu sein.

1012. die Unschuld

die nur Kindern mögliche Erfahrung des ersten Blicks auf die Dinge der Welt, die ich in Katalognummer 309 als Motor allen Reisens bezeichnet habe, diese Erfahrung, die mich jetzt – Jahrzehnte nach meiner Kindheit – beim Anblick des fortalezensischen Schachtelhauses (dieser Anhäufung ineinander-, aneinander-, aufeinander- und übereinandergeschichteter Zigarrenschachteln) einholt und mich veranlaßt zu sagen, der Ansporn zum Reisen sei der Versuch, die verlorengegangene Unschuld wiederzugewinnen.

1013. der Montag

die ausgestorbenen Straßen, die geschlossenen Läden, Ämter und Kneipen im Fischerdorf Prainha und die mehrstimmige Reaktion auf Friedhelm Schwamborns Feststellung, an Montagen beibe das ganze Dorf geschlossen: »Gibt es denn einen andern Wochentag, an dem die Einwohner ihren Wochenendrausch ausschlafen können?«

1014. der Meldeläufer

das reiche Brasilien, das die Welt der reichen Brasilianer ist, die nicht zur Kenntnis nehmen wollen, daß es das arme Brasilien gibt, das die Welt der armen Brasilianer ist, die vom Brasilien der andern täglich Kenntnis haben aus den Soap Operas im Fernsehen,

1014 a
und der Meldeläufer zwischen den beiden Brasilien, zu dem der Schriftsteller wird, weil er es ist, der – schreibend – die Nachrichten von unten nach oben trägt.

1015. die Liebeslieder
die zarten, sensibeln Liebeslieder des Sängers Hedie Rodrigues im »Dragão do Mar«, deren sinnlicher Zauber bedauerlicherweise dadurch rückgängig gemacht und neutralisiert wurde, daß die Lautsprecher – wie überall im Nordosten Brasiliens – viel zu laut, scheppernd laut aufgedreht waren.

1016. die Sekunden
das unerklärliche drei Sekunden dauernde Aussetzen des Verkehrslärms, der bislang von der Avenida Universidade als alles betäubendes Begleitgeräusch der Vorlesungen durch die geschlossenen Fenster in den Vortragssaal des französischen Seminars der Universität Fortaleza eingedrungen ist,
1016 a
und das gemeinsame Erschrecken ob der Stille, auf die niemand vorbereitet war und die alle Anwesenden erkennen läßt, daß der Professor seine Vorlesung in einer total übersteigerten Lautstärke nicht gesprochen, sondern gerufen hatte.

1017. der Verlust
der ehrliche Finder, für den wir den buckeligen Mann hielten, der uns – kurz nachdem sie den Verlust entdeckt hatte – Wiebkes blaue Jacke zurückbrachte, und der Dieb, zu dem der Finder wurde, als wir erkennen mußten, daß er, was wir für gefunden hielten, gestohlen hatte und statt des Fundes nun, in der Hoffnung auf den Finderlohn, sein Diebesgut zurückbrachte.

1018. das Negativ
die Fotografien aus Sprache, als die Wiebke die Eintragungen im »Katalog von Allem« bezeichnet hatte, und ihre Frage, was denn

nach dem Fotografieren mit dem Negativ geschehe, die ich erst beantworten kann, seit mir Rara gezeigt hat, daß die Sudel in meinen Notizbüchern die Negative sind, aus denen beim Weiterarbeiten Vergrößerungen, Kopien, vielleicht seitenverkehrte, Ausschnitte, Farbkorrekturen, Schärfenverlagerungen und Retuschen entstehen.

1019. die Lebenskunst
die unvergleichliche Art, wie Friedhelm Schwamborn Rara auf die Schulter klopfte, als er sie einlud, mit ihm das Buffet im Hof der Casa de Cultura Alemã in Fortaleza zu eröffnen, diese nachdrücklich das Gegenüber einbeziehende Art, in der wirklich alles enthalten war, was erkennbar machte, er wolle die Lebenskunst in ihr wecken.

1020. die Walze
der Zweifel an meinem Wahrnehmungsvermögen, der mich verwirrt, weil das Ocker der Hausmauern und das Rotgrau der Dächer des Dorfes Prainha urplötzlich ausbleichen, fahl werden, und die Erleichterung, die ich verspüre, als ich merke, daß diese Veränderung nicht von meiner Sehkraft, sondern vom Schatten einer einzelnen dicken Wolke erzeugt wurde, der unerbittlich wie eine Walze über das Dorf zu unsern Füßen rollte.

1021. die Gebrauchsanweisung
wie sich die Natur in ihr Gegenteil verwandeln läßt, nämlich in Künstlichkeit, die Gebrauchsanweisung für diese Umwandlung, die mit Erfolg angewandt wurde, als die einheimischen Fortalezenser, die vom Ponte dos Ingleses aus den Sonnenuntergang bestaunten, beim Versinken des letzten Glutrandes der Sonne im Horizont in frenetischen Applaus ausbrachen.

1022. die Lesung
die »Freunde der Kälte«, als die sich die Brasilianer entpuppen, jetzt, wo ich mich vergeblich bemühe, bei meiner Lesung in der

Sala Interarte gegen das Geratter einer wie ein havarierter Rasenmäher klappernden Klimaanlage anzusprechen (mein Rezitieren versinkt in ihrem Getös),

1022 a

und meine Bitte, die Lärmquelle ausschalten zu dürfen, dieses unwillkommene Gesurre, das meine Konzentration stört und den Leseduktus zerfahren klingen läßt,

1022 b

und der demonstrative Griff zu Flugblättern, Broschüren und Programmen, die unwillig als ostentative Fächer vor den Gesichtern geschwenkt werden, nachdem es mir endlich gelungen ist, vom Publikum die Bewilligung zu erbitten, die Kühlmaschine abzustellen,

1022 c

und meine Erleichterung, feststellen zu können, daß es schließlich doch noch Leute gibt, die eine ungekühlte Lesung ohne Geratter einer gekühlten mit Geknatter vorzuziehen wissen.

1023. das Gesirre

das schrille Gesirre der Handys im Bus, das ich in Zürich als Störung erlebe, und das Fehlen dieses Gesirres in den Autobussen von Fortaleza, weil hier die Leute, die Handys haben, nicht Bus fahren.

1024. die Plastiksäcke

das an Sonntagen vollkommen menschenleere und – weil Autos fehlen – lärmfreie rollladenverhangene Geschäftsviertel in der Innenstadt von Fortaleza, durch das der Wind ganze Wolken von leeren Plastiksäcken weht (was mich an die Formulare erinnert, die er im Film »Orpheu Negro« durch die Korridore des Ministeriums bläst), und das unterlegte Rasseln, das von leeren 1 1/2-Liter Pet-Flaschen herrührt, die über den Asphalt rollen und von denen ich nie geglaubt hätte, daß sie sich widerstandslos dem Zugriff des Windes ausliefern.

1025. der Zirkus

die in Fetzen zerfledderten Clowngesichter auf den verwitterten Plakaten des »Circo Americano«, die mir klarmachen, daß in der Schweiz die Anschläge von den Wänden entfernt werden, sobald der Zirkus weitergezogen ist, daß sie in Brasilien aber erst dann nicht mehr sichtbar sind, wenn sie die Sonne ausgebleicht, der Regen verwaschen und der Wind zerzaust hat.

1026. die Ärgernisse

»balburdia« und »bugiganga« und »gerigonça«, diese drei auffallenden Wörter im Dictionnaire, die mir in mein Gedächtnis einzuprägen mich nur Minuten besten fortalezensischen Schlafes gekostet hätten, wenn in dieser Nacht an Schlaf zu denken gewesen wäre...,

1026 a

und das Gepolter, Gebalge und Geschrei in den Korridoren und aus den Zimmern der entfesselten Schulklassen-Rasselbanden im Hotel »Colonial Praia« die ganze Nacht vom 25. auf den 26. August 2000 hindurch, die sich am Morgen zu meiner Entspannung schnell in ein normales Geschehnis umwandeln ließen, nur dadurch, daß ich sie jetzt als das bezeichnen konnte, was sie sind.

1027. das Gerippe

das Gefühl von Leichtigkeit, das meine Schritte lenkt, wenn ich an Sonntagen durch die vollkommen ausgestorbene Innenstadt von Fortaleza gehe, weil die menschenleeren und sogar von Autos verlassenen Straßen mit ihren von Rollblech verrammelten Läden ein Stadtbild wie im Röntgenblick ermöglichen: Es ist, als zeige sich mir das Gerippe der Stadt, die Struktur des Stadtkörpers in durchsichtiger Reinheit.

1028. der Wahltag

die Hartnäckigkeit, mit der uns die Kassiererin im Shopping-Center außerhalb von Fortaleza zwang, die Flasche edlen chilenischen Weines, die wir Friedhelm Schwamborn als Gastgeschenk nach Prainha mitbringen wollten, ins Gestell zurückzustellen,

1028 a

und unser Staunen ob dieser Hartnäckigkeit, das deshalb groß war, weil wir nicht anzunehmen bereit waren, daß irgend jemand willens sein könnte, dem Gesetz Nachachtung zu verschaffen, daß am Wahltag – und an diesem Tag ist Lula da Silva gewählt worden –, daß am Wahltag der Verkauf von alkoholischen Getränken verboten ist.

1029. die Kakerlake

die Kakerlake, die volle sieben Reais wert ist, weil der braune Fleck, den sie hinterließ, als sie in der Buchhandlung des »Dragão do Mar« ins offen liegende Buch »Jorge Amados Früchte« hereingeraten und beim Zuklappen zerquetscht worden war, die Buchhändlerin veranlaßte, mir das Buch für 28 Reais statt für 35 zu überlassen.

1030. das Netz

der Rhythmus, mit dem die Fischer in Fortaleza den Sand treten, wenn sie ihre Netze einziehen, und der vom Seil umschlungene Oberkörper, den sie so aufrecht und bewegungslos vorwärts schieben, als schwämmen die Fische im Netz alle aus eigener Kraft dem Ufer zu.

1031. die Koexistenz

die Slumbewohner, die jeder Autofahrer argwöhnisch beobachtet, wenn er durch die Favela am Abhang zu den mondänen Restaurants auf dem Hügel Miranda (mit der atemberaubenden Aussicht auf das fortalezensische Manhattan) hinauffährt, und die eigenartige Form der Koexistenz zwischen zwei Gesellschaftsschichten, zwischen den Benachteiligten und den Bevorzugten, in der sich die einen vor den Restaurants auf dem Hügel als Bewacher der Autos anbieten und die luxuriösen Wagen der andern diensteifrig gegen ein Trinkgeld in die spärlichen Parkplätze einweisen – ohne daß es den einen oder den andern in den Sinn käme, das Widerspiel dieser beiden Gesellschaftskräfte als ungewöhnlich zu bezeichnen.

1032. die Umkehrung

»Alles ist hier umgekehrt!«; die Feststellung, mit der Hugo auf Jeroens demonstrative Flucht vor der Klimaanlage reagierte und die Umkehrung damit veranschaulichte, daß er sagte, in der Schweiz schlotterten im Winter die Armen, und die Reichen räkelten sich in wohlerwärmten Stuben, während hier in Brasilien die Reichen tiefgekühlte Stuben hätten und die Armen davon träumten, endlich auch einmal schlottern zu können,

1032 a

und dieses Beispiel einer Umkehrung, das ich mir, schon während Hugo Loetscher redete, einzuprägen versuchte, und bevor er es mit dem überraschenden Satz abschloß: »Das ist doch was für deinen ›Katalog von Allem‹!«

1033. der Tod

der Einspruch einer Zuhörerin in der Sala Interarte gegen meine – im »Katalog von Allem« formulierte – Klage, unter dem Gedröhn der Lautsprecher am Strand das Rauschen des Meeres nicht hören zu können: »Lärm ist Leben, Stille ist Tod!«,

1033 a

und meine Unfähigkeit, sie fragen zu können, wie sie dazu komme, das rhythmische Schlagen der Wellen, das Plätschern am Ufer, das Surren des Windes in den Palmblättern, das Brausen der Gischt und dazu auch das Lachen der Badenden als Stille zu bezeichnen.

1034. die Literatur

die Gewohnheit der Einwohner von Paramontí, den Namen ihres Städtchens nie ohne das Prädikat auszusprechen, »die Stadt, in der nie etwas Böses geschah«, unser Aufenthalt also in der Nähe des Städtchens im Hinterland von Cearà, Paramontí, der Stadt, in der nie etwas Böses geschah, und Hugo Loetschers abwehrende Begründung für die Weigerung, dem schief stehenden Wegweiser auf der ungepflasterten Straße nach Paramontí zu folgen, der Stadt, in der nie etwas Böses geschah: «Keinen Sinn, dorthin zu gehen. Denn da kann keine Literatur entstehen!«

1035. der Waffenstillstand

erstens die Annehmlichkeit der vom DAAD offerierten Jubiläumsparty (40 Jahre Casa de Cultura Alemã) und zweitens das Unbehagen ob Festgast Fagners Schilderung des von Gewehrschüssen und Granateneinschlägen zerfetzten Bühnenbildes, in dem sein Konzert während des Bürgerkrieges in Nicaragua stattfinden sollte: dann Fagners Weigerung aufzutreten, solange die verfeindeten Truppen aufeinander schießen und Bomben krachen, diese Weigerung, die – was Kunst bewirken kann, ist mir nie so drastisch vorgeführt worden wie damals, als Fagner vom Konzert erzählte –, diese Weigerung, die tatsächlich zu einem Waffenstillstand zwischen Sandinisten und Contras führte – für die Dauer des Konzerts.

1036. die Linkshänder

der ausbleibende Protest des dichtgedrängten Publikums dagegen, daß die Wahlergebnisse seitenverkehrt auf der Leinwand vor der Bar »Caros Amigos« erscheinen (was bei Wahlstatistiken und Prozentzahlen verhängnisvoll ist),

1036 a

und Raras Hinweise auf die Leinwand, als wir tags darauf wieder an der Bar vorbeigehen: »Schau mal, da spielt ein Orchester aus lauter Linkshändern!«

1037. das Knurren

die Illustration der Klage des Brasilophilen, Lärm scheine hier ein Element zu sein wie Wasser oder Luft, durch Tito Livios Bericht, er habe von Fortaleza nach Deutschland reisen müssen, damit er zum erstenmal seine eigenen Schritte auf dem Straßenpflaster habe hören können und – der Höhepunkt unter den Erstmaligkeiten (erstmaligen Erfahrungen) – das Knurren des eigenen Magens.

1038. die Kneipe

der Wirt jener vernachlässigten kleinen Bar in Fortaleza, der mir – noch bevor ich mein erstes »Chopp« bestellt hatte – nur schon deshalb als bewegende Persönlichkeit erscheinen will, weil er seiner robusten Kneipe den wunderbaren Namen gegeben hat »Sombra do Passado«, Schatten der Vergangenheit.

1039. die Punkte

die vom erdbraunen Wasser der Farbe der ungepflasterten Straßen angeglichenen Flußläufe im trockenen Nordosten Brasiliens, die sich vom Flugzeugfenster aus – unterwegs von Recife nach Fortaleza – nur dadurch unterscheiden, daß die Straßen zwei Punkte der Landschaft gradliniger miteinander verbinden als die mäandernden Flüsse.

1040. der Gegenwert

Blaise Cendrars Feststellung, Brasilien sei jenes Land, das jedem Besucher mehr als nur den vollen Gegenwert gebe für das, was er hinbringe,

1040 a

und meine von diesem Satz provozierte Abscheu davor, irgendwo hinzufahren, wo ich nicht hingehöre, weil ich nichts hinzubringen habe,

1040 b

und mein Erstaunen bei der Ankunft darüber, daß nicht ich es bin, der feststellt, ob ich etwas und was ich hinbringe, sondern die Besuchten.

1041. der Schleim

der grüne strohige Panzer um den steinharten Kern der Kokosnüsse aus Schwamborns Garten – die Fingernägel zerbrechen, wenn ich eine Rille in dieses härteste der Hölzer kratzen will – und der galertige Schleim, der sich aus dem Nußinnern löffeln läßt, als ginge es darum, auf verbindliche Weise anschaulich zu machen, daß Weiches ohne Hartes und Hartes ohne Weiches stets nur die Hälfte dessen bliebe, das danach giert, als Ganzes zu gelten.

1042. der Gegenzauber

der telefonisch oftmals wiederholte Umbanda-Fluch, mit dem das Böse, mit dem Unglück über Wolfgang herbeigezaubert werden sollte, und der erfolgreiche Gegenzauber, den er praktizierte dadurch, daß er die Telefonnummer wechselte,

1042 a

und die gemeinsame Beobachtung, wie schwer es fällt, mythengläubigen Brasilianern beizubringen, daß es sich mit Wünschen ähnlich verhält wie mit dem Fluch: der Verfluchte ist es und nicht die Kraft des Fluches, der der Verwünschung zur Wirkung verhilft, ebenso wie es die Bewünschte mit ihrer Wunschfrömmigkeit ist und nicht die eigene Kraft des Wunsches, die bewirkt, daß Wünsche wirklich nützen.

1043. das Schild

unser vergebliches Ausschauhalten nach dem Rio São Gonçalo, den ein Schild auf der Brücke benennt, über die wir auf der Reise von Fortaleza nach Canindé fahren, und die Einsicht ins Wesen des brasilianischen Nordostens, die uns Wolfgang Cziesla verschafft, als er uns auffordert, uns von der europäischen Vorstellung zu lösen, wo ein Fluß sei, müsse Wasser vorkommen.

1044. die Pyramiden

die Straße, die so unbefestigt, durchlöchert und ausgefranst ist, als sei sie gerade erst im Werden, noch nicht festgelegt und suche ihren Weg zwischen Fortaleza und Canindé, unschlüssig, ob sie zwischen der ersten und der zweiten jener unverhofft aus der Ebene ragenden Bergpyramiden vor uns hindurchführen wolle oder zwischen der zweiten und der dritten.

1045. die Herbstlichkeit

die bräunliche trockene Landschaft um Paramonía mit ihren stachlig ockerfarbenen Stauden und den oliven Büschen, die ich als eine herbstliche bezeichne und dieses Adjektiv gleich wieder zurücknehme, weil ich merke, daß diese (vermeintliche) Herbstlichkeit die Farbe der Dürre ist und der Katastrophe, zu der sie führt.

1046. die Spritzer

meine Hose, von der ich erst merkte, daß sie schmutzig war, als sich ein Fleck nicht wegbewegte, wenn ich das Bein streckte oder bog – alle andern waren Dreckspritzer auf dem Wagenfenster, die das Sonnenlicht auf meine Hose projiziert hatte.

1047. die Inszenierung

die Inszenierung von Shakespeares »Macbeth« in der Tropenhitze des kolonialen Prachttheaters Alencar in Fortaleza, die an den unpassendsten Stellen vom Zischen eines Jazzbesens untermalt war, was ich gerade unwillig kritisieren wollte, als ich merkte, daß das Zischen nicht von einem Schlagzeug herstammt, sondern vom Flügelschlag der Fledermaus, die über den Köpfen der Zuschauer immer wieder – und: »an den unpassendsten Stellen« – durch die Theaterkuppel flatterte.

1048. die Fischschwanzpalme

die 100 000-Watt Lautsprechertürme, deren wobbelndes Techno-Stakkato beim Gottesdienst der Pfingstmission auf der Praça Alencar das Wunder herbeiführen – und als es nicht kommen wollte: herbeipeitschen – sollte, auf das alle in Ekstase Erstarrten warteten,

1048 a

und das Wunder, das eintrat, ohne daß es jemand merkte, als sich das Rauschen des Windes plötzlich als hymnisches Singen gegen den Verkehrslärm durchsetzte, des warmen Windes, der seit Stunden schon – zu sehen war er, aber im Gedröhn nicht zu hören – an den Zweigen der Fischschwanzpalme gezerrt hatte.

1049. die Großstadt

die Großstadt Fortaleza, die zu jeder beliebigen Stadt wird, solange der Buschauffeur im TopBus Nr. 5 den vorne montierten Fernsehapparat nicht ausschaltet, auf dem Mr. Bean mit seinem spektakulären Mißgeschick die Aufmerksamkeit von allen Sehenswürdigkeiten und Eigenheiten im Straßenbild ablenkt, was mich deshalb ärgert, weil ich, würde Fortaleza zur beliebigen Stadt, wirklich nicht hinzufahren bräuchte.

1050. die Entscheidung

das unsägliche Lautsprechergedröhn, das mitscheppert in allem Automotorenlärm der Innenstadt von Fortaleza, das uns – bei den Dreharbeiten zum Film über Hugo Loetscher – zur Entscheidung zwingt, entweder dem Zuschauer im Bild zu erklären, woher das allgegenwärtige Musikgeplärr und die Schaubudenausruferstimmen stammen (also einen Lautsprecherpropagandawagen oder einen Warenausrufer vor seinem Laden in den Film einzubauen), oder zu diesen Filmbildern aus Fortaleza eine künstliche Tonspur zu basteln mit jenen vertrauten Großstadtgeräuschen, die nichts mit dem Straßenlärm von Fortaleza zu tun haben.

1051. die Lauge

die Cajú aus Friedhelm Schwamborns Garten, die den bislang absoluten Fruchtgenuß verschaffte und die sich nicht nur essen, sondern auch trinken ließ, als sei ihre Haut ein berstend prall mit Saft gefüllter Plastikbeutel, in dem sich alles Fruchtfleisch wie in einer Lauge aufgelöst hat.

* * *

1052. die Kabel

die dicken, gewundenen schwarzen Kabel, die sich über die Wände spannten in der Sala Interarte, in der am 31. August 2000 meine Lesung stattfand, und mich überzeugten, die elektrischen Anlagen würden gegenwärtig erneuert und gar ausgebessert,

1052 a

und der Irrtum, den ich erst bemerkte, als ich den Filmprojektor an eines dieser dicken schwarzen Kabel anschließen wollte, daß nämlich das, was ich für elektrische Kabel hielt, die hängenden Tunnels sind, durch die sich Tausende von Termiten die Wände hoch bewegten und mit ihren Kiefern dafür sorgten, daß kurz nach meiner Lesung das Dach des Saales eingestürzt ist.

1053. die Wanderungen

die unablässigen tagelangen Wanderungen mit Rara durch das Gewühl von Fortaleza bis hinaus zur Universität, die ich nur damit begründen kann, daß ich jede Stadt vom Auto aus immer nur sehe, verstehen kann ich sie erst, wenn ich durch sie gehe.

1054. die Pailletten

daß das Meer blenden kann wie ein flirrender Spiegel, diese (mir absolut) neue Erfahrung eines funkelnden Glitzerns, als ob Pailletten auf die Wellen ausgestreut worden wären, diese eine – hier erfaßte – Stimmung auf der Oberfläche, die so vielgestaltig veränderbar ist, daß ich unter jeder Nummer dieses bislang 1054 Nummern umfassenden Kataloges eine andere der Formen von Lichtzauber auf dieser Wasserfläche hätte notieren können und immer noch kein Zehntel von ihnen erfaßt hätte.

1055. die Übelkeit

die neugierige Entdeckerfreude, die mich belebte, als mir, der ich mich drei Monate lang fast nur von den herrlich saftigen Früchten der Tropen ernähren wollte, erstmals der Genuß der bislang unvertrauten »Macaiba« bevorstand, und die tagelang – und auch jetzt noch – anhaltende Übelkeit nach dem ersten Biß ins giftiggelbe Fruchtfleich, weil es in Geschmack und Konsistenz in Terpentin eingelegtem Kerzenwachs gleich war.

1056. die Normalität

das Dahinvegetieren der Bewohner in der Favela über dem stinkigen Wasserlauf bei Fortaleza und die – in allen Gesten gezeigte – Normalität ihres Alltags, die alles Außergewöhnliche des Zustandes verleugnet und mir so erschreckend vor Augen führt, daß, wo Überleben das Normale ist, Leben das ist, was Clarice Lispector in »A hora da estrela« als Luxus bezeichnet.

1057. der Sonnenschein

Clebers Aufforderung, mir ein karges weißgetünchtes Zimmer vorzustellen, die zur unerwartet sich einstellenden Einsicht verholfen hat, daß ich mir ein karges weißgetünchtes Zimmer nur mit durch alle Fenster hereinbrechendem Sonnenschein vorzustellen vermag.

1058. der Durchfall

daß Bilder Durchfall haben können!, diese Krankheit der Bilder, die das Fernsehen Rede Globo mit dem unbedacht und radikal angewandten Grundsatz ausgelöst hat: Auch wenn es nichts zu sehen gibt, muß alles gezeigt werden.

1059. der Sinn

der wie auf einer Breitleinwand vor uns aufklaffende Ausblick über das Dorf Prainha am Rande der Meeresfläche und der unsäglich delikate Meersgeschmack der gegrillten Langostinhos, die uns Friedhelm Schwamborn auf seiner Terrasse offeriert, dieses eine (der Wasseranblick) und das andere (die Zungenempfindung), die so heftig zusammengehören wollen, daß Sehnerv und Geschmacksnerv sich unbegreiflicherweise verwischen, als seien sie ein einziger Sinn.

1060. der Tag

der Tag, der stillestand, als wolle er nie vergehen, und meine matte Frage, weshalb wohl nur ganz heiße Tage stillestehn?

1061. der Friedhof
die Favela (die nicht der Macumba-Friedhof ist, für den sie der kanadische Tourist irrtümlicherweise hielt), die aber vielleicht deshalb mehr Friedhof ist als Wohnort, weil hier Kinder häufig – ohne den schwierigen Umweg über das Leben – direkt ins Grab hineingeboren werden.

* * *

1062. der Frieden
die Ereignisse der letzten fünf Jahre, die der Grund sind für das Anschwellen der eigenen Zweifel an meiner in Katalognummer 689 bekannten und im Blatt des ISDS formulierten Überzeugung, daß der Frieden jeden strafe, der ihn predigt, ohne ihn zu leben.

1063. das Erwachen
mein entsetztes Erwachen ob der dunklen kehligen Stimme, die in der Nacht auf den 21. Dezember 1993 »Das alte Haus von Rocky-Tocky« und dann »Oh, du fröhliche ...« aus dem Holzofen in meinem Schlafzimmer sang – und mein beruhigtes Versinken in neuem Schlaf, nachdem ich gemerkt hatte, daß die Stimme im Ofen der Wind war, der sang.

1064. der Absatz
die aus Furcht vor ihrer Unbeantwortbarkeit in der Ausstellung »Kunst und Werbung – Werbung als Kunst« überlaut gestellte Frage nach der Erkennbarkeit der Qualität von Gebrauchsgraphik und jener von Kunst, dieses Dilemma, aus dem sich Auftraggeber Meierhans mit seiner Forderung herauszureden vermochte, meßbar sein müsse die Graphik am richtigen Reagieren der Leute, an Absatz-, Umsatzzahlen und am Publikumszustrom, die andere allenfalls am Zugewinn an menschlicher Erfahrung,
1064 a
und mein Verzicht auf die Nachfrage, wie er denn diesen »Zugewinn«, wenn überhaupt, messen wolle, weil mir klar wurde, daß

auch »Zugewinn an Erfahrung« wieder nur am Reagieren und am Verhalten der Leute erkennbar bleibt, diesmal allerdings nicht am »richtigen«.

1065. die Schuhe
der bestürzend trocken hingesprochene Nachsatz »So einfach ist das!«, mit dem mein unbekannter Mitreisender im Zug nach Rheineck seine Erklärung vom Prinzip der Welt – die nicht die meine ist! – besiegelt hat, das einzig und allein nach dem altbewährten Grundsatz funktioniere: »Wenn man Schuhe angezogen hat, hat man Schuhe an. So einfach ist das!«

1066. das Paar
das Paar, als das ich einen Mann und eine Frau, die gemeinsam und selbander in Erscheinung treten, gemeinhin zu bezeichnen pflege; und die Frau und der Mann, die mir heute, untergehakt am Arm, in der Kirchgasse entgegenkommen und trotz aller erkennbaren Vertraulichkeit erkennen lassen, daß sie nichts anderes sind als ein Mann und eine Frau.

1067. die Halbwahrheit
die Lüge, die Werbeagenturen nicht begehen, wenn sie – wie oft – Halbwahrheiten als Wahrheiten verkaufen, und der Extremist, als der jener – René Bardet war es – verschrien wird, der die Halbwahrheit als Lüge einzustufen wagt, weil sie nicht die Wahrheit ist.

1068. das Bild
die Erfahrung, daß sich mir die wirkliche Welt genauer und klarer und deutlicher zu erkennen gibt, wenn ich das, was ich vor Augen habe, zum Bild erkläre.

1069. die Fußnote
mein heftigster Zweifel an der Behauptung, das Stehen sei viel schwieriger als das Gehen, der erst ausgeräumt war, als ich in der

Fußnote merkte, daß diese Feststellung aus Saltarinos Lehrbuch für angehende Hochseilartisten zitiert ist.

1070. das Element

die Zeit, die – trotz der totalen Abwesenheit von Menschen – so lastend gegenwärtig ist in diesem gottverlassenen kapverdischen Ort Calhau – mit den weißgetünchten Blockhäusern unter der bedrohlich klaffenden Abrißstelle der dunkelschwarzen Vulkanerde über dem vom Wind zu Schaum gepeitschten Meer, das zu sieden scheint – so unheimlich gegenwärtig, als sei die Zeit neben Erde, Wasser, Feuer, Luft das fünfte der Elemente.

1071. das Glück

das Seminar über das Glück, das, weil es alles herrschende Unglück geflissentlich verschwieg, das Unglück größer machte als das Glück.

1072. die Turmspringer

die in die dichte Wolkendecke über Frankfurt abtauchenden Flugzeuge, die mir wie Turmspringer bei ihrem Zeitlupensprung ins Wasserbassin erscheinen wollen, dieser unvergleichliche Anblick, der nur die Folge meines Glücks war, daß auf den Flug der Delta-Air von Bremen nach Zürich zwei Peter Wehrlis gebucht waren und der Computer den einen – nämlich mich – als Doublette ausgeschieden hatte, was mir – nach der Vorführung von gespielter Verzweiflung ob der absoluten Dringlichkeit meiner Reise – das genußvolle Privileg verschaffte, den Flug (statt in einer engen Sitzreihe und eingeklemmt zwischen mürrischen Mitreisenden) auf dem Platz zwischen Pilot und Copilot im Cockpit des Flugzeuges verbringen zu können.

1073. die Ehrfurcht

die eingestandene Ehrfurcht, die mich vor dem damals legendären, weil umstrittenen Gemälde von Mathieu im Pariser »Musée d'Art Moderne« beschlichen hatte und die sofort zu nichts zerfallen war, als ich mich zu fragen beginnen mußte, ob es wohl der enorme Geldwert oder die künstlerische Kraft des Bildes sei, die dieses Gemälde legendär gemacht haben.

1074. das Profil

der Ring im Maul der Löwenköpfe, die Lawrence Durrell gleich als Halterung für die einst an der Münsterbrücke festgemachten Boote erkannt und die er bei unserem ziellosen Gang durch die Stadt am 22. November 1976 überraschenderweise als die auffallendsten und bedeutungsvollsten Zeichen Zürichs bezeichnet hat,

1074 a

und mein gewagtes Hinauslehnen über die eiserne Abschrankung, mit dem ich während fast fünfzehn Jahren bei jedem Gang über die Münsterbrücke herauszufinden versuchte, was denn Durrell an diesen unscheinbaren Löwenköpfen so auffallend und bedeutungsvoll erschienen sein könnte,

1074 b

und die Ungeheuerlichkeit, die diese scheinbar unscheinbaren Löwenköpfe auszustrahlen begannen, als ich endlich das Auffallende und Bedeutungsvolle darin erkannte, daß sie nur in der Frontalansicht Köpfe von Löwen sind, im Profil aber Köpfe von Menschen.

1075. der Vorrang

der behauptete Vorrang der Filmkunst über die Literatur, der mir auch dann noch nicht erwiesen schien, als die Rede auf Piro Milkanis unsäglichen Film »Balle per Balle« kam, der aber dennoch und vor allem deshalb mehr über Albanien aussage als Kadarés Romanvorlage, weil sich der Leser bei der Lektüre seine eigenen Bilder mache, die nicht unbedingt die Bilder Albaniens sein müssen.

1076. das Messer

der Flugzeugflügel der Austrian Airlines OS 222 von Zürich nach Wien am 26. April 1986, dieser Flügel, der – so hab ich es noch nie erlebt – die Nacht vom Tag trennt wie ein Messer, das durch den Abendhimmel schneidet.

1077. das Entsetzen

»Ich setzte mich auf den Stuhl, aber da war kein Stuhl«, dieser Stuhl, der es mir möglich machte, das Entsetzen mit dem Menschen, der es durchlebt hat, zu teilen, und der Boden, der reinstes, unteilbares Entsetzen zu bedeuten begann, als Roman Vishniac in Erwin Leisers Film seinen Satz beendete mit »... ich setzte mich auf den Boden, aber da war kein Boden«.

1078. das Video

der oft diskutierte und trotzdem noch immer nicht geklärte Unterschied zwischen Film und Video, den ich jetzt bei der Arbeit mit Peter Viertel – über Clint Eastwoods Verfilmung seines Romans »White Hunter – Black Heart« – so zu erleben bekomme, daß Film die Möglichkeit verschafft, sich mit dem zu vereinen, was man abgebildet hat, Video aber die häufiger noch herbeigesehnte Möglichkeit, sich vom Abgebildeten zu trennen, sich zu befreien.

1079. die Aufzählung

»Alles gibt es nirgends«, die Antwort, mit der ich den Mann im Holzhaus rechts am Abhang über der Straße in Praia Melão enttäuschen mußte, der mir überzeugt gesagt hatte »Hier gibt es alles!« und es gleich auch aufzählte: »Mango, Kaffee, Palmen, Fisch, Kokosnuß, Zuckerrohr, Kleiderstoff, Sonne, Wasser, Kakao, Gemüse, Baumwolle und Pfirsich«; diese Aufzählung von allem, an die er stolz die Frage fügte: »Gibt es bei euch auch alles?«,

1079 a

und »Alles gibt es nirgends«, meine Antwort, die ich erst auf der Rückfahrt mit dem Velo nach São Tomé korrigierte, als ich mir – fröhlicher als sonst – sagen mußte: »Nur auf der Welt gibt es alles, was es gibt auf der Welt.«

1080. die Fee

die bestürzende Begegnung mit einer Fee, die mir aus Monets Bild »Vue du bassin de nymphéas avec saule« entgegentritt, und die andere Art, in der diese Bestürzung weiterwirkt, als ich erkenne, daß die vermeintliche Fee jene Besucherin neben mir im Kunstmuseum Basel ist, die sich im Glas über dem dunkeln Malgrund des Teiches von Monets Bild spiegelt.

1081. das Unbekannte

die einzige Sehnsucht, der ich nicht erliegen kann, und zwar deshalb, weil es sie nicht gibt: der Sehnsucht nach etwas, das man nicht kennt,

1081 a

und diese Sehnsucht nach dem, das man nicht kennt, die stärker und stärker wird, je mehr ich das, was ich nicht kenne, je mehr ich dieses Unbekannte zum Gegenstand meiner Sehnsucht erhebe.

1082. das Holz

der Ofen im Schlafzimmer, der wie ein vergessenes Symbol aus einer fremd gewordenen Welt in die unsere hinüberragt, und dieses atembeklemmende Gefälle im Stand der Technologien, das Jan aufreißt, als er völlig euphorisiert im Aufgang aus dem elektronisch gesteuerten Lichtgeflirre und dem damit synchronisierten Boxengedröhn der Disco »Primo« – und nachdem er auf den Play-Knopf seines Walkmans gedrückt hatte – zu mir sagte: »Götti, komm, wir gehen Holz sammeln im Wald; es ist Zeit zum Heizen.«

1083. das Gefieder

das Ei und das Gefieder, das ich am 14. November 1993 in den Ordnern des »Katalogs von Allem« im Estrich an der Schifflände entdeckt hatte, und die Metapher, für die jene, die davon hörten, die Erzählung von meinem Fund im Katalog hielten, ganz besonders als ich fragte, was es wohl zu bedeuten habe, daß – wirklich! – eine Taube im »Katalog von Allem« genistet hat.

1084. die Kritik

die Aufhebung der Grenzen zwischen beiden Arten von Realität durch den Fernsehkritiker der »Tat«, dessen Kritik der Sendung über die Flugzeugentführung nach Zerqa unbeabsichtigterweise zur Kritik an der Dramaturgie der Flugzeugentführung wurde.

1085. die Ausrede

die Arroganz, derer ich mich – aufrichtigerweise – bezichtigen muß, seit ich begonnen habe, meine Vergeßlichkeit statt mit der ehrlichen Feststellung »Ich kann mich nicht an ihn erinnern« mit der angelesenen Ausrede zu entschuldigen: »Er hat keine Erinnerung in mir zurückgelassen.«

1086. die Übertragung

die Erneuerungskraft von Nikolai Kopekins kindlichem Geist und deren Übertragung auf den Körper, die – damals in Forio – darin wirksam war, daß es ihm – selbst wenn er nur Zigaretten holen oder schnell aufs WC ging – jedesmal gelang, aufzubrechen und als der andere, der er hätte sein wollen, als der Jüngere, wiederzukommen.

1087. der Glückspilz

meine winzige Freude über den Gewinn von 100 Francs, die mir im Casino Monte Carlo in der Form von zwanzig Fünf-Franc-Stücken ratternd aus der Slot-Machine entgegenpurzeln, mit jenem künstlich verstärkten Klicken, das jedermanns Aufmerksamkeit im Saal auf mich, auf den Glückspilz, lenken muß, der so vergißt, daß er eben noch lamentieren wollte, das stählerne Design der Slot-Machines im Talmiglanz der Opernatmosphäre dieses Pseudobarockprunks hier sei ein unverzeihlicher Stilbruch.

1088. der Mumpitz

der Kritiker, den ich zum Autor sagen hörte, sie säßen ja beide im gleichen Boot und gingen also von derselben Grundlage aus, von der Sprache; und der Mumpiz, als den der Schriftsteller diese

Aussage bezeichnete, weil doch der Kritiker von der endgültig schwarz auf weiß formulierten Sprache des Dichters ausgehe, der Dichter selber aber vom leeren weißen Blatt.

1089. das Versehen

das Donnern der Eisenbahn, die in Tarkowskijs Film »Stalker« nie zu sehen, sondern nur zu hören ist, die Weihe, die brausende Sakralität, dieses Geheimnis im Donnern, das sich mir erst preisgab, als ich den Film aus Versehen in einer andern als der üblichen Geschwindigkeit laufen ließ, wobei ich bedaure, daß ich mich nicht mehr erinnern kann, ob der Schnellgang, der Langsamgang, der schnelle oder der langsame Rückwärtsgang hörbar gemacht hat, daß dem ratternden Dröhnen des Zugs am Anfang des Filmes die »Marseillaise« beigemischt ist und am Schluß »Freude, schöner Götterfunken«.

1090. das Buch

der taktile Genuß beim Berühren des Bandes mit Bernhard Luginbühls verwegen dahingereimten Gedichten, diese Feier des Tastsinns, der sich an der Art delektieren kann, wie sich jeder einzelne Buchstabe ins Papier hineingegraben hat, und die Erklärung für dieses rare Erlebnis, daß nämlich ein Buch, das viele interessiert – und da staunte ich, als der leidenschaftliche Verleger Ernst Scheidegger mir dies sagte –, nicht so sorgfältig gemacht sein müsse wie ein solches Buch, eines, das nur wenige interessiert.

1091. die Gefährlichkeit

die Gefährlichkeit, die Akiro Kurosawa – da bin ich einverstanden – dem Krieg zuordnet, und dessen Schönheit, die der Japaner – auch wenn ich sie nirgends erkennen kann – als gefährlicher bezeichnet als den Krieg selber.

1092. das Ereignis

meine Abscheu vor dem Reporter, der das Ereignis, über das er informieren sollte, dazu benützt, um sein Blatt besser zu verkaufen, und der somit nicht über das Ereignis informiert, sondern sein Blatt besser verkauft.

1093. die Situation

die Wettbewerbsfrage, in welcher andern Situation außer in derjenigen, in der wir uns gerade befinden, Werni seine Aufforderung an mich wiederholen könnte: »Jetzt halt mal dein Maul! Ich möchte dir zuhören!«

1094. der Fernsehapparat

die Nachrichten vom Los der Straßenkinder in Bukarest und die Meldung vom Massaker in Nagorni Karabach, auf die nun Bilder des wiederangezettelten Bürgerkrieges in Angola folgen, und die selbstzufriedene Körperlichkeit des feisten Mannes, der da im Hinterzimmer mit der Bierflasche in der Hand auf die Tagesschau stiert, ganz so, als wolle er uns mit seiner aufsässigen Wurstigkeit zu verstehen geben: »Solange der Fernsehapparat nicht kaputt ist, ist alles in Ordnung.«

1095. das Schweizerische

das Rätsel, was denn eigentlich das »Schweizerische« sei, das ich vergeblich zu lösen versuche, jetzt, wo ich in Cocteaus Tagebüchern vom Karfreitags-Film lese, den Charles Chaplin einmal drehen wollte, weil er die Schilderung des Inhalts »Die Kreuzigung in der Bar. Niemand merkt, was vor sich geht. Ein Blutstropfen fällt von Jesus herab auf die Schulter eines Tänzers, der ihn wegschnippt. Nur ein Hund bellt, wenn er stirbt«, weil er die Schilderung dieses Inhalts mit der in Klammer gesetzten Bemerkung abschließt: »Sehr schweizerisch«,

1095 a

und die Beruhigung, die es mir verschafft, wenn ich mir vorstelle, das Schweizerische bei diesem Vorgang sei nur das Bellen des Hundes.

1096. die Färbung
die Färbung in Ediths mehr gesungenem als gesagtem »Ja«, von dem ich mir wünschte, es würde endlich so ausgesprochen, daß klar wird, was damit gemeint ist.

1097. die Qual
die Faszination, neue Ideen aus alten zu entwickeln, der Max Frisch erlegen zu sein gesteht, und die Qual, die ihm dies schal macht, daß sich nämlich die Geschäftsherren als Austragungsort von Ideen nur den Markt vorzustellen vermögen.

1098. das Heilmittel
dieses eine Heilmittel, das wirksam ist, wenn die Bilder Durchfall haben, und den haben sie, wo mehr gezeigt werden muß, als es zu sehen gibt: das Wort,
1098 a
dieses eine Heilmittel, das wirksam ist, wenn die Sprache Durchfall hat, und den hat sie, wo mehr geredet werden muß, als es zu sagen gibt: das Bild,
1098 b
dieses eine Heilmittel, das wirksam ist, wenn die Musik Durchfall hat, und den hat sie, wo sie tönen muß, auch wenn es nichts zu hören gibt: die Stille.

1099. die Stimmung
die Sprachgrenze zwischen Liesberg und Soyhières, die mir in meiner trüben Stimmung unüberwindbar und deshalb furchterregend erscheint, als ob sie die Grenze der Sprache wäre.

1100. die Steigerung
die Neugier, mit der ich im Artikel über Schweizer-Reneke in der NZZ vom 9./10. März 1996 vergeblich nach einer Bezeichnung für die Einwohner dieses westtransvaalischen Städtchens suche (in der Erwartung, es werde da von Schweizerern und nicht von Renekern die Rede sein),

1100 a
und die Frage, wie sich wohl das Adjektiv des schweizererischen Heimatgefühls steigern lasse: schweizerer – schweizererer – am schweizerersten,

1100 b
und die Aufgabe dieses Versuchs, als ich merke, daß die Steigerung von besser ja auch nicht besserer heißt,

1100 c
und das eigenartigerweise doch erleichterte Aufgeben dieses Spiels um schweizererisch, schweizererischer, am schweizererischsten, als ich im Fortgang der Lektüre vernahm, daß Schweizer-Reneke im Rahmen der Gemeindereform in die Township Ipelegeng eingemeindet wurde und der schweizererische Charakter folglich zum ipelegengischen geworden ist.

1101. der Feind
der Gegner, den ich – auch wenn ich es versuche – nicht als meinen Feind verstehen kann, und der Feind, den ich – auch wenn ich es nicht ausdrücklich versuche – als meinen Gegner verstehen muß.

1102. der Teil
die Leichtfertigkeit, mit der wir Freiheit mit einem ihrer Teile verwechseln, wenn wir die Freiheit, Bilder aus fünfundvierzig Fernsehprogrammen konsumieren zu können, für Freiheit halten.

1103. das Wort
die Vielzahl von beunruhigenden Einsichten, die mir die jetzt endlich bewußt gewordene Tatsache verschafft, daß ein Wort, wenn man es hört, bereits gesagt ist.

1104. die Kranke
die Endgültigkeit der Verzweiflung, die ich aus der Begründung heraushörte, mit der die Kranke die Einladung zu einem Spaziergang ausschlug: »Ich mag keine gesunden Menschen sehen!«

1105. das Ergebnis
mein immerwährender Vorsatz, aufzuzählen, was alles nicht wäre, wenn es die Freundschaft nicht gäbe, der – das spüre ich schon – ein ähnlich umfassendes Ergebnis zeitigen wird, wie mein früherer Versuch mit der Poesie es tat, nämlich: daß es – ohne sie – die Kunst nicht gäbe und all dies andere auch nicht.

DER BIBERSTEINSCHE KATALOG

1106. der Farbsatz
das Maß aller gestalterischen Dinge, dieses umfassende Inventar der Möglichkeiten, das Michael in seinem strengen »Farbsatz« vor unsere Augen legt und mit dem er in mir das vehemente Verlangen weckt, fähig zu sein zu einem »Sprachsatz« von ebenso verbindlicher Totalität, ebenso maßsetzender Unerbittlichkeit: »Überall ist alles anders« müßte da doch endlich weiterhelfen können, und die verwegene Erkenntnis: »Gäbe es die Kunst, sie müßte nicht gemacht werden!«

1107. die Intimiät
Michael Bibersteins Weigerung, im Atelier von Sintra vor unserer laufenden Kamera an einem Bild zu malen (und die Unlauterkeit der Intimität, die ich als Begründung für seinen Entscheid erwartete), diese Weigerung, die mich – während ich diese Katalognummer schreibe – zur Frage veranlaßt, wie es wohl wäre, wenn ich gefilmt würde, während ich diese Katalognummer schreibe, die zur unweigerlichen Antwort führt, daß das Schreiben nur dann lauter wäre, wenn ich gefilmt würde, während ich schreibe, daß ich jetzt während des Schreibens gefilmt werde,
1107 a
und das Unbehagen an der eigenen Unglaubwürdigkeit, das auch Bernhard Luginbühl dazu geführt haben muß, auf meine Bitte, vor der – über seine Schulter gerichteten – Kamera einige Ge-

dichtzeilen zu schreiben, mit schwerer Handschrift hinzustricheln: »Und sie filmen über meine Schulter.«

1108. das Flugzeug

das Flugzeug, von dem wir reden, das aber kein Flugzeug ist, sondern Michael Bibersteins Haus in Penedo de Colares, dessen Fenster einen überwältigenden Ausblick auf unverblichene Landschaften öffnen wie aus einem bei klarem Himmel über Portugal fliegenden Flugzeug.

1109. der Biß

das ganz beiläufig, fast nur als Nebenklang zu einem Atemzug erwähnte Thema »Der Biß«, von dem im Atelier des Julião Sarmento in Varzea de Sintra die Rede war, und das als Beleg für die Unglaublichkeit dieses Themas an die Zwischenwand zu Bibersteins Atelier gepinnte Foto, das mich nur deshalb schockierte, weil ich nie zu ahnen gewagt hätte, daß es sich dabei um eine Dame handelt, die in ihre eigene Schulter zu beißen fähig ist.

1110. das Wesen

der zu dritt ausgeführte Versuch, im Gemälde »Doppellandschaft« von 1990 Zeichen aufzuspüren, die erkennen ließen, in welche der erdgeschichtlichen Epochen Biberstein das weite Tal, das er zeigt, versetzt hat, und der Abbruch unseres Versuchs, als klar wird, daß sich das eigentliche Wesen der Landschaft – und Biberstein zeigt nur es – auch dann nicht verändert, wenn die Zivilisation sie mit ihren Zeichen und Signalen überzieht.

1111. das Ganze

Alles, das nie das Ganze sein kann, sondern nur die Hälfte ist, solange es nicht auch Nichts einschließt, weil erst Nichts und Alles zusammen das Ganze sein können,

1111 a

und: ... daß Nichts etwas ist und nicht nichts, das wird mir angesichts des Loches klar, von dem Ovidio Martins sagt: Wo nichts ist, kann kein Loch sein, denn wäre dort ein Loch, so wäre ja dort etwas,

1111 b

und: ... dieses Eins, Eins, Eins, Eins, das nichts ist als die vierfache Intensivierung von Eins, genau wie wenn jemand statt »Nein!« sagt »Nein, Nein, Nein, Nein« und statt »Ja, Ja, Ja, Ja« ganz einfach: »Ja!«

1112. der Künstler

mein Bedauern darüber, daß ich unbegreiflicherweise nicht mehr weiß, vor welchem Bild in Sintra mir der Satz zugefallen ist: Künstler sein, das heißt, einer Landschaft eine Bedeutung geben, die über die Landschaft selber hinausweist, eine Bedeutung, die ihr ohne das Zutun des Künstlers nicht innewohnen würde,

1112 a

und meine seither oftmals schon gelungenen Versuche, diesen Satz an Kunstwerke anzulegen aus Freude darüber, daß ich jetzt eine Grenzlatte habe, um den Künstler vom Maler unterscheiden zu können: Der Maler darf sich mit der Landschaft selber beschäftigen.

1113. die Glaswand

das durch meinen Körper vibrierende Geschrei, das wie ein sirrender Sirenenton aus den Kehlen der von Bukarest ankommenden schwarzgekleideten Zigeunerinnen stieg und die ganze Flughafenhalle von Lissabon erfüllte, wo ich eben mit Michael Biberstein die Einreiseschranke durchschritten hatte, dieses ekstatische schmerzende Heulen, das sich zum Gekreisch verdoppelte, als die Ankommenden auf der andern Seite der Glaswand, die das Zollgebiet abtrennte, jene ebenfalls schwarzgekleideten Zigeunerinnen erblickten, die sie abzuholen gekommen waren, dieses trommelfellsprengende Geheul, das nun von zwei Seiten her gegen die Glasscheibe schrillte, so heftig, daß ich befürchtete, sie müsse jetzt bersten.

1114. die Schadenfreude

die aus Fernsehsendungen mit der versteckten Kamera bekannte und durch Großaufnahmen aufgegrellte Verwunderung des Opfers und die frenetische Schadenfreude des Publikums, der ich mich nach der Rückkehr aus Bibersteins Atelier für Augenblicke ausgesetzt glaubte, als und weil ich beim Eintreten ins Hotelzimmer Nr. 402 des »Tivoli«, Sintra, feststellte, daß alles Mobiliar und der Grundriß seitenverkehrt vor mir lag, und der – nach der Lähmung durch Erstaunen – aktivierte Erinnerungsschub, dank dem es mir gelang, zu rekonstruieren, welche Kleinigkeit sich seit dem Morgen verändert hatte – nämlich nur der Spiegel, den das Zimmermädchen an die gegenüberliegende Wand gehängt hatte –, und so die Verhältnisse wieder zurechtzurücken.

1115. das Abbild

das Bild von Biberstein, das nicht – obschon ich drauf und dran war, es in meiner Vernissagerede in Emmen unbedacht zu sagen – das Bild also, das nicht eine Landschaft abbildet, weil Abbild nur sein kann, was es als Vorlage gibt, Biberstein aber Landschaften malt, die es nicht geben kann, weil sie erfundene sind und Erfindungen wiederum nur malen kann, wer zuerst die Vorlage erfindet.

1116. das Blitzlicht

das nächtliche Gewitter über Armaçao de Pera in der Nacht auf den 15. Dezember 1992, das uns mit seinen pathetischen Lichtgarben und dem Donnergedröhn aus dem Schlaf schreckt, dieses Naturereignis, das Rara und ich sicher nicht mit derselben Aufmerksamkeit beobachten würden wie das Leuchtspektakel auf einer Bühne, wenn wir nicht gerade einige Tage vorher in Pablos Galerie Michael Bibersteins Bilder gesehen hätten mit den Landschaften, deren Licht das Licht des Blitzes ist, das Blitzlicht, weshalb wir uns nun in dieser Nacht bei jedem Blitzschlag, der die Küste erleuchtet, fragen, wie nah die Natur wohl Biberstein komme und nicht etwa – wie es normaler schiene – umgekehrt.

1117. das Wetterleuchten

das Fenster von Bibersteins Wohnzimmer in Penedo de Colares, das sich panoramaweit auf die von Zivilisationsrelikten verstellte besonnte Hügellandschaft um Sintra öffnet,

1117 a

und die zerklüftete Gebirgslandschaft im Fenster rechts davon, die im Augenblick heftigen Wetterleuchtens sichtbar geworden war und nur deshalb sichtbar blieb, weil das, was ich im ersten Moment für ein Fenster gehalten hatte, eines von Mikes Bildern war, die »Ohne Titel« heißen, damit man – beim Blick hinaus und hinein – nicht das sieht, was genannt ist, sondern das, was gezeigt wird: Landschaftslandschaft.

1118. das Genauseinmüssen

die Ausflucht »kosmische Landschaft«, die vom Genauseinmüssen befreit und die wir uns jetzt verbieten, wo wir vor »Cloud« von 1989 feststellen, daß es absoluter Genauigkeit entspricht, zu sagen, das Weltall sei eine Landschaft, eine allerdings, die für unsereiner schwieriger zu vermessen ist.

1119. die Unendlichkeit

dieses starke Licht am Himmel, das so schön und groß und rein durch die schwarze Unendlichkeit über mir fuhr, daß es mich Mühe kostete, mir vorzustellen, es stamme von einem Körper, in dem Dutzende von Leuten als Passagiere drinsitzen.

1120. die Innenseite

die Beatushöhle, die Caspar Wolf 1779 gemalt hat, und zwar so, als blicke ich von unten her an die Oberfläche der Erde, ein Blick, den mir als erster Michael Biberstein ermöglicht hat mit seinen Gewittergeländen, in denen ich die Innenseite der Landschaft zu erleben bekomme.

1121. die Nebelschwaden

die völlig unerwartet heraufquellenden Nebelschwaden, die ich zuerst für Rauchschwaden eines gewaltigen Waldbrandes hielt, in die unser Bus bei der Abfahrt durch die Mata Atlantica eintauchte, und die die Schründe und Abgründe bei der Abfahrt nach Caraguatatuba in ein typisch bibersteinisches Bild verwandeln,

1121 a

wobei ich ganz sicher bin, daß ich diese vom Tropennebel verhangene Landschaft auch dann als bibersteinische erlebt hätte, wenn Mike Biberstein bei dieser Fahrt nicht neben mir im Bus gesessen hätte,

1121 b

und die Stärke des Erlebnisses, die ich mir nur damit erklären kann, daß ich bisher noch nie zusammen mit einem Künstler in sein naturgewordenes Bild eingetreten bin, was zudem auch deshalb bemerkenswert ist, weil ich bisher immer nur Grund hatte, von bildgewordener Natur zu reden und nicht – wie jetzt – umgekehrt.

1122. die Kunsterzieherin

die Frage der beflissenen Kunsterzieherin im Museum Gulbenkian »Gäbe es Menschen in Bibersteins Landschaften, in welcher Sprache würden sie reden?«, auf die der Schüler Bruno – verlegen, wie um nicht unbedacht zu erscheinen – stotterte: »Sicher in einer erfundenen?«

1123. der Erfinder

meine früher gemachte Behauptung, das Künstliche finde – im Gegensatz zum Natürlichen – seinen Widerpart nur dort, wo es durchnervter Fiktion begegne, diese Behauptung, die jetzt schon zur Feststellung gerinnt und die sich angesichts von »Ohne Titel 1989« darin verfestigt, daß sich Biberstein über alles Malen hinaus als Landschaftsdichter, also als Naturerfinder, behauptet.

1124. die Jagden

die aufgewühlten Jagden von vieles und alles berührenden Gedanken, auf denen ich durch Mike Bibersteins Landschaft »M Wider« streife, diese Gedankenjagd, die wohl deshalb nicht nur um die Idee von Landschaften kreist, weil ein gutes Bild, jetzt wird mir dies klar, stets ein Bild von allem ist.

1125. das Erlebnis

Franz Gertschs gestrige Feststellung, unser Verständnis von Natur sei mehr von Bildern als vom eigenen Erlebnis dieser Natur geprägt, Gertschs Satz, der mich zum irritierten Geständnis zwingt, meine Vorstellungen von Natur und von Landschaft seien vorab von Bibersteins Bildern geprägt, irritiert eigentlich deshalb, weil die Landschaftsbilder Landschaften zeigen und Natur, die es nirgendwo gibt außer im Bild und schon gar nicht in der Natur.

1126. das Rätsel

»landschaftsehen«, dieses rätselhafte Verb, mit dem Mike Biberstein alles Sehen und alles Schauen zusammenfaßt, dieses Wort, das sein Rätsel verliert, sobald es mir gelingt, beim Betrachten der Dinge – aller Dinge! – die Landschaft zu erkennen, die in ihnen steckt.

* * *

1127. die Kaffeetasse

der Nachbar S. im oberen Stockwerk, über den ich unendlich viel aussage, wenn ich nur feststelle, er gehöre zu jenen Leuten, welche die Kaffeetasse wieder auffüllen, bevor sie ausgetrunken ist.

1128. die Nachfrage

die Dinge, die, gäbe es sie nicht, auch nicht gebraucht würden (meine Dinge), und die Dinge, die man nur braucht, weil sie verkauft werden (seine Dinge), anhand derer mich der Werbemann Torsten vergeblich davon überzeugen will, daß die Nachfrage der

Motor unseres Wohlstandes sei und das Angebot nur das Öl, das ihn am Laufen hält.

1129. die Beschreibung

Wernis Kritik an meiner Beschreibung des Löffels im Text »Ein blankpolierter Löffel«, es sei nicht Aufgabe eines Autors, zu sagen, wie ein Ding aussieht, sondern nur, wie man es sich vorzustellen habe (weil im einen Fall der Autor, im andern der Leser den Löffel erzeuge).

1130. das Fenster

die Vorhänge des Fensters meiner Wohnung beim Hechtplatz, die ich heute, am Sechseläuten, zuziehe und dann den Fernsehapparat einschalte, um so genauer sehen zu können, wie der Sechseläutenumzug vor dem Fenster meiner Wohnung beim Hechtplatz vorbeizieht.

1131. der Fluß

das Dorf, das am andern Ufer des Flusses liegt und das mit dem Fluß so unendlich viel mehr zu tun hat, als das Dorf am andern Ufer der Autobahn mit ihr.

1132. das Abstimmungsergebnis

das vom gestrigen Abstimmungsergebnis geschürte Werweißen, ob es wohl stimmt, daß nur die Trauer um sie der Schweiz noch weiterhelfen kann.

1133. das Eintrittsgeld

meine an Übermut grenzende Lust, an der Kinokasse die Hälfte meines Eintrittsgeldes zurückzufordern, weil ich plötzlich merke, daß ich, wenn ein Film deutsch synchronisiert gezeigt wird – und ich also nur den Körper und nicht auch die Stimme des Schauspielers wahrnehme –, tatsächlich nur einen Teil der Person und folglich etwa den halben Film gesehen habe.

1134. das Beileid

das Beileid, das Fredi Heiners schwergeprüften Witwe aussprechen wollte, und das Beileid, das er auszusprechen meinte, als er sagte: »Ich spreche Ihnen mein Beileid aus«,

1134 a

und die durch alle Trauer durchschlagende Geistesgegenwart, mit der ihn die Witwe aufforderte: »So sprechen Sie es doch bitte aus.«

1135. der Titel

der poetische Titel, dann der leicht poetische Titel, dann der fast schon leicht poetische Titel und dann das Erstaunen, daß der fast noch leicht poetische Titel von allen der poetischste ist.

1136. die Zöllnerin

die Zöllnerin im totalsten Wirrwarr und ihre beeindruckende Beherrschtheit im heutigen Chaos des Flughafens Colombo, die ich nur dann präzise zu fassen vermag, wenn ich sie als »frauisch« zu bezeichnen wage anstatt als »weiblich«.

1137. das Wollen

die Sätze, mit denen Franz B. sein Wollen in der Welt umschreibt, die den Eindruck wecken, da rede einer von sich so, als ob er schon gestorben wäre.

1138. das Verbrechen

unser Gespräch über die Sucht, kriminell zu handeln, also Verbrechen zu begehen, über Reue und Strafe, und das beunruhigende Geständnis des Verbrechers, seine Bestrafung sei gewesen, daß er nie erwischt worden sei.

1139. die Unfähigkeit

der Krieg, der sich – den Behauptungen unseres Majors zum Trotz – nicht als die Fortsetzung der Politik mit andern Mitteln zu erkennen zu geben vermag, sondern nur als die sträfliche Unfähigkeit einiger Leute, sich etwas anderes vorzustellen als: Krieg.

1140. die Resignation
sie merke, daß sie heute weniger erleben wolle als früher, weil die Erinnerung ans Erlebte ihr Erlebnisbedürfnis abdecke, diese als Resignation mißverstandene Bemerkung, die Rara mit aktivem Erlebniswillen füllte, als sie von der Intensität zu sprechen begann, mit der die zum Erlebnis gewordene Erinnerung über das erinnerte Erlebnis triumphiert.

1141. der Geschlechtsunterschied
der Schuh mit dem höheren Absatz und der Schuh mit dem niedrigeren Absatz, die in Ptuj als Schilder die Türen für das Frauen- und das Männer-WC kennzeichnen, und die glücklicherweise nur leichte Peinlichkeit meiner Erfahrung, daß der Unterschied in der Absatzhöhe zuwenig deutlich ist, um den Geschlechtsunterschied erkennbar zu machen.

1142. der Rebell
der jugendliche Rebell, der kein Rebell ist, sondern ein Jugendlicher, falls er, erwachsen geworden, kein Rebell mehr sein wird.

1143. der Fan
die betont lässig vorgetragene Schlaksigkeit im Verhalten, das mit Kaubewegungen untermischte Sprechen und die Saturiertheit suggerierenden wegwerfenden Handzeichen, mit denen Walter, der Aktuar des Fan-Club, sein vom Idol übernommenes Weltbild verkündet, vom Erstrebenswerten redet und vom Machbaren und so – ohne es zu wollen – die Information mitliefert, daß er sich selber mit dem verwechselt, den er als Fan verehren will.

1144. die Aktion
die schreckliche Aktion, die immer jene ist, die man nicht macht, weil sie nötig wäre, sondern nur, weil sie sich machen läßt.

1145. die Unterlassungssünde

»Wer etwas anzubieten hat, und sei es Musik, wird wohl verstehen, eine Nachfrage zu erzeugen, denn ohne Nachfrage hätte keiner Lust, etwas anzubieten«, dieser großsprecherische Satz von bestechendster Logik, mit dem der Makler Torsten den Eindruck zu erwecken vermag, er durchschaue die Mechanismen des freien Marktes; und meine Unterlassungssünde, den Makler Torsten nicht gezwungen zu haben, wenigstens die Bilder der Künstler von seiner so selbstsicher verkündeten Regel auszuklammern, weil ein Künstler nur ein Maler bleibt, wenn er damit beginnt, die Nachfrage abzuklären, bevor er sein Bild zu malen beginnt.

1146. der Franken

die mir völlig neue Argumentation, der ich mich gegenübersah, als der Fernsehredaktor von RTL plus auf meine Kritik, seine Sendung sei schal und inkompetent gewesen, mit bestürzender Arglosigkeit entgegnete: »Dafür hat sie nicht einmal einen Franken pro Zuschauer gekostet!«

1147. das Thema

das, was ich von einer gelebten Biographie, damit sie überzeugt, genauso fordere wie von Kunst, die überzeugen soll: ein Thema.

1148. der Inhalt

die leider allzuoft als Inhalt mißverstandene TV-Form »Unterhaltung«, die, da sie Form ist, nach jenem Inhalt giert, der Unterhaltung erst unterhaltend macht, weil er ihr jene Vergnüglichkeit gibt, die etwas anderes meint als Unterhaltung.

1149. das Mißverhältnis

der aufwendig vollzogene, enorm lange, besessen durchmessene Anlauf und der anschließende winzige Hüpfer als Sprung, die nur erheiternd wirken können, wenn der Ausführende im Clownskostüm steckt; ist er im Zivilkleid, so deckt das Mißverhältnis von Anlauf und Sprung abgrundtiefe Tragik auf.

1150. die Stufen

der Film »African Queen«, den ich nicht seiner Handlung wegen atemberaubend spannend finde, sondern weil er mir – wie kein zweites Kunstwerk – die Verschränkungen einmal formulierter Ideen in ihrer vielfachen Weiterverarbeitung durch verschiedene Medien hindurch einsehbar macht; diese fünf Schritte, die ich – seit den Gesprächen mit Peter Viertel – jedesmal wieder fasziniert und mit neu erwachender Neugier mitverfolge, nämlich:

erstens: die Dialoge zum Drehbuch des Films »African Queen«, die Peter Viertel geschrieben hatte,

zweitens: der Film, den John Huston aus dem Drehbuch machte, zu dem Peter Viertel die Dialoge geschrieben hat,

drittens: der Roman »Weißer Jäger – Schwarzes Herz«, den Peter Viertel schrieb über die Dreharbeiten von John Hustons Film »African Queen«, zu dessen Drehbuch er die Dialoge verfaßt hat,

viertens: das Drehbuch, in das Peter Viertel den Roman verarbeitete, den er über die Dreharbeiten zu John Hustons Film »African Queen« geschrieben hat, dessen Dialoge er verfaßt hatte,

fünftens: der Film »White Hunter – Black Heart«, den Clint Eastwood nach dem Drehbuch drehte, das Peter Viertel geschrieben hat nach dem Roman, den er über die Dreharbeiten zu John Hustons Film »African Queen« geschrieben hatte, dessen Dialogautor er ist.

1151. die Flehenden

die ausgestreckten Arme der Stürzenden, die unversehens zu Flehenden werden, sobald man die Figuren verkehrt aufhängt, diese Flehenden also in Otto Müllers Relief, das mir nun nur deshalb als vollendet erscheint, weil es unerwarteterweise abgeschlossen worden ist durch Otto Müllers Tod, der eintrat wenige Tage, nachdem Otto – während wir beim Wein Flehen und Stürzen verglichen – plötzlich gesagt hatte: »Die will ich no fertig mache bis ich gang.«

1152. der Beobachter
das Gespräch zwischen Elias Canetti und seinem ehemaligen Lehrer, das mir – während Friedrich Witz seine Fragen stellt – jedesmal wieder deutlich macht, wie sehr sich der Lehrer, der Intellektuelle, als teilnehmender Beobachter der Welt versteht, der Dichter aber, der Künstler, als beobachtender Teilnehmer an der Welt.

1153. das Lächeln
die dreizehn Mitglieder der Bande, die am 6. Dezember 1997 kurz vor 21 Uhr in der Unterführung beim Bahnhof Oerlikon einem sechzehnjährigen Burschen den Weg versperrten, ihn umzingelten, ihn festhielten, ihm dann das Portemonnaie entrissen und schließlich den Code seiner Postcard erpreßten,
1153 a
und das bestätigende Lächeln auf den Lippen des Bandenführers (falls er die NZZ vom 9. Dezember gelesen hätte), das ich mir deshalb als besonders höhnisch vorstelle, weil sie, die den Überfall ausgeheckt und durchgeführt und geplant und begangen hatten, da lesen konnten, der Raubüberfall *habe sich ereignet.*

1154. die Epidemien
das Dorf im Urserental, das, wie der Tagesschausprecher soeben mitteilt, von einer Lawine verschüttet worden ist, und der gleich darauf gemeldete schwere Beschuß, unter dem die Stadt Sarajevo heute, am 3. Juli 1993, gelegen hat, nachdem sie in der dritten aufeinanderfolgenden Nacht unter heftiges Raketenfeuer geraten war, und Kobe, das von einem schweren Erdbeben zerstört worden ist, und das Sperrfeuer, mit dem die Versorgungswege in Somalia belegt worden sind, und die schweren Kämpfe in fast jeder größern Stadt, mit denen in den letzten Tagen der Bürgerkrieg in Angola wieder ausgebrochen ist, und Chittagong, das von einer verheerenden Flutwelle überschwemmt worden ist, und die Explosionen, von denen die Stadt Kabul während heftigen Gefechten erschüttert worden ist, und die steten Scharmützel, die seit Ja-

nuar auf die meisten Provinzhauptstädte ausgedehnt worden sind; diese Meldungen, die – meist in der Passivform abgefaßt – die Ausweitung von Kriegen der Ausweitung von Epidemien gleichsetzen, diese Meldungen, die – dies gilt es endlich zur Kenntnis zu nehmen – Teil der Kriegsführung bleiben, solange die Journalisten nicht zu erkennen zu geben wagen, daß sie wissen, daß Naturkatastrophen von ganz andern Kräften ausgelöst werden als Kriege.

1155. die Pose

die unvergleichliche Pose aus nach hinten angerundeten Armen und an die Hosennaht gepreßten Händen, in der Austin Coates in Macau jedesmal – selbst in den unterschiedlichsten Graden von Nüchternheit – verharrte, wenn er in seinem angestammten violetten Tweed, Besinnung fordernd, fragte: »Peter, are we perfectely under control?«,

1155 a

und der notwendige Nachtrag zu Nummer 1086, zu der er, der Autor von »City of Broken Promises« und superenglischer Kolonialgentleman, mich provozieren kann, weil ich zugeben muß, daß es ihm, anders als Nikolai Kopekin, gelingt, aufzubrechen und als der andere wiederzukommen, als jener, der er eigentlich ist.

1156. der Ton

die totalste aller denkbaren Verunsicherungen, der zwei unbekannte junge Männer Jenny Schneider in der Nacht auf den 1. Dezember 1988 ausgesetzt hatten, weil die beiden in freundlichem Ton, als möchten sie Jenny um Feuer bitten, an abgelegenem Ort und mit gezückten Messern die Frage stellten: »Dürfen wir Sie umbringen?«,

1156 a

und das vom Auftauchen eines zufälligen Passanten provozierte Ablassen von der Verwirklichung der in dieser Frage mitklingenden Absicht, das auch die verzweifelt erhoffte Erklärung verunmöglicht hat, ob es sich bei dieser Drohung nur um die Mutprobe in einer Pfadfindergruppe gehandelt habe – die, mehr als für die Täter, zur Mutprobe für das Opfer werden mußte – oder nicht.

1157. das Suppengemüse

das vergebliche, in Katalognummer 861 registrierte Blättern in ungezählten Wörterbüchern, um endlich herauszufinden, welche Art von Suppengemüse Tobiak denn sei, dessen Geschmack wenigstens Rara mir minutiös zu beschreiben wußte, und eben dieser Geschmack des Tobiak, der selber uns beim ersten vollen Löffel schon – anstelle des Wörterbuchs – verraten hat, daß wir gefunden hätten, was wir suchen, wenn wir statt unter Tobiak unter Tapiok nachgeschlagen hätten.

1158. das Zischen

das dröhnende Zischen der Wasserfontänen von Boca do Inferno in São Tomé e Principe, jedesmal wenn die hingepeitschten Meereswogen gegen die Felsen von Agua Izé schlagen, dieses brausende Prasseln, von dem ich berichte und mich in ein Schwärmen hineinrede, das immer heftiger wird, je mehr ich zu verheimlichen versuche, daß ich nicht von São Tomé e Principe berichte, sondern von der Sehnsucht nach diesem phantastischen Land.

1159. der Faktor

mein Wunsch, dies alles mißverstanden zu haben, und die erschreckende Ungebrochenheit, mit der die beiden smarten Geschäftsherren im SR-Flug 534 am 3. Oktober 1988 einander zunickten, nachdem der eine festgestellt hatte – und ich glaubte, nicht richtig gehört zu haben –, daß er in der Firma nun alles erreicht habe, was vorstellbar sei, und daß jetzt – wörtlich – »nur noch der Faktor Mensch Sand im Getriebe« sei.

1160. das Gekrache
der ledergepanzerte Motorradraser auf der Uferstraße, der mich mit seinem schmerzhaften Gekrache lehrt, daß Lärm, den man erzeugt, vorhanden ist, auch wenn man ihn nicht mehr hört.

1161. die Sterne
die enormen Hagelkörner, die im Lichtstrahl des Scheinwerfers, der den St. Peter-Turm beleuchtet, so glitzernd auf den Boden prasseln, daß man meinen könnte, es hagle Sterne vom Himmel.

1162. der Glast
dieses jahrelang nicht mehr gebrauchte und deshalb fast schon vergessene Wort »Glast«, an das mich das von Mittagshitze gesättigte Bild aus »High Noon« erinnert, dieses Wort, das, obschon es das heiße Trockene signalisiert, mir jetzt doch die Tropen in den Körper und vor die Augen jagt, eine Vorstellung, die abzuwenden mir nicht gelingt; – sie bleibt:

DER AMAZONISCHE KATALOG

1163. die Tropen
trinken, reisen oder lesen, diese Tätigkeitswörter, die ich von Theo als Antwort auf meine aus plötzlicher Laune gestellte Frage: »Was möchtest du jetzt gerade tun?« erwartet hatte, und die Beunruhigung, die seine vollkommen unerwartete Antwort auslöste: »Ich möchte alles tropikalisieren!«,
1163 a
diese Antwort, die mir jetzt bewußt macht, daß es schwerfällt, mir mein Paradies außerhalb der Tropen vorzustellen,
1163 b
und die Erwartung dieses Gefühls einer neugierigen Wollust, die sich jedesmal einstellt, wenn ich in den Tropen aus dem Flugzeug steige,

1163 c
und die jetzt nötige Präzisierung, daß sich dieses Gefühl der neugierigen Wollust nicht erst beim Aussteigen einstellt, sondern schon in jenem Augenblick, in dem die ersten Schwaden der dumpffeuchten Tropenluft durch die eben geöffneten Türen in den Flugzeugkörper einzudringen beginnen,

1163 d
und die sachte Bestätigung meines Gefühls durch den Satz, den Theo seinem Wunsch »Ich möchte alles tropikalisieren!« folgen ließ: »Ich träume von der Verfilzung von allem mit jedem.«

1164. die Schwärze
der blaue Himmel, der strahlende, der uns beglückt, der graue Himmel, der verhangene, der uns bedrückt, und der unerwartet schwarze, der schwarzetuscheschwarze – den es nur in Amazonien zu erleben gibt –, der uns verängstigt, so dunkelleuchtend schwarz ist er, daß man sich vor ihm in Sicherheit bringen möchte, wenn er nicht so hypnotisch unsere Sinne bannen würde, so aufwühlend ist dieser Bann, daß angesichts der Schwärze niemand mehr zu fragen wagt, ob es Tag sei oder Nacht.

1165. der Konsonant
daß man jeden beliebigen Buchstaben zum Vokal machen kann, dieses Wunder, das ich erlebe, als ich den Kellner im Restaurant »Lá em Casa« sein »de nada« derart sonor gedehnt und summend aussprechen höre, daß aus dem Konsonanten »n« ein Vokal geworden ist.

1166. das Schaumgebäck
das welke Blatt des Embaúba im Parque Goeldi, das verdörrt viel faszinierender aussieht als frisch am Baum, weil es sich zu luftigen Kringeln rollt, die jeden – das Wasser läuft im Mund zusammen – an knusperleichtes Schaumgebäck gemahnt.

1167. das Wrummen

die bislang unerkannte Eigenschaft der Musik, die wie immer überlaut aus den Restaurants der Hafendocks über den Amazonasnebenfluß dröhnt: sie verwischt mit ihrem Wrummen die Konturen der elementaren Landschaft aus Wasserfläche, Urwaldstreifen, Himmelsraum.

1168. die Verabredung

die Verspätung, mit der Gonçalo zu unserer Verabredung eintraf, und seine Entschuldigung, das »Fünf-Uhr-Gewitter« sei heute später gekommen als üblich und auch nach dem »Elf-Uhr-Gewitter« habe heute niemand seine Uhr richten können.

1169. das Milchglas

die Wasserwände, die der Tropenregen über uns ausgießt, so dicht und so kompakt, als seien die Landschaft und die Straßenzüge um uns von geripptem Milchglas verdeckt.

1170. die Härte

das Tupí-Wort »xikyssyjeba«, das – wenn man es ausgesprochen hört – in nichts an den Terror und den Schrecken gemahnt, den es bedeutet, sondern erst, wenn man es geschrieben sieht, weil die x und k und y im Wort genau jene heftige Härte fassen, welche die Lautfolge verwischt.

1171. der Orden

der Orden, den mir – sagen die Leute – die amazonische Natur an die Hemdenbrust geheftet hat, den ich aber panisch entsetzt und nicht erfreut zur Schau trage, weil er eine handtellergroße langhaarige Vogelspinne ist, die mich mit ihren dicken pelzigen Beinen unversehens angesprungen hat.

1172. das Rinnsal

der Rütschlibach in Leimbach, an dessen Ufern die Indianerspiele meiner Kindheit stattgefunden haben und der jetzt plötzlich zum reißenden Sturzbach wird, als mir fünfzig Jahre später der Indianer Ilmiro in Belém sagt, ein Rinnsal wie den Rütschlibach nenne man in ihrer Sprache, in Tupí, »ytororombaba«.

1173. der Geschmack

unsere Unfähigkeit, neue Erfahrungen mit etwas anderem als dem Vertrauten zu erklären, die dazu führt, daß wir am 5. September 2000 in Belém den Geschmack von

Açaí als Gemisch von Randen, Brombeeren und Mohnsamen beschreiben,

Bacurí als vergärende Litschi mit Vanille, aufgefangen von roten Bananen und Himbeer mit ätzendem Beiklang,

Jambú als Rhabarbermus in Apfelsaft (oder umgekehrt),

Jabuticaba als ein zuckerarmes gallertiges Fruchtbonbon, zu dem ein Maître Parfumeur den säuerlichen Geschmack beisteuert, der bitter wird, sobald man die Haut zwischen die Zähne bekommt wie bei den ausgesaugten Traubenbeeren, die in der deutschen Schweiz »Chatzeseicherli« heißen,

Cupuaçu als in Terpentin eingelegte Fischhaut, die ihren tranigen Nachgeschmack nur als bananiger Hauch in den Gaumen schickt, wobei nun wichtig ist, daß wir vorgängig die eklig belasteten Wörter Fischhaut, Terpentin und Tran ganz positiv umwerten.

1174. die Schauer

die Kinder, die von der Mutter mit Shampoo-Flaschen auf die Straße geschickt wurden, wo sie sich – wir sehen es vom Zimmer im Hotel »Regente« aus – mit zunehmendem Übermut dick einseifen und – weil das Fünf-Uhr-Gewitter heftiger ist als sonst – mit freudig demonstriertem Wohlgefühl in den warmen Regenschauern duschen.

1175. die Rache

die Dinge, von denen man mir sagte, daß sie außerhalb Amazoniens sofort zerfallen werden, und die Rache der Natur dafür, daß ich dieses oft verkündete Gesetz durchbrochen hatte, die Strafe, die darin bestand, daß die Cupuaçu-Frucht, die ich kurz vor meinem Abflug gekauft und die ich zehn Stunden später in Zürich geöffnet habe, statt nach Bonbonessenzen und unbeschreibbaren Blüten nur ganz intensiv nach Salmiak roch.

1176. das Schaukeln

das Tuckern des Bootes mit der gedrechselten hölzernen Brüstung und sein Schwanken auf den müden Wellen des Amazonas, das nur zu erkennen ist im gleichmäßigen Schaukeln der gestaffelten Hängematten für die Passagiere an Deck.

1177. das Bequeme

das Versprechen von Abenteuerlichkeit im Reiseprospekt, das ich als Lüge entlarve, weil die Reisereklame ein gekühltes Hotelzimmer mit Minibar, einen Swimmingpool, Dschungelausflüge im air-conditioned Autobus, eine Shopping-Arcade im Erdgeschoß, einen deutschsprachigen Führer, eine Disco im Untergeschoß, eine Duschanlage am Ufer des Amazonas und weitere verlokkende Bequemlichkeiten aufzählt; dieses Versprechen von Abenteuerlichkeit, das deshalb eine Lüge ist, weil ich weiß, daß dem Bequemen alles Abenteuerliche fehlt.

1178. das Konzert

dieser Augenblick der Einweihung in ein überwältigendes Geheimnis, als der mir der Moment beim Sonnenuntergang erscheinen will, in dem – als hätte jemand ein Zeichen gegeben – alle Vögel, Lurche, Insekten, Brüllaffen, Reptilien, alle Tiere des Urwaldes also, gleichzeitig mit ihrem ekstatischen Zirpen, Surren, Zischen, Dröhnen, Schreien, Sausen, Quaken und Sirren einsetzen, diesem Brausen im Naturkonzert, das ich als das aufwühlendste Geräusch bezeichnen muß, dem ich je ausgesetzt war, dieses Orgeln der Natur, zu dem – da will ich sicher sein – ein Wesen den Einsatz gegeben hat, und sei es eine Mücke mit einem Schlag ihres linken Flügels.

1179. der Motor

die Würde des Meeres (von der in Katalognummer 781 die Rede war) und die geraubte Würde, die Urs Brombacher der Landschaft zurückgegeben hat dadurch, daß er unsern Motorbootführer aufforderte, den Motor abzustellen, damit wir den schwellenden Lauf dieses Nebenarms des Amazonas spüren und ihn hören können,

1179 a

und die bewegende Erfahrung, daß die Dschungelwölbung über uns durch das Ausschalten des Motorbootmotors zur Kuppel, zum Gewölbe jener Kathedrale wurde, in der wir uns nur noch flüsternd zu unterhalten wagten.

1180. das Boot

die Einheit des Menschen mit seinem Lebensraum, welche die Indianer, die uns begegnen, in ihrem Blick und in allen ihren gelassenen Gesten zu erkennen geben, wenn sie, in ihren flachen Booten kauernd, an uns vorbeipaddeln, an uns vorbeischauen, auch wenn unsere Boote sich fast berühren, durch uns hindurchschauen, schweigend weiterpaddeln, ohne jenes Wort zu sagen, das endlich unser Gefühl zerstört hätte, wir seien, wo wir nicht hingehören.

1181. der Anschauungsunterricht

das dünne, flaumige und leicht glitschige Pelzchen um den großen Kern der Bacurí-Frucht, das so betörend früchtereich schmeckt, daß die langwierige Mühe, den dicken Panzer zu öffnen, der jede Klinge mit seinem zähen Harz unbrauchbar macht, Theo und mir wie praktischer Anschauungsunterricht erscheint beim Erforschen der Verhältnismäßigkeit zwischen dem Unwesentlichen und dem Wesentlichen, das – wie hier – im Unwesentlichen steckt.

1182. der Indianerstamm

die Nachricht vom 2007 neu entdeckten Indianerstamm der Metyktire im Dickicht Amazoniens und die Soap-Opera um die Liebesintrigen einer Penthousebewohnerfamilie in Rede Globo – und dann die Irritation, mit der Pablo und ich uns plötzlich anschauen und erkennen, daß wir beide gleichzeitig fragen wollten, wie nötig es sei, daß die Indianer am Amazonas diese Sendung sehen, denn sie sehen sie.

1183. die Stummel

der Bettler vor dem Kiosk auf der »Straße des 16. Novembers« in Belém, der statt Hände Stummel in die Höhe streckt, keine Beine hat, nicht einmal Ansätze von Beinstummeln, und auf seinem Rumpf wie ein fürchterliches Denkmal aus dem Pflaster ragt,

1183 a

und der Satz über ihn in meinem Tagebuch: »Ich fände den Mut nicht zu einer Fotografie«,

1183 b

und die vom Entsetzen bei der Lektüre dieses Satzes ausgelöste Frage, woher denn der Mut komme zu einer Beschreibung.

1184. die Morbidezza

das Warenhaus an der Mündung der Seine in den Amazonas oder das, was die durch alle Öffnungen eindringenden Tropen vom Warenhaus übriggelassen haben, dieses Opernhaus, welches ein Warenhaus ist in Belém, mit sich teilender Palasttreppe und gußeisernen Säulen aus Glasgow und dem Surren der Kühlung fächelnden Propeller an der Decke als Ambiance-Ton, errichtet dort, wo »Gaieté parisienne« Macumbaklang zu werden scheint, dieses Warenhaus »Paris n' America« also, dessen Morbidezza Theo und mich vor 13 Jahren schon verunsichert hat und das mir heute, 1986, nur deshalb wie ein amazonensisches Dekor des genialen Bühnenbildners Henning von Gierke erscheinen will, weil ich mich durch dieses stuckverhangene Intérieur bewege, als sei ich eine Figur aus Herzogs atemberaubendem Film »Fitzcarraldo«.

1185. die Dreharbeiten

das überall hörbare Aufatmen in der freudigen Erleichterung darüber, daß der dreckverschmierte junge Indianer, der in einer aufwühlenden Szene von »Fitzcarraldo« tot unter einem enormen Baustamm hervorgezogen wird, in Les Blanks Film »The Burden of Dreams«, der die Dreharbeiten an ebendieser Szene zeigt, aufsteht und sich zum Waschen übermütig in die Fluten des Ucayali wirft.

1186. die Aufnahmeprüfung

die ganz natürlich erscheinenden Reaktionen der Abwehr gegen das Eingeschmiertwerden mit klebriger Masse, das Begossenwerden mit Farbe und das Beworfenwerden mit Eiern, das die angehenden Studenten in Belém zur Feier der bestandenen Aufnahmeprüfung, des Vestibulars, über sich ergehen lassen müssen, bevor sie unter Hohngelächter in ein Wasserfaß gestoßen werden, und die Irritation der Heimlichkeit, die das Verhalten jenes Studenten auslöst, der statt Zeichen der Abwehr gegen Leim und Farbe und Eier und Wasser Zeichen des Lustgewinns zu erkennen gibt.

1187. das Außerkrafttreten

der schöne Satz von jener Stunde, in der die Paranußbäume ihre Früchte fallen lassen, den ich als betörende Metapher für die Geheimnisse des Amazonas gelesen hatte, und das brüske Außerkrafttreten der Symbolkraft, als ich selber den Zauber jener Stunde erlebte, in der tatsächlich die Paranußbäume ihre Früchte fallen lassen.

1188. das Alter

die Vorstellung, die ich aus unserer Zivilisation mit mir trage, daß nämlich Sterben mit dem Alter verbunden sei, und die ich relativieren mußte – nachdem mir aufgefallen war, daß im Sargladen an der Ecke viel mehr Kindersärge als Särge für Erwachsene angeboten werden – korrigieren muß jetzt, wo ich den paulistanischen Gassenjungen im TV sagen höre: »Sterben, das passiert oft, besonders unter uns Kindern.«

1189. der Zug

die Geschichte vom endlosen Warten auf den längst abgefahrenen Zug, die ich erzählte und »ich« sagte, als ich berichtete, wie ich im spärlich bevölkerten, tropisch verwelkten Bahnhöfchen von Onverwacht stand; und das »du«, das ich brauchte, als ich mir die Geschichte wenig später in Erinnerung rief, sie mir erzählte, als sei ich ein anderer,

1189 a

und die maßlose Verwunderung, als ich feststellen mußte, daß aus der Geschichte vom Warten auf den bereits abgefahrenen Zug allein durch den Wechsel vom »ich« zum »du« die Geschichte entstand vom Warten des Zuges auf den zu spät eintreffenden Passagier.

1190. die Generatoren

der Einwand, das Surren der Generatoren eines Kraftwerkes passe als Ton nicht zu den Bildern des Amazonas im Film »Die Welt heißt Brasilien«, diese Kritik, die ich schon mehrmals zu hören bekommen habe und die ich nur sprachlos und abgeklärt über mich ergehen lassen kann, weil es mich anödet, immer wieder sagen zu müssen, daß auf der Tonspur nicht das Surren der Generatoren eines Kraftwerkes zu hören ist, sondern das an Ort und Stelle aufgenommene Naturkonzert der Urwaldgeräusche, das in Katalognummer 1178 registriert ist und dessen Einsatz bei Sonnenuntergang der Tonoperateur Ruedi Schneider mit dem eingeschalteten Nagra-Kudelski-Gerät am Ufer des Amazonas geduldig abgewartet hat.

1191. die Guayanas

die Grenzen zu Surinam und den beiden andern Guayanas, die im unwegsamen Gewucher des amazonischen Dschungels zwischen Tapirapeca und Tumucumaque so wenig auszumachen sind, daß ich darauf warte, jetzt endlich von jenen legendären Grenzen schreiben zu können, die man erst erkennen kann, wenn man sie überschritten hat.

* * *

1192. der Hinschied
die unsägliche Zuversicht, die sich deshalb auszubreiten begann, weil die beiden Engelberger, nachdem sie die Nachricht vom Hinschied ihres Freundes Otto Müller vernommen hatten, weiter in der Gegenwartsform von ihrem Freund Otto sprachen.

1193. die Füße
der schrecklich verwachsene Bettler in der Rua da Amizade in Macau, dieser Mensch, der deshalb wie umgestülpt aussieht, weil er seine Hände braucht, um damit seine Füße zu bewegen.

1194. das Grün
die verlegene Vermutung, er habe mich nur prüfen wollen, dann die Bedenken, er wolle mich verspotten, und dann mein Eingeständnis, daß ich auf die Frage keine Antwort weiß, die mir der Mann in Mompé-Tujetsch stellte, der sich erst nach meiner Antwort, die keine war, als Farbenblinder zu erkennen gab: »Woran erkennt man Grün?«

1195. das Gegenteil
die Lebensgefahr, die im Bahnhof Stadelhofen beim Berühren der elektrischen Leitungen droht, und das genaue Gegenteil, das beim Berühren der Leitungen im Bahnhof Montreux droht: »Le danger de mort«, die Todesgefahr.

1196. die Fundstücke
die Aufmerksamkeit, mit der Robert Rauschenberg am 15. September 1988 in Siegfried Kahns Alteisenlager am Bahngeleise vor dem Hauptbahnhof nach verwertbaren Fundstücken sucht, und

meine Frage, ob er wohl geflissentlich – oder aus uneingestandener heiliger Scheu – jenen Berg von gekreuzigten Christusfiguren aus Gußeisen übersehen habe, den die Gießerei als Ausschuß zum Alteisen geliefert hat.

1197. der Musiker

das Wesen der Kreativität, das mir der Musiker Burhan Öçal auf ebenso übermütige wie beiläufige Weise enthüllt, als er die schnippische Bemerkung einer eifersüchtigen Verehrerin, ob er noch immer nicht verheiratet sei, mit der Feststellung beantwortet: »Ich mache doch Musik, da heirate ich jeden Abend.«

1198. die Parade

die von der Berichterstattung in sozialistischen Medien geweckte Erwartung von Zehntausenden von begeisterten Zuschauern, welche die gigantische 1. Mai-Parade im stalinistischen Albanien frenetisch umjubeln,

1198 a

und mein ernüchtertes Suchen nach der Begründung dafür, daß wir – zusammen mit einigen andern Hotelgästen – die einzigen Zuschauer sind, die am Rand des menschenleeren »Boulevard der Helden der Nation« auf den Vorbeimarsch der Parade warten,

1198 b

und der nun – während des frenetischen Wogens von Hunderttausenden von begeistertst geschwenkten Papierblumensträußen – endlich einsehbare Grund für das Fehlen der von mir erwarteten Zuschauermassen, daß nämlich – außer dem Zentralkommitee – niemand zuschauen kann, weil alle marschieren.

1199. die Augenhöhe

das wogende Meer in Augenhöhe von roten und weißen Blumensträußen aus Kreppapier, die in wiegendem Hin und Her geschwenkt werden, sobald einer von uns am Rand des »Boulevards der Helden der Nation« den Marschierenden der 1. Mai-Parade in Tirana zuwinkt,

1199 a
und die Aufsicht von oben, die nur dem Parteivorsitzenden Ramiz Alia und den Seinen auf der Tribüne erkennbar macht, daß die roten und weißen Papierblumensträuße über den Köpfen der marschierenden Träger – als weiße Schrift auf rotem Grund – den Jubelruf ergeben: »Es lebe der Marxismus-Leninismus!«

1200. die Besiegten
die wattstarken Lautsprecherboxen, die Dieter Hall an der Schifflände aufs Fenstersims gestellt hatte, um den ganzen Hechtplatz und die in allen Straßen euphorisch ihren Fußballweltmeister-Sieg feiernden Italiener und die fahnenschwingenden und Siegesparolen schreienden Italo-Fans mit dem Triumphmarsch aus »Aida« zu beschallen,
1200 a
und der plötzliche Druck auf die Stopptaste des Plattenspielers, den Dieter ausführte, als wir feststellen mußten, daß die Freude der Feiernden über den Sieg kleiner war als der Haß auf die Besiegten.

1201. der Daumen
all die vielen, teils nüchternen, teils moralisierenden Gespräche darüber, wie und womit sich denn der Mensch vom Affen unterscheide, und die bestürzend radikale Aufwertung eines unscheinbaren Körperteils zum Schlüssel eines umfassenden Weltbildes, die geschah, als Felix mir zeigte, daß es der Daumen ist, durch dessen Gebrauch sich der Mensch tatsächlich vom Affen unterscheidet.

1202. die Seerosen
die Seerosen, die Richard Brintzenhofe in die Badewanne im 3. Stock des Hauses an der Schifflände 16 gelegt hatte, um die Badewanne mit den Seerosen malen zu können, diese Wanne als Auslöser unserer wochen- und nächtelangen Diskussionen über den Unterschied von Malen und Bildererfinden, weil da klar

wurde, daß Rick nicht Bilder, sondern Wirklichkeit erfinden mußte, um sie malen zu können.

1203. die Kunstkritik

das verwegene Bedürfnis, neben der Kunstkritik – der Kritik am Kunstwerk – endlich auch eine Publikumskritik – eine Kritik am Publikum – einzuführen, das erwachte, als der indische Regisseur Mani Kaul, dessen Film »Araising from the Surface« von schneidend strenger Großartigkeit ist, auf meine Frage, welches Publikum in Indien denn seine Filme ansehen gehe, tonlos, aber mit einem vielbedeutenden Achselzucken sagte: »Leider keins.«

1204. der Kriminalfall

das alles entscheidende Geheimnis der Spannung, die statt von der Auflösung eines Kriminalfalles vom Werweißen ausgelöst werden kann, ob der Täter und der Leser mehr wissen als der Autor oder der Autor und der Täter mehr als der Leser – oder umgekehrt,

1204 a

und diese Fragestellung, die jeweils nur dann möglich wird, wenn es dem Verfasser gelingt, im Leser den Eindruck zu erwecken, er, der Autor, erfahre von den Geschehnissen erst während des Schreibens.

1205. die Integrität

die Integrität, die Robert Rauschenberg als Ehrung an die früheren Benützer eines Gegenstandes aus den Abfallobjekten von Siegfried Kahns Alteisenlager herausarbeiten will, und unser Streit über das Verhältnis von Gedanke und Material, von Idee und Wert also auch, den ich deshalb radikalisiert austrage, weil ich miterlebe, auf welch spielerische Weise ein Handgriff des Künstlers den Wert eines weggeworfenen Gegenstandes verhunderttausendfacht.

1206. der Torero

das Bild, das Pablo Picasso im Kostüm des Toreros zeigt, und Edward Quinns Schilderungen von seiner Arbeit mit dem Künstler, die mir die Unterscheidung glaubhaft machen, es stimme nicht, daß Picasso sich als Torero verkleidet fotografieren ließ, richtig sei vielmehr, daß er sich als Torero verkleidet habe, um sich fotografieren zu lassen.

1207. die Vorfreude

das Glück, von dem ich vermute, daß es lediglich im Verlangen nach ihm bestehe, weil dieses Glück, wenn es dasein wird, nicht so herrlich sein kann wie die Vorfreude auf sein erhofftes Eintreffen.

1208. die Gesetze

die Wirklichkeit, mit der man allzuleicht das verwechselt, was man im Fernsehen sieht, und die Gesetze der Wirklichkeit, die man dann besser verstehen lernt, wenn man weiß, nach welchen Gesetzen Fernsehen funktioniert.

1209. der Widerspruch

die Rede vom friedlichen Gebrauch der Waffen, die sich nun nicht etwa einfach als Rede über einen Widerspruch in sich anhört, sondern als eine Rede über etwas, das es nicht gibt.

1210. die Versuchung

der noch nie vorher gehörte Name Abogunde von Ede (1860–1920), der fiel, als ich »van Gogh« sagte, und Olowe von Ise (1880–1938), als ich Cézanne nannte, und Bogunjooko von Ila Orangun (1800–1850), mit dem Max auf mein »Picasso!« reagierte, was mich verwirrte, bis mir klar wurde, daß nicht der Kongolese Max keine Kenntnis von der Kunst Europas hat, sondern daß ich in Versuchung war, die Kunst Europas für die Kunst zu halten.

1211. die Tat

die verwegene Tat, die zu tun so gänzlich sinnlos war und an deren verordnetem Sinn zu zweifeln wohl deshalb strikt und bei Strafe verboten war, weil die Tat, wäre sie ungetan geblieben, mehr an der Welt verändert hätte als die nun getane.

1212. der Lufthunger

Michael Manns legendärer »Lufthunger«, den er damals in Ischia stets mit Spaziergängen zu stillen vermochte, obschon ich der – später als irrig erkannten – Meinung war, die Amerikaner hätten ihm im Exil diesen eigenartigen Hunger ausgetrieben, dieses nachhaltige Mißverständnis, dem ich nur ausgesetzt war, weil ich in der Handschrift von Michaels Vater Thomas das Wort »Luftterror« ganz selbstverständlich als das uns damals geläufigere Wort »Lufthunger« gelesen hatte.

1213. der Spitzensportler

der Spitzensportler C., der seine Siege nicht im Namen des Sports und aus Freude am Wettstreit errungen hat, sondern – sein triumphierendes Geständnis enttäuscht mich – weil ein Sieg die beste Reklame für sein expandierendes Geschäft sei.

1214. die Manteltasche

die ganze Natur in einem einzigen Blumentopf, die nun plötzlich die verwegene Vorstellung weckt von der ganzen Welt; und die ganze Welt in meiner Manteltasche, deren Vielgestalt erhalten bleibt – und ebenso aufwendig zu registrieren wäre –, auch wenn ich sie nicht eigens zur Welt erklärte.

1215. das Gute

das schreckliche Ende von allem, als das mir das Ende des Guten erscheinen will und an das ich paradoxerweise immer dann denken muß, wenn ich das altbekannte Sprichwort zu hören bekomme: »Ende gut, alles gut.«

1216. das Pluszeichen

die »Schaufensternutzlosigkeit«, die Martin R. Dean auf Seite 90 der »Ballade von Billie und Joe« ausgestellten Puppen zuschreibt, dieses neu erstellte Substantiv, das – ein Segen der deutschen Sprache – zwei Begriffe derart zu einem Dritten verschmilzt, als sei das Schaufenster mit der Nutzlosigkeit multipliziert worden,

1216 a

und die Addition des Schaufensters mit der Nutzlosigkeit, mit der man in allen jenen Sprachen zufrieden zu sein hat, die »de, di, da, de, of« (wie in »l'inutilité de la fenètre« oder »the uselessness of the window«) als Pluszeichen benutzen, ohne die – der Multiplikation zu verdankende – Klarheit zu verschaffen, wie sie etwa ein Übersetzer brauchen würde, damit er nicht versucht ist, von der Nutzlosigkeit des Schaufensters zu schreiben oder vom Schaufenster der Nutzlosigkeit (oder gar von der »Schau vom losen Nutzen des Fensters«), sondern von der neu gewonnenen unveränderbaren Schaufensternutzlosigkeit.

1217. die Konstante

die Freundschaft, die im Gegensatz zur Feindschaft ungebrochene Konstante zu bleiben vermag durch die Wirrnisse aller andern Gefühle und verändernden Erfahrungen hindurch, und die erkennbar bleibt selbst in den Dingen, die sie nur vermittelt hat, so heftig spürbar bleibt, daß ich jetzt alle Entschiedenheit aufbiete und die Radikalität, mit der es festzustellen gilt, daß unter den mittlerweile 1217 Stichworten dieses Katalogs keines wichtiger ist als dieses.

1218. der Wesenszug

das Wachsen und Welken, dieser Wesenszug der Natur, die jeden Augenblick Millionen von Dinge entstehen und andere Millionen vergehen läßt, so viele Dinge, daß man nur das als »alles« bezeichnen kann, was man zu allem erklärt.

1219. das Nichts

der Kurs in japanischer Kalligraphie, von dem Hilda Sigg nach Hause kam und erzählte, sie hätte heute in der Klasse das Schriftzeichen für »alles« schreiben gelernt,

1219 a

und das Schriftzeichen für »nichts«, in dem sie, als sie es schreiben lernte, das Zeichen für »alles« wiedererkannte,

1219 b

und dieser »Katalog von Allem«, der, würde man seinen Titel japanisch schreiben, als »Katalog von Nichts« gelesen werden könnte, was für den Leser die beglückende Befreiung von allem bedeuten müßte und damit die Möglichkeit, endlich leicht zu werden.

1220. die Vermutung

die Schrift, die ich bin, wenn ich schreibe, und die Vermutung, daß es mich nicht geben kann, wenn ich Schrift bin, weil ich Schrift bin.

1221. das TV

das, was ich von den Dingen will, die ich sehe, und die Erfahrung, daß sie es mir nicht geben, solange ich sie im Fernsehen sehe.

1222. der Tonfall

die Beiläufigkeit, mit der er seinen Wunsch aussprach, die den selben Tonfall hatte, wie wenn er »es regnet« sagen würde oder »spät geworden«, diese unbeteiligte Sprechweise, die war, als fürchte er sich vor dem, was Wünsche bewirken.

1223. der Schwierigkeitsgrad

die Fragen aus dem Examensstoff aller Fächer, die uns Golo am 12. September 1959, am Vortag der Matur-Prüfungen, stellte, während er Frido und mich auf steilen Pfaden über Schründe und Felsnasen zum Gipfel des Pilatus hinaufführte, und meine Bewunderung für seine Fähigkeit, den Schwierigkeitsgrad der Fragen umgekehrt proportional dem Steilheitsgrad des Wegleins anzupassen, so daß wir Maturanden keinen Schritt ins Leere taten und erst noch sicher und mit dem durchgearbeiteten Gesamtprüfungsstoff im Kopf nach Hause kamen,

1223 a

und mein Dank für den bergsteigerischen Ausflug auf den Pilatus, in dem die dankbare Feststellung mitklang, Golo sei schuld daran, daß ich die Matur bestanden habe.

1224. die Zeitung

die fünfunddreißig Jahre später, bei den Erinnerungsübungen mit Frido, schon nicht mehr beantwortbare Frage, ob die Zeitung wohl »Engadiner Post« geheißen habe oder anders, die Katia genannt hatte, als sie – mit listig gespieltem Stolz – berichtete, sie sei eben von einem Pontresiner Journalisten interviewt worden, und die unerwartete Verwandlung dieses gespielten in einen verletzten Stolz nach Michaels Einwurf: »Sind wir schon so tief gesunken, daß wir es als eine Ehre betrachten müssen, interviewt zu werden?«

1225. das Verbotsschild

»Gaieté, Cotillons, Stimmung!«, diese Aufschrift auf dem Schild, mit dem Jahre hindurch die Silvesterfeier im »Parkhotel Pontresina« angekündigt worden war und das Frido, Hans Beck und mir wie ein Verbotsschild in Erinnerung blieb, die wohlbetuchte Bürgerlichkeit habe sich vor »Gaieté, Cotillons, Stimmung!« zu hüten.

1226. die Pneus

die Stimmen, die aus der nachmitternächtlich leeren Weinbergstraße zu meiner Terrasse hinaufschallen und die erst durch die klappernden Schritte auf dem Asphalt, die sie begleiten, zu menschlichen Stimmen werden,

1226 a

und das Fehlen der begleitenden Schritte, das diese Stimmen ins Sphärische hebt, sie zu Geisterstimmen macht, zu zaubrigen Klangschwällen der warmen Nachtluft, wenn die Worte statt von

Fußgängern mit festem Schuhwerk von Velofahrern auf lautlosen Pneus ausgesprochen werden.

1227. das Maschinenspiel

die Zeichen zweier Zeitalter, die Elisabeth aufeinanderprallen zu lassen gelang, als sie ihre greise Mutter Katia – nach der täglichen Schwimmübung im Mittelmeer – zu einem Spiel am Flipperkasten der Bar »Giubbe Rosse« in Forte dei Marmi überredete, und die Verwandlung von Zeitaltern in Kulturen, die eintrat, als Katia das, was sie eben getan hatte, »Maschinenspiel« nannte.

1228. die Verzagtheit

der Verzagte am Rand des Sechseläutenplatzes, der von seiner Verzagtheit auch dann nicht abwich, als ich ihn aufzumuntern versuchte mit dem Zuspruch: »Aufgeben können wir erst, wenn wir angefangen haben«, und die Einsicht, daß dieser Zuspruch deshalb nutzlos ist, weil die Angst vor dem Anfang sein Grund zur Verzagtheit ist.

1229. der Wunsch

die Unsorgfältigkeit im Umgang mit Wünschen, die dazu führt, daß selbst jene, die der Wirkung von Wünschen nicht vertrauen, dauernd dahergeplapperte Wünsche verteilen, diese Leichtfertigkeit, die um sich greift und nun bewirkt, daß mir selbst Oskars Wunsch »Guten Tag« zu keinem guten Tag mehr verhilft.

1230. der Kontakt

was ich nicht mag: Leute, die, auch wenn sie dich nicht mögen, trotzdem Kontakt zu dir suchen, nur um dir zu spüren geben zu können, daß sie dich nicht mögen.

1231. das Böse

das Böse, das nicht in der schlimmen Tat steckt, sondern in der Unfähigkeit der Täter, die Folgen zu erkennen ihrer schlimmen Tat.

1232. das Leid

das Leid, das nichts war als reines Leid – ohne die Beimischung von etwas anderem wie Hoffnung auf sein Ende oder so – im Gesicht der Mutter Reza aus Kosovo, als sie sagte, wir lebten in einer jener schlimmen Zeiten, in denen die Eltern ihre Kinder überleben und nicht – wie es üblich sei und zudem natürlich – umgekehrt.

1233. die Implosionen

die Tausenden von winzigen sanften lautlosen Implosionen, die sich in diesem Schneegestöber des 2. März 2001 unter der Straßenlaterne an der Ecke Biberlin-/Kluseggstraße ereignen, weil der Schatten jeder Schneeflocke vorausfliegt, die Flocke am Boden dann auf ihren Schatten stößt, sich auf ihn legt und ihn so auslöscht.

1234. die Weltfremdheit

die Weltfremdheit, die sich zur Lebensuntauglichkeit verstärken kann, diese Krankheit, die eigene Welt für die Welt zu halten, die ich – nach einem Heilmittel gefragt – schlicht damit zu heilen vorschlage, daß sich der »Kranke« statt immer nur vom Schreibtisch direkt ins Auto und von dort zur Haustür ab und zu auch zur Station Berninaplatz begebe, dort ins Tram einsteige, seine Mitpassagiere beobachte, höre, wie sie reden, und nach der Abfahrt täglich ein Viertelstündchen sitzen bleibe.

1235. der Weltverbesserer

mein Freund Riniker, der sich weigert, Weltverbesserer zu sein, obschon er doch wissen müßte, daß, wer jemandem ein Lächeln schenkt oder ein gutes Wort – und das tut er –, die Welt unwillentlich verbessert.

1236. der Katalog von Allem

das Erforschen der Mechanismen des Erinnerns, das ein Ziel der Arbeit an diesem »Katalog von Allem« ist und das bei jeder Eintragung zur Frage führt, ob wohl ein Geschehnis wichtiger sei als die Erinnerung daran,

1236 a

und die – dank Renatos Behauptung – geweckte Gewißheit, der Gewinn des Erinnerns liege nicht in der Erinnerung selber an ein Ereignis, sondern im möglicherweise lebensverlängernden Wiedergewinn der Zeitspanne, in der es geschehen war.

DER AZOREANISCHE KATALOG

1237. die Jahreszeiten

das Gerücht, dem ich nicht glauben wollte, an jedem einzelnen Tag ließen sich auf den Azoren alle vier Jahreszeiten erleben,

1237 a

und der erste Tag auf Terceira, der mir zeigte, daß das Gerücht durchaus stimmt, sofern man sich von der vertrauten Vorstellung befreit, der Frühling müsse nach dem Winter, der Sommer nach dem Frühling und der Herbst vor dem Winter kommen.

1238. die Quadrate

das verwirrend streng gefügte Netz von Quadraten, mit dem die Natur die Insel Pico zu überziehen scheint und das sich erst nach der Landung des Schiffs in Maddalena – weil Natur keine Geraden zu erzeugen vermag – als irritierendes Menschenwerk entpuppt, als das atemberaubend strenge Geflecht aus kohlrabenschwarzen Mauern um jede einzelne Verdelho-Rebe, der Raster, aus dem die Insel in Elementbauweise zusammengefügt worden zu sein scheint,

1238 a

und der nun selbstverordnete Zwang, anzuerkennen, daß die Insel ihre Existenz trotz aller Formenstrenge nicht den Rasterbaumeistern verdankt, sondern dem Vulkan Pico, der sich triumphal über den schwarzvermauerten Weinbergen türmt.

1239. die Furcht
der Riesenrochen, der sich ins Hafenbecken von Horta verirrt hatte und den die Fischer von ihrem Kutter aus mit Speeren, Angeln, Keulen, Messern, Lanzen zu töten versuchen mit jener Panik im Stechen, Schlagen, Reißen, Schneiden, Stoßen, als sei zu zeigen, daß alles Natürliche, das in die Menschenordnung einbricht, zu fürchten ist und daß nur sein Tod von dieser Furcht erlöst.

1240. das Mahnmal
die Fontäne aus den Nüstern des Riesenrochens im Hafenbecken von Horta, die anfänglich eine Wasserfontäne war, sich dann rötlich färbte und mit jedem Schlag und jedem Stich der Fischer röter wurde, dann violett, bis nur noch eine Fontäne von dickem schwarzem Blut wie ein beklemmendes Mahnmal aus der Wasserfläche emporschoß.

1241. der Zweig
der umgekehrte Strauß aus den lanzettenförmigen, enorm zähen, eleganten Blättern der Barbeira-Pflanze, der kein Strauß, sondern ein Besen ist, mit dem der Straßenwischer die Rua da Esperança fegt,
1241 a
und die Rückverwandlung des Besens in einen wunderschönen Strauß als der Straßenwischer einen Zweig aus seinem Besen herausbricht und ihn mir – weil er mich staunen sah – mit einem freundlichen Kopfnicken überreichte.

1242. die Neigung
die furchterregende Aggressivität im Gesicht des Burschen, von der ich befürchtete, sie sei gegen Rara und mich gerichtet, diese Wut, die aber gegen den Erdball gerichtet sein mußte, denn der Junge schlug derart gewalttätig auf die Erde ein und versetzte dem Globus so heftige Tritte, daß es schien, er würde erst aufhören, wenn er die Erdkugel, wenn er die Welt in Stücke getreten hat,

1242 a
und die Neigung der Rua dos Degraus, die diese Befürchtung selbstverständlich machte, weil der Junge in der steilsten aller Straßen die Welt ja fast frontal vor sich hatte und nicht – wie üblich – unter sich, zu Füßen.

1243. das Blech
die Stadtmusik Zürich, deren Klang so voll und wohlig brausend klingt, daß das Metall, das Blech ihrer Musikinstrumente kaum mehr zu spüren und noch weniger zu hören ist,
1243 a
und die Philharmonie von São Jorge, deren Musik deshalb so wohltuend scheppernd klingt, weil sie alles daransetzt, ihr den Charakter des Bleches zurückzugeben, aus dem die Instrumente gemacht sind.

1244. die Symmetrie
die Dunkelheit am Ufer, in der man die Wellen nicht sehen kann, sondern nur – ein magischer Eindruck! – die weißen Kämme der Brandung, die sich in rätselvoller Symmetrie auf das Ufer zubewegen, der Brandung, in der sich die unsichtbaren Wellen brechen.

1245. die Tiere
das vermeintliche Gezwitscher im Park von Angra, von dem wir – als wir die Tiere sehen – merken, daß es von Fröschen stammt, und das vermeintliche Gequake, von dem wir – als wir die Tiere sehen – völlig irritiert feststellen, daß es von Vögeln stammt.

1246. die Notleuchten
die Videospiele auf den Monitoren der Dutzenden von Handys, die im dunkeln Saal des Kulturzentrums von Graciosa während der Aufführung von »Que fizeram com Elas« aufscheinen wie Notleuchten, die signalisieren, daß die Konzentration auf das Bühnengeschehen allein dem Actionbedarf des heutigen Lebensgefühls nicht gerecht werden kann.

1247. die Wand

die blaue Wand, die sich spektakulär aufragend zwischen die Hügel schiebt und den Horizont verdeckt, die so beeindruckend senkrecht aufragt, daß wir gar nicht wissen wollen, unter welchen perspektivischen Bedingungen die Meeresfläche des Atlantik zur senkrechten Wand wird.

1248. die Hortensien

die metallenen Schallschluckwände, welche die Autobahn zum Flughafen Zürich säumen, und die grundsätzlich andere Lebensweise, die sich auf Terceira darin zeigt, daß die Autobahn zum Flughafen Lajes dicht von blühenden Hortensiensträuchern gesäumt ist, die neben allem andern, das sie bewirken, auch noch – der Taxifahrer beweist es uns – den Schall zu schlucken vermögen.

1249. das Innere

das Erdinnere, das sich in Lavafeldern, Biscoitos, Basaltschichtungen, Vulkanadern über die Erdoberfläche stülpt und das auf diesen Inseln so allgegenwärtig ist, daß ich den Eindruck nicht verschweigen kann, hier leben die Leute nicht auf der Erde, hier leben sie in die Erde hinein.

1250. die Kraken

dieses Tiefseegetier mit gewaltigen Tentakeln, die riesenhaften Kraken, welche über dem Meer die Straße auf den Monte d'Ajuda blockieren, die Fahrbahn versperren und die wir beim Näherkommen als gewaltige entwurzelte Agaven mit ihren langen fleischigen Blättern erkennen, die aus der steilen Felswand über der Straße abgestürzt sind.

1251. das Einerlei

die Graciosenser, die im Autobus nach Monte Gaspar vor sich hin dösen, weil für sie alle diese Schönheiten der Insel, die uns entzücken, alltäglich sind, normal, das Übliche, das tägliche Einerlei,

1251 a
und das Mitleid, das Rara diesen Leuten gegenüber empfindet, weil sie den genußvollen Augenblick nicht mehr erleben können, in dem sie diese liebreizende Insellandschaft zum ersten Mal erleben.

1252. die Kuhfladen
die Kuhfladen, die wir von Schweizer Alpweiden – und besonders, wenn wir in sie hineintreten – als eher sehr unangenehme und übelriechende Masse kennen, die hier auf São Jorge aber alle jene Lügen straft, welche allein beim Wort »Kuhfladen« schon die Nase rümpfen, weil der Wohlgeruch hier eher an »fresh«-Zahnpasta und an den »Chewing Gum« der Jugendjahre erinnert, was wir uns erst erklären können, als wir sehen, daß die ganze Weide, auf der die Kühe grasen, ein Feld von frischer Pfefferminze ist.

1253. die VIP
die Haustür, welche die Azoreaner (vorab auf São Jorge, aber auch auf Graciosa) nicht – wie wir es gewohnt sind – im Erdgeschoß, sondern in einem der obern Stockwerke in die Hauswand montieren und sich so die Gelegenheit verschaffen, einen pompösen Treppenaufgang vorzubauen, der mit seiner vorgetäuschten Herrschaftlichkeit jeden zur VIP macht, der ihn begeht.

1254. der Fahrplan
die Einheimische, die in der Busstation von Canada Longa deutlich und laut, so daß wir sie leicht verstehen konnten, sagte, der Bus, auf den wir warten, komme um 16.30 Uhr, worauf wir ihr zu spüren gaben, daß wir ihr nur deshalb nicht glaubten, weil wir vorher alle unsere Portugiesischkenntnisse hatten aufbieten müssen, um von einem undeutlich redenden Mitbewohner langwierig herauszufinden, daß der Bus um 15.50 fahre.

1255. das Kissen
das unvergleichliche Wesen der Graciosenser, das uns der alte Bauer demonstrierte, der, als er uns auf der Bank in der Bushalte-

stelle von Canada Longa warten sah, daherkam und sagte, er wohne nicht weit und könne leicht zu Hause ein Kissen holen, damit Rara beim Warten auf den Bus bequemer sitze.

1256. die Kamille

der Mann, der am Wegrand in Canada Longa Kamillen schnitt und der auf unsere wiederholte Frage nach dem Weg zur Bussta- tion jedes Mal mit einer ausführlichen Entschuldigung zu ant- worten begann, ohne daß wir erfuhren, wofür er sich entschul- digte,

1256 a

und die Begründung, die er uns gab, als wir ihn endlich ausreden ließen, er wisse wohl, daß es sich nicht gehöre, mit Fremden zu reden, solange man ein offenes Messer in der Hand habe.

1257. die Flügel

die Schatten der Flügel der Windmühlen, die bei Monte Branco über die weite Hügellandschaft streichen, als würden sie die Landschaft – wenn der Wind regelmäßig weht – zärtlich strei- cheln, und wenn er in Stößen bläst, als wollten sie die Landschaft ohrfeigen.

1258. die Insistenz

die Fragen, die uns der hochgebildete Mann neben uns an der Bar des »Residencial Ilha Graciosa« mit jener unangenehmen Insi- stenz stellte, als wolle er prüfen, ob wir eines Gespräches über- haupt würdig seien,

1258 a

und das Prüfungsergebnis, das er der Barfrau Luisa mitteilte, die es an uns weitergab mit dem Hinweis, der hochdekorierte Mari- negeneral habe über unsere literarischen Vorlieben gestaunt, was uns nun veranlaßte, darüber zu staunen, daß sich ein so hoher Mi- litärkopf, einer der höchsten, für die Kunst und für die Literatur seines Landes interessiert.

1259. die Touristenindustrie

die Freundschaftlichkeit der Graciosenser, die nichts mit der verordneten Gastfreundschaft der Touristenindustrie zu tun hat und die uns hindert, hier jemanden nach dem Weg zu fragen, weil uns die Antwort im voraus vertraut ist: »Ich fahre Sie hin!«

1260. die Suppe

die legendäre »Suppe des Heiligen Geistes«, von der die Insulaner schwärmen, von der »Sopa do Espirito Santo«, die sowohl flüssig als auch fest ist, die gegessen und getrunken werden kann, weil sie in Suppe getränktes Brot oder auf Brot geträufelte Suppe ist, von Suppe vollgesogenes Brot oder in Brot aufgetunkte Suppe, also – da liegt ihr biblischer Ruf – nicht nur das »Eine«, sondern dieses mythische »Beides«, dessen kraftvoller Geschmack jener der Kuh ist, die in ihm ausgekocht wurde.

1261. der Sekundenbruchteil

der stoppelbärtige alte Mann mit der typischen Schirmmütze der hiesigen alten Männer in der Formation der jungen Musiker der Philharmonie von Graciosa, der, die Augen starr auf das Notenblatt gerichtet, bei jedem Einsatz dazu ansetzt, die beiden Zimbeln zusammenzuschlagen, in der Bewegung zögert, einen Sekundenbruchteil innehält, um dann die Zimbeln so blitzschnell aufeinanderzuschlagen, als habe er gar nicht Musik machen, sondern eine lästige Fliege zerschmettern wollen.

1262. die Kniebeuge

die Übung, die wir, kindlich wie selten, vor der Straßenkuppe beim Farol da Barra mit entwaffnender Hingabe wieder und wieder ausführen,

1262 a

und unser Entzücken darob, daß es uns tatsächlich gelingt, durch eine simple Kniebeuge den Atlantik zu versenken und ihn durch das Strecken der Beine aus der Versenkung zu holen.

1263. der Dirigentenstab

die Dirigentin der graciosensischen Philharmonie, Vânia Maria da Silva Bettencourt, die ihren Dirigentenstab immer dann, wenn der Takt von Andante zu Lento wechselte, so schwerfällig bewegte, als lasse sich die plötzlich zähflüssig gewordene Luft um sie nur mit Mühe durchstoßen.

1264. die Zersetzung

die Hafenromantik, die ich in den Containerterminals heutiger Häfen, auch in jenem von Velas, in all der genormten kalten Technologie nicht mehr finde, und die brüske Zersetzung aller kühlen Normen, die eintrat, als aus einem der hochgestapelten Container das dumpfe Muhen hörbar wurde der Stiere, die zum Stierkampf aufs Festland verschifft werden.

1265. der Kopf

der menschliche Kopf auf der Straße, der erst nach und nach Hals, Schultern, Brust gewinnt und dann Bauch und Schenkel, dieser Kopf des Fußgängers, der uns entgegenkommt und uns in seinem Gliederzuwachs erkennen läßt, wie erschreckend steil die Rua dos Degraus, die steilste aller Straßen, wirklich ist.

1266. das Gekraxel

das Gekraxel des Schwarms von Glühwürmchen, der mühsam über die Horizontlinie zu steigen versucht und sich dann aber als die Lichter der Stadt Horta entpuppt,

1266 a

und meine Fähigkeit, mir – weil ich 2002 dort war – ganz intensiv die Straßenecken, Häuser, Läden, die Stadt mit dem Prachtbau des Café International vorzustellen, diese Fähigkeit, die rätselhafterweise versagt, sobald ich versuche, mir mich selber beim Gang durch Horta vorzustellen.

1267 die Georgier

das Augenzwinkern, mit dem uns der famose Taxifahrer Jorge Cardoso erklärt, daß einer ein Florentiner sei, auch wenn er nicht aus Florenz, sondern von der Insel Flores stamme, und daß es auf den Azoren Georgier gebe, nämlich die Einwohner seiner Insel São Jorge (deutsch also: Heiliger Georg), die sich irrtümlicherweise schon Georgienser und Schorschianer nennen lassen mußten,

1267 a

und daß, seit eine Bauerstochter aus Flores einen italienischen Bäcker heiratete, eine Florentinerin mit einem Florentiner verheiratet ist.

1268. der Sender

die Schauspieler der Telenovelas auf den Fernsehschirmen in allen Restaurants und Bars der Azoren, die dem Kneipenpublikum große Gefühle, Abenteuer vorspielen, und ihre Filmfiguren, die stellvertretend ausführen, was der Gast selber hier nur zu träumen wagt, so daß es mich nicht wundern würde, wenn ich den Mann am Tisch neben mir einen andern Gast fragen hörte: »Auf welchem Sender, bitte, lassen sie erleben?«

1269. die Hebelkraft

die Hebelkraft meiner Knie, die ich noch nie so heftig zu spüren bekommen habe wie jetzt, wo sie meinen ganzen Körper die steilste aller Straßen emporstemmen muß,

1269 a

und das Bild vom Bergsteiger in der überhängenden Felswand, das in mir aufblitzt, weil ich mir vorkomme, als bewegte ich mich in der Rua dos Degraus auf einer überhängenden Straße.

1270. das Gebell

der Knall des Knallfrosches, der – dies läßt sich erst vom Hotelfenster auf dem Hügel über der nachmitternächtlich stillen Stadt beobachten – den Einsatz gibt zum nächtlichen Gebell aller Hunde von Horta, von einem Ende der Stadt zum andern,

1270 a
und unser – als wären wir Wissenschaftler – gespielter Stolz über die Entdeckung des Naturgesetzes, daß das Gebell jedes Mal in der ganzen Stadt ausbricht, wenn jemand in Sommernächten irgendwo einen Knallkörper zündet.

1271. das Männchenmachen
das hysterische Gedonner, das uns jedes Mal erschreckt, wenn die jungen Motorradfahrer in Horta ihr Steuer hochreißen und nur auf dem Hinterrad über das Pflaster brausen, dieses Aufbäumen – das ja wie beim Zirkuspferd kokett und beim bettelnden Hund demütig wirkt –, dieses Männchenmachen, dessen Koketterie oder Demut vom Gedröhn aber laufend in totalitäre Arroganz umgewandelt wird.

1272. der Auktionator
das monotone Herunterrasseln der Preise für den in Plastikkisten ausgelegten Fang durch den Auktionator in der Fischbörse im Hafen von Horta,
1272 a
und mein Erstaunen über die Stille, weil die Käufer – meinen Börsenvorstellungen zum Trotz – statt mit Schreien, Rufen, Krähen nur mit einem kurzen trockenen Husten, das wie ein Knacken klingt, auf die Angebote des Fischauktionators reagieren.

1273. die Staumauer
nach Süden hin Wasser bis zum Horizont, nach Norden hin Wolken bis zum Horizont und als Trennlinie der schmale steile Felsenkamm der Insel São Jorge, die als Staumauer aus dem Atlantik ragt, an der sich – vom Flugzeug aus ein modellhafter Anblick – die kompakte Wolkenfläche, das Wolkenmeer staut.

1274. die Handbewegung
der Knabe im Bus von Praia da Vitória nach Biscoitos, der sich in den ersten Sessel hinter dem Chauffeur setzt und dauernd weg-

werfend abwehrende Handbewegungen zum Frontfenster hin vollführt, als wolle er die Landschaft, durch die der Bus fährt, – wie eine zudringliche Biene – verscheuchen.

1275. die Jasser

die Rufe »Schilte sächs!« und »Schälle nüün!«, die sich durch alles Portugiesische hier im Saal durchsetzen und einen klobigen unproportionierten Panzer bilden, einen Panzer aus Schweiz, hinter dem sich die Gruppe der Jasser aus dem Kanton Glarus hier im Restaurant von Angra do Heroismo verschanzt und sich gegen die Übermacht alles Portugiesischen zu schützen versucht.

1276. der Speisesaal

Mixteys Rockmusik aus dem Radio und der Actionfilm »O diabo da Selva« im TV, die der Wirt des Restaurants »Touriga Nacional« gleichzeitig im Speisesaal seines Restaurants laufen läßt und beide so laut, als wolle er nichts unversucht lassen, um seine Gäste von der mangelnden kulinarischen Qualität seiner Fischgerichte abzulenken.

1277. das Travelling

da: die Musik, die ich, wenn ich eine Fahrt, ein Travelling, im Film untermalen will, sorgfältig aussuche; – und jetzt: die Kassette, die der Anführer der Gruppe dem Buschauffeur zusteckte und sie abzuspielen bat, falls der keine Randale seiner Leute im Bus wolle, und nun also: die Kassette mit diesem mechanisierten Technogehämmer, das mir deshalb völlig unpassend schien, weil es überhaupt nicht zur Landschaft zwischen Biscoitos und Angra (und schon gar nicht zur Wildnis vor Serreta) paßte und weil es zudem die Landschaft ausbleichte, die auf den Busfenstern jetzt nur noch wie auf einem Bildschirm vorbeifuhr.

1278. der Archipel

die topographischen, klimatischen, geologischen, meteorologischen Gegebenheiten, die üblicherweise einem Archipel gemeinsam sind, und die halbstündige Schiffahrt von Faial nach Pico, die – obiger Feststellung zum Trotz – zu einem bestürzenden Wechsel führt, den sonst nur der Flug von den Channel-Islands nach Kapverde herbeiführt oder – im Fall von São Jorge und Flores – von Korsika in die Karibik.

1279. der Kies

die Begleitmusik, die, hat das Brechen der Wellen mit der Entfernung vom Strand abgenommen, die Landschaft von Pico zu untermalen beginnt und vom Piano zum Fortissimo anschwillt: das Knirschen der eigenen Schritte im Lava-Kies – richtiger noch: das Knirschen der Lava-Kiesel unter den eigenen Schritten.

1280. die Druckqualität

die fragwürdige Druckqualität des Botanikbuches »Pflanzen der Azoren«, die verhindert, daß wir dem Baum mit den schweren langen Blättern und der unvergleichlichen Farbe seinen Namen zuordnen können, dem Baum, der uns deshalb erstaunt, weil wir seine Farbe nicht von der Natur, sondern von Autokarosserien her kennen: seine schweren langen Blätter sind: metallisé.

1281. der Totenkranz

der Sieger der Autorallye von Faial, der sich den Siegerkranz – zu den matten Klängen einer Hymne – mit jener teilnahmslosen, zerfahren mechanischen Geste über den Kopf stülpt, mit der sich Leonhard Steckel als tot geglaubter Nobelpreisträger Schwitter in Dürrenmatts Drama »Meteor« den Totenkranz um den Hals legte.

1282. das Dröhngebaren

die Identifikation der jungen Besucher der Siegerehrung mit den geehrten Siegern der Azoren-Rallye im Aufschrillen des Motors beim Start zur Heimfahrt, als gebe dieses Dröhngebaren jedem der Halbwüchsigen das Gefühl, er habe die Azoren-Rallye gewonnen,

1282 a
und mein Eindruck, wo sich dieses Gefühl im Gedröhn erzeugen lasse, brauche man die Rallye nicht mehr wirklich zu fahren.

1283. der Komplize
die Wortkargheit in ihrem Charakter, den die Einheimischen von Faial schlicht dadurch korrigieren, daß dir jeder, den du nach dem Weg zur Post oder nach der Uhrzeit fragst, bevor er deine Frage beantwortet, mit Nachdruck die Hand reicht,
1283 a
und das Gefühl, das sein Handschlag in dir Fremdem weckt, er habe dich ungefragt zu seinem Komplizen gemacht.

1284. der Gruß
der Gruß, den die Einwohner von Horta – als sei es stellvertretend für alle Faialenser – dem Fremden entbieten, indem sie ihm, beileibe nicht unhöflich im Tonfall, zu erkennen geben, wer gegrüßt werden wolle, müsse grüßen.

1285. der Ortswechsel
die drei Streifen von Wolken, die als drei getrennte Horizonte gestaffelt über der Insel Pico lagern und die uns jene Erfahrung bescheren, die wir sonst nur beim schnellen Ortswechsel im Überschallflugzeug machen könnten: den dreifachen Mondaufgang.

1286. die Dosis
das von den Hauswänden hin- und hergeworfene Dröhnen der Heavy-Metal-Klänge der Band HMGD auf der Praça Velha in Angra do Heroismo, dieses schmerzende Klanggepeitsche, das sich aggressiv über die ganze Stadt ausbreitet, als sei das Mitternachtsglöcklein vom Turm der Sé, das da – nur dem Aufmerksamen hörbar – im 100 000-Watt-Gedonner vor sich hin bimmelt, das Fleckchen Gift, das es mit einer Riesendosis Gegenkrach zu entgiften und zu neutralisieren gilt.

1287. das Datum
die ganz andere Zeitgrenze, die der Kioskverkäufer auf Faial mit seiner Bemerkung errichtete, auf dieser Insel – auf der Zeitungen nur an Werktagen und zudem nur bei guten Windverhältnissen ankommen – sei das aufgedruckte Datum irrelevant, weil jede Zeitung ihre Aktualität so lange behalte, bis sie verkauft sei.

1288. der Stier
das »Stierspiel«, als das die Einheimischen die azoreanische »Tourada« bezeichnen, »brincarcomotoro«, das Wort, das mir – auch wenn vorwitzige Zuschauer vom Stier oft übler zugerichtet werden als der Stier von ihnen – schwerer über die Lippen will als das uns geläufigere Wort »Stierkampf«.

1289. der DJ
der Klang und die Unverhältnismäßigkeit seines Charakters mit der Lautstärke, in der er mit 100000-Watt-Verstärkern erzeugt wird – und der DJ auf der Praça Velha, der offenbar mit trotziger Lust mit jedem Griff zum Regler deutlich machen will, ein Klang sei erst dann ein Klang, wenn er laut ist.

1290. der Gebrauch
mein Gefühl, zwar in einer Welt vertrauter Gegenstände – etwa eines Hutes – aber unvertrauten Gebrauchs dieser Dinge, also in einer völlig andern Kultur zu sein, als ich bei Ferreira de Castro las, der Hausherr Alberto habe den Besucher Firmino – als Zeichen des Willkomms – dazu eingeladen, seinen Hut vom Kopf zu nehmen.

1291. der Könner
der Junge, der mit gespielter Lässigkeit mitten auf der Straße von Santo Amaro stand und sich ganz auffällig so bewegte, als merke er nichts vom Ansturm des Stieres, der auf ihn zupreschte,

1291 a

und das Wegschnellen des Burschen erst, als das Horn des Stieres schon auf seinen Oberarm zustach, weil man sich bei diesem Stierspiel, Stierkampf, Stierstreit Bewunderung gerade damit holen kann, daß man – und darin gibt es Könner! – rumsteht, als ob nichts wäre.

1292. die Sammlung

die Azorianität, von der die Rede ist, daß es sie nicht gebe, diese Gemeinsamkeit, die die neun Inseln der Azoren zusammenhalten müßte, wenn es diese Kraft denn gäbe, und die Begründung für ihr Fehlen in der Beobachtung, daß die neun Inseln einander offensichtlich und schlicht und einfach nicht gleichen *wollen,* um so eine Sammlung von neun möglichst verschiedenen Erscheinungsformen von Welt bleiben zu können.

1293. die Bergkette

die Bergkette, die, wie ein Staudamm das Wasser, die Wolken hinter sich staut, die zwischen den Gebirgszacken wie Wasserfälle herabzustürzen scheinen, was mich nur deshalb erstaunt, weil ich nie erwartet hätte, in meinem Leben etwas zu sehen, das ich als »Wolkenfälle« bezeichnen müßte.

1294. der Windschutz

die aufwühlende Vorstellung, in meterhohen Buchstaben seien da Pessoa-Gedichte in die Berghänge geschrieben, die mich antreibt, die Bedeutung der Wörter zu entziffern, zu denen die Stauden und Büsche über den Hügeln von Faial gefügt sind,

1294 a

und das schnelle Erlöschen der poetischen Emphase, als ich vernehme, diese hochgewachsenen Schilfkämme seien nur Windschutz und sonst nichts.

1295. der Berg

die glutfarbene Erde, die aus Abbrüchen im Berg über Horta wie aus Wunden aus dem Boden tritt, und mein Mitverfolgen, wie diese rostbraun ascheockerne Farbe alles Erstaunliche und Außergewöhnliche verliert, seit ich erfahren habe, daß der Berg Monte Queimado heißt: verbrannter Berg.

1296. der Quizmaster

das Einkehren in azoreanischen Restaurants, das ich – weil wie bei uns anfangs der sechziger Jahre in jeder Kneipe das Fernsehprogramm dröhnt – wie eine Rückkehr in die Zeit vor vier Jahrzehnten erlebe, als wir uns beim Gang von Kneipe zu Kneipe, also von Bildschirm zu Bildschirm (und besonders auch im Café Helios in Leimbach), von Moderatorin Heidi Abel und Quizmaster Mäni Weber begleiten ließen.

1297. das Ortsschild

das Lissabonner Stadtviertel »Prazeres« (also: »Freuden«), an das ich mich erinnert fühlte, als ich hier auf Graciosa das Ortsschild »Dores« las und mir sagte: Ich möchte nicht in einem Dorf leben, das auf deutsch »Schmerzen« heißt,

1297 a

und der in Katalognummer 910 beschriebene Mann aus dem Stadtteil »Prazeres«, dessen Biographie ich mir so zurechtlege, daß ich nun von ihm sagen kann: »Er lebte in Schmerzen und starb in Freuden.«

1298. der Ruß

die schwärzeste Lava, die wie schaumige Mousse au Chocolat aus schwarzer Schokolade – in cremigen Strähnen, als sei sie vom Maître Patissier hingespachtelt – vom Berghang geflossen war und uns deshalb irritiert, weil Creme etwas Weiches ist und die zu Stein geronnene Lava von Carapacho Weichheit so verblüffend vortäuscht, daß man in sie hineinspringen möchte wie in ein geplustertes Kissen.

1299. das Gurgeln

das faszinierende Rauschen des Meeres (das übrigens anderswo unter dem Gedröhn der Strandbeschallung kaum mehr zu hören ist) und das uns ganz neue andere Meeresgeräusch, das Gurgeln der Wellen in den schaumig wirkenden Lavabrocken der Ufer, das steter Begleitklang ist während unseren azoreanischen Wochen.

1300. die Spangen

die 500 Meter hohen Steilwände, welche die Insel São Jorge wie Spangen zu umschnüren scheinen und die unten wie Saft aus der Inselmasse die Fajãs herauspressen, jene fruchtbaren Landfächer, die wie Zungen ins Meer lecken und von oben wie die Wachsströme aussehen am Fuß einer tropfenden Kerze.

1301. das Mittelding

dieses Mittelding aus Kaktus und Palme, das mir aus der Werbung für Hautpflegemittel bekannt ist, die Aloe, die ich deshalb nicht mehr aus meinen Träumen vertreiben kann, weil sie das Dorf Fajã de Santo Cristo (das sich nur zu Fuß auf schmalem Weg über Schründe und Abgründe hoch über dem Meer erreichen läßt) hinter ihrem dschungeldichten Gewucher versteckt, so daß Rara und ich, ermüdet von der Wanderung, unser Ziel erst entdeckten, als wir längst an ihm vorbeigegangen waren.

1302. der Nachschub

der alte Mann, der auf der Treppe zum Stadttor von Velas am Hafen saß und der, als Bierkisten am Kran aus dem Schiff »Expresso do Triangulo« an Land gehievt wurden, in derart heftige Freudentänze ausbrach, daß ich annehmen mußte, er teile seine Begeisterung mit allen Durstigen unter den Insulanern, seine Freude über den Nachschub, der als wohlberechnete Wochenration die ganze Insel mit frischem Bier versorgt.

1303. das Klischee

das schwarzweiße Wandgemälde des Künstlers Raul, das allen Zauber und alle Magie der Insel São Jorge auf die Wand des Schulhauses von Velas bannt; so treuherzig sind alle georgischen Kennzeichen dargestellt, daß sich Rauls Bekenntnis überhaupt nicht als Klischee anhörte, als er sagte: »Ich möchte nirgendwo anders als hier auf São Jorge sterben!«

1304. das Päckchen

das Zigarettenpaket »Fumar mata«, auf das der Däne zeigte und den Händler fragte, ob es »Fumar mata light« gebe,

1304 a

und diese Schrift »Fumar mata«, die nach Gesetz größer als jeder Markenname auf dem Päckchen prangen muß, so daß es uns einleuchtet, daß einer, der nicht weiß, daß »Fumar mata« deutsch »Rauchen tötet« heißt, Fumar mata« für eine Zigarettenmarke halten kann.

1305. die Speisekarte

der »Peixão« auf der Speisekarte, der deutsch »großer Fisch« heißt, den Rara sich im Restaurante Clube Naval in Velas bestellte; und der »kleine Fisch« (den »Peixinho«), den sie auf ihrem Teller vorfand, weil »großer Fisch« der Name einer Fischart ist und nicht die Größe eines Fisches bezeichnet.

1306. die Volkstänze

die Folkloregruppe »Modas da nossa terra«, die ihre beseelten Volkstänze am 10. Juni auf der Praça Velha, dem Hauptplatz von Angra, vorführte unter einer riesigen Projektionswand mit Video-Werbespots, welche die treuherzige Botschaft der Tanzenden in ihren Trachten laufend zunichte machte und im Bildgewitter neutralisierte.

1307. der Tinnitus

Raras Beifallszeichen, der aufgereckte Daumen, der sofort von der ausgelassenen Hochzeitsgesellschaft in Vinha Branca erwidert wurde und dem die Einladung an uns folgte, am Hochzeitsfest teilzunehmen,

1307 a

und die Ausreden, mit denen wir unsere Ablehnung verschleiern mußten, denn wir konnten den ekstatisch Tanzenden nicht beibringen, daß wir fürchteten, bei der schmerzhaft übersteuerten Lautstärke der Musik einen bleibenden Tinnitus einzufangen (den die meisten Anwesenden wohl längst schon haben müssen).

1308. der Bekannte

der Mann auf der Straße in Angra, der mich begrüßte wie einen alten Bekannten und im unklaren ließ, ob er mich mit jemand anderem verwechselt hatte, bis er im Gespräch erwähnte, ich hätte doch vorvorgestern in seinem Laden Gorrama-Thé gekauft,

1308 a

und dieses Erlebnis der »Azoreanität«, daß jemand, der jemandes Kunde war, wenn nicht gleich dessen Freund, so doch sein Bekannter bleibt.

1309. die Lieblingsstadt

mein Eingeständnis, daß ich jedes Mal, wenn ich Angra do Heroismo als meine europäische Lieblingsstadt bezeichne, die lückenlosen Reihen von parkierten Autos und die dröhnenden stehenden Autoschlangen aus den Gassen weggedacht habe, weil ich mir nicht eingestehen will, daß eine eigentlich wunderbare, architektonisch geschlossene Stadt derart von Dingen beherrscht wird, für die sie nicht gebaut worden ist.

1310. die Liebliche

ob ich die Landschaft der Insel Graciosa wohl deshalb als liebliche erlebe, weil sie deutsch »die Liebliche« heißt?,

1310 a
und diese Frage, die auch lauten könnte, ob man wohl der Insel den Namen »die Liebliche« gegeben habe, weil sie so ist, wie sie heißt?,

1310 b
und zum Schluß das vergebliche Experiment, herauszufinden, ob die Insel Graciosa ihren Liebreiz bewahre auch für jenen Besucher, der nicht weiß, daß Graciosa »die Liebliche« bedeutet.

1311. die Rückkehr
die Betretenheit, die Rara und ich nach unserer Rückkehr von den Azoren in unserem heimatlichen Zürich allenthalben auslösen, so lange auslösen, bis wir uns endlich die azoreanische Sitte abgewöhnt haben, jedem Entgegenkommenden auf der Straße einen guten Tag zu wünschen.

1312. die Überzahl
einerseits die pathetische Anrufung der Heimat, die ich aus der Schweiz gewohnt bin, andrerseits hier nun auf Flores die Behauptung des Azoreaners, jeder könne »Heimat machen« und sie lasse sich machen, wo man sei, die glaubhaft wird angesichts der Überzahl jener Azoreaner, die nicht auf den Azoren leben und von denen mir einer offenbarte: »Heimat ist nichts als ein Anker, der dich nicht abdriften läßt und dessen eiserne Ankerkette sich erst vom Anker löst, wenn sie durchgerostet ist.«

1313. die Kraterwände
die Gegenwart des Innern auf der Außenfläche, das in Nr. 1249 beschrieben ist, der Überzug von Erdinnerem über dem Globus, dieses Leben auf der Innenseite, für das den Azoreanern ein treffliches Sinnbild gelungen ist, indem sie auf Graciosa und São Jorge die Stierkampfarenen in den Schlund der Vulkane hineinbauten, deren Kraterwände sich als natürliches Amphitheater für die Zuschauerränge anbieten.

1314. das Stückchen

der Schatten eines Dings – gäbe es denn einen Schatten ohne ein Stückchen Materie, das ihn würfe? –, der Schatten also, der sich mir auf dem steilen Platz in Velas nähert und mich verstört wie eine Bedrohung,

1314 a

und die Vermutung, daß er wohl weniger – oder gar nicht – bedrohlich erschiene, wenn seine Form erkennen ließe, was ihn erzeugt.

1315. die Sprunglatte

die nie geahnte Euphorie, die uns leicht macht und gewichtlos beim elementaren Naturerlebnis, uns auf der Überfahrt von Flores nach Corvo plötzlich in einem Schwarm von Hunderten (oder waren es Dutzende?) von Delphinen zu finden, die um unser Gummiboot herum aus dem Wasser in die Luft schnellen, Saltos vollführen, wie um die Wette hochspringen, und dies mit einer Energie, als sei der Horizont die hochgestellte Sprunglatte.

* * *

1316. die Gewaltsamkeit

das Waschmittelangebot, das »Ariel« so aufsässig heftig vor meine Augen hält, daß die Gewaltsamkeit dieses Angebots meine Sprechmuskeln veranlaßt, die Frage halblaut vor mich hin zu sagen: »Das Wesentliche ist das, was verlangt würde, auch wenn es das Produkt nicht gäbe?«

1317. das Nötige

die Ramschbude, in die sich seit der Wende auch jene Teile Europas verwandelt haben, von denen ich annahm, sie zögen das Nötige dem vor, was ihnen angeboten wird.

1318. der Gesang

das Singen der Leute, das nicht etwa ein Krähen, Möhnen, Gröhlen war, sondern ein Singen aus vollem Hals, das ich aber, des fürchterlich militanten Textes wegen, den sie sangen, trotzdem nie als Gesang bezeichnen könnte.

1319. der Siebenundachtzigjährige

der alterslos alerte Kurt Guggenheim, als der er während der Dreharbeiten vor der Kamera stand, und der zum Greis gealterte, den ich nun im Filmbild vor mir sehe,

1319 a

und das von diesen unterschiedlichen Alterszuständen ein und desselben Augenblicks ausgelöste Erstaunen, daß mir meine möglicherweise havarierte Erinnerung einen andern, einen verjüngten Kurt Guggenheim zeigt; – der Sechsundachtzigjährige, der er ist, ist er nur im Film.

1320. die Marktmechanismen

die Lauterkeit des Kunstwerks, die sich deshalb durchsetzt, weil das Werk nicht mit der Gunst des Betrachters spekuliert, so entschieden sogar, daß es sich den Marktmechanismen verweigert; – und die Berichterstattung über ebendieses Kunstwerk, die, weil sie mit der Lesergunst spekuliert, das Werk in jene Marktmechanismen einpaßt, denen sich Kunst verweigern will.

1321. das Dabeisein

das völlig beiläufig wirkende Gespräch zweier Buspassagiere neben mir im Bus 781 über einen unliebsamen Verwaltungsratskollegen und das Gefühl, ihre Intimität durch mein Dabeisein zu verletzen, das sich erst jetzt einstellt, wo der eine das piepsende Handy aus der Tasche gezogen hat und nun mit jemand anderem, weit Entferntem spricht über jemanden, den er nicht mehr im Verwaltungsrat haben will.

1322. das Du

das »du«, das ich K. N. angeboten hatte, und dieses verlegen kraft-
los artikulierte, peinlich klingende »du«, das als Entgegnung so
farblos schal über seine Lippen kam, daß ich dieses »du« ange-
boten zu haben als einen Fehler erachten mußte, der nur unter Zu-
gewinn noch bohrenderer Peinlichkeit rückgängig zu machen
wäre.

1323. die Katalognummern

das unbändige Verlangen, nach tausenddreihundertdreiundzwan-
zig Katalognummern endlich wieder vollständige Sätze mit Prä-
dikat schreiben zu dürfen, das ungestillt bleiben muß, solange ich
nicht eine andere literarische Form angehe, weil das Wort »Ka-
talog« in diesem »Katalog von Allem« keine Gattung mehr be-
zeichnen und zum bloßen Titel werden würde über einer Samm-
lung von Texten, die jede andere Art von Texten sein könnten
außer Katalogtexte.

1324. das Vergnügen

das Vergnügen, das mir der Kapitalismus jetzt plötzlich zu berei-
ten vermag, seit er zu erkennen gibt, daß man ihn auch als eine
frenetische Parodie auf die Formen des menschlichen Zusammen-
lebens erleben kann.

1325. die Entwicklung

mein plötzlich aufbrausender Unwille im Gespräch über mensch-
liche Entwicklung und technischen Fortschritt, der mich zur Fest-
stellung provoziert hat, wenn Entwicklung keinen Fortschritt be-
deute, hätte sie ebensogut nicht stattfinden können.

1326. der Gauner

der Schein, von dem kaum jemand genau wissen will, wie er sich
vom Sein unterscheidet, und der sich als Folie des Mißtrauens
über alles andere legt, jetzt wo sich der Mann im Gärtnerkleid
nicht als Gärtner, sondern als ein Gauner entpuppt, der sich des-

halb ins Gärtnerkleid gestürzt hat, damit nie deutlich werde, daß er kein Gärtner ist, sondern ein Gauner, der sich in ein Gärtnerkleid gestürzt hat, damit nie deutlich werde, wie dies alles weitergeht.

1327. der Körper

er habe einen Körper, der ihm Sorgen mache, diese Klage des Mannes in den Pfälzer Weinprobierstuben, die so leidensvoll klingt, daß ich es richtiger fände, wenn er sagte: »Ich bin ein Körper, der mir Sorgen macht«,

1327 a

und die Freude, die sich trotz aller seiner Qual in mir einstellt, weil er in seinem Satz zu erkennen gibt, daß es nicht nur der Körper ist, der ihm Sorgen macht.

1328. der Komiker

der Pleonasmus, als den mir der Lehrer Herzog meine Formulierung »der lustige Komiker« mit dickem Rot angestrichen hatte,

1328 a

und meine Überzeugung, er müsse seine Anstreichung vierzig Jahre später zurücknehmen, jetzt, wo ich Helmi Sigg auf Plakatwänden für »Blick« werben sehe, weil ich erfahren habe, daß Helmi Sigg zwar ein typischer Komiker, aber dennoch alles andere als lustig ist.

1329. das Möbel

die Möbel, die im Saal von Robert Rauschenbergs Wohnung auf der Insel Captiva fehlen, weil er Möbel erklärtermaßen haßt,

1329 a

und der riesige Fernsehapparat (in dem jetzt, am 27. Mai 1998 um 22 Uhr, gerade »The Great Skate Debate« zu sehen ist), den Bob deshalb etwa nicht als Möbelstück verstanden haben will, weil er kein Möbel, sondern nur ein Fenster sei.

1330. der Raum
der riesige Saal ohne Möbel, den Bob Rauschenberg »Living-Room« nennt und dies mit »Raum fürs Leben« übersetzt, und der schmale kleine Raum mit den vielen Gestellen gleich daneben, der deshalb viel wichtiger und größer wird als der große Saal, weil Bob den kleinen – im Gegensatz zum »Raum fürs Leben« – den »Raum für alles andere« nennt.

1331. die Treppenstufen
die ausladende Bibliothek, die Bob Rauschenberg deshalb unter den Treppenstufen verborgen hält, weil er die Dinge, sagt er, die er wissen müsse, nicht auch noch immer vor Augen haben wollen könne.

1332. die Drehzeit
die Ungeduld auf den Schnittbeginn, die mich auf dem Heimflug von Captiva packt, weil mir die Freude bevorsteht, Robert Rauschenberg in den drei Wochen Montagezeit – wenn ich ihn hundertmal denselben Satz sagen hören und hundertmal dieselbe Geste ausführen sehen kann – viel besser kennenzulernen, als dies in der zehn Jahre dauernden Drehzeit möglich war.

1333. die Aufmerksamkeit
Schoops frühe Collage von 1962, die seit mehr als drei Jahrzehnten an meiner Zimmerwand hängt und mich gelehrt hat, ein Bild mit den Augen, wie mit einer Kamera, in Details zu unterteilen und in der Totalen zusammenzufassen, was sich mir dort aufdrängt, wo Jürg Fetzen aus vier übereinandergeschichteten Fotografien so herausgerissen hat, daß drei menschliche Köpfe unverhofft nach Aufmerksamkeit gieren, ganz als ob sie es müde wären, Teil des Ganzen zu sein.

1334. der Sturm
der Herbststurm, der Berge welken Laubs in eine Mauerecke des »Bellevue« in Kreuzlingen peitschte, und der Fotograf, der sich

1983 – so stelle ich mir das vor – aus diesem Sturm nach Hause gerettet hatte und sich eingestehen mußte, daß er ihn, diesen Herbstwind, erst erlebte, als er den Film entwickelt hatte mit dem Bild der Berge welken Laubs, die der Herbststurm in eine Mauerecke gepeitscht hatte.

1335. die Erzählung

die Gedanken an die geplante Erzählung, die so plastisch werden am Tisch in der »Weissen Rose«, daß ich die beiden Hauptfiguren Sunny und Wanda augenblickelang als Tischgenossen bei meinem Schlummerbier spüre, wobei es mich überhaupt nicht befremdet, daß die Wirtin Heidi mich behandelt, als sei ich alleine gekommen.

1336. die Platzangst

die immer leicht zackigen, aber kurzförmigen Bewegungen des amtlich würdevoll gekleideten Polizisten vor mir in der Rämistraße, sein abrollendes Zucken, das mir den Eindruck gibt, als erlebe er Platzangst in seiner Uniform.

1337. die Flamme

das Feuer, das seine Nahrung offenbar in anderem als im Holz zu finden scheint und dessen Flamme von einer derart künstlichen Neonfarbe ist, daß ich versucht bin zu sagen, es sehe aus, als brenne dieses Feuer nicht.

1338. die Oberhand

der von mir freundschaftlich aufgefaßte Gruß des Moderators an seinen Studiogast, dieses »Willkommen!«, in dem erst Augenblicke, nachdem es ausgesprochen worden war, jene Tonlage die Oberhand gewann, die das reine Gegenteil von Willkomm zu bedeuten vermochte.

1339. die Sternschnuppe
die vielbesprochene und doch nicht erklärbare Stimmung beim Unterwegssein mit der Gruppe TGU und ihrer Performance »Alles von Allem«, dieses euphorisierende »Tourneegefühl«, das Wernis Satz – beim Blick aus dem Fenster – ausgelöst haben muß: »Fehlt nur noch, daß eine Sternschnuppe unser Flugzeug überholt.«

1340. das Stolpern
der Gegensatz zwischen schwarzweiß und farbig, den das geniale Video »Roseland« in der schwarzweißen Farbigkeit zusammenfaßt, und die Unvereinbarkeit von Stolpern und Stehen, die eine Tänzerin auf verblüffende Weise zu vereinen vermag in ihrem unbegreifbaren Stolperstand.

1341. die Neujahrsnacht
das Gefühl von Aufbruch, von Neubeginn, von dem wir in der Neujahrsnacht ergriffen werden wollen, und die Fortsetzung des Alten, des Gewohnten, das sich durchsetzt, als sei diese Dämmerung der Morgen des 32. Dezember.

1342. die Unschärfe
die Brille, die ich nicht aufhatte, als mein Blick zufällig die in Nr. 1333 beschriebene Collage streifte und mir den Eindruck von formaler Großartigkeit verschaffte, weil erst die Unschärfe alle Bildelemente ineinander verfließen läßt und nicht mehr zuläßt, daß sich ein Detail – die erwähnten drei Gesichter – als aufsässiges Realitätspartikel meldet.

1343. der Blickpunkt
daß ich Grund habe, nicht nur die legendäre Nacht des 7. Juni 1991 zu notieren, in der mir Jeannot Tinguely das bestürzende Bild »Erinnerungen an Moskau« gemacht hat, sondern auch die prosaischere Nacht des 16. April 1998, in der ich – in Gängen, Schritten und Bewegungen vor dem Bild – feststelle, daß es mir

am besten gefällt, wenn man es von links betrachtet, frontal gesehen wird es schwächer, und wenn man es von rechts sieht, zerflattert es,

1343 a

und meine hartnäckige Behauptung, gerade dies – diese Unterschiedlichkeit je nach Blickpunkt – sei die Stärke des Bildes, das mir gefällt, wenn ich es von links betrachte.

1344. die Sendung

Theos Mitmachen durch Abwesenheit, das ich und meine Redaktionskollegen als Nichtmitmachen mißverstanden und ihm auch vorgeworfen haben, ihm, der doch gerade durch seine Abwesenheit seinen positiven Beitrag zum Gelingen der Sendung leisten wollte,

1344 a

und seine Bestürzung darob, daß seine Abwesenheit – die doch seine damalige Motivation, das Gratisbuch herauszugeben, drastisch vermitteln sollte – ein Grund sein kann, die Fernsehsendung über die Beweggründe der Herausgeber des Gratisbuches abzusagen.

1345. der Ausguß

das erst im nachhinein als Befremden erkannte Gefühl ob der Selbstverständlichkeit, mit der ich dem Töpfer Serena auf den Kapverden beipflichtete, daß ein Krug, der eine schön geformte Ausgußöffnung für das Wasser hat, auch einen Einguß brauche, durch den das Wasser in den Topf gelangen könne (damit es durch den Ausguß aus dem Topf herausgegossen werden kann),

1345 a

und das Gefäß mit zwei Schnäbeln, das er mir mit der Bemerkung übergab, es habe schon Leute gegeben, die am Krug zwei Ausgüsse gesehen hätten, ohne sich Klarheit verschaffen zu wollen, durch welche der beiden Öffnungen das Wasser in den Topf hineingegossen werde.

1346. der Wermut

die drei Tropfen Wermut, mit denen man, wenn man schützen will, was man geschrieben hat, die Tinte versetzen soll, damit – so rät der Schreiber an der Ecke von Rua do Tarrafeiro und Tercena – damit die Ratten das Papier nicht anzunagen wagen, auf dem das Wesentliche geschrieben steht.

1347. das Prädikat

das Fehlen des Prädikates, das in den Sätzen des »Katalogs von Allem« – wie in jeder Aufzählung – deshalb wichtig ist, weil weniger wichtig ist, was mit dem erwähnten Gegenstand geschieht, als das, was zwischen dem Gegenstand und dem Leser passiert.

1348. der Füllfederhalter

die Liebe zur Stadt Macao, die der Dichter Austin Coates dadurch zeigte, daß er seinen Füllfederhalter mit dem Wasser des Perlflusses füllte, damit sein Gedicht schrieb und sich dann doch darüber wunderte, daß niemand – außer ihm – erkennen konnte, wie gut dieses Gedicht über Macao war und wie sehr er Macao liebte.

1349. der Stab

das glitzernde Ding am Boden, von dem ich erst, als es sich nicht aufheben läßt, merke, daß es kein Stab und auch kein fallen gelassenes Lineal ist, sondern ein stabförmiger Lichtstreifen, den das Sonnenlicht im Hochsommer jeweils um 15 Uhr auf den Boden des vierten Stockes an der Weinbergstraße wirft und dessen breiteres Ende am 16. August 1998 genau dort lag, wo sich die Buchdeckel von Willi Spillers »Die Stadt« und Balthasar Burkhards Katalog des Kunsthauses Zug berühren.

1350. der Schrott

das Suchen im Duden nach der genauen Definition von Schrott, von der ich nur deshalb erwarte, daß da auch von Dingen die Rede sei, die ausgedient haben, noch bevor sie gebraucht werden, damit ich den Klangschrott, der da tagein tagaus aus der Nachbarwohnung zu mir hinübertönt, als Klänge bezeichnen kann, die, bis sie an mein Ohr gelangen, längst ausgedient haben.

1351. der Rauhreif
das Gerinnen der Tautropfen zu Rauhreif auf den Ästen der Bäume hinter Medicis Haus, dieses Ereignis, das ich nicht beschreiben, sondern in die Sprache hineinbrechen können möchte, so wie man einen Suppenwürfel ins kochende Wasser hineinbricht.

1352. der Ansporn
das stumpfe Klappern der Tasten von Max Frischs Schreibmaschine, das Cutterin Bigi akustisch verstärkt haben möchte, damit es den Eindruck der Einsamkeit steigere, jener Einsamkeit des Schriftstellers an seinem Arbeitstisch, die um so elementarer erscheinen will, je öfter wir bei der Montage Frisch sagen hören, der Ansporn zum Schreiben sei das Bedürfnis, nicht alleine zu sein.

1353. der Großvater
die Ungerechtigkeit, von der wir reden angesichts des irritierenden Charmes jenes Gymnasiasten, der in der Schultheateraufführung den dreiundachtzigjährigen Großvater spielt, weil wir einsehen, daß – auch wenn Junge so bravourös Alte zu mimen vermögen – Alte nie werden Jugendliche spielen können.

1354. der Einwurf
das Wort »papperlapapp!«, mit dem mir Marianne Zubler am 22. April 1999 übers Maul fuhr, und mein Erstaunen darüber, daß ich mich deshalb nicht über ihren vielleicht beleidigenden Einwurf ärgern konnte, weil ich mich freute, ein untergegangenes Wort wieder zu vernehmen, das ich vor mindestens fünfunddreißig Jahren zum letzten Mal gehört hatte.

1355. die Gemeinsamkeit

»... mit jemandem wie Ihnen will ich nichts gemeinsam haben!«, dieser Fluch, den ich den Mann im blauen Blazer schreien hörte und der ein unerfüllter Wunsch bleiben muß, weil auch der Mann im blauen Blazer nie wird abstreiten können, daß die fundamentalste und unveränderbare Gemeinsamkeit bestehenbleibt, jene nämlich, daß beide hier und jetzt und auf demselben Erdball leben.

1356. der Sparschäler

wenn ein Bleistift in Tokio kein Bleistift ist in Miami und ein Sparschäler in Port Stanley kein Sparschäler in Münchenstein, wenn also überall alles anders ist, dann muß auch der Satz selber, überall sei alles anders, überall anders werden, – und dann doch dieses nur vermeintlich Erstaunliche, daß nämlich das, was der Satz bedeutet, überall gleich bleibt.

1357. die Fahrt

die Landschaft, die – Fritz stellt es fest – durch den Bau der Autobahn verändert werde, und die – Max sieht es so – viel einschneidendere Veränderung, nämlich die der Fahrt durch die Landschaft, durch welche die Autobahn führt.

1358. die Täuschung

die Täuschung, wo Stille herrsche, sei nichts zu hören, der Irrtum, je stiller es werde, um so weniger höre man, den Rara mit dem Zeigefinger auf den Lippen berichtigte, als sie sagte: »Hier ist es immer still. Aber jetzt kannst du die Stille hören.«

1359. der Herzschlag

die Wortmultiplikation – die Möglichkeit, im Deutschen Substantive zusammenzufügen, von der Nr. 1216 handelt –, die mich jetzt bestürzt, wo ich (beim Übersetzen von Jack Kerouacs Text über die Beat Generation) vom Herzschlag schreibe und erst nachher merke, daß eigentlich das Gegenteil gemeint ist, nämlich der belebende Schlag des Herzens, das Schlagen des Herzens.

1360. die Sonnenlicht

die Frage, ob ich das Sonnenlicht wohl nur deshalb so ausführlich beschreibe, weil es mir nicht gelingen will, zu erreichen, daß die Sprache leuchtet.

1361. die Schulter

die Irritation im Atelier von Julião Sarmento in Varzea de Sintra, die ich in Nr. 1109 beschrieben habe und die sich nun – sechs Jahre später – am 17. Januar 1998 im Münchner Haus der Kunst mit derselben Penetranz wieder einstellt, wo ich in den Bildern »Ataque 7« und Ataque 2« und »Febre 5« erlebe, auf welche bestürzende Art Julião jenes Foto verarbeitet hat, das mir 1992 im Atelier deshalb als beunruhigend aufgefallen war, weil es eine Dame zeigt, die fähig ist, in ihre eigene linke Schulter zu beißen.

1362. das Wahrnehmungsvermögen

die mundfaule Abfälligkeit des Herrn im blauen Lumber, die erschreckend deutlich macht, wie sehr sein Wahrnehmungsvermögen schon abgestumpft ist, so sehr, daß er das Fernsehprogramm von Pro 7 für interessanter hält als sein eigenes Alltagsleben.

1363. die Ölquellen

die Kringel und Kräusel im Manuskript von Albert Ehrismanns Gedicht »Die Ölquellen«, das mich – abgesehen davon, daß es mir den in Nr. 969 protokollierten Befehl von Hptm Caprez in Erinnerung ruft – anreizt, herausfinden zu wollen, wie und wie weit ein gedrucktes Gedicht noch erkennen läßt, daß es in Stenographie geschrieben worden ist,

1363 a

und die entmutigende Einsicht, daß ich, um dies herausfinden zu können, erst einmal Stenographieschrift lesen lernen müßte,

1363 b
und »ob sich Gedichte überhaupt in Stenographieschrift schreiben lassen«, diese Frage, deren Beantwortung mich jetzt plötzlich überhaupt nicht mehr interessiert, wo ich entdecke, daß sich das Schriftbild mit seinen Kritzeleien, Schraffuren und Korrekturen ebenso intensiv lesen und (ohne Kenntnis in Stenographie) erfahren läßt wie eine Zeichnung von Cy Twombly.

1364. der Knallbonbon
das Beste an dieser jugendstilig reich verzierten Miniaturpetarde sei die Packung, die man – so Raras eigene Erklärung ihrer Passion für den Zauber von Knallbonbons – »in der Erwartung des Bessern, das man vergeblich darin vermutet«, lustvoll zerstöre.

DER RUMÄNISCHE KATALOG

1365. der Vorhang
die Nähe Bessarabiens, das von überall her in meinen Bukarester Aufenthalt hereindrückt und ihn mit jener endzeitlichen, deshalb zeitlosen Abenteuerlichkeit einfärbt, die ich aus Dinah Hinz' Schilderung jener bessarabischen Winter zu kennen glaube, in denen ihre Großmutter den Vorhang am Fenster anzünden mußte, weil dieses Feuer die einzige Möglichkeit war, die hungrigen Wölfe zu vertreiben, die in die Stube hineinspähten und – mit den Pfoten auf dem Fensterbrett – auf ihre Opfer lauerten.

1366. das Leuchten
das Leuchten der nackten Glühbirne in der verwahrlosten, betonversumpften Unterführung zur Metro-Station »Universitatii«, das ich deshalb als ein »verzweifeltes Licht« erlebe, weil es eines jener kalten Lichter ist, die keine Kraft haben, einen Schatten zu werfen.

1367. das Gegensatzpaar
die nicht etwa gespielte, sondern sichtbar lautere Verzweiflung im Gesicht des Mannes am Eingang zum Feuerwehrmuseum (die ich als rumänische Version der schweizerdeutschen Wendung »Da chunnsch dänn uf d'Wält!« mißverstand), als er seinen verzagten Zustand damit begründet, er habe – trotz seines Wissens, daß aktiv und passiv kein Gegensatzpaar zu sein bräuchten – immer noch nicht herausgefunden, was man alles zu tun habe, um endlich geboren zu werden, und ob man das mit sich geschehen lassen müsse.

1368. die Sachen
die schrecklichen Sachen, die immer jene sind, die man nicht macht, weil sie nötig wären, sondern nur, weil sie sich machen lassen.

1369. die Grobheit
die Verkäuferin im wie ausgeweidet wirkenden Warenhaus »Viktoria« in Bukarest, die ich als eine grobe Schönheit empfinde, wobei ich mich gleich darauf schon bei der Frage ertappe, ob in einer solchen Wortfolge die Schönheit über die Grobheit siege, was ebenso ungenau wäre, wie wenn die Grobheit mehr Gewicht erhielte als die Schönheit.

1370. der Aufzug
das bedrohliche Rattern des Lifts auf seinem Weg in den 16. Stock des Hotels »Dorobanţi« und dieses Wackeln beim Anhalten und Anfahren in jedem Stockwerk, das mir weniger bedrohlich erschienen wäre, wenn jeweils wenigstens einer der Fahrgäste in den Zwischenstationen beim Eintreten in den Aufzug »Guten Tag« oder sonst etwas Tröstliches gesagt hätte.

1371. das Bleiben
das Bleiben am fremden Ort, das ich den Fahrten durchs fremde Land vorziehe, seit ich gemerkt habe, daß man beim Reisen durch Orte und Landschaften hindurchfährt statt in sie hinein.

1372. der Kapitalismus

der Nachholbedarf eines jahrzehntelang auf literarischen Entzug gesetzten Volkes, der den überall nun augenfällig werdenden Lesehunger der Rumänen allein nicht zu erklären vermag, der aber wiederum die Erklärung dafür sein kann, daß Rumänen, aufgerufen, von jetzt ab als Unternehmer im Kapitalismus überleben zu müssen, als erstes an die Eröffnung eines Bücherstandes am Trottoirrand denken und zweitens an den Vorteil, daß auch Außentemperaturen von weniger als null Grad hierzulande niemandem die Lust und die Neugier nehmen, in Eis und Matsch und eingemummt an eingeschneiten Bücherständen zu stöbern.

1373. das Wasser

die Gebrauchsanweisung für Selsun-Shampoo, die mir rät, das Shampoo beim ersten Haarewaschen etwa fünf Minuten einwirken zu lassen, und die Nervosität, mit der ich diese fünf auf weniger als eine Minute reduziere, weil in diesem Winter im Hotel immer gerade eine der Segnungen unserer Zivilisation – Licht, Wasser, Lift, Heizung, Elekrizität – ausgefallen ist und ich befürchten muß, es sei diesmal das Wasser, mit dem ich das Shampoo aus den Haaren hätte spülen wollen.

1374. der Geldwechsler

der verführerisch hohe Wechselkurs, den mir der Geldwechsler am Rand des »Platzes der Revolution« angeboten hat, und die etwas später beim Nachzählen des eingewechselten Geldes gewonnene Einsicht, meine Dollarnote nicht bei einem Geldwechsler, sondern bei einem Taschenspieler gewechselt zu haben.

1375. die Richtung

die mesquine Frage »Warum schauen die Wartenden auch in der Metro-Station »Titan« alle in die Richtung, aus der die Bahn herkommt, und nicht dorthin, wo sie hinfährt?«, diese Fangfrage, auf die ich – wie jeder – die richtige Antwort natürlich zu wissen glaube, die ich aber nur deshalb nicht zu sagen wage, weil mich diese Antwort viel mehr anödet als die Frage selber, solange ich hier mit anhören muß, wie derjenige als Querulant verhöhnt wird, der statt dem Ausgangspunkt dem Ziel entgegenblickt.

1376. die Bandbreite

der Fußgängertunnel, der die Metro-Stationen »Unirii 1« und »Unirii 2« verbindet unter der Erdoberfläche, auf der üblicherweise das richtige Leben stattfindet; und die überwältigende Energie, mit der sich das rebellische Leben nun diesen verrotteten Stollen zurückholt, indem es die ganze – und wirklich die ganze – Bandbreite von Lebensäußerungen aus der lebensverleugnenden Monumentalität von Ceauşescus Unirii-Platz hinunterverlegt – wie Licht – in den schmalen und sehr schlecht beleuchteten Tunnel.

1377. das Dorf

die Hochhäuser aller Stile, von Art déco bis stalinistisch, welche die einstöckigen, ocker getünchten Balkanhäuser im Straßengeviert von Lupu – Polona – Dumbrava Rosie wie beschützend umstehen, als wollten sie im Zentrum der Metropole das Dorf bewahren, in dem jeder alles immer zum erstenmal erlebt, das Dorf, aus dem die Großstadt Bukarest gewachsen ist.

1378. das Ohropax

die Knollen Ohropax, die ich in meine Ohren stopfe, um das Gedröhn aus dem Fernsehlautsprecher im Nebenzimmer Nr. 1604 des Hotels »Dorobanţi« von mir fernzuhalten, und die daraufhin eintretende künstliche Stille, die derart leblos klinisch wirkt, daß ich mir in der Vorstellung Lärm einbilden muß, der die beängstigend sterile Stille belebt.

1379. der Respekt

das Land, das sich auf die Bedürfnisse des Touristen einstellt und mir keinen oder viel weniger Respekt abnötigt als der einzelne Tourist, der sich auf die Bedürfnisse des Landes einstellt.

1380. der Terror

der verquere Vergleich mit dem täglich um 10 Uhr befohlenen Lichterlöschen während der Rekrutenschule in der Kaserne Bülach, der sich mit geradezu unbehaglicher Hartnäckigkeit festsetzt, trotzdem ich mir einrede, dort habe jener panische Horror gefehlt, den hier in Rumänien Ceauşescu mit seinen tyrannischen »Strom aus!«-Befehlen zur Alltäglichkeit gemacht hatte, als er ohne Vorwarnung ganze Städte verdunkelte und so Hunderte von Leuten bis zum Morgen in Aufzügen blockierte, Eisenbahnzüge auf der Strecke stehenbleiben und Spitalapparate plötzlich ausleiern ließ, diese willkürliche Laune eines volksgierigen Diktators, die sich erst dann mit dem verderbenbringenden Gift des Terrors sättigt, wenn ich mir vorstelle, er, der drakulische »Kondukator«, selber habe Abend für Abend mit knöchriger Hand am Stromschalter seiner ganzen Nation – zur Stunde seines gräßlichen Übermuts – eigenhändig die Elektrizität abgedreht.

1381. der Haß

das befreite Aufatmen, daß, als der eine seinen Haß hinausschrie: »Moarte Ţiganilor!«, eine zweite Person da war, die sagen konnte: »Er haßt ja nicht, er spielt es nur«,

1381 a

und die stärkste aller Verunsicherungen, die sich daraus ergab, daß an beidem zu zweifeln war, am Haß und am Spiel.

1382. der Filzaffe

»Wie läßt sich etwas abbilden, ohne es zu zeigen?«, etwa die Milchkannen, der grüne Zelluloidschirm der Mütze, der Filzaffe mit der weißen Samtschnauze, der vor der Windschutzscheibe hängt, die Schar weißer fetter träger Gänse im Hof und all die vielen andern Dinge, die Eugen Barbu in den Anfangssätzen seines Romans »Nordchaussee« aufzählt, ohne sie zu beschreiben, sie also zeigt; und dieselben Dinge und Gegenstände im Filmbild meiner möglichen Verfilmung dieses Romans: sie blieben abgebildet, auch wenn ich sie nicht – ausdrücklich – zeige.

1383. das Beste

die Demokratie, von der sich sagen läßt, daß sie nicht das Beste ist, die dies aber wird, wenn man anfügt: weil sie besser ist als jede andere Staatsform, ist sie gut.

1384. die Landessprache

das unscharfe Stummfilmbild, das bei meinen ersten Rundgängen über Magheru und Calea Victoriei, über die Ionescu- und die Enescu-Straße von Tag zu Tag schärfere Konturen annimmt, und die Kameraeinstellungen, die Max Frisch gemeint haben muß, als er – mich in meiner Absicht, rumänisch zu lernen, bestärkend – sagte, eine Reise ohne Kenntnis der Landessprache sei wie ein Stummfilm mit Untertiteln, die uns die Reiseagenturen über die Bilder blenden.

1385. die Marktwirtschaft

die an jedem der vielen Stände auf den Gehsteigen angebotenen Lehrbücher der jetzt nach der Wende neu eingeführten Marktwirtschaft, von der der schlitzohrige Bücherverkäufer auf der Treppe zur Metro-Station »Armata Poporului« verkündet, die neue Ordnung erfülle sich dann, »wenn du den Leuten, die das Dumme wollen, statt ihnen zu sagen, daß sie das Dumme wollen, das Dumme lieferst, das sie wollen«.

1386. die Übersetzung

die von der Sprache gesetzten Grenzen, die allenfalls in der Übersetzung aufgehoben werden können, und die Grenzen des Bildes, die jetzt überraschend aufscheinen, wo ich vor dem Gemälde von Theodor Pallady im Kunstmuseum Bukarest mit verschmitztem Genuß sagen kann, es sei ihm – ob es getan sein muß, sei dahingestellt – gelungen, ein Bild von Cézanne ins Rumänische zu übersetzen.

1387. der Schweizer

mein Erstaunen darüber, wie wenig das Wort »Schweizer« mit der Schweiz zu tun haben muß, weil der Mann an seinem Verkaufstisch in der Academiei-Straße auf der großen Tafel mit der Aufschrift »Schweizer« ein offensichtlich weiches, in Rumänien hergestelltes, eingewickeltes Produkt anpreist und mir ein Blick ins mitgeführte Wörterbuch zeigt, daß die Schweiz auf rumänisch »Elvetia« heißt und der Schweizer schlicht »Elvetian«, während das rumänische Wort »Schweizer« wirklich nichts anderes bedeutet als »Käse mit Löchern«.

1388. der Eingriff

das wie ganz schweres Wasser wirkende Wasser des Flusses Dâmboviţza, dem Diktator Ceauşescu Gewalt angetan hatte, indem er es in einem streng ausbetonierten Korridor durch Bukarest leitete, dieser Versuch, dem plätschernden Element seine Natur zu nehmen, von dem ich – um mich des Quälenden in diesem dumpfsinnigen Eingriff zu entledigen – sagen können möchte, Ceauşescu habe den Fluß mit dem Bett verwechselt, in dem er fließt.

1389. das Suchen

mein tagelanges Suchen nach der Gasse in Bukarest mit ihren ineinander verwürfelten Baukörpern, den expressionistisch geneigten Wänden und den übereinandergestaffelten Bögen, die sich mir bei meinem ersten Besuch in der Stadt derart heftig eingeprägt hatte, daß ich sie wiedersehen wollte,

1389 a

und die Ernüchterung darüber, daß mein Suchen vergeblich blieb, weil ich – das merkte ich erst Jahre später – die unvergeßliche Gasse nicht bei meinem ersten Besuch in der Stadt kennengelernt hatte, sondern in einem meiner frühen und oftmals wiederkehrenden Träume.

* * *

1390. die Schwimmbewegungen

das wunderbar sanfte Abstoßen vom Erdboden, die groß ausholenden Schwimmbewegungen mit den Armen beim Durchpflügen der Luft, das euphorische Gefühl, über allem Ungemach zu schweben im Traum vom Fliegen, der mehrere Wochen lang derart intensiv in meinen Alltag herüberlappte, daß ich Morgen, Mittag, Abend nur als Zwischenzeiten erlebte, weil ich mich tagsüber schon auf das Zubettgehen freute, auf das Einschlafen, auf das Abstoßen, das ein leichtes Strecken der eingeknickten Knie schon bewirkte, und das euphorische Gefühl, über allem zu schweben,

1390 a

und die Enttäuschung, als eines Nachts nach dem Einschlafen und dem leichten Strecken der eingeknickten Knie das Abstoßen nicht mehr gelang und ich nur im Traum jenen andern Traum vergeblich herbeizuträumen versuchte ... vom Abstoßen, vom Schwimmen, vom Schweben, vom Fliegen über der Welt,

1390 b

und die Lust am Traum, die jetzt plötzlich durch eine Lust am Leben, am Alltagsleben ersetzt wurde, weil sich die Dinge als viel interessanter erwiesen, wenn man – statt über ihnen zu schweben – mitten unter ihnen steht.

1391. das Begeistertste

das Deutsch der deutschsprachigen Welt und die hierzulande weder gehörte, gelesene noch benutzte Ausdrucksart, die aus China über uns Deutschsprechende kam und (in den sechziger Jahren) nur deshalb unverhofft unter uns zu zirkulieren begann, weil der Übersetzer aus dem Chinesischen die Bildlegenden in »China im Bild« während der Kulturrevolution stets in die deutschen Sätze faßte: »Auf das Begeistertste jubeln die Massen dem Vorsitzenden Mao zu« oder »Auf das Freudigste begrüßen die Werktätigen die Beschlüsse des Zentralkomitees«.

1392. die Nachbarn

die lautdurchlässige Bauweise der Appartements im Portofino Est Residence in Rapallo, deren Wände uns wie gespannte Trommelfelle oder Resonanzkörper jeden Klang aus der Nachbarwohnung verstärkt weitergeben, das Sprechen, das Hämmern der Schritte, das angeklickte Fernsehprogramm, das Rücken der Stühle am Frühstückstisch oder das Klappern der Löffel im Suppenteller, das Einschnappen des Türschlosses,

1392 a

und mein unangenehmes Gefühl gegenüber der Nachbarfamilie, von der ich so viele Lebensäußerungen in Geräuschform vernommen habe – von der ich also so viel weiß –, dieses Gefühl, etwas Selbstverständliches zu unterlassen, das erst schwinden würde, wenn ich den Nachbarn wenigstens einmal »Hallo, wie geht's?« oder »Guten Abend« gesagt hätte.

1393. der Anhieb

die Geste des Ausholens vor dem Ansetzen zum Hieb, zu welcher der Begriff »auf Anhieb« gerinnt, nur dadurch, daß ich diese Katalognummer – als ob es dieses Substantiv gäbe – mit dem Hauptwort »der Anhieb« betitle, wenn ich schildern will, wie Quizkandidat Krünes Mäni Webers Frage nach dem Namen des Erforschers der Fingergelenkmechanismen auf Anhieb, also sofort, richtig beantwortete.

1394. der Automobilist

die Benennung des Gefährts und seines Fahrers, das ich erst Jahrzehnte später als das rigorose Zuteilen der Verantwortung erkannte, nachdem ich meinen Vater beim Wandern zum letzten Mal statt: »Paß auf, da kommt ein Auto!« die Warnung aussprechen hörte: »Vorsicht, da kommt ein Automobilist!«

1395. das Gegenüber

mein Gruß, den mein Gegenüber im Zug von Zürich nach Biel/Bienne – ich deute sein Verhalten als Verachtung – wohl nur aus teilnahmsloser Nachlässigkeit nicht erwidert und nicht etwa deshalb, weil er mich haßt.

1396. die Eltern

die Trauer über den Verlust der Eltern und die – weil bekanntlich Zeit die Trauer glättet, nicht erwartete – Verdoppelung der Trauer durch den Brief des Bestattungsamtes der Stadt Zürich, der mir mitteilte, das Grab der Eltern auf dem Friedhof Leimbach werde nun, 20 Jahre nach dem Tod des Vaters, aufgehoben,

1396 a

und die Erfahrung, daß sich die Trauer über den Verlust der Eltern jetzt anreicherte mit meiner Trauer über den Verlust des Ortes dieser Trauer.

1397. der Schützenpanzer

der breitschultrige Mann, der mit arrogantem »Platz da!«-Gehabe am Steuer seines Mazda Platz nahm, ganz so als steige er in einen Schützenpanzer, der ihm – als Raupenfahrzeug – den Kampf ermöglicht um Vortritts- und um alle andern Rechte.

1398. der Dezember

dieser ligurische Dezember, der Monat, in dem Italien – weil alle englischen, deutschen, schweizerischen, belgischen Interferenzen, die der Tourismus mit sich bringt, wegfallen – italienischer ist als im Rest des Jahres.

1399. die Kleinigkeiten

die Winzigkeiten, die Peter wohl deshalb mit Leidenschaft und treuer Hingabe beobachtet, sammelt, registriert, weil er weiß, daß alles Große nichts ist als die mehr oder weniger geschickte Anhäufung von Kleinigkeiten, was ihn zur Arbeit an der Frage geführt hat (deren Antwort er bald geben zu können hofft), wieweit sich folglich Wichtiges aus lauter Unwichtigem aufbauen lasse.

1400. die Schlagartigkeit
der Schock der Schönheit und gleich darauf die Einsicht, daß es nicht die Schönheit der Nachtkerze ist, die schockiert, sondern die abrupte Schlagartigkeit, diese Jähe, mit der die Knospen im Weinberg des Schipfgutes unversehens, ebenso überraschend wie erschreckend – und zwar um 18.32 Uhr –, aufplatzen, in einem einzigen Augenblick Blüten werden, die ihre Blätter mit einem unbändigen Flattern weit aufschlagen.

1401. der Elefant
die Nichtigkeiten, die wir an der heutigen Sitzung von »Next« so wichtig nahmen, daß sie mich reizten zum Vergleich mit der Mücke, auf der wir sitzen und erst beim Absteigen merken können, daß sie nicht der Elefant ist, für den wir sie halten.

1402. der Einbrecher
das Rumpeln und Poltern, das mich um vier Uhr morgens weckte und das mich entsetzte, weil es klang, als sei ein Einbrecher im Dunkeln über die Palmenkübel gestolpert; – und mein beruhigtes Zurücksinken in die wohligen Kissen, nachdem ich gemerkt hatte, daß es nicht ein Verbrecher, sondern mein eigener Magen war, der das rumpelnde Knurren erzeugt hatte.

1403. die Unterhaltung
das Sperrfeuer, mit dem es die Feinde zu beseitigen gilt im Videogame, das der Moderator von NBCdeutschland am 11. Oktober 2001 den Zuschauern unablässig plappernd mit der Empfehlung vorstellte: »Dieses Game will nur der Unterhaltung dienen. Da darf man also mal so richtig ballern!«

1404. der Neureiche
das Widerspiel der beiden Hilfsverben »sein« und »haben«, von denen wir nach dem Unterricht in der Sprachschule Alpha just in jenem Moment reden, als der korpulente Mann am Nebentisch mit aufschneiderischen Gesten und der Selbstsicherheit des Neu-

reichen – als wolle er uns Anschauungsmaterial liefern – alle erkennen ließ: »Ich bin, was ich habe!«

1405. die Kringel
der Rokokozauber des Gartenzauns mit seinem Formengeschlinge aus weiß gestrichenen Metallvoluten, die mehr gewachsen als geschmiedet wirken, in Basel am St. Alban-Graben zwischen Nr. 9 und 11, dieser Rokokozauber, den ein offensichtlich verbitterter Kunstschlosser auf Bestellung neutralisieren mußte, indem er – um Einbrecher am Überklettern des Rokokozauns zu hindern – über den anmutigen Kringeln und Kräuseln starre Zacken aus Eisen aufzuschweißen hatte, die jedem Kletterer die Schenkel aufschlitzen werden.

1406. der Halbschlaf
dieser stets traumnahe Zustand des Halbschlafs, den ich nie Schlaf werden lassen konnte auf der Fahrt nach Worpswede,
1406 a
und das Schwinden der Angst, mein Fahrtziel im Dahindämmern zu versäumen, als ich merke, wie sich das Radgeräusch des ICE, das bei schneller Fahrt ein hohes Sirren ist, – lange vor dem Rumpeln über dichtergeflochtene Weichen, die das Nahen eines Bahnhofs verraten – mit jeder Stufe des Bremsens mehr und mehr in ein tiefes Rauschen verwandelt.

1407. die Masse
die trübe Nacht vom 8. auf den 9. März 2003, in der ich meinen Schlüsselbund verlor, so trüb war sie, als sei die Nacht eine schwarze Masse, die sich unerbittlich – wie Lava – ausbreitet und einen einholt, wenn man vor ihr, der Nacht, davonrennen will.

1408. die Quittung
der dunkle Punkt, der sich auf meinem tigullischen Schreibtisch hin und her bewegte und auch weiterglitt, wenn ich ihn mit der Hand eingefangen zu haben glaubte, dieser flaumige Fleck, der

kein beweglicher Staubknäuel (oder so etwas) war, sondern der Schatten einer weniger als einen Millimeter kleinen weißen Spinne, die sich – mit zappelnden Beinchen an ihrem Faden baumelnd – zwischen Schirm und Ständer meiner Schreibtischlampe ihr Netz zu bauen begonnen hatte,

1408 a

und der – gemessen an der geringen Menge Fleisch am Spinnenkörper – überdimensional starke Geruch von Verbranntem, der – als das Spinnchen zu nah an die glühende Birne geraten war – wie die Quittung wirkte für das plötzliche Verschwinden des beweglichen Flecks.

1409. die Rücknahme

die nach unten gebogene Schleife, die spitz aufrecht gezackten Wellen mit den wie Flocken darüber verstreuten Zeichen und die starke, einen Schlußakkord setzende Linie, diese Schrift über dem Eingang zur Lehmhüttenkneipe in Djanet, die – wenn ich die hingekeuchten Laute der Einheimischen richtig verstanden habe – so etwas wie »Al Hamsourchar« heißt,

1409 a

und mein Eingeständnis, daß dieser Klang und seine Schrift durchaus und perfekt zu dem länglichen Raum mit den grünlich gefärbten durchlöcherten Wänden und den vor Jahrzehnten aus Paris herangekarrten, von Saharasand beschichteten wackeligen Bistrotischchen paßt,

1409 b

und meine Rücknahme der Behauptung, dieser Name passe zur Wüstenkneipe, als ich vernehme, daß das Wort – und diesmal glaube ich richtig verstanden zu haben – deutsch »der Stacheldraht« heißt.

1410. die Abkürzung

die Fahrt zur Post, die Paul Auster gemeint haben muß, als er den Satz schrieb »Er fuhr zur Post«, und die Fahrt zur Post, die ich erlebte, als ich Austers Satz las: »Er fuhr zur Post«: Wenn

Austers Held zur Post fährt, fährt er – so selbstverständlich, daß es nicht erwähnt werden muß – im eigenen Auto, wenn ich zur Post fahre, fahre ich – selbstverständlich – in Tram und Bus, weshalb ich Tram und Bus mitlese, wenn Auster nichts als »fahren« schreibt, als sei »fahren« das Verb geworden für Fortbewegung im Auto, die Abkürzung für »autofahren«.

1411. der Fußgänger

die trostlos leeren Straßen, in denen ich – seit die meisten nur noch von der Autotür zur Wohnungstür zu Fuß gehen – oft der einzige Fußgänger bin, und dieses Bedürfnis, das – besonders bei Nacht – aufkommt, wenn ich jemanden von weitem entgegenkommen sehe, das starke Bedürfnis, diesen zweiten Fußgänger – um ihm zu bedeuten, es sei mir nicht entgangen, daß da noch jemand durch die Straße gehe – wie einen Komplizen zu grüßen.

1412. das Französisch

das Französisch, von dem ich behauptete, es sei nicht die Fremdsprache, die ich am besten beherrsche, und der Sukkurs, als den ich Peter Bichsels Feststellung mißverstand: »Französisch verstehe ich nicht einmal in deutscher Übersetzung.«

1413. das Naturgesetz

der eilige Rüppel, der fluchte und mich lästerlich beschimpfte, ich sei mit ihm zusammengestoßen, und der – obschon ich es ihm deutsch und deutlich sagte – nichts wissen wollte vom Naturgesetz, daß es zum Zusammenprall immer zwei brauche.

1414. der Strich

die Verhältnismäßigkeit zwischen Himmel und Erdoberfläche in den Landschaftsgemälden vom Teufelsmoor, die von einer geraden Horizontlinie strikt festgelegt werden könnte, und die auffallend vielen Wolken in den Bildern, die diese Linie verwischen und verhindern, daß der Horizont immer einfach ein waagrechter Strich ist.

1415. das Maß
die Landschaft des Plateau de Tademait, diese unendliche Wüstenebene mit ihrem wie vom Messer abgestrichenen Horizont, in der die Augen des Reisenden, meine Augen, der höchste Punkt sind und der ferne Horizont unten auf der Höhe meiner Knöchel liegt, diese unerhörte Landschaft, diese einfachste aller Landschaften, die deshalb das Maß ist, weil jede Landschaftsform eine Stufe der Abweichung ist von dieser Grundlandschaft, genauso wie der Grundton A das Maß aller Musik ist, weil jeder Klang eine Stufe der Abweichung von ihm ist.

1416. die Leinwand
der Baum, der derart perfekt im Netz aller Proportionen plaziert ist und den radikalen Willen des Malers erlebbar macht, sein Bild möge sich nicht nur auf der Leinwand, sondern in der Wirklichkeit ergeben, dieser eine Baum in Otto Modersohns Bild »Wolkenberge«, der derart heftig zum Sinnbild des Baumes wird, daß – auch wenn alles anders ist – gar nichts anderes vorstellbar ist als: der Künstler habe ihn – mit der Absicht ihn zu malen – bedacht und sorgfältig den Standort austarierend in den Boden des Teufelsmoors gepflanzt, achtzehn Jahre gewartet und ihn, bevor er ihn fällte, gemalt.

1417. die Alleen
die schnurgeraden Birkenalleen, die alle Landstraßen durch die weite Ebene des Teufelsmoors säumen und die Perspektive so heftig akzentuieren, als seien die Baumreihen einzig dazu gepflanzt worden, damit der Fluchtpunkt am Horizont zum Zielpunkt aller Fluchten werde.

1418. die Vorbedingung
die wichtigste Vorbedingung für das Glück, die sich unerwartet zeigt in Pablos Antwort auf die Frage, an welchem Ort seiner vielen Reisen er sich am wohlsten gefühlt habe: »Ich fühle mich immer dort am wohlsten, wo ich gerade bin.«

1419. die Windrädchen
der trotzige Trost, den nicht etwa Gedenkworte, Trauermusik und Stille spenden, sondern der Wind, wenn er unversehens in die Windrädchen hineinfährt, die sich während der Beerdigung von Ernst Strehler auf dem Nachbargrab – es ist jenes von Egon Wilhelm, dem ich zu danken habe – als allerneuester amtlich geduldeter Grabschmuck verwegen keck in den plötzlichen Böen drehen.

1420. das Schlachtfeld
der Gegensatz von zartem Glimmer, fein schimmerndem Engelshaar, Christbaumkugeln und funkelndem Goldlamé, mit denen in der Kinderabteilung des Warenhauses Standa in Rapallo die Beige von Schachteln mit dem Aufdruck »Battle Field« (»Schlachtfeld«) dekoriert ist, und der darin verpackten terminatordumpfen Kriegsmaschinerie aus Panzern, Minenwerfern, Kanonen und Plastiksoldaten, dieser Gegensatz, der mich allein schon hätte schockieren müssen, wenn nicht dieser andere Schock viel größer gewesen wäre, nämlich jener, daß dieser Stapel – je näher Weihnachten kam – von Tag zu Tag niedriger wurde.

1421. der Wegweiser
der irreführende Wegweiser an der Straße zum Glück, die erfahrungsgemäß nicht zum Glück führt, die zu begehen sich aber dennoch lohnt, weil der Weg, das Unterwegssein, das Glück ist.

DER ALGARVISCHE KATALOG

1422. das Eintreten
der gestern irgendwo gelesene Satz »Das Tor lud ihn zum Eintreten ein«, dessen Bedeutung ich nicht nachzuvollziehen vermag, weil ich ein Tor nicht als einladend erleben kann, sondern ganz im Gegenteil als jemandes Versuch, mich am Eintreten zu hindern – und wäre es nicht so, er bräuchte kein Tor hinzubauen.

1423. der Veitstanz

das Erschrecken ob der bedrohlich heranjagenden schwarzen Flecken, die in Armação de Pera plötzlich am Boden um Rara und um mich fegten und uns zwischen die Füße fuhren, so daß wir die Beine wie im Veitstanz zuckend hoben, diese herbeigepeitschten dunkeln Fetzen, die ihre erschreckende Unheimlichkeit erst verloren, als wir merkten, daß sie die Schatten von Vögeln waren, die hoch über uns flatterten.

1424. die Agave

die Frage, ob eine Agave, und eine mannshohe war es, mit ihren harten Stacheln stechen könne oder nicht, die Frage, bei der ich mich wohl nur deshalb ertappe, weil mir der breite Stachel einer Agave von der Kante am äußersten Rand Europas im Mittelfinger steckt und weil ich merke, daß ich eben zum Apotheker gesagt habe: »Die Agave hat mich gestochen«, obschon ich doch gerechterweise hätte sagen müssen: »Ich habe mich an einer Agave gestochen«, was ich aber weder sagen wollte noch sagen konnte, um vor mir nicht schon wieder als der Tolpatsch dazustehen, der sich an mannshohen Agaven sticht.

1425. der Schwarm

das Sportflugzeug hoch über den Klippen von Armação de Pera, das – weil es viel höher flog als die kreischenden Seemöven – in seinen Proportionen den Eindruck erweckte, es gehöre zum Schwarm im Wind dahingleitender Vögel,

1425 a

und diese einzige, nicht sofort in ihrem Ursprung erkennbare Sache, durch die sich das Flugzeug von den Vögeln des Schwarmes unterschied: der Motorenlärm.

1426. die Abnützung

mein unnachgiebiges Fragen, welche Dinge wohl – wie etwa Pneus – dem Prozeß der Abnützung ausgesetzt sein können und welche nicht, das mich noch zwei Stunden lang begleitet, nachdem ich den Satz in mein Notizbuch geschrieben habe: »Die Algarve ist eine vom Tourismus abgenützte Landschaft«,

1426 a

und die abgenützten Pneus des Volvo vor dem Hotel »Viquingue«, die mir endlich die Gewißheit geben, es sei – angesichts der topographischen und der charakterhaften Ausebnungen dieser Gegend – richtig, von einer abgenützten Landschaft zu reden.

1427. der Überfall

der Schrecken ob des zu beschreibenden Ereignisses – des Überfalls von sieben portugiesischen Banditen auf Rara und mich am 2. Januar 2001 – und der beglückende Anflug von Befreiung, als ich merkte, daß ich es beschrieb, daß ich wieder schrieb (nachdem ich fünfzehn Monate lang gelähmt war vom Hohn, mit dem der Kritiker B. mich und nicht etwa mein Buch überschüttet hatte), auch wenn das Ereignis, das ich beschrieb, jedes Gefühl der Befreiung Satz um Satz rückgängig machte.

1428. der Erfolg

mein Versuch, in dem auf der Straße bei Albufeira entgegenkommenden Automobil den Kopf des Fahrers auszumachen, was nur deshalb außerordentlich schwierig war, weil sein Kopf nichts als eine weitere Kugel war in diesem von aufgeblasenen Luftballons vollgestopften Fahrzeug.

1429. die Blüte

meine entschuldigende Neugier, die ich – um den Eindruck von Unlauterkeit gar nicht erst aufkommen zu lassen – immer zu erkennen geben wollte, als ich beim Versuch, den Namen der Pflanze zu erfahren, den Einwohnern von Armação de Pera jene in vielen Hecken wachsende Blüte unter die Nase hielt, die mir deshalb als eine magische, als eine sinnbildliche erscheint, weil die Blütenblätter, genau wie der Stamm und die Äste, aus hartem braunem Holz sind,

1429 a
und mein Bedauern darüber, daß ich auch nach 19 Befragungen den Namen der rätselhaften Pflanze immer noch nicht erfahren habe, was ich darauf zurückführe, daß die verdutzten Einwohner glauben mußten, es werde da eine weitere jener sattsam bekannten Ulkszenen mit versteckter Kamera gedreht, und ich sei der Volkskomiker, dessen Gage von der Zahl der Passanten abhänge, die er genasführt habe.

1430. das Geländer
der kantige Rand des Kontinentes, diese messerscharf abgeschnittene Bruchstelle auf den Klippen, an der das Gelände Europas abbricht und die mich nun plötzlich ein Geländer herbeiwünschen läßt, das mich vor dem Absturz aus Europa schützt.

1431. das Ekelgefühl
das Ekelgefühl, das mich jedesmal beim Berühren meines Buches »Katalog von Allem« peinigte und das sich, auch wenn ich dagegen anzukämpfen versuchte, nicht überwinden ließ, weil dies nun also eine Arbeit jenes Autors ist, über den der Kritiker B. das Schlimmste gesagt hat, das ihm, dem Autor, in sechs Jahrzehnten Lebenszeit je gesagt worden ist.

1432. das Hotel
der Blick aus dem klimatisierten Zimmer mit der Mini-Bar, mit TV und Stereoanlage im Hotel »Viquingue« durch die dreifach isolierte schalldichte Scheibe hinaus aufs Meer, diese Aussicht, die mich zur schlichten Frage veranlaßt, weshalb wohl Luxushotels am Strand alles daransetzen, dem Meer seine Natur zu nehmen.

1433. die Gewöhnlichkeit
die stämmige Deutsche, die Tischnachbarin bei der Silvesterfeier 1991 in Armação de Pera, die auf mein »Was arbeiten Sie?« erwidert hatte: »Seit dem Fall der Berliner Mauer darf ich diese Frage jetzt beantworten: Ich arbeite in der Rüstungsindustrie«,

und meine im Verlauf des Abends heftiger werdende, unausgesprochene Frage, ob es wohl irgend etwas mit ihrer Berufsbezeichnung zu tun habe, daß ich, jedesmal wenn sie »Gemütlichkeit« sagt, »Gewöhnlichkeit« verstehe.

1434. die Schlächter

dieses kränkende Sprichwort, das ich zu hören bekam, als ich erzählte, ich selber hätte den Albrecht Knaus Verlag gebeten, ein Rezensionsexemplar meines »Katalogs von Allem« an den Kritiker B. zu senden, weil ich seine Kritiken immer sehr schätzte, dieses Sprichwort, das besagt: »Nur die allerdümmsten Kälber wählen ihre Schlächter selber!«

1435. die Reise

die Reise von Kamerun nach Peru, von der ich Alfonso Guimenez sprechen hörte, während er mit vollbeladenem Teller vom Weihnachtsbuffet im Hotel »Viquingue« an den Tisch zurückkehrte, und meine ob der vertrackten Route sich langsam steigernde Verwirrung, die sich erst zu lösen begann, als ich aus seinen Gesten zum Buffet hin schließen konnte, daß er sich nicht von Afrika (Kamerun) nach Südamerika (Peru), sondern nur von den Krevetten zum Truthahn bewegt hatte,

1435 a

und die neue Nahrung für meine Verwirrung, als mir im Hotelzimmer ein Blick in Langenscheidts Wörterbuch zeigte, daß das portugiesische Wort für Krevetten auch Kamerun bedeutet und daß unbegreiflicherweise Peru außer Truthahn deutsch auch »Schmachtlappen« heißt.

1436. der Speer

die Vorsicht, mit der ich mich an der Reihe der mehr als mannshohen Agaven über den Klippen vor Vila Vita entlangtaste auf meinem Weg nach Armação de Pera, weil mir der Traum der letzten Nacht immer noch keine forscheren Schritte erlaubt, der Traum vom Mann, der nach seinem nächtlichen Spaziergang am Morgen tot aufgefunden worden war, durchbohrt – ob aus selbstmörderischem Willen oder aus Unglück, darüber gab der Traum keinen Aufschluß – durchbohrt von einem Speer, der kein Speer war, sondern das zähe, spitzenbewehrte Blatt einer algarvischen Agave.

1437. die Nase
der rätselhafte Gegenstand, den ich neben der Bar des Hotel »Viquingue« aufhob und erst dann als jene knollige Nase erkennen konnte, die sich einer der Kellner ins Gesicht gestülpt hatte für seinen Auftritt in einer frenetischen Clownnummer an der Weihnachtsfeier der Hotelangestellten,

1437 a
und mein widerliches Gefühl, das Requisit eines unsäglichen Rituals von derart obszöner Heimlichkeit zwischen den Fingern zu halten, daß ich – betreten – das Organ wieder zu Boden fallen ließ, weil der Kellner als Amateurclown seine enorme rote Nase mit derselben besessenen Inständigkeit in die Luft gereckt hatte wie Mitte September der Exhibitionist vor dem Eingang zur Disco »Cinecittà« an der Schifflände in Zürich sein erigiertes Geschlechtsteil.

1438. das Unvermögen
das frustrierende, fünfzehn Monate anhaltende Unvermögen, auch nur einen einzigen Satz zu schreiben, weil jedes Mal, wenn ich dazu anzusetzen versuchte, die Entwürdigung wieder virulent wurde, die Kritiker B. eingepflanzt hatte, als er meinem ohnehin scheiternden Tun auch noch jede Würde und jeden Anstand absprach.

1439. die Grenzenlosigkeit
die Überwältigung, der wir uns – ohne noch Worte finden zu können – vor Portimão benommen aussetzen, wie hypnotisiert angesichts der erstmals erlebten tatsächlichen und buchstäblichen Grenzenlosigkeit einer Landschaft, weil ein gewundener breiter Schlitz zwischen den Wolken, den das Licht des Sonnenuntergangs als glühenden Mäander am Himmel nachzeichnet, das glut-

rot glitzernde Wasserband des Rio Arade, an dessen Ufer wir stehen, über den Horizont hinaus in die Unendlichkeit des Himmelsraumes fortsetzt.

1440. San Francisco
die immense Visionen einer gewaltigen Metropole weckende Vorstellung von San Francisco und das winzige Bahnhöfchen mit dem Schild »S. Francisco«, das verloren wie eine ausgeweidete Straßenbahnhaltestelle am Rand des unermeßlich weiten Bahnhofsplatzes steht (dort, wo die Schienen der Grenze entlang verlaufen, die nun, an diesem 2. Januar 1993, Erde und Wasser des Meeresschwemmlandes im Licht des Sonnenunterganges nicht mehr zu trennen vermag), und der Zug, der unerwarteterweise gerade jetzt über die verkrauteten Geleise gerattert kommt, als gälte es, uns zu bestätigen, daß der Bahnhof von S. Francisco auch wirklich ein Bahnhof ist.

1441. der Schnaps
unsere nach dem ersten Schluck »Medronho« gestellte Frage, die zur Antwort führte, dies sei Erdbeerschnaps und, nach unsern Zweifeln am Erdbeergeschmack, zur Ergänzung, es sei der Schnaps aus der Frucht des Erdbeerbaumes,
1441 a
und die Ergebnislosigkeit unseres tagelangen Suchens nach einem Erdbeerbaum im Gebirge um Monchique, die ein Gast im »Grafic's« damit begründete, daß die Früchte des Erdbeerbaumes gar keine Erdbeeren seien und daß sie nur deshalb, weil sie am Erdbeerbaum wachsen, Erdbeeren heißen,
1441 b
und die endgültige Verunklärung anstelle der erhofften Klärung, die eintrat, als uns Maria da Luz in Estoril nach dem ausdauernden Blättern im botanischen Wörterbuch endlich erklärte, der deutsche Name für die Frucht des Erbeerbaumes sei: Baumerdbeere.

* * *

1442. der Bildschirm

das Klingeln des Telefons im Fernsehfilm, dem ich erstaunt zuhörte, mich wundernd, daß keine der Personen auf dem Bildschirm Anstalten machte, den Hörer abzunehmen, bis ich – bei den letzten zwei Klängen – merkte, daß es nicht im TV, sondern in meiner Wohnung und mein Telefon war, das geklingelt hatte, und daß es jetzt zu spät war, den Hörer abnehmen zu gehen.

1443. die Abwesenheit

die vorsichtigen Schritte durch die Ruga Labinoti, bei denen ich mich nach der Lüge von meiner Abwesenheit ertappe, obschon ich nicht abergläubisch bin, jedenfalls nicht so abergläubisch, um an die albanische Warnung zu glauben: In der Nacht nach der Lüge glitscht der Lügner aus, wenn er auf seinen Schatten tritt.

1444. das Chaos

»Endlich aufgeräumt!«, dieser überraschte Ausruf, den Peter Bichsel von seinen Bekannten, denen das Chaos in seiner Schreibstube vertraut ist, zu hören bekam, obschon er sein Chaos nicht aufgeräumt, sondern nur von unserer Filmkamera hatte abbilden lassen: – das Bild bringt eine Struktur in jede Unordnung: »Das Bild räumt auf«, hat er gesagt.

1445. das Widerspiel

die Dämmerung, die, heftig wie nie, über das Sihltal hereinbrach und mit jeder Verfinsterungsstufe den Wind, heftig wie nie und immer stärker, zu entfachen schien und plötzlich das beklemmende Widerspiel in Gang setzte, als blase jetzt der bedrohlich anschwellende Wind alles Licht aus diesem sommerlichen Tag hinaus.

1446. die Einzahl

»Ich habe viele Erinnerungen«, die Formulierung, die ich – als ich spürte, daß die zur Schau gestellte Mehrzahl weniger reiche Erinnerungen weckt als die verkleidete Einzahl – abänderte in »Ich habe manche Erinnerung«.

1447. der Leser
der Leser, der – wie jeder Leser – nicht merkt, was er tut, weil er lesend das erlebt, was er liest, und nicht das Lesen.

1448. das Schriftdeutsch
die Straßenumfrage des Journalisten in Berlin, ob ich die Band »Poison« kenne, die ich nur deshalb nicht beantworten konnte, weil sich der Satz, den ich ihm ins Mikrophon zu sagen versuchte, weder von mir noch von ihm noch von uns beiden ins Schriftdeutsche übersetzen lassen wollte: »Ghöört hani die Musig scho, aber gglosed hani si na nie.«

1449. das Jahr
der schöne Wunsch »Ein gutes neues Jahr!«, den der braungewandete Mann in der Stadelhoferstraße in der Silvesternacht nicht etwa aussprach, sondern schrie, mit derart ekstatisch krächzender, geradezu umgestülpter Stimmgewalt in sich hineinschrie, daß klar wurde, daß er nicht für uns alle, sondern für sich selber ein gutes neues Jahr herbeiwünschte.

1450. die Verwunderung
ob Dürrenmatt Schweizer sei und was – wenn er keiner wäre – mit ihm hier nun geschähe, diese Witze über Dürrenschweiz und Schweizermatt, die es mir – zu meiner Verwunderung – leichtmachen, für die Dauer des Festes die hingelispelte Suada zu vergessen, mit der mich ein angesäuselter Kulturpapst im Treppenhaus des Amsterdamer »Kring« begrüßt: »Sie sind Schweizer? Wenn Sie Dürrenmatt hießen, so wären Sie hier willkommen.«

1451. der Autor
die Frage des Kritikers, warum der Autor das Mädchen Navira so unversehens aus seinem Roman »Meine Väter« verschwinden, abreisen lasse, und sein vielsagendes Unverständnis für die Antwort des Autors Martin R. Dean, er lasse sie nur deshalb verschwinden, weil Navira habe wegwollen, wegwollte aus diesem Roman.

1452. die Bestürzung

das Wesen dieses Menschen, von dem ich berichten wollte und von dem der, von dem ich sprach, zu meiner Bestürzung nichts wissen wollte, was sich erst zu ändern begann, als ich den, von dem ich sprechen wollte, vertauschte gegen den, von dem ich wenig bis nichts zu sagen hatte.

1453. die Steuern

»... wozu er so viel arbeite?«, meine Frage, auf die ich zur Antwort bekam »Ich muß Geld verdienen, damit ich meine Steuern bezahlen kann« vom Mann, den es – erklärtermaßen – langweilt zu erfahren, daß er, je mehr er arbeitet, um so mehr Steuern zahlen muß.

1454. der Letzte

die Transatlantik-Reise von Genua nach Rio de Janeiro, die ich mit Theo als einer der letzten noch im Passagierschiff erlebt habe, bevor die legendäre »christliche Seefahrt« der Linienschiffe vom Flugverkehr verdrängt wurde,

1454 a

und die dräuendes Unheil ankündigenden wehenden Vorhänge im Bühnenbild, die ich als einer der letzten noch im Théâtre du Grand Guignol erlebt habe, bevor das legendäre Pariser Schauertheater von den Reizattacken der Horror- und Brutalofilmindustrie verdrängt wurde,

1454 b

und die durch diese Erinnerungen geweckte Frage, was ich denn bisher wohl als einer der ersten erlebt habe – und gar als einziger –, diese Frage, die vermutlich und ziemlich sicher nur beantwortet werden kann mit: mein Leben.

1455. das Handy

der geschniegelte Bursche im Bus, der sein Handy am Ohr hat, und die etwas miesepeterige Dame im selben Bus der Linie 33, die ihr Handy am Ohr hat,

1455 a

und die Verunsicherung durch meine Beobachtung, wie oft Wörter und gar Sätze aus ihren Mündern so ineinanderpassen, als telefonierten die beiden miteinander.

1456. das Geschirr

das Geschirrabwaschen an der Weinbergstraße, während dem ich unversehens an Felix Mettler denken muß und an die Möglichkeit, daß er gerade jetzt in Windhoek auch beim Geschirrabwaschen sein könnte; dann aber die wachsende Überzeugung, daß er, auch wenn er jetzt Geschirr abwäscht, nur schon deshalb etwas ganz anderes tut als ich, weil er, was er tut, in Namibia tut.

1457. der Laptop

der Morgen und der Abend, zwischen denen auch heute wieder nichts lag als ein Augenblick; – und das Gegensteuer gegen die panikstiftende Beschleunigung der Zeit, das ich nur geben kann, indem ich den Laptop starte und so abtauche in Fabinanas Geschichte, weil das Schreiben das einzige Tun ist, das die Zeit aufhebt, neutralisiert und aus dem Tag eine Stunde macht, aus Wochen Tage, aus Monaten eine Woche und daraus wieder ein ganzes langes Leben.

1458. die Körperteile

die Hand mit ihren Fingern, die immer abgebildet wird, wenn es ums Schreiben geht – die Hand mit der Feder, die Hand mit dem Kugelschreiber, die Hand mit der Schreibmaschine, die Hand mit dem Keyboard –, was eine sträfliche Vernachlässigung aller andern Körperteile bedeutet, die beim Schreiben in Aktion treten und erst ganz zum Schluß der Hand den Auftrag geben, sich zu bewegen und Buchstaben zu formen.

1459. das Gepäck

der junge grünuniformierte Zöllner im Flughafen Maputo, der eben noch barsch das Öffnen unseres Gepäcks gefordert hatte und sich unversehens in eine gute Fee verwandelte, als er anfügte, wir selber dürften jenen Koffer auswählen, den er inspizieren solle,

1459 a

und Raras sichtbare Erleichterung, mit der sie den roten Koffer auf den Zolltisch hievte, weil er der einzige und der richtige Koffer war für diese Operation.

1460. die Ermunterung

die Empfehlung, mit der uns der junge Zöllner von seinem Zolltisch verabschiedete: »Moçambique é um pais muito bonito!«, die ich so lange für eine Ermunterung hielt, bis Rara mich im Weggehen auf den strengen Tonfall der Ermahnung aufmerksam machte, mit dem dieser Satz ausgesprochen worden war, der Ermahnung, die keinerlei Widerspruch geduldet hätte.

1461. die Fehlzündung

meine Lust an der Musikalität des Wortes, mit dem die Einwohner Maputos den Autobus benennen, an der klangmalerischen Sinnlichkeit, die auch jede der knallenden Fehlzündungen des Motors mitformuliert, wenn sie den Autobus, auf den sie warten, Machimbombo nennen.

1462. die Frageform

die Erklärung des Ausdrucks »Circulus viciosus«, die der junge Eusebio im »Continental« von mir verlangt und die er – noch während ich an einem Beispiel dafür herumstudiere – in Frageform gleich auch selber gibt: »Ist ein Circulus viciosus« etwa dann, wenn das Ministerium in den Medien und auf Plakatwänden dazu aufruft, die Krankheiten zu bekämpfen, ohne gleichzeitig dazu aufzurufen, die manneshohen Abfallberge auf den Gehsteigen zu beseitigen, in deren feuchtem heißen Gemoder jene Bakterien gedeihen, welche laufend die Krankheiten verbreiten, die es zu bekämpfen gilt.

1463. die Melodie

die korrekte Bedeutung, die jedem Wort innewohnt und die ich mir im Fremdsprachenunterricht nur nach mühevollem Vokabelnbüffeln vergegenwärtigen konnte,

1463 a

und die Musik, die Sprachen sind, und die Freude beim Sprachensprechen, die mir von jenen, die ich spreche, nur das Portugiesische schenkt und die wächst, seit ich mir vornehme, mit jedem Wort, das ich brauche, seine korrekte Melodie anzustimmen,

1463 b

und das Erstaunen darüber, daß ich viel genauer verstanden werde, wenn ich, sprechend, eine Melodie anstimme, als wenn ich versuche, korrekte Bedeutungen zu treffen.

1464. die Nachttischlampe

die Militanten, die, als Obervolta den neuen Namen Burkina Faso erhielt, jeden Anklang an die französische Kolonisation auszumerzen versuchten, indem sie beispielsweise die Nachttischlampe mit einer Stromspannung von 220 Volt in die Nachttischlampe zu 220 Burkina umbenannten.

1465. die Truppengattung

meine lädierten Französischkenntnisse, die verhinderten, daß ich wissen konnte, was gemeint war, als von den stets superelegant gekleideten alten Männern in Brazzaville die Rede war, die man »Les Sapeurs« nenne, weil sie den schwarzen Anzug mit Gilet, weißem Hemd, Krawatte, Hut und Spazierstock deshalb trugen, »parceque ils se sapent«,

1465 a

und die Truppengattung der Sapeurs in der Schweizer Armee, die mir – allen Erklärungsversuchen zum Trotz – überhaupt nicht weiterhalf, weil ich mir nicht vorstellen konnte, daß sich von Kraftbrocken, die beim Exerzieren die grünen filzigen Überhosen tragen, sagen ließe, das seien also jene Leute »qui se sapent«.

1466. das Ding

das Ding, das funktioniert und dessen Funktionieren deutlich macht, daß es nichts ist als der reine Überlebenswille der Leute, der, was funktioniert, am Funktionieren hält,

1466 a

und das Ding, das nicht funktioniert und dessen grundlegendes Nichtfunktionieren deutlich macht, daß dieses Ding nie funktioniert hat oder endgültig abgestorben ist und daß keinerlei Aussicht besteht darauf, daß es jemals jemand reparieren werde.

1467. die Arme

die Arme, die sich – wie durch Magie – unversehens aus der Luft heraus bilden, dort wo vorher nichts war, diese Arme, die die Arme der Armen sind und aus dem Nichts heraus – schwupps! – den 100 000-Meticais-Schein schnappen, den Rara mir geben wollte, um die Zeitung »O Pais« zu kaufen,

1467 a

und Raras blitzartiger Reflex, mit dem sie den Schein – wie in einem Zaubertrick – schneller in ihrer Faust verschwinden ließ, als der fremde Arm den Geldschein auf dem Weg von ihrer in meine Hand schnappen konnte,

1467 b

und unsere anschließende Bemerkung, daß der Dieb über das brüske Verschwinden des Geldes in Raras Faust stärker erschrocken sein müsse, als wir es hätten sein können, wenn der Schein in seiner Hand verschwunden wäre.

1468. die Azulejos

die Pracht der Azulejos mit Szenen aus dem portugiesischen Volksleben an den zerbröckelnden Wänden der halb eingestürzten »Villa Algarve«, diese volkstümlichen Idyllen, die sich zum

Zyklus »Das Alltägliche ist das Schrecklichste« verzerren, zu Abbildern von Höllenszenen, als Adrian mir sagte, dieses Gebäude sei zu Salazars Zeit das Folterzentrum des portugiesischen Geheimdienstes PIDE gewesen.

1469. die Wende
die Straßennamen Maputos, die nicht nur – wie Straßennamen das so an sich haben – die Orientierung in der Stadt erleichtern, sondern auch heute noch den Gang eines Lebens im Sozialismus suggierieren sollen, ganz so, als gelte es – mit ideeller Verbissenheit – die Wende von 1981, die auch Moçambique verändert hat, ungeschehen zu machen.

1470. die Bilderschau
die Gäste, die auf der Terrasse des »Mundos« beim Eiscremeschlecken oder Pizzaessen als obligate Beilage in den Genuß einer wandernden Bilderschau kommen, dargeboten von Scharen von fliegenden Kunsthändlern, die, auf dem Gehsteig die ganze Terrassenweite abschreitend, die Gemälde einheimischer Maler ins Gesichtsfeld der Gäste hochrecken.

1471. das Mitbringsel
das Würgen und Schlucken, mit dem ich mich zwinge, die überdimensionierte Pizza Vegetariana, obschon ich längst satt bin, aufzuessen, weil es mir unschicklich erschiene, in einem armen Land wie Moçambique Speisereste entsorgen zu lassen,
1471 a
und die Geste, mit der mir der Kellner zeigte, was schicklich sei, nämlich: die Speisereste in einer bereitstehenden Styroporschachtel mitzunehmen (als Mitbringsel), um mit ihnen Leute zu verpflegen, die sich das Essen im »Mundos« nicht leisten können.

1472. die Eisenpfähle
die beiden Männer, welche die mit sechs Autos und vielen Passagieren beladene Fähre mit zwei Eisenketten an ihrem Anlegeplatz

am Ufer des Inkomati festhalten, vollkommen reglos, und in jedem angespannten Muskel, den angestemmten Knien und dem schräg ragenden Körper verraten zu wollen scheinen, daß sie Eisenpfählen ebenbürtig seien, die eine Flußfähre mit zwei Eisenketten an ihrem Platz am Ufer des Inkomati festhalten.

1473. das Turngerät

die beiden hochbeinigen Affen, die vor uns über das Sträßchen nach Macaneta hüpfen und unweit einer Hochspannungsleitung im Gebüsch verschwinden, was in mir die Vorstellung weckt von turnenden Affen, denen das Stangennetz der Hochspannungstürme als ideales Turngerät erscheinen muß,

1473 a

und der wie von einem Filmriß herbeigeführte Abbruch meiner Turnvision, als Adrian erklärt, daß Affen zwar gerne turnen, aber – als wüßten sie, warum – Hochspannungstürme stets meiden.

1474. die Holzkohle

die Händlerin, die – in stundenlanger Erwartung eines Kunden – auf dem Xikelé-Markt vor einem Häufchen Holzkohle sitzt, ein Anblick, der mich zu spekulieren veranlaßt, wieviel sie wohl pro Tag verdiene,

1474 a

und diese Frage nach dem Umsatz, die eine falsche sei, wie mir ziemlich unwirsch zu verstehen gegeben wird, weil die Anwesenheit der meisten Händler und Händlerinnen auf dem Markt eine soziale und keine kommerzielle Funktion habe: verkaufen sei schon gut, aber hiersein sei besser.

1475. die Skulptur

die Frage »Was kostet diese Skulptur?«, die die Frage eines Europäers ist, gestellt angesichts der zahlreichen Skulpturen, die in unregelmäßigen Abständen die Ausfallstraße Richtung Marracuene säumen,

1475 a
und die Frage »Gibt es keinen billigeren Auspuff?«, die die Frage eines Afrikaners ist, weil die Skulpturen am Straßenrand keine Skulpturen sind, sondern auf Stecken gesteckte und so zum Verkauf ausgestellte Autoabgasrohre, die, solange noch kein Käufer die stilvolle Einheit der Ausstellung verunstaltet hat, Gebilde sind von phantasmagorischer und von unfreiwilliger Kunstfertigkeit.

1476. das Denkmal
das Klingeln des Handys der Frau, die vor dem Denkmal Samora Machels in Anbetung in die Knie gegangen war und beim Antworten – weil sie kniete – den Eindruck erweckte, sie telefoniere mit Gott.

1477. das Gerumpel
die Gewohnheit der Mosambikaner, in der Bezeichnung für alles, was sich bewegt, immer auch mitzuformulieren, wie es sich bewegt (und so in den Namen gleich das Gerumpel des ganzen Straßenverkehrs mitklingen zu lassen),
1477 a
diese Gewohnheit, die mich nun veranlaßt, zu dem in Nummer 1461 erwähnten Machimbombo auch die Straßenbahn zu erwähnen, die Gâ-Galhâ-Galhâ heißt, und das Motorrad, das man hier Xitututo nennt.

1478. die Kongolesen
die superschicken alten Kongolesen, die man »Sapeurs« nennt, und meine in Katalognummer 1465 belegte Ratlosigkeit über ihr Tun, weil ich keine Ahnung habe von dem, was Monsieur Delmas gemeint haben könnte, als er erklärte: »ils se sapent«,
1478 a
und meine erfolglosen Versuche, mir Klarheit zu verschaffen, weil ich keinen Zusammenhang erkannte zwischen den greisen Dandys von Brazzaville und den Tätigkeiten, die das deutsche Wör-

terbuch für das französische »... ils se sapent« anführt: »untergraben, unterspülen, aushöhlen«,

1478 b

und die unauffällige Fußnote, die dann doch verriet, daß »se saper« in der Gaunersprache schlicht »sich kleiden, sich herausputzen« heißt, womit ich endlich herausgefunden habe, was die »sapeurs«, jene kongolesischen Dandys tun, »... qui se sapent«,

1478 c

und diese Wortbedeutung »sich kleiden, sich herausputzen«, die mit Sicherheit nichts mit der Hauptaufgabe jener Soldaten der Schweizer Armee zu tun haben kann, die man »Sapeure« nennt.

1479. die Zwiebelsauce

der Ausdruck »... das ist wie die Faust aufs Auge«, den Walmiro auch dann nicht begreifen konnte, als ich ihn mit »punho« und »olho« zu übersetzen versuchte; und das unerwartete Leuchten in seinem Gesicht, mit dem er – als ich von Dingen sprach, die nicht zusammenpassen – in wackeligem Deutsch erkennen ließ, daß er den Sinn verstanden hatte: »... das ist wie Zwiebelsauce auf Tiramisu.«

1480. die Scheu

der hier in Maputo unverhofft nun aufkommende Gedanke an die sanfte Scheu, die mich jedes Mal erfüllte, wenn ich Renato P. Arlati begegnete, denn er war der einzige mir bekannte Mensch, der sich bedankte dafür, daß man ihn grüßte; diese sachte Scheu, die hier zur lockeren Gewöhnung wird, weil Moçambique das einzige mir bekannte Land ist, in dem sich alle Leute dafür bedanken, daß man sie mit »Guten Tag« begrüßt,

1480 a

und die kleine Korrektur, die nach einem unerwiderten »Hallo!« doch fällig wird, wo mir nun klar ist, daß sich die Mosambikaner für die Wünsche bedanken, die im Gruß drinstecken, nicht für den Gruß.

1481. Maputo
unser Fragen, was wohl Rara zur betörenden Feststellung veranlaßt haben könnte: »Es fällt mir leichter, mir etwas vorzustellen, das ich noch nie gesehen habe, als mir von etwas, das ich kenne, vorzustellen, ich hätte es nie gesehen«, auf die wir erst bei der Rückfahrt in der Fähre von Catembe nach Maputo die Erklärung fanden, als wir rekonstruierten, daß ich sie in Diogos famoser Kneipe (die Skyline Maputos vor Augen) gefragt hatte: »Wie würdest du dir Maputo vorstellen, wenn ich dir davon erzählte, ohne daß du dagewesen wärest?«

1482. die Fahrrinne
der Wunsch, der auf den Gesichtern der beiden Jungen abzulesen war, die offensichtlich schon endlos lange am Rand der Fahrrinne zwischen Maracuene und Macaneta hockten, dieser Wunsch, es möge doch endlich wieder einmal vor ihnen – denn sie hatten sich die beste Stelle dafür ausgesucht – ein Auto mit leer drehenden Rädern im Sand der Piste »versacken«, damit sie mithelfen könnten, es gegen eine rigoros geforderte Gebühr wieder flottzumachen.

1483. das Domizil
»geboren in Laurenço Marques«, diese Angabe in der Künstlerbiographie, die, auch wenn der Künstler sein Domizil nie gewechselt hat, endet mit »... gestorben in Maputo« und so verrät, daß da zwischen Geburt und Tod viel weitergreifende Veränderungen lagen als jene vielen eines Künstlerlebens.

1484. die Lebensfreude
die Gruppe von Knaben, die immer, wenn wieder ein Auto auf der Piste nach Macaneta im Sand vorbeischlingert, in heftige Tanzschritte ausbrechen, die wir Europäer als Ausdruck von Lebensfreude verstehen, fälschlicherweise, wie sich zeigt, weil ihr Tanz nicht von übermütiger Unbekümmertheit ausgelöst wird, sondern von der schieren Notwendigkeit, den Automobilisten mit ihrer Show ein paar Meticais zum Überleben abzuluchsen.

1485. der Dadaismus

die Musikalität der Lautfolge, auf die ich die Studenten der ENAV in Maputo aufmerksam machte, als ich sie im Seminar über den Dadaismus Hugo Balls Lautgedicht »Die Karawane« hören ließ, die reine Sprachmusik, die keinerlei Bedeutung ergäbe,

1485 a

und meine elementare Verunsicherung darüber, daß ich die Studenten bei der Gedichtzeile »wulubu ssubudu uluw ssubudu« derart beunruhigt und verstohlen heftig reagieren sah, als enthielte diese – mit »u« als einzigem Vokal gebildete – Zeile eine geheime Botschaft, die nur Afrikaner zu entschlüsseln vermögen.

1486. das Abendglühen

die frühen Farbbilder von afrikanischer Steppe im Abendglühen, die jetzt – wo ich sie auf dem Rückweg von Ricatla als Realität vor Augen habe – in meine Erinnerung steigen zusammen mit dem Satz von damals, das Symbol für afrikanische Steppenlandschaft sei die riesige Umbila, deren Krone breiter sei als ihr Stamm hoch: das Bild wäre mir nicht geblieben, wenn mein Geographielehrer die Umbila nicht den »Regenschirm der Elefanten« genannt hätte.

1487. der Magnet

die Geschichte vom enormen Magneten, in der ich als Kind beschreiben wollte, wie ich die Welt aus den Angeln hebe, seit ich auf dem Schrottplatz den Magneten gesehen hatte an einem riesigen Kran, der ganze Autos, Lastwagen sogar, als seien sie schwerelos, in die Schreddergrube hievte,

1487 a

und diese Geschichte, die mir jetzt plötzlich angst macht, wo mich im Innern von Gustave Eiffels Eisenhaus in Maputo die Vorstellung packt, der enorme Magnet senke sich von einem Helikopter aus auf das Haus nieder und hieve es mitsamt uns Besuchern in die Verschrottungsanlage.

1488. der Saft

die beiden genau gleich schmeckenden Biersorten »2M« und »Laurentina«, von denen Elviro deshalb immer die erste wählt, weil der Name der zweiten von »Laurenço Marques« hergeleitet ist, dem Namen, den die Kolonisatoren der Hauptstadt gegeben hatten, weshalb Elviro »Laurentina« lautstark als den »Saft der Unterdrücker« verschmäht.

1489. der Richtungswechsel

meine Verwunderung darüber, daß Ozeanriesen sowohl vorwärts als auch rückwärts fahren können, die deshalb groß war, weil ich das gewaltige Gastankschiff »Mac's«, das vor der Küste nordwärts Richtung Somalia fuhr, Sekunden später südwärts Richtung Kapstadt fahren sah,

1489 a

und die Erklärung für diesen plötzlichen Richtungswechsel, die sich ergab, als ich merkte, daß ich das nordwärts fahrende Schiff durch das Balkonfenster gesehen hatte, und als es südwärts fuhr, im Wandspiegel über dem Geschirrschrank.

1490. der Schritt

die Tragik im Satz: »Das Mädchen zeigt, daß es nie wird gehen können...«, die sich unversehens ins Positive wandte, als Rara fortfuhr: »... es wird immer nur tanzen können«, weil das vierjährige Mädchen, das da im »Escorpião« in der Feira Popular mit bezaubernder Anmut den Marabenta tanzte, in jeder seiner inbrünstig selbstvergessenen Gesten zu erkennen gab, daß ihm in Zukunft jeder Schritt, den es tue, unwillentlich zum Tanzschritt werde.

1491. die Regel

das schwarze Publikum in der AEMO, das mich nicht merken läßt, daß meine Hautfarbe eine andere ist,

1491 a

und der einzige weiße Zuhörer, der mir – entgegen der diskutierten Regel – nicht zum Bezugspunkt im Saal wird und mich meine andere Hautfarbe – erstaunlicherweise, sagt Ungulani – nicht spüren zu lassen vermag.

1492. der Autofahrer

die Stadt, von der ich rede, wenn ich von Maputo berichte, und die Stadt Maputo, von der Eugen berichtet, die eine ganz andere Stadt ist, und dies deshalb, weil meine Eindrücke von Maputo die Eindrücke eines Fußgängers sind, die seinen aber die Eindrücke eines Autofahrers, der nur bei den paar Schritten zwischen der Autotür und der Haustür den Boden Maputos unter den Füßen hat.

1493. der Triumphmarsch

die weiße Amerikanerin, die, als Verdis Triumphmarsch aus ihrer Handtasche gellte, mit derart auffälligen Gesten nach ihrem Handy tastete, suchte, wühlte, zwischendurch aufschaute, kontrollierend, ob sie die Aufmerksamkeit habe, die ihr zustehe, das blinkende Ding dann emporreckte, bevor sie es ans Ohr hielt, mit überlauter Stimme zu reden begann und wieder den Blick durch die Halle des Hotels »Polana« schweifen ließ, als wolle sie uns allen bedeuten: »Da, schaut her, die ganze Welt ruft mich an!«

1494. der Kochherd

»... unglaublich, daß Klänge gleichzeitig lieblich und schrill sein können«, diese meine erstaunte Bemerkung beim Anhören der Tindila-Klänge, auf die Hans Schilt mit dem Einwurf reagierte: »... aber nicht mehr lange!«,

1494 a

und der Zusammenhang zwischen beiden Feststellungen, der nur dadurch gegeben ist, daß die Njenje-Bäume, aus denen man die Tindilas fertigt, mittlerweile fast alle abgeholzt sind, aber nicht, wie ich meinte – aus Liebe zur Musik, sondern, weil das Holz, das so unvergleichlich lieblich und schrill klingt (wenn man darauf schlägt), die am längsten glühende Holzkohle für den Kochherd ergibt.

1495. der Aberwitz
»bliebe das Bessere wohl auch dann besser als das Gute, wenn es nicht so hieße?«, dieser halb schalkhaft, halb bedacht dahingesagte Satz, der uns dazu verführte, im Übermut andere Wörter zu erfinden, mit denen man das Bessere bezeichnen könnte,
1495 a
und dieser Aberwitz, der unerwartet ernsthaft wurde, als wir uns darauf einigten, wenn man das Bessere zum Besten erkläre und alles andere zum Guten, bleibe das Gute erfreulicherweise besser als alles andere – denn solange das Gute besser ist als alles andere, kann das Beste nicht besser sein als das Bessere.

1496. das Bollwerk
die Stadt Maracuene, an der wir versehentlich vorbeifuhren, weil sie ihre eingeschossigen Häuser unter Bäumen verbarg wie hinter einem wuchtigen Bollwerk aus Grün,
1496 a
und die Metapher, zu der ich diese »verschanzte Stadt« erklärte, die für vieles stehe, das sich hier in Afrika vor der Profanierung durch uns Europäer schützen wolle – was Sami, der in den ersten Teil meines Satzes »natürlich nicht!« hineingesprochen hatte, dazu brachte, mir beizupflichten mit einem kurzen »ja, dann«.

1497. der Torwächter
die titanische Skulptur des hierzulande hochverehrten Künstlers Malangatana, die wie ein gespenstisches Menetekel aus Ruß und Eisen das Fabrikgelände der »Mabor – Manufactura de Borracha« überragt, dieses Eisenungeheuer, dessen Titel ich – trotz größter Neugier – nicht erfahren konnte, weil der Torwächter meine Frage mit der Feststellung beantwortete: »Den Namen kennt nur der Fabrikdirektor. Und den behält er wohlweislich für sich.«

1498. die Nationalität
die (beileibe nicht überall gleich hoch bewertete) Nationalität »Schweizer«, die hier in Moçambique unerwarteterweise zum

Ehrentitel wird, weil alle großen Revolutionäre, die »Befreier des Landes«, Samora Machel, Eduardo Mondlane, Armando Guebuza, Pascoal Mucumbi, Alberto Chissano und Malangatana, in der Schweizer Schule »Missão Suiça« ausgebildet worden sind, was Sangaré Okapi zum – von den Tischgenossen mit Kopfnikken quittierten – Ausruf veranlaßte: »Danke, Ihr Schweizer habt Moçambique gemacht!«

1499. die Flaggen

die in allen (fast schon festlichen) Farben fatternden Fahnen aus Plastik, welche die Händler an langen Stangen über den Schultern durch das Marktgewühl von Xikelé tragen mit Rufen, die nicht die Nation, die Provinz, den Club oder den Verein benennen, deren Flaggen sie über allen Köpfen flattern lassen, sondern das Produkt, das sie so lauthals zum Kauf anbieten: farbige Plastiktüten.

1500. die Warnung

alle die andauernden Warnungen vor Überfällen, Diebstählen, Raub und andersartigen Verbrechen, die jeden unserer Gänge durch Maputo einfärben, uns lehren wollen, jenen zu mißtrauen, die uns begegnen, und den Spaziergang zum Gang ins Ungewisse machen, zum Gegenteil jedenfalls des Ganges, den der Mosambikaner Thomas Justino Django in seiner Erzählung »Moçambique-Alemanha ida e volta« beschreibt, weil er bei den ersten Schritten durch die deutsche Stadt Strassfurt schreiben konnte: »Ich fühlte mich von jedem Passanten beschützt.«

1501. das Klopfen

die Behendigkeit, mit der sich die Dorfjugend auf der Fahrt nach Macaneta am Dachträger, der Stoßstange und am Ersatzrad von Adrians Auto festklammert, was uns nur so lange gefährlich, ärgerlich und beschwerlich erschien, bis wir merkten, daß wir ohne ihr Klopfen auf die rechte oder linke Seite der Karosserie bei jeder Abzweigung den Weg nach Macaneta nie gefunden hätten.

1502. der Prüfungsabschluß

der »feiticeiro«, von dem ich erfuhr, daß er ein Zauberer sei, den Inocêncio – wie es hier üblich zu sein scheint – als Helfer beim Bestehen der Maturprüfung verpflichtet hat,

1502 a

und meine Vermutung, der Zauberer werde ihm mit seinen Beschwörungen zum erfolgreichen Prüfungsabschluß verhelfen, die sich als Irrtum erwies, als Inocêncio mir beibrachte, Zauberer könnten ihm erst dann helfen, wenn er durchgefallen sei, denn ihre Fähigkeit bestehe nicht darin, Herbeigewünschtes geschehen zu lassen, sondern darin, Geschehenes – auf Bestellung – ungeschehen zu machen.

1503. die Farbfläche

die großen Tafeln mit den weithin schillernden Farbfeldern, welche die Händler wie bunte Schilde durch den Markt von Xikelé trugen, diese vermeintlichen Schilde, die zu Reklameschildern wurden, als ich sah, wie eine Einheimische auf eine grünliche und dann auf eine bläuliche Farbfläche deutete und daraufhin ihre Fingernägel vom Manicure-Mann in Grasgrün und Violett bemalt bekam.

1504. die Natürlichkeit

die Macht, mit der sich die Künstlichkeit alle Natürlichkeit einzuverleiben vermag, die virulent wurde, als mich im Naturkundemuseum von Maputo im Saal der ausgestopften Elefanten plötzlich ihr Trompeten überraschte und bei den Löwen (mit Staubschlieren im Fell) ihr Brüllen aus den Lautsprechern erschreckte,

1504 a

wobei zu sagen ist, daß es ein Irrtum wäre, anzunehmen, es seien die Apparaturen und die Aufnahmetechnik, die echte Tierstimmen – live! – zu künstlichen machen.

1505. der Dôle

der glutrote Dôle, dieser Wein aus dem Kanton Wallis, der so stark Vertrautes in mir weckte, das Aufgehobensein auch in vertrauter Umgebung, daß ich, als mir Adrian das Glas vollschenkte, sagen mußte: »Wenn das Dôle ist, sind wir nicht in Maputo, und wenn wir in Maputo sind, ist das kein Dôle.«

1506. die Verdoppelung

die Unterordnung unter eine göttliche Ordnung, die, wer aufmerksam hinhörte, heraushören konnte, als Eric seine Feststellung: »... daß ich dies alles erleben darf!« fast unhörbar ergänzte: »... schön, daß ich dies alles erleben dürfen darf!«,

1506 a

und unser Werweißen darüber, ob allein die Verdoppelung des Verbes diese veränderte Sinngebung herbeigeführt habe, das wir erst beantworten konnten, als wir Eric versuchsweise sagen ließen: »... daß ich dies alles erleben können kann!«, und dann die bestürzende Umkehrung: »... daß ich dies alles erleben müssen muß!«

1507. die Hemmung

meine irritierende Hemmung, das Wort »Neger« auszusprechen, die auch dann nicht schwand, als ich merkte, daß ich hier in einem jener Länder bin, in denen sich die Schwarzen selber – und mit Stolz – Neger nennen,

1507 a

diese Hemmung, die sich weiter verhärtete, auch nachdem mich der schwarze Pedro vorwurfsvoll gefragt hatte: »Meinen Sie die Situation von uns Negern dadurch zu verbessern, daß Sie uns Schwarze nennen?«

1508. die Bildlegende

das Bild des liegenden Menschen in der Zeitung »Zambese«, von dem ich – obschon ich oft schon hörte, ein Bild sage mehr aus als tausend Worte – von dem ich erst, als ich die Bildlegende las, merkte, ob er schläft oder ob er tot ist.

1509. die Eleganz

die doch eher plumpen und irgendwie lächerlichen Verrenkungen des dicklichen Amerikaners, der im Musiklokal »Chez Rangel« auf dem Perron 5 des Hauptbahnhofes von Maputo als einziger zur Musik von Steward Sukuma tanzte und selbst tanzend nie die Eleganz des afrikanischen Kellners erreichte, der nicht tanzte, sondern ging, und gehend auf dem Perron 5 die Gäste bediente.

1510. der Fremdkörper

die langfasrigen Wolldecken auf den Betten im Hotel »Cardoso«, diese lächerlichen Fremdkörper in der afrikanischen Hitze, die offenbar für jene Leute bereitliegen, welche die Air-condition so extrem kalt einstellen, damit sie auch hier in den Tropen nicht auf die Smokingjacke und die Taftstola zum Abendkleid verzichten müssen.

1511. die Kühle

das heftige Flimmern und Flackern des Lichts, das mich bei der Lesung im ICMA derart irritierte, daß ich erst weiterlesen konnte, als – der Zusammenhang mag dem Leser nicht auf Anhieb einsehbar sein – als Birgit den wohlige Kühle verbreitenden Deckenventilator ausschaltete, weil seine rotierenden Flügel den Lichtstrahl der Lampe durchschnitten und den verwirrenden Stroboskopeffekt erzeugt hatten wie in einer Disco.

1512. der Mausklick

die Frage »Wollen Sie speichern?«, die ich mit dem Klicken auf »Ja« beantwortete, und zwar nur, um mir die Möglichkeit zu verschaffen, den üblen Stuß, den ich geschrieben hatte, mit aggressiver Lust und einem Mausklick löschen zu können.

1513. der Volksmund

»... keine Stadt kann sich einen Namen geben – es sei denn, ihre Bürger tun es!«, Ntavasses besserwisserische Antwort auf Anibals Feststellung »Die Stadt, aus der ich komme, nennt sich Matola«, dieser Einwurf also, der zur Einsicht führte, daß – obwohl die fremden Herrscher dieser Stadt hier den Namen Laurenço Marques gegeben hatten – sich jetzt durchaus sagen ließe, die Stadt nenne sich Maputo, und zwar weil der Volksmund sie aus Protest gegen den fremden Namen schon während des Unabhängigkeitskrieges so nannte.

1514. die Entladung

die drückende Schwüle, die als unerträgliche Spannung über uns in der Luft lag, deren spektakuläre Entladung in einem heftigen Blitzschlag wir jeden Augenblick erwarteten,

1514 a

und das Aufatmen ob der Entspannung, die tatsächlich geschah, aber nicht – wie erwartet – von einem Blitzschlag herbeigeführt, sondern vom unerwarteten Sprung eines Fisches über die Wasserfläche des trägen Inkomati, dem – wie der Donner dem Blitz – ein kurzes, spitzes Plätschern folgte, als der Fisch in den Fluß zurückfiel.

1515. der Quadratkilometer

die ebenso geheimnisvolle wie bedeutungsreiche poetische Metapher vom Gewicht des Lichtes, die jahrelang schon meine Tagträume beherrschte,

1515 a

und der ernüchternde Verlust all dieses Bedeutungsreichtums und alles Geheimnisvollen, das Abblättern der Poesie, die eintraten, als ich in einer naturwissenschaftlichen Zeitschrift las, das Licht laste – tatsächlich! – mit einem Gewicht von 350 Gramm pro Quadratkilometer auf der Erdoberfläche und daß es leichtfalle, dies mit einem Experiment jederzeit zu beweisen.

1516. die Enden

der dicke Tausendfüßler, groß wie ein ausgewachsener Blutegel, dessen beide Enden genau gleich aussehen und nicht erkennen lassen, welches nun der Kopf und welches der Schwanz ist,

1516 a
und die eingehende Beobachtung, die uns endlich die klärende Feststellung erlaubt: falls der Mund auch beim Tausendfüßler am Kopf ist, dann ist der Kopf jenes Ende, mit dem das Tier eben Raras hingestreckten Zeigefinger angeknabbert hat.

1517. die Irritation
die von Neugier gespeiste Unsicherheit (und stellte sie sich nicht ein, ich wäre ein selbsteingenommener Arrogantling) beim ersten Gang durch die vollkommen unvertraute Stadt Maputo, diese Unsicherheit, die nicht etwa gemildert, sondern zur Irritation verstärkt wird durch den Anblick des vermutlich einzigen vertrauten Dings in dieser allumfassenden Fremde, nämlich durch den Anblick meiner selbst auf den Plakaten, die in den Straßen für meine Lesung in der AEMO werben,
1517 a
diese Irritation, in der ich mir fremder und fremder vorkommen muß, je mehr ich erkenne, daß sich die Fremde alles Vertraute einverleibt und nicht etwa umgekehrt das Vertraute die Fremde.

1518. die Umgebung
die Frage, ob ich mir fremd wäre, wenn ich mich in fremder Umgebung sehen könnte, die von der in Nr. 1517 geschilderten Irritation ausgelöst worden ist und die ich deshalb nicht beantworten kann, weil ich mich in den bisherigen sechs Jahrzehnten meines Lebens noch kein einziges Mal gesehen habe, sondern immer nur als Abbildung – etwa auf Fotos oder als seitenverkehrtes Bild im Spiegel.

1519. die Magie
die Magie Afrikas, die wir in unserer Ratlosigkeit als Ursache beiziehen mußten, weil wir keine physikalische Erklärung dafür fanden, daß die Musik von Steward Sukuma beim Konzert im Bahnhof von Maputo aus der Mineralwasserflasche »Agua de Goba« dröhnte, als wäre sie ein Lautsprecher,

1519 a
und die Rückkehr zu den Gesetzen der Physik, die wir geschehen lassen mußten, als wir merkten, daß die Pet-Flasche, sobald sie ausgetrunken ist, nicht mehr als Resonanzkörper und als Verstärker wirkt.

1520. die Spezialität
der Wunsch der in Moçambique Zurückgebliebenen nach der Spezialität aus der DDR und das jahrelange Bestreben, diesen Wunsch zu erfüllen, das ein vergebliches blieb, weil es Thomas Justino Django – er schreibt davon im Buch »Moçambique-Alemanha Ida e Volta« – auch nach ausdauerndem Tüfteln und Werkeln nicht gelingen konnte, die geeignete Versandpackung für das zu entwickeln, was er als die überraschendste Spezialität der DDR erlebte, nämlich eine Handvoll frisch gefallenen Schnees.

1521. die Bestimmtheit
mein in Nr. 594 gestandenes Unvermögen, eine Person zu erfinden, wie ich sie nun viele Jahre später in Maputo leibhaftig vor mir habe:

das schleichende Auftreten, das immer auch ein Wegtreten sein, das Sagen, das auch ein Verschweigen sein könnte, das Zögern, das sich selbst im Zupacken noch zeigte, diese für die Umstehenden fast schmerzliche Unentschiedenheit in den Gesten des Schreiners Nacito, in seinen Aussagen und in seinen vermeintlichen Entschlüssen, diese Art von Unentschiedenheit, die es mir unmöglich macht, ihm, Nacito, eine mit Bestimmtheit ausgeführte Tat zuzuschreiben außer dieser: eintretend kam er raus, rauskommend trat er ein.

1522. die Ampel
mein Zögern, ob ich soll oder nicht soll, weil die Ampel an der Kreuzung von Lenin und Ho Chi Minh für Fußgänger »rot« anzeigte; und mein nun bereits offenkundigeres Zögern, die Straße zu überqueren, obschon doch weit und breit kein Auto in Sicht

war; und dann mein Verzicht darauf nur deshalb, weil ich neben mir eine junge Mutter ihrem Kind die Verkehrsregeln erklären hörte, rotes Licht heiße: warten auf das grüne.

1523. der Stau
das schöne, superelegante, rassige Auto unter Hunderten im Stau an der Baustelle, dessen Schönheit unnütz wird, weil dort, wo es zu viele Autos gibt, auch ein schönes Auto ein Auto zuviel ist.

1524. das Tageslicht
die selbst in umfassenden Gesten bewahrte Selbstverständlichkeit des Verhaltens, mit der es dem Schauspieler Moyasse Sambo gelang, mit seinem Spiel alles Künstliche aus dem Scheinwerferlicht der Bühne im Teatro Avenida herauszufiltern und es zu ganz normalem Tageslicht zu machen.

1525. die Verfallszeit
die nervöse Blitzartigkeit, mit welcher der sommersprossig bleiche Südafrikaner im »Mundos« die gefüllte Gabel vom Teller zum Mund führt, als gäbe es für jedes Gericht eine festgelegte Verfallszeit, binnen derer eine Speise vom Teller verschwunden sein muß, weil sie sich nach Ablauf dieser Frist in tödliches Gift verwandelt.

1526. das Scheinwerferlicht
der Auftritt, den Till Füglistahler inszeniert, immer wenn er einen Raum betritt, in dem er Leute vermutet, und der peinlicherweise die genau gegenteilige Wirkung hat, als jene in Nr. 1524 beschriebene, in der sich glamouröses Scheinwerferlicht wunderbarerweise ins Tageslicht der Selbstverständlichkeit verwandelt.

1527. der Mangel
der einzigartige Charakter des Lichts, das es zu beschreiben gälte (wenn ich die Wörter dazu zur Verfügung hätte), jetzt wo um drei Uhr morgens der Mond und die Sterne den Gehsteig vor dem Cardoso so eigenartig hell bescheinen, daß man – auch wenn die

Straßenbeleuchtung kaputt wäre – keine Taschenlanpe bräuchte, um die Zeitung »O Pais« zu lesen oder den Stadtplan von Maputo zu konsultieren, doch halt – bevor ich diese Klage über den Mangel an Ausdrücken fertig geschrieben habe, stellen sie sich plötzlich ein: das Licht ist staubigdunkelweiß.

1528. das Sofa
die überraschende Aktualisierung des seit der Sonntagsschule vertrauten alttestamentarischen Satzes (im Buch Micha, Kapitel 4, Vers 3) von den zu Pflugscharen umgeschmiedeten Schwertern, die dem mosambikanische Künstler (dessen Name ich leider vergessen habe) gelungen ist mit in seinem – aus Granatenhülsen, Maschinengewehrkolben, Rak-Rohren und Geschoßhülsen des mosambikanischen Bürgerkriegs geschmiedeten – Sofa: Die vom Möbelstück suggerierte Behaglichkeit und das Wohlbefinden werden von Schrecken, Gewalt und Qualen abgestützt.

1529. das Manuskript
die Lust, auf das Notwendigste zu verzichten, auf das Manuskript nämlich, aus dem ich am 17. März 2006 im ICMA von Maputo vorzulesen hatte, diese Lust, geweckt von den fünf mosambikanischen Autoren, die bei derselben Lesung auftraten und alle ihre Texte – Lyrik und Prosa – temperamentvoll und in ständiger Bewegung auswendig rezitierten und völlig locker bereits auf dem Weg zur Bühne damit begannen, diese Lust, es ihnen gleichzutun und den ganzen beschwerlichen Wust von Zetteln fallen zu lassen, wegzuschmeißen, diese Lust, die sich in Scham verkehrte, als ich merkte, daß der einzige Europäer unter all den Schwarzen – also: ich – ohne meine Blätter wenig zu sagen und erst recht nicht vorzutragen hätte.

1530. der Manuskriptewühler
Literatur sei mündlich, und wenn ein Buch draus werde, so sei es ein Beiprodukt der Mündlichkeit, diese Lehre, die mir Sangaré Okapi nach meiner Lesung im AEMO am 24. März 2006 er-

teilte, als er mir ganze Passagen aus meinem »Neuen Brasilianischen Katalog« (die er heute zum ersten Mal gehört hatte), auswendig vortrug, stellvertretend für mich, den Manuskriptewühler, trug er genau das vor, was ich nicht konnte, und er trug es ausgerechnet mir vor, der können wollte, was er kann.

1531. das Geäst

der grüne Himmel über der herrschaftlichen Avenue Friedrich Engels, der mir in Erinnerung ruft, daß der Himmel über allen Avenuen Maputos grün ist und nicht herkömmlich blau, weil sich der Blick des Aufschauenden statt im gewohnten (üblichen) Himmelblau im Grün des Geästes der Mangobäume verliert, die alle Avenuen der Hauptstadt säumen.

1532. die Parkplätze

das Leid, mit ansehen zu müssen, wie die ersten der in Nr. 1531 gepriesenen stolzen Alleebäume auf der Avenue Karl Marx gefällt werden, um Parkplätze zu schaffen; dieses Leid, das deshalb groß ist, weil nicht nur Bäume, sondern auch der unvergleichliche Charakter der Stadt Maputo zerstört wird.

1533. das Zögern

die Zerstörung eines Kunstwerkes, der ich mich nicht schuldig machen wollte und mich deshalb zierte, mit dem Marker einen eigenen Text in ein Bild des Studenten hineinzuschreiben, der meinem Workshop über Dadaismus in der Kunstakademie Maputo beigewohnt hatte, und das Ende meines Zögerns, als ich vernahm, das Kunstwerk sei einzig und allein dazu erzeugt worden, damit ich etwas hineinschreibe.

1534. die Festlichkeit

die Festlichkeit der in Nr. 1499 beschriebenen Farben, die es – damit nichts mißverstanden werden kann – nun nötig macht, zu erklären, weshalb ich diese Farben »fast schon festliche« nennen mußte, und zwar deshalb, damit spürbar werde, daß die verstörende Armseligkeit des Marktes von Xikelé jeden neuen Anflug von Festlichkeit fortwährend dämpft.

1535. die Vögel
die dräuenden Minuten vor dem Losbrechen des Gewitters, in denen die Luft wie eingedickt erscheint, stickig und zäh, so als kämen die Vögel bei ihrem Flug nur ganz langsam in ihr voran.

1536. der Toilettenspiegel
das Eingestimmtsein in den Rhythmus, das Einssein mit der Musik der afrikanischen Gruppe »Pazedi«, die mich bei der Lesung im ICMA am 17. März begleitete, diese Übereinstimmung, die so grundlegend war, daß mir erst beim zufälligen Blick in den Spiegel draußen in der Toilette auffiel, daß da ein eigenartiger Unterschied war zwischen den Musikern und mir, meine absonderliche Hautfarbe.

1537. die Rigidität
die Straße, die mir nur ihres Namens wegen – der Kargheit und ideologische Rigidität suggeriert – ein denkbar ungeeigneter Ort zu sein scheint für das mondäne Geschäft im Haus Nummer 398: die Straße heißt Avenue Kim Il Sung und das Geschäft ist Samys Beauty Saloon.

1538. das Gefälle
das Glück, daß die Straße der Volksbefreiungsarmee in sanftem, kaum wahrnehmbarem Gefälle verläuft und uns Fahrgästen so erleichtert, dem Taxifahrer zu helfen, sein Gefährt anzuschieben, bis der Motor endlich anspringt.

1539. die Traktoren
der Wille zum Zusammenführen oft mutwillig separierter Kräfte, der spürbar wurde in Nikotos Satz: »Ihr Weißen wißt, wie man Traktoren repariert, wir Afrikaner (und er sagte: wir Neger) wissen, wie man Regen macht«, und in seinem nach kurzem Über-

legen angefügten Nachsatz: »Wenn der Boden zu Staub getrocknet ist... was nützen da die schönsten Traktoren.«

1540. die Avenue
das beklemmende Gefühl, das mich bei der Fahrt durch die herrschaftliche Avenue Kim Il Sung beschleicht und das vermutlich nur Grade heftiger sein könnte, wenn die Straße – warum nur fällt mir das ein? – wenn die Straße »Avenue Adolf Hitler« hieße,
1540 a
und die Herrschaftlichkeit im Anblick der Boulevardanlage, die – daß dies möglich ist, irritiert mich – einzig der Name auf dem Straßenschild spürbar auszubleichen vermag.

1541. das Klingeln
das spitze Klingeln des Telefons in meinem Traum von zu Hause, von der Weinbergstraße, das etwa fünfmal in meinen zürcherischen Traum hineinschrillte und das mir erst, als es mich weckte und als es nach dem Erwachen immer noch klingelte, klarmachte, daß es in Maputo klingelte, wo ich war.

1542. der Spielraum
die Notiz über die beiden Biersorten in Nr. 1488, die Moisés als zu unproportioniert kritisierte mit der Behauptung, »gleich« bleibe immer und überall »gleich«, weshalb etwas und etwas anderes gar nicht auch noch »genau gleich« sein könnten,
1542 a
und der stete Spielraum innerhalb der Geschmacksbandbreite, mit dem ich auch jetzt rechne, weshalb ich nicht umhinkann, »M2« und »Laurentina« dezidiert als »ganz genau gleich schmekkend« zu bezeichnen.

1543. der Schrubber
der Mann mit der zylinderartigen Mütze, der das betonierte Bodenstück vor seinem Häuschen in der Rua Germano Magalhães mit einem Schrubber, mit Wasser und Schmierseife fegte, immer

wieder und nochmals fegte, unaufhörlich, und dann, als es nichts mehr wegzufegen gab, seinen Schrubber um so energischer in den Kübel tunkte, die Seifenlauge über den Boden goß und schrubbte, als fühle er sich wie … – und ich sage es, obschon ich glaube, daß sich in Moçambique kaum jemand so fühlen kann: – … wie jener Mann in Paul Celans Gedicht, der damit begonnen hat, die Welt zu waschen.

1544. der Zeigefinger

das zerstreut hingetippte »b«, ein einziger Buchstabe also, der die ganze geschilderte Szenerie von Grund auf zu verändern, zu verwandeln, den Sonnenuntergang über der Bucht des Rio Espirito Santo ins Schauerliche, ins Schauderhafte umzustimmen vermochte, Kriegsgesirre anzuschlagen, Massacker und schwärende Wunden ahnen zu lassen, und alles nur, weil mein Zeigefinger auf die »b«- statt auf die »g«-Taste geschlagen hatte und so aus dem glutroten Lichtschein am Horizont einen blutroten gemacht hatte.

1545. die Gespräche

die Besuche bei Mia Couto an der Martires de Manchava, die mich deshalb so alert und zuversichtlich stimmten, weil die dortigen Gespräche alle wie imprägniert waren von der euphorisierenden Gewißheit, die Welt der Dichtung, der Fiktion sei die Welt der größtmöglichen Freiheit, weil du in ihr erzählen kannst, was immer die Geschichte und nicht was die Wirklichkeit von dir fordert, und dir trotzdem nie jemand vorwerfen kann, daß du lügst.

1546. die Vorstufe

ob die Wahrhaftigkeit eine Vorstufe der Wahrheit sei oder umgekehrt etwa über ihr stehe, diese Folgefrage zu den in Nr. 1545 erwähnten Gesprächen mit Mia Couto, die uns beim Essen im »Costa do Sol« weiterbeschäftigten, als Nelson Saúte postulierte, nur wo die Wahrheit Dichtung werde, könne sie wahrhaftig sein.

1547. der Teller

der betörend schmeckende »Caxuxu« in meinem Teller auf der Terrasse des Restaurante »Costa do Sol«, dieser Fisch, dessen Fleisch so mehlmürb und dessen Geschmack derart vieldeutig war, daß ich vorschlug, es seien viele Sprachübungen nötig, um herauszufinden, ob sich für die Konsistenz und den Geschmack des Caxuxu überhaupt genaue und stimmige Wörter finden ließen,

1547 a

und die völlig überraschende Geste des Zauberers, mit der Nelson Saúte – noch während ich diesen Vorschlag machte – ein eigenes Gedicht aus der Tasche zog, das von einem betörend schmeckenden Caxuxu handelte in einem Teller auf der Terrasse des Restaurante »Costa do Sol«.

1548. der Stecken

der blutegelgroße schwarze dicke Wurm, der sich so elegant und gelenkig vorwärts bewegt, als sei sein Körper eine geschmeidige weiche Masse, und der beinharte Stecken, zu dem er wird, wenn man ihn zu berühren wagt, dieses verblüffende weiche Harte oder das harte Weiche, das Rara zu sagen veranlaßt: »... es ist genau so bestürzend, wie wenn sich mein Kugelschreiber plötzlich zu schlängeln begänne.«

1549. der Block

die heiße Luft, abgelagert in dieser alles erstickenden Windstille über dem Garten von Bernadette und Nigel, diese Windstarre, die ich – müßte ich sie für jemanden erlebbar machen, der nicht in diesem nächtlichen Garten in der Avenida Zimbabwe sitzt – nur in die verwegenen Worte fassen könnte: »... ich fühle mich eingesotten in einen Block von lastender Wärme.«

1550. das Heck

die dunkle Glut des Sonnenballs, der hinter dem Bug verschwand, als das Schiff »Nyeleti« (an diesem 1. April 2006) vor ihm vorbeifuhr und der nicht mehr über dem Wasser stand, als das Heck des Frachters vorüber war, wie wenn das Schiff ein Messer wäre, das die Sonne vom Himmel geschabt hat.

1551. die Heimkehr

die Erinnerung an das Telefon im Traum von Nr. 1541, die nun in mir die Ahnung weckt, ich hätte nicht in Maputo den Traum von Zürich geträumt, sondern nach der Heimkehr in Zürich den Traum von Maputo und daß das Telefon folglich tatsächlich in Zürich geklingelt haben muß – und diese Wahrscheinlichkeit ist deshalb groß, weil Ute Kröger am Apparat war, die keinen Grund gehabt hätte, mich im fernen Maputo anzurufen.

1552. die Lautfolge

die unvergleichliche Lautfolge der Vokale a – u – o im Namen der Stadt Maputo, die mit den Konsonanten m – p – t eine betörende Klangsymbiose eingeht und uns verlockte, herauszufinden, ob sich aus demselben Buchstabenvorrat nicht noch hypnotisierendere Lautmelodien erzeugen lassen,

1552 a

und erst als wir
Maputo Pumato Tapumo
Matopu Putoma Tapomu
Matupo Pamuto Tupamo
Mupato Patomu Tupoma
Mutopa Potuma Topuma
Motupa Potamu Tomapu
lauthals und unterschiedlich rhythmisierend durchgesprochen hatten, begannen wir uns zu fragen, welcher Zufall oder welche Macht es wohl gefügt habe, daß sich aus diesen sechs Buchstaben ausgerechnet die schönste, poetischste, anziehendste Kombination ergeben habe, nämlich: Maputo.

1553. das Gezwitscher

die afrikanische Legende von der Verselbständigung der Teile, die mir der Student E. in der »Escola Nacional de Artes Visuais« erzählte: »Du kannst den seltenen Kaskadenvogel einfangen, kannst ihn töten und braten, und wenn du ihn gegessen hast, wird sein verführerisches Gezwitscher für immer in deinem Ohr stecken«, diese Legende, die mich so stark berührte, daß ich fragte, aus welchem Land Afrikas sie stamme, und zur Antwort erhielt: »Aus dem Internet.«

1554. das Fortbewegungsmittel
das sonderbare Gefühl, die Stadt Maputo wachse oder schrumpfe, je nachdem... etwa je nach dem gewählten Fortbewegungsmittel, für das es sogar eine höchst rationale Erklärung gibt, nämlich das rigorose Prinzip der Einbahnstraßen, in welchem der Autofahrer – will er vom selben Ausgangspunkt zum selben Ziel – doppelt bis dreimal so weit fahren muß, wie der Fußgänger gehen.

1555. die Notwendigkeit
das Blatt Papier mit dem Gedicht, das sich Juvenal Bucuane – so wie andere Leute Kamm oder Brieftasche – jeden Morgen in die Tasche steckt, wenn er das Haus verläßt, und meine Verwunderung ob seiner Begründung für diese tägliche Notwendigkeit: »Wenn man ohne Gedicht unterwegs ist, fühlt man sich, als sei man nackt unterwegs.«

1556. der Ratschlag
Anibals gutgemeinter Ratschlag, um Überfällen vorzubeugen, nach Einbruch der Dunkelheit nicht mehr unterwegs zu sein, und mein Einwand, wenn ich nur in der ersten Hälfte des Tages unterwegs sein könne, dann hätte ich – logischerweise – nur die halbe Stadt gesehen, sie nur halb erlebt.

1557. die Porträtgemälde
das Murren über die langen Warteschlangen in den Postämtern Europas und das Kontrastprogramm dazu: die menschenleere Halle des Hauptpostgebäudes in Maputo mit den reihum über die Schalterbrüstung ragenden Köpfen der auf Kunden wartenden

Beamten, jeder eingerahmt im Rechteck der Schalteröffnung, wie aufgereihte Porträtgemälde in ihren Rahmen in einem ausgestorbenen tropischen Museum.

1558. die Ehe

die Vögel, die mit lebhaftem Gezwitscher durch den Kirchenraum der Kathedrale von Maputo flattern und mir erst, als sie – einer nach dem andern – in die trichterförmigen Leuchter an den Seitenwänden abtauchen, zeigen, daß die Lampenschirme ihre Nester sind,

1558 a

und wie gewiß der Bräutigam der Hochzeitsgesellschaft dort vorne im Kathedralenschiff des Glückes seiner Ehe sein kann, wollte er mir klarmachen, als er sagte, wir alle hätten ja gehört, wie begeistert die Vögel in ihren Lampennestern mit ihrem Gezwitscher eingestimmt, mitgebetet hätten beim Vaterunser.

1559. das Orchester

»hierzulande ist die Musik immer zu laut!« (»hie isch d' Musig immer z'luut!«), Hans Schilts Feststellung, als das Orchester im Garten des »Restaurante do Escritor« zu spielen begann, und sein Nachsatz, den er anfügte, nachdem Notable und Offizielle an unserem Tisch plappernd und auftrumpfend Platz genommen hatten: »Jetzt chönnt si ruhig na lüüter sii!«

1560. das Stocken

die Abmachung, uns um 14 Uhr im »Restaurante Piripiri« zu treffen, die Abramo mit so viel Stocken in der Stimme bestätigte, daß in ihm, diesem Stocken, eine alte mosambikanische Regel erkennbar wurde, die Regel übrigens, die ich beim vergeblichen Warten am Ort unserer Verabredung dann bestätigt bekam: »Jede neue Abmachung löscht die alte.«

1561. der Provokateur

das glücklich machende Strahlen in den Gesichtern der Afrikaner, der einheimischen Hotelgäste ebenso wie der Angestellten, beim fast übermütigen Gruß im Vorbeigehen im Hotelkorridor oder auf dem wenig begangenen Trottoir,

1561 a

und das grußlose, schnöde Vorübergehen der Scharen von weißen Wochenendtouristen aus Südafrika, die wir, weil wir etwas vom empfangenen Freudengefühl der schwarzen Mosambikaner weitergeben möchten, nun beglückt auch zu grüßen beginnen,

1561 b

und die Reaktionslosigkeit der Weißen, die uns in ihrem rigiden Weitergehen und Wegschauen zeigen, daß sie uns als Provokateure betrachten, die zu sein wir uns in diesem Falle nicht schämen.

1562. das Tablett

das Sprayfläschchen Autan, das jetzt zusammen mit Salz und Pfeffer auf einem Tablett, das die Gastgeber für die Partygäste bereithalten, die Runde macht, aber nicht, weil das Fleisch mit Salz oder Pfeffer nachgewürzt werden müßte, sondern weil Autan die Gäste jetzt in der Dämmerung vor den Anopheles-Mücken zu schützen hat, die hier eine besonders heimtückische Art der Malaria verbreiten.

1563. die Lektüre

das Buch »O Catálogo Brasileiro«, das ich Elia Manjate in Maputo zurücklasse, als Geschenk eigentlich, doch zugegebenermaßen nicht in erster Linie, um ihr zu (hoffentlich!) anregender Lektüre zu verhelfen – doch, dies schon auch! –, sondern im Grunde vielleicht deshalb, weil es mir guttut, einen Teil meiner selbst in Maputo zu wissen, während ich zu Hause in Zürich bin.

1564. der Linksverkehr

der Europäer, der (außer wenn er Engländer ist) mehr noch als an seiner bleichen Hautfarbe daran zu erkennen sei, sagt man uns, daß er, bevor er die Straße überquert, völlig automatisch nach links schaut, kurz nur allerdings, bis er wahrgenommen hat, daß ihm hier die Autos von rechts entgegendonnern, während es der Einheimische von Anfang an im Blut hat, nach rechts zu gucken, weil in Moçambique Linksverkehr herrscht.

1565. der Pförtner

mein Versuch, dem Pförtner im Hotel »Tivoli« zu verheimlichen, daß ich ihn beobachte, und zwar deshalb, weil ich zum ersten Mal jemanden vor mir habe, dessen Profil überhaupt nichts zu tun hat mit dem Gesicht, das ich sehe, wenn er frontal vor mir steht.

1566. die Straßennamen

meine Reise nach Moçambique, die mich nicht (wie in Nr. 309 dargelegt) in meine Kindheit, sondern überraschenderweise ins Jahr 1968 zurückversetzt, in die Zeit, als die Namen Ho Chi Minh und Mao Tse Tung und Samora Machel und Franz Fanon und Karl Marx auch in Zürich Kampfrufe waren, die hier in Maputo vier Jahrzente später immer noch aktuelle Straßennamen sind.

1567. die Diagnose

der Rassist (gemeint ist Richard, der Schreinereibesitzer aus der Schweiz), den man hier in Maputo erstaunlicherweise achselzuckend gewähren läßt mit der verzeihenden Diagnose, er leide eben an einem »Weißfleischkomplex«.

1568. das Rotlicht

die oft vernommene Regel, auch in der größten Hitze bei Rotlicht stets die Autofenster zu schließen, und meine Beobachtung, wie durch diese Tat die Bettler, die an jeder Kreuzung die auf Grün wartenden Autos wimmernd umlungern, zum Bild gemacht werden, zur bloßen Abbildung hinter dem Glas der Fensterscheibe.

1569. das Gemurmel

das unheimlich allgegenwärtige Gemurmel, dieses unerwartete Zeichen der Erschütterung über den Tod Samora Machels beim Flugzeugabsturz 1986, das Gemurmel, das sich wie ein Brummton über die ganze Stadt gelegt hatte, weil Hunderttausende in den Straßen und Häusern – ohne daß es verordnet worden wäre – statt zu reden nur noch flüsterten.

1570. der Dirigent

der Wirtshausdirigent – und schon fragen Sie, was denn ein Wirtshausdirigent sei? –, und weil Sie fragen, schildere ich Ihnen den Wirt des »Restaurante do Escritor« als jenen Mann, der, vor dem Abgang zur Kellertreppe stehend, mit ausladenden Gesten, als dirigiere er Franz von Suppés »Leichte Kavallerie«, die Kellner auf die Tische hinweist mit Gästen, die bedient sein wollen, mit elegantem Schwenken der Handfläche andeutet, es sei Zeit, die Bestellung des Gastes daneben aufzunehmen, mit angewinkelten Ellenbogen, das Bestellte solle am Buffet abgeholt werden, mit erhobener Hand zu markieren, jener Gast habe genug getrunken, mit akzentuiertem Wischen, das schmutzige Geschirr müsse abgetragen werden, und mit einer Kreisbewegung, es gehe alles viel zu langsam,

1570 a

und meine Unfähigkeit, herauszufinden, welche Aktion durch die häufigste der Gesten in Gang gesetzt wird: die schnelle Drehung mit dem Zeigefinger – (unschlüssig bin ich, ob sie bedeuten sollte: »einkassieren!« oder »Flasche entkorken!«).

1571. das Jaulen

das Grauen ... das »Apocalypse Now« endgültig zu fassen versucht ... und das verblaßt vor dem Inbegriff des Grauens im Jaulen der hungrigen Hunde, von denen Hans Schilt uns erzählte, dieses Grauen, das mich durchwühlte, während er, dessen Wohnung gegenüber dem Leichenschauhaus liegt, berichtet, er habe während des Bürgerkrieges – geweckt vom Jaulen – mit ansehen müssen, wie diese Meute ausgemergelter Hunde nächtens die Leichen Erschossener aus dem Kühlraum auf die Straße zerrten.

1572. die Geisterhand

der Glaube an die Macht des Curandeiro, des Zauberers, Geschehenes ungeschehen zu machen, also mit einem magischen Ritual sogar Flugzeuge im Flug zurückholen zu können, was auch prompt geschehen sei: das Flugzeug mit den »Unproduktiven«, die in der »Operação Producção« aufs Land verschickt wurden, sei in der Luft – wie von Geisterhand gewendet – umgekehrt; – und der Beweis für die Macht des Curandeiros sei schließlich, daß das Flugzeug nach der (gegen den Willen des Kapitäns geschehenen!) Landung für alle sichtbar – ja, für alle!!! – wieder auf dem Flughafen von Maputo gestanden habe.

1573. die Höflichkeit

der grimmige Ausdruck im Gesicht des Räubers, der Hans Schilt aufforderte, sein Geld herauszurücken,

1573 a

und die Umwandlung aller Grimmigkeit in Höflichkeit, als sich der Räuber unversehens bedankte, nur weil Hans, verzagt, gesagt hatte: »Ich habe nichts bei mir. Aber fürs nächste Mal nehme ich dann etwas mit.«

1574. das Mutmaßen

der Wiedergewinn der eigenen Kindheit, die Anreicherung des Eigenen durch das Fremde, das Wiedererlangen der verlorenen Unschuld, alle diese Geheimnisse des Reisens, denen wir in diesem »Katalog von Allem« auf die Spur zu kommen hofften und das nun eigenartigerweise dazu führt, daß ich mich auf die Ankunft zu Hause verschmitzt zu freuen beginne, und zwar nur deshalb, weil mir Craveirinhas Mutmaßen im Kopf geblieben ist, das Geheimnis des Reisens liege darin, daß man jünger zurückkomme, als man abgereist ist.

1575. der Dialekt

»Hier spielt nichts eine Rolle!«, der Satz, dessen Verbindlichkeit in tausenderlei alltäglichen Dingen überprüft werden könnte (auch jetzt, wo ich wohlvorbereitet in die AEMO komme und dort entdecke, daß meine in der Zeitung groß angekündigte Lesung heute ganz einfach nicht stattfindet), »Hier spielt alles keine Rolle!«, der Satz also, den ich als maputensische Losung auch dann behalten würde, wenn ihn Hans nicht mitten im irritierenden Gewühl von Maputo in seinem unvergleichlichen Berner Dialekt gesagt hätte: »S' schpiut aus kei Rouä hiä!«

1576. die Taschen

die ärgerlichen Ratschläge, »for security reasons« und zum Schutz vor Überfällen nicht zu Fuß durch Maputo zu gehen, die zu befolgen meine Absicht, »Maputo zu lernen«, zunichte machen würde und die vom Kulturattaché Herrn Bloss geradezu beruhigend relativiert werden: »Jeder kann problemlos durch die Stadt gehen, solange er sichtbar leere Taschen hat.«

1577. der Krieg

Hugo Balls fundamentaler Satz »Dada kämpft gegen die Überschätzung jener Vernunft, die Krieg und Zerstörung als logische Begleiterscheinung des menschlichen Lebens zu legitimieren versucht«, den ich in meinem Seminar über den Dadaismus in der ENAV zitierte und dessen radikaler Pazifismus unerwarteterweise Ratlosigkeit und Unverständnis statt Zustimmung erntete, denn ich hatte nicht bedacht, daß die Bürger eines erst vor wenigen Jahren aus den Trümmern dreier Kriegsjahrzehnte entstandenen Landes die Begriffe »Vernunft« und »Kämpfen« ganz anders bewerten als wir und bei den Wörtern »Krieg« und »Zerstörung« unweigerlich an ihren eigenen Befreiungskrieg gegen die portugiesischen Unterdrücker denken.

1578. der Ersatzpneu

das lakonische Spiel, für das ich Sambos Antwort auf meine Frage »Wovon lebst du denn?« deshalb hielt, weil seine Antwort war: »Von zwei abgeschraubten Schlußlichtern« – und erst als er nach einer sehr langen Pause anfügte: »... zusammen mit einem geklauten Ersatzpneu komme ich auf etwa (gleich viel wie) drei offizielle Mindestlöhne«, erst da merkte ich, daß das, was ich für sein lakonisches Sprachspiel gehalten hatte, bitterernste Überlebensnotwendigkeit ist.

1579. der Riegel

der Zugang zum Ende der Welt, als den José Craveirinha den Korridor in der »Villa Algarve« (siehe Nr. 1468) beschreibt, in der er vom portugiesischen Geheimdienst PIDE gefangengehalten und gefoltert worden ist; – und das Kreischen des eisernen Riegels von Tür Nr. 1 in der Tiefe dieses Korridors, das sich bei allen meinen Gängen vorbei an der »Villa Algarve« (und viele Wege führen an ihr vorbei) in mein Ohr bohrt, seit ich Craveirinhas aufwühlendes Gedicht »Porta Nr. 1« gelesen habe.

1580. das Parfümeriegeschäft

das Bild vom schicken Parfümeriegeschäft mitten in einer ausgebombten Stadt, das uns Emil Staiger in seiner Vorlesung über Gottfried Benn als den Inbegriff von luxuriöser Dekadenz vor Augen rief, dieses Bild, das fast vier Jahrzehnte später vor dem pseudomondän billig dekorierten Hotel »Villa das Mangas« wieder lebendig wurde beim Anblick der beiden Tische mit dem gepflegten Gedeck auf weißem Tischtuch und dem Champagnerkübel mit der leeren Moët-Chandon-Flasche (an die sich auf dem verwahrlosten Trottoir der Avenida 24 de Julho niemand zu setzen wagen würde), diese neureiche Weltmännischheit suggerierenden Sehnsuchtsobjekte mitten in einer havarierten Stadt.

1581. der Zuhörer

der Zuhörer bei meiner Lesung in der AEMO, bei dem mir nicht klar war, ob er eine echte Figur sei oder eine nachgebildete, dieser auffallende schwarze Herr in der schwarzen schweren Lederjacke, mit dem Sheriff- oder sonst so einem Abzeichen und dem breitkrempigen Cowboyhut, der mich in seinem theatralischen Aufzug im unklaren ließ, ob er jener Mr. Joe Brown sei, den Orlando Mendes in seiner Novelle »Mr. Joe Brown« beschrieben hat, oder ob er sich Mr. Joe Brown aus Orlando Mendes' gleichnamiger Novelle zum Vorbild genommen habe für die eigene Erscheinung, den Habitus, den ganzen Aufzug – einerlei, die Frage kam: Ist dieser Mensch echt oder spielt er eine erzählte Figur?

1582. das Hören

mein Eindruck, in Moçambique in einem Land aus lauter Literaturliebhabern zu sein, die sich in mißlichen Lebenslagen mit laut rezitierten Gedichten Zuversicht zusprechen, und dazu zählen erstaunlicherweise sogar (oder: vor allem) die Analphabeten, die den Lesenden gegenüber jenen Vorteil haben, den das verrätselte, aber unheimlich poetische Sprichwort faßt: »Erst beim Hören wird die Schrift zum Wort.«

1583. das Stärkungsmittel

die Freiheit, die Unabhängigkeit von Angola und Moçambique, welche die Kämpfer im Befreiungskrieg ihrem tauglichsten Stärkungsmittel zu verdanken hatten, dem Energy-Drink der siebziger Jahre, der Poesie, denn allabendlich – so erzählt mir Garcia Bires – machten sich die Soldaten am Lagerfeuer mit den laut vorgetragenen Gedichten von Agostinho Neto, Craveirinha, Alda do Espirito Santo Mut für den Angriff auf die Portugiesen am nächsten Tag.

1584. die Beschwichtigung

die englische Warnung im zweisprachigen Warnzettel im Hotelzimmer, »nach der Dämmerung nicht zu Fuß unterwegs zu sein in Gebieten, die mögliche Trouble-Spots sein könnten«, und die Erklärung, um welche Orte es sich dabei handeln könnte, die nur demjenigen gegeben wird, der die portugiesische Fassung des Textes zu lesen vermag, weil dort derselbe Satz lautet: »vermeiden Sie es, nachts durch dunkle und verlassene Gegenden zu gehen«,

1584 a

und die Feststellung, Maputo habe – englisch: »wie andere Städte auch« – eine hohe Kriminalitätsrate, die im Portugiesischen – »wie alle andern Städte« – zur entschuldigenden Beschwichtigung gerät.

1585. die Landmine

die zwei Arten von Gräbern, die Kindergräber und die Erwachsenengräber, denen hier in Moçambique eine dritte beigefügt wird: die Gliedergräber, in denen jenes Glied begraben wird, das die explodierende Landmine einem arglosen Fußgänger vom Körper abgerissen hat, ein Bein, ein Fuß . . . zwei Beine, zwei Füße,

1585 a

und die Friedhofsbesucher, die anderswo üblicherweise ihre verstorbenen Angehörigen besuchen kommen, zu denen hier nun auch jene herbeihumpelnden Versehrten gehören, welche am Grab ihrer Füße, am Grab ihres Beines Andacht halten.

1586. die Dollarnoten

»Aha, ein Souvenir!«, dieser süffisante Ausruf des Zöllners, als er bei der Ausreisekontrolle in meinem Portemonnaie eine 100 000-Meticais-Münze entdeckte, und der Nachsatz dazu, den er in vertraulichem Tonfall anschloß, um mich merken zu lassen, daß er für einmal großzügig ein Auge zudrücken wolle: »Und welches Souvenir an Ihren Aufenthalt lassen Sie mir zurück?«, was ich als diskreten Hinweis verstand, mich mit einigen Dollarnoten dafür bedanken zu müssen, daß er über meinen illegalen Besitz einer Münze hinwegsehen werde,

1586 a

. . . und »Ich habe Texte geschrieben für den »Mosambikanischen Katalog««, diese meine verstörte Antwort auf seine Frage, was ich denn hier in Maputo getrieben hätte, deren Wirkung auf dem Zöllnergesicht mich erstaunte und befreite, weil sie zeigte, daß er Texte für die solidere Währung hält als Dollars.

* * *

1587. die Lieblichkeit

die Lieblichkeit der gewellten Landschaft des Fricktales und die gequollene Technoform der übereinandergeschichteten vielfarbigen Neuwagen auf dem doppelstöckigen Transporter, die so nicht zueinander und ineinander passen, daß ich sagen muß, solche Karosserien durch diese Landschaft zu transportieren sei schlicht eine Geschmacklosigkeit.

1588. der Speisewagen

Raras Zweifel an meiner Behauptung, der Speisewagen sei mein Lieblingsrestaurant, die ich – außer mit meiner Schwärmerei von der psychedelisch vorbeiflitzenden Landschaft – nur mit der überzeugten Behauptung entkräften könnte, im Speisewagen schmekken – eben deshalb! – immer alle Gerichte gut.

1589. das Streben

der Mann mit der gelben Aktentasche, den ich um die Ecke Ottikerstraße/Granitweg gehen sah mit derart krampfhaft vorwärts strebenden Schritten, als wolle er verhindern, daß der Rückwärtsgang in ihm mehr Kraft entwickle als das Streben nach dem Ziel.

1590. der Rückspiegel

die Tramführerin, die ich – bei der Einfahrt von Tram Nr. 15 in die Haltestelle Ottikerstraße – von außen im Rückspiegel ihres Wagens erkennen konnte, die aber, nachdem ich eingestiegen war, leibhaftig so anders aussah und viel weniger präsent und mir so zeigte, daß es neben der Fotogenität und der Telegenität auch etwas wie eine veredelnde und die Erscheinung intensivierende Spiegeleignung, die »Reflektogenität«, gebe.

1591. die Ruhe

die entspannte Ruhe im Parkwald von Isola, die das Gehirn und den Körper derart umfassend reinfegt, daß da plötzlich Raum ist für die Erinnerung an die Technomusik, mit der in Angra dos Reis der Park am Meer aus allen Palmenkronen beschallt war und ich merken mußte, daß Stille niemanden aggressiv machen kann, eher schon die Einsamkeit,

1591 a

und meine Frage dann, ob der landläufige Brauch ein Fehler sei, die Stille für das Geräusch der Einsamkeit zu halten.

1592. der Hammer

der Ausdruck »das isch der Hammer!«, der in der deutschen Schweiz das Außergewöhnliche, das außergewöhnlich Gute und das außergewöhnlich Schlechte, bezeichnet und der in Deutschland übliche Ausdruck »Hammergrundstück«, der sich mir – als Peter Bieri ihn brauchte – deshalb bleibend einprägte, weil er überhaupt nichts mit dem Außergewöhnlichen zu tun hat und schon gar nichts mit dem Guten und dem Schlechten.

1593. die Freundlichkeit

der Grund für das unwirsche Geschimpfe, mit dem viele Leute auf Franzens Verhalten reagieren, der darin liegt – es herauszufinden erforderte eine experimentelle Systematik –, daß er jedem, den er anspricht, freundlich »Guten Tag!« wünscht und erst dann zu reden fortfährt, wenn der Angesprochene sein »Guten Tag!« erwidert hat.

1594. die Art

die schlimmste aller Arten von Angst, die schlimmste aller Ängste, die ich in Manfreds verhetztem, abwehrendem Aufbegehren erkenne, die schlimmste deshalb, weil sie die Angst vor dem Glück ist.

1595. die Achse

die »Achse des Bösen«, von der George W. Bush spricht, und der angeblich von ihr geschürte Terrorismus, den es zu bekämpfen gilt, dieser Kampf, der – dies zeigt sich jetzt – die Kämpfer beschädigt und nicht das Böse.

1596. das Gewicht

das zaubrige Weiß der Apfelblüten, die »das Tal um Lana mit dem transparenten Staub schneeiger Rüschen betupfen«, diese Leichtheit, die unvereinbar scheint mit dem Gewicht, das dieses Bild lichten Glitzerns nun zerstört, weil ich wahrheitsgetreu sagen muß: Es ist, als brächen die Bäume zusammen unter der Last ihrer Blüten.

1597. das Gewebe

die weißen, pfeilgeraden Kondensstreifen der Düsenflugzeuge im Blau des Himmels, die ich bislang stets nur einzeln gesehen hatte, die sich hier über Lana aber zum Netz aus vielen Strängen überschneiden, übers Kreuz, als ginge es darum, den Erdball – mich erstaunt, daß die Vorstellung eine wohlig angenehme ist – in ein engmaschiges Netzgewebe einzuspinnen,

1597 a

und die Stöße der Höhenwinde, welche die Streifen streckenweise ausfransen, verschwimmen lassen, als sei jemand mit einem gewaltigen Radiergummi quer übers Liniennetz gefahren.

1598. der Auftrag

die Landschaft Südtirols, die der Schriftsteller Ettore Tolomei natürlich nicht geschaffen, aber benannt und so grundlegend verändert hat, die er vergewaltigt hat dadurch, daß er – im Auftrag Mussolinis – für alle deutschen Flur-, Orts-, Fluß- und Bergnamen Südtirols italienische Entsprechungen erfinden mußte,

1598 a

und die seit Tagen anhaltende heitere Neugier, die ich Tolomeis Schändlichkeit abzutrotzen vermag, diese neugierige Heiterkeit, mit der ich mich auf der Suche nach den Namensschildern durch die Straßen bewege und seine Übersetzungen teils als reine Lautpoesie erlebe (etwa wenn er Eppan Apiano nennt und Girlan Cornaiano), als Oberflächenübersetzungen der Avantgarde (aus Castelruth macht er Castelrotto, aus dem unvergleichlichen Ultental das Valle d'Ultimo), teils als ganz brave Italianisierungen der Wortbedeutung: (Mittenwald darf Mezzaselva heißen, Blumau Prato, Überetsch Oltradige), und dann verblüfft er mich mit seinem Übermut, der aus Schreckbichl Colterenzio machte.

1599. die Lippen

die Lippen, welche die Wirtin Sonja vom »Lanahof« beim Reden unwillentlich so bewegt, als würde sie lächeln, diese physiognomische Eigenheit, die bezaubernd wirkt, auch wenn sie einem Gast – diesmal mir – mit ernster Miene mitteilen möchte, seine Kreditkarte sei abgelaufen.

1600. der Organza

das unvergleichliche Tätigkeitswort, mit dem Jeannot Tinguely beim Interview in Moskau sein künstlerisches Tun bezeichnete, dieses Verb, das mir jetzt wieder in den Kopf und ins Ohr steigt, auch wenn es diesmal nicht ein Künstler ist, sondern die Natur, die den ganzen Talgrund von Meran bis Bozen mit dem dichten Organza-Gekringel aus blendend weißen Apfelblüten »verrokokoifiziert«.

1601. die Partei

der dichte weiße Schleier aus Apfelblüten, der die Landschaft des Etschtales überzieht, als verwische er die Konturen, mache die Gegend durchsichtig und lasse die Formen immer wieder vom Kitsch besiegen, der sich unter diesen Bedingungen so aufsässig zu melden vermag, daß ich unversehens Kadarés Braut aus dem Roman »Die Hochzeit« sagen höre, die bezaubernde Landschaft sei das Hochzeitsgeschenk, das die kommunistische Partei dem Liebespaar mache.

1602. die Geschmackssache

die »Geschmackssache«, die eigentlich alles sei und auf die Mike aus Idaho anspielte, als er meine Frage, warum »Caladessa« sein Lieblingswein sei, mit der Feststellung beantwortete: »Ein Wein schmeckt um so besser, je näher er dem Geschmack von Coca Cola kommt.«

1603. der Flußlauf

die Kratzer, Striche, Risse und Sprünge in der schimmeligen Zellenwand, in denen der Gefangene den Flußlauf des Amazonas erkannte, die Schlingen der Seine und des Bramaputra, und mir dazu erklärte, seit die Welt die Ausmaße seiner Zelle hätte, fühle er sich frei wie noch nie.

1604. die Bedenken

der Chinese, der im Zug nach Zürich Flughafen freundlich zwitschernd fragte, ob der Platz neben mir frei sei, der sich setzte, als ich bejahte, und der gleich einschlief, nachdem er sich gesetzt hatte,

1604 a

und das Dingdong des Handys in der Reisetasche auf den Knien des Chinesen, das immer wieder zu neuer Dingdong-Rhapsodie ansetzte, immer wieder, so daß ich mich fragen mußte, ob ich meinen Nachbarn wecken solle aus seinem Schlummer,

1604 b

und meine Weigerung, mir die Frage, die während des Gebimmels durch meinen Kopf spukte, zu beantworten, ob ich wohl schuld sei daran, daß den Chinesen nun die Nachricht aus Shanghai nicht erreicht, sein Töchterchen habe die Autofahrprüfung mit Erfolg bestanden,

1604 c

und das »Thank you!«, mit dem mich der Chinese von allen meinen Bedenken befreite und sich freundlich nickend verabschiedete, als er – lange nachdem das Handy zu klingeln aufgehört hatte – im Flughafen ausstieg.

1605. das Modell
all das Eigenartige zwischen Modell und Fotografin, das dazu geführt hat, daß ich Inge Zinsli während unserer Fotosession (am 22. Juli 2005) in Esslingen wie selbstverständlich duzte und nach der zweistündigen Session wieder siezte, um ihr zu sagen, daß ich sie während der zweistündigen Fotosession wie selbstverständlich geduzt hatte.

1606. die Lebewesen
die einsame sumpfige Heide im Teufelsmoor, die so gottverlassen und abgelegen war, daß wir beide Grund hatten, uns gegenseitig zu bestätigen, hier seien wir weit herum die einzigen Lebewesen,
1606 a
und das plötzliche Lächeln, mit dem wir einander zu erkennen gaben, daß wir beide gleichzeitig an die verborgenen Käfer, Würmer, Molche, Mücken und Salamander hier im Umkreis gedacht hatten und unsere Behauptung nun nickend korrigierten: »... die einzigen Menschen.«

1607. das Pardon
das »Pardon!«, das ich sagte, aber nicht nur deshalb, weil ich die offensichtlich zerstreute Person versehentlich angestoßen hatte, sondern weil ich hoffte, dieses »Pardon!« sei das erste Wort, das dann alle weiteren Wörter ergebe.

1608. der Idiot
das Gespräch mit Alf über das entspannte Einssein mit sich selber, das ich unterbrach, um am Telefon die Nummer 079 320 82 68 einzustellen, beim zweiten Mal dann viel sorgfältiger als beim ersten, weil ich meinte, mich beim ersten Mal vertippt zu haben,
1608 a
und die jämmerliche Schimpftirade, mit der mich ein Herr Müller überschüttete: »Trottel, Spinner, Idiot«, obschon doch er es war, der nicht begreifen wollte, daß man zweimal anrufen muß,

bis man herausfinden kann, daß man sich beim ersten Mal nicht vertippt, sondern eine falsche Nummer eingestellt hat,

1608 b

und dieses Gespräch, das wir nach Herrn Müllers Fluchorgie nicht wieder aufnahmen, weil, ja: weil es irgendwie vom friedlichen Zusammenleben der Menschen gehandelt hatte.

1609. die Meldung

die ganz andere Vorstellung von Verantwortlichkeiten, welche die Meldung (in der Zeitung »20 Minuten« vom 20. Februar 2006) »In Australien ist ein Auto in eine Gruppe Jugendlicher gerast und hat fünf von ihnen getötet. Sieben weitere junge Leute sind schwer verletzt worden« in uns weckt, sobald wir sagen: »In Australien ist ein Automobilist in eine Gruppe Jugendlicher gerast...«, weil so immerhin deutlich wird, daß es nicht etwa ein führerloses Auto war, das die fünf getötet und sieben schwer verletzt hat.

1610. der Stundenschlag

die Zwischenräume zwischen den getragenen, volltönenden Schlägen vom Glockenturm der katholischen Liebfrauenkirche, diese Pausen, in die der Stundenschlag der Glocke der protestantischen Kirche Unterstrass heute, am 28. Juli 2006, so exakt und stimmig hineindröhnt, daß jeder, der nicht weiß, nach welchem Gesetz die Turmuhren schlagen, hätte meinen müssen, es schlüge jetzt, an diesem strahlenden Sommermorgen, 22 Uhr.

1611. der Tuareg

die Formulierung »der Tuareg Ipetiti in seinem blauen Gewand«, die mir der leicht wichtigtuerische Bernhard – da ja jeder wisse, daß Tuaregs blaue Kleiden tragen – als Pleonasmus ankreidete, und meine Mühe, ihm verständlich zu machen, daß die beiden Begriffe »Tuareg« und »blau« nur für jene Leute ein Pleonasmus seien, die bereits wissen, daß Tuaregs alle blaue Kleider tragen – aber nur die Männer, wohlverstanden.

1612. der Abgrund

ob denn Landschaft lügen könne?, diese Frage, die ich mir höchst skeptisch stellte, als unser Führer, der blau gewandete Ipetiti, in seinem beachtlich straffen Französisch sagte, dreihundert Schritte von hier sei der Ort, wo die Landschaft lüge,

1612 a

und unser von der Skepsis angetriebener Gang über die von phantasmagorischen Felsskulpturen gegliederte Hochebene des Tassili, unser neugieriger Gang, der plötzlich am Abgrund endete, an dem jäh die Landschaft senkrecht in einen mehrere hundert Meter tiefen Graben abbrach,

1612 b

und die Bange, in die Tiefe zu stürzen, die jetzt – beim Blick auf die Steilwand auf der andern Seite des Grabenbruches – wie gemildert erschien von der Ahnung, dies sei nun also die Stelle, an welcher die sich uns als lückenlose Ebene präsentierende Landschaft lüge.

1613. die Heftigkeit

die Verstörtheit, mit der sich R.F. die Haare aus dem Gesicht wischt mit einer Geste von so zerfahrener Heftigkeit, daß ich jedes Mal eingreifen zu müssen glaube, um zu verhindern, daß sie sich alle Haare aus der Kopfhaut reißt.

1614. die Stimmlage

die von kurzen heftigen Wellen aufgerippte Tonlage in Yang Lians Stimme beim Vortragen von Shi Taos Gedichten, dieses chinesische Sprachstakkato, das mir unverständlich bleibt und mich (vielleicht deshalb) anregt, wenigstens herausfinden zu wollen, ob mindestens ein unbewußter Wechsel in der Stimmlage erkennbar mache, wo Shi Tao vom Gefangensein im Gefängnis NR. 1 der Provinz Hunan zu berichten beginnt, in dem er für 10 Jahre festgehalten wird.

1615. der Kugelschreiber
das sichtbare Anspannen der Muskeln, diese Vorbereitung zur Geste, mit welcher der Mann im Abteil zwei Sekunden später dann doch nur den Kugelschreiber aus der Reverstasche zog, dieser vorbereitende Muskelmechanismus, der so unproportional bestimmend und aufwendig war, als setze er an, etwa einem Kaninchen den Bauch aufzuschlitzen, den Balg abzuziehen.

1616. das Internet
das Dorf, von dem Professor Siemssen in seinem Vortrag (über den Einsatz von Chemie in der Landwirtschaft) spricht, das ich mir als liebliches Dörfchen mit schmucken Geranien vor den Fenstern vorstelle, bis ich dieses helvetische Dorfbild heftig aus meinem Gehirn ausradieren muß, weil ich endlich merke, daß das Dorf, von dem er spricht, die ganze Welt ist, die durch das Internet zum Dorf gemacht worden ist.

1617. die Schlaflosigkeit
die Nacht auf den 9. Dezember 2006, in der ich mich schlaflos Schlaf suchend in den Kissen wälzte – und dann doch das überraschende Frischegefühl beim Aufstehen am Morgen, das nun meine Ahnung weckt, die nachtlange Schlaflosigkeit nur geträumt zu haben – im Schlaf.

1618. die Definition
die Definition von Kunst, die sich ungewollt einstellte, als Susannes Schüler bei einer Diskussion von H. C. Artmanns »Fleiß und Industrie« fragten, warum der Dichter denn das Berufsbild seiner Leute nicht auf Daten und Fakten der wirtschaftlichen und gesellschaftlichen Stellung reduzieren, also die reine relevante Information vermitteln könne, weil da klar wurde, daß der Wissenschaftler rational nachprüfbare Erkenntnis vermittelt, der Künstler aber sinnlich nachvollziehbar gemachte Erkenntnis: Kunst macht aus Erkenntnis Erfahrung!

1619. der Wein

die furchtbar klugen und mit blasierten Gesten akzentuierten Äußerungen über die Veränderungen der klimatischen, physikalischen, atmosphärischen Verhältnisse, die immer in Kraft treten, wenn man einen Wein weit außerhalb seines Ursprungsgebietes zu genießen versucht, und dann die überraschende Wirkung der geschilderten Verhältnisse, die den Wein »Marcus James« unerwarteterweise so eigenartig verändern, daß dieser mittelfade brasilianische Wein in Zürich tatsächlich viel besser schmeckt als in São Paulo.

1620. der Neid

mein Neid auf jene Leute, die fähig sind, die Arbeit zu unterbrechen, um – wenn es Zeit dazu ist – schlafen zu gehen, weil ich selber immer erst dann ins Bett gehen kann, wenn die Arbeit fertig ist, und fertig ist sie meistens dann, wenn ich bereits wieder aufgestanden sein müßte.

1621. die Matratze

die Nacht vom 26. auf den 27. März 1964, in der Elisabeth, Didi und ich – weil wir übernachten wollten – die Stadt Shindand suchten und sie in der weiten westafghanischen Ebene nicht finden konnten,

1621 a

und die unverhoffte Erklärung für die damalige Vergeblichkeit unserer Suche, die mir 42 Jahre später der argentinische Künstler Guillermo Kuitca erteilte, als ich in der Daros-Ausstellung die Matratze sah, auf die er die Landkarte Afghanistans gemalt und die Stadt Shindand – als sei es eine Illustration zu unserem Irren – zufälligerweise an jene Stelle plaziert hatte, an der der »Nagel« in der weichen Matratze einen Trichter bildet,

1621 b

und dieser Trichter in der Matratze mit dem Titel »Afghanistan – mixed media on mattress«, gemalt 1990, dessen Anblick mir – als sei Kuitca je in Afghanistan gewesen – das topographische Geheimnis entschlüsselte, daß nämlich die Stadt Shindand in einer Mulde im Wüstenboden versenkt liegt.

1622. der Fernsehfilm

der mehrmals nun schon erlebte und deshalb sattsam bekannte Telefonirrtum (jener nämlich, in dem ich das Klingeln des Telefons im Fernsehfilm für das Klingeln meines eigenen Telefons gehalten hatte), dieser Telefonirrtum, der sich nun zum erstenmal zum Haustürirrtum wandelte, gestern, als ich mich wunderte, daß im Film zum Klingeln der Türglocke niemand öffnen ging, bei mir dann aber, als ich den Irrtum bemerkte und öffnete, schon niemand mehr vor meiner Wohnungstür stand.

1623. die Eisenmasten

das Fehlen der Eisenmasten für die elektrischen Drähte, die in der Schweiz üblicherweise die Bahnschienen begleiten und regelmäßig wie Taktgeber am Fenster vorbeiflitzen, dieses auffallende Fehlen, das jenseits der Grenze die Bahnfahrt Richtung München zu einer ganz andern Art von Fahrt macht, zur Fahrt, in der die Bäume der Reise ihren Rhythmus geben, die Natur also (die auch Kraut und Gräser im Schotter wuchern läßt) den Takt bestimmt, so sehr bestimmt, daß der Reisende die Schienen unter sich vergißt im euphorisierenden Gefühl, nicht von einer Lokomotive durch die Landschaft des Allgäu gezogen, sondern vom Wind um die Hügel und durch die Wälder geblasen zu werden.

1624. die Gedanken

der Schweizer Zöllner, der bei seiner Kontrolle im Zug München–Zürich ohne etwas zu sagen derart skeptisch meinen Schreibblock inspizierte – in dem ich eben die Katalognummer 1623 entworfen hatte –, als gälte es zu erwägen, welche darin notierten Gedanken zollfrei seien und welche nicht.

1625. der Nachsatz
»wo du bleibst, bist du dich selber«, diese unterwegs zugefallene Einsicht, die den Nachsatz will: »auf der Fahrt dorthin bist du unterwegs zu dir.«

1626. der Federhalter
was ich fand, ohne es zu suchen: den Federhalter, mit dem ich vor 61 Jahren als Siebenjähriger bei Lehrer Redmann im Schulhaus Leimbach schreiben zu lernen begann – nur seine Farbe Grün war in meiner Erinnerung längst erloschen,

1626 a
und was mich erstaunt, ist: nicht etwa der Fund und sein Nostalgiewert, sondern die Tatsache, daß er dort war, wo ich ihn vor sechs Jahrzehnten hingelegt hatte (in die rote Kartonschachtel), und daß er da war, obwohl ich ihn längst vergessen und deshalb verloren glaubte.

DER LONDONER KATALOG

1627. die Stadt
der Wille, eine Sprache zu lernen, der, will man sie auch wirklich lernen, ebenso heftig vorhanden sein muß wie der Wille, eine Stadt zu lernen, damit man sich bei der Abreise nicht begnügen muß, sagen zu können, »ich habe London kennengelernt«.

1628. das Auftauchen
angekommen mit allen deinen Koffern mitten im Markt vor der Station Whitechapel, der – weil du im Flughafen in die U-Bahn abgetaucht bist – beim Auftauchen die Vorstellung, in London gelandet zu sein, radikal rückgängig macht: da ist Bangladesch um dich und Belutschistan, Nok-Kundi und Chittagong, bengalische Waren, belutschische Verkäufer, pakistanische Kunden, alles Akteure, die dir überzeugend vorspielen, London sei anderswo.

1629. der Anblick

das graue Leintuch, durch das wir die geborstene Jalousie vor dem Fenster in der Smithy-Street ersetzen, nicht etwa weil wir uns vor den Blicken der pakistanischen Passanten und der afghanischen Nachbarn schützen möchten, sondern weil wir sie vor dem Anblick unseres häuslichen Alltagslebens schützen wollen, seit wir vernommen haben, daß diese Art von Anblick die Würde ihrer tief verschleierten Frauen verletze.

1630. das Gehen

der Fußgänger vor meinem Fenster, der nicht deshalb auffiel, weil er kein Afghane, Belutsche oder Bangladeschi war, sondern deshalb, weil sein Gang – und er ist kein Behinderter! – ein Gehen ist, bei dem sich die Beine verselbständigen, als würde keiner seiner andern Körperteile synchronisiert sein mit der Vorwärtsbewegung der Beine, so unabhängig voneinander bewegen sich alle.

1631. der Lenker

der Autofahrer, den man – Rara macht mich darauf aufmerksam – nie nach dem Weg fragen dürfte, wenn man zu Fuß unterwegs ist, weil nur der einbahngewohnte Lenker einem auch dann, wenn man, ohne es zu wissen, vor dem gesuchten Haus steht, dringend raten kann, ein Taxi zu bestellen, um zur Eingangstür auf der Hinterseite des Hauses zu gelangen.

1632. das Natürliche

die legendären Eulen, die man oft vergeblich nach Athen zu tragen versucht, denen Rara nun die Einsicht verdankt in die Sinnlosigkeit, Tee nach England mitzunehmen,

1632 a

und Raras Bedauern darüber, nicht einmal ihren Lieblingstee nach London mitgebracht zu haben, weil in vielen Läden – dem englischen Teekult zum Trotz – nur gemahlener Beuteltee erhältlich ist und richtiger Tee – also Teekraut, Teeblätter – zum Luxus geworden ist, das Natürliche zur Rarität.

1633. die Ungehörigkeit
da die Warnung davor, die in dunkle Tücher eingehüllten Frauen mit den schwarz verhängten Gesichtern und dem fingerbreiten Augenschlitz beim Vorübergehen im Quartier anzuschauen, weil das als sündige Ungehörigkeit gelte,

1633 a
und dort die schwarz verhüllte Figur, von der ich weiß, daß sie eine Frau sein muß, die mir auf der ausgestorbenen Jamaica-Street entgegenkommt und mich irritiert, weil ich weiß, daß ich sie nicht anschauen darf oder soll und sie ignorieren muß,

1633 b
und nun die Überwindung, die es mich kostet, den Blick zu senken und beim Vorbeigehen in den Rinnstein zu starren, weil es mich schmerzt, jemanden, ein menschliches Wesen, ignorieren zu müssen, das mir auf der Straße entgegenkommt, schmerzt, gezwungen zu sein, es mißachten zu müssen.

1634. der Frühlingsbote
die Blütenpracht in den Bäumen der Mile End Road, die sich beim genaueren Hinsehen nicht als voreiliger Frühlingsbote entpuppt, sondern als zerfledderte Draperie aus weißen Plastiksäcken, die der Wind vom bengalischen Markt her durch die Straßen geweht und – als wolle er die Bäume über das Fehlen der Blüten hinwegtrösten – ins kahle Geäst gehängt hat.

1635. die Gasse
der Gang durch die Drury Lane, den ich – wie die Gänge durch alle Gassen, die ich in Erinnerung behalten will – wiederhole, im Abstand von Tagen wiederholen muß, um mehr über eine Gasse, auch über die Drury Lane sagen zu können als nur, ich sei dort gewesen.

1636. die Logik

der Satz »I have been eaten« in Raras Englisch-Lehrbuch, von dem ich behaupte, er werde logischerweise von niemandem je gebraucht werden können, und damit Raras Widerrede einheimste, die Logik ihrer Träume habe ihr mehrmals schon Gelegenheit gegeben, zu sagen, sie sei gegessen worden.

1637. die Berufsehre

der erstaunlich gut rasierte Bettler, der sich in der Old Brompton Road mit höchster Sorgfalt – ich müßte sogar sagen: mit Distinktion – in eine abgeschabte Wolldecke einhüllte, ihre Falten sorgsam glattstrich, bevor er sich mit solcher Distinguiertheit auf dem Pflaster niederließ, daß ich mich allen Ernstes fragen mußte, ob man die Berufsehre des Bettlers verletze, wenn man sagt, er sehe gar nicht wie ein Bettler aus.

1638. die Verflüchtigung

die von der Stadt selber unternommene Aufhebung von London, die sich jetzt zeigt, wo ich meinen »Londoner Katalog« zu schreiben versuche, weil sich das »Londonerische« aus meinen Beobachtungen verflüchtigt angesichts aller lokaler Lebensintensität, und etwa im Stadtviertel Stratfort ein ukrainischer, in Southhall ein punjabischer, in Edgeware ein »Libanesischer Katalog« entstehen müßte, ich in Bethal Green einen somalischen, in Finchley einen »Japanischen Katalog«, in Brixton einen »Nigerianischen Katalog« schreiben müßte und hier in Stepney unweigerlich ein bengalischer entstehen muß, in Elephant & Castle ein kubanischer, und ich höchstens dann, wenn es mir gelänge, alle diese Kataloge in einen einzigen zusammenzufassen, diesen einen dann den »Londoner Katalog« nennen dürfte, um so die Aufhebung von London, die Verflüchtigung der Stadt rückgängig zu machen.

1639. die Silhouette

die beeindruckenden Türme, welche die Skyline Londons mächtig durchstoßen, und die unzähligen Türmchen, die, als würden sie alles urbanistische Gewicht aus den großen Türmen absaugen, bei Sonnenuntergang und bevor die Lichter angehen, in der Silhouette mehr und mehr an Markanz gewinnen und die Stadt London so zu einem einzigen türmchenbewehrten Märchenschloß zusammenfassen.

1640. die Botschaft
die sprichwörtliche Freundlichkeit der Engländer, die sich, selbst wenn man sie nur nach einer Straße fragt, darin zeigt, daß die mitzuteilende Botschaft nicht die Wegbeschreibung ist, sondern die Freundlichkeit.

1641. das Parfüm
die Dame mit der hochgetürmten Frisur, die, im Kunstpelz und von einer Wolke passionsfruchtsäuerlichen Parfums umweht, den Wagen der District-Line betritt – sie suhlt sich geradezu wohlig in ihrem Duftnebel –, um (so kommt es mir vor) allen deutlich zu machen, daß sie auch draußen im feindlichen Leben immer von etwas ihr Vertrautem umgeben sein will.

1642. der Kreuzweg
die Werbe-Leuchtkästen an den zwölf Säulen auf dem Perron der Metro-Station »Mansion House«, deren Licht im Halbdunkel des Bahnhofes den Eindruck erweckt, der Zug sei eben an den von Kerzen erleuchteten Stationen eines unterirdischen Kreuzweges entlanggefahren.

1643. die Ananas
die Frage, ob es für die Konservenbüchse und gegen die frische natürliche Frucht spreche – oder umgekehrt –, wenn die frische Ananas, die ich auf dem bengalischen Markt von Whitechapel gekauft habe, im Geschmack den Ananasscheiben gleicht, die wir schon als Kinder aus den Del-Monte-Büchsen für das süße Dessert am Sonntag naschten.

1644. das Pferd

»Da malte Stubbs ein Pferd«, dieser banale Satz des Führers vor Georges Stubbs atemberaubend realistischem – aus seiner Umgebung herausgelöstem – Klassepferd »Whistlejacket« (von 1762), dieser Satz, um den ich Stubbs eigenartigerweise zu beneiden beginne, weil ich als Autor nie werde sagen können: »Da schrieb ich ein Pferd«,

1644 a

und der Fehler, zu meinen, ich sei der Sache näher, wenn ich sage: »Da beschreibt der Autor ein Pferd«,

1644 b

und meine flüchtige Frage, ob es wohl nur die deutsche Sprache nicht zulasse, zu sagen, was geschieht, wenn jemand »ein Pferd schreibt«.

1645. die Telefonzelle

der levantinisch aussehende Junge, der am 6. März um 19 Uhr in der Telefonkabine vor dem Haus Nr. 35 in der Mile End Road eben einen offensichtlich enttäuschenden Entscheid mitgeteilt bekommen hatte und nun in einem Anfall von Wut und fürchterlichem Zorn das Telefonkabel aus dem Hörer riß, den Hörer auf die Straße schleuderte – ohne daß einer der Passanten ihn daran zu hindern gewagt hätte –, die Scheiben einzuschlagen begann und versuchte, die Türe zu demolieren, ganz so, als sei die Telefonzelle schuld am schlechten Entscheid, den man ihm gab.

1646. der Gentleman

die Bestätigung seines Satzes, zu der mich Austin Coates, Autor von »City of Broken Promises« und superenglischer Kolonialgentleman, erst jetzt (und doch noch!) provozieren kann, 25 Jahre nachdem er in Hongkong gesagt hatte, er habe zeitlebens in London gelebt, London in Indien, London in Malta, London in Malakka, London in China – das London in England sei lediglich das Spiegelbild aus all den andern – und wie jedes Spiegelbild: seitenverkehrt.

1647. der Gesichtsausdruck

der Blick aus dem Sehschlitz des schwarzen Stoffes vor dem Gesicht der gespenstig von Tüchern verhängten Gestalt, dieser Blick, der uns in der Jubilee-Street traf und Rara festzustellen veranlaßte: »Ich kann nicht erkennen, ob sie einen freundlichen oder einen haßerfüllten Gesichtsausdruck hat, während sie meinen Ausdruck sofort identifizieren kann. Sie ist mir also überlegen.«

1648. das Repetieren

die Wiederholung der in Nr. 1635 erwähnten Gänge zu den Orten, die mich interessieren – zu Gray's Inn Garden etwa –, und durch die Straßen, die mir Eindruck gemacht haben, weil erst im Repetieren der Eindruck überprüfbar wird und sich verbindlich in die Erinnerungs-Harddisk einbrennt.

1649. das Wettbüro

der Wirt des »Salieri«, der in allen seinen Gesten, seinen Kopfbewegungen, seiner Art zu sprechen und zu gehen, sogar in den hektischen Schritten, mit denen er nach zwei Blicken in den Kochtopf und zwei Sätzen mit den Gästen wieder zum nahen Wettbüro eilt, um nachzuschauen, wie jetzt seine Chancen auf der Rennbahn von Ascot stehen, dieser Wirt also des »Salieri«, der in allem an die Art gemahnt, in der Walter Matthau spräche, sich bewegte und ginge, wenn er einen Wirt spielen müßte, der zwischen zwei Blicken in den Kochtopf zum nahen Wettbüro eilt, um ungeduldig nach seinen Chancen auf der Rennbahn von Ascot zu sehen.

1650. das Tor

das kunstvoll geschmiedete Tor, das ich vergeblich zu öffnen versuchte, als ich den Botanischen Garten verlassen wollte, und das erklärende Schild an dieser Schmiedeeisenpforte, das statt dem uns vertrauten »Kein Durchgang« die Aufschrift trug, die englischer (!) nicht sein könnte: »Dieses Tor ist nicht als Durchgang gedacht, es ist ›strictly ornamental‹.«

1651. der Tarnanzug

die drei Geschäftsherren, die uns am 16. März um 21 Uhr wie beflissene Produktdemonstratoren eine Lektion darüber erteilen, welch strapazierfähiger Tarnanzug der Busineß-Dreß aus weißem Hemd, Krawatte und dunklem Anzug tatsächlich ist, als sie an der Kreuzung Russell-Street und Drury Lane vorführten, daß Besoffene, die im dunklen Anzug mit Krawatte und weißem Hemd auf dem Trottoir robben, nur noch der Hauswand entlang abrollend vorwärts kommen, auf allen vieren kriechen und sich nur erheben, um auf die Fahrbahn zu pissen, viel weniger besoffen aussehen als Besoffene in Jeans, speckigem Hemd und Lederjacke.

1652. die Membran

der Wachsoldat, der uns auf der Wanderung, deren Weg diesmal am Buckingham-Palace entlangführt, scheinbar aufmerksam unter seiner Bärenfellmütze hervoräugend, in seinem reglementierten Stampfschritt begleitete – genauer: zu begleiten schien – und dabei die Erde so kraftvoll stampfte, als sei sie eine Membran, die in derart heftige Schwingungen versetzt werden müsse, damit auch wir ihr Zittern unter unseren Füßen zu spüren bekommen.

1653. das Ausspucken

mein Verzicht, der mir ohnehin leichtfällt, im Pub Champagne Charlies unter dem Bahnhof Charring-Cross auf den Boden zu spucken, und den ich auch dann einhalten würde, wenn der Wirt nicht nach den unvergleichlichen Regeln urenglischer Förmlichkeit mitteilen würde: »Die Gäste werden respektvoll gebeten, vom Ausspucken Abstand zu nehmen.«

1654. der Engländer

das Wirken von Telegenität und Fotogenität, das am Beispiel von Charles Dance, der in Filmkritiken als der »perfekte Engländer« gepriesen wird, am besten untersucht werden kann, weil Charles Dance im Alltag gar nicht wie der besagte perfekte Engländer aussieht – und schon gar nicht wie Charles Dance.

1655. das Experiment

der unerklärliche Zustrom der Leute vor Wright of Derbys Bild »An Experiment on a Bird in the Air Pump« von 1768, dem meistbesuchten Bild in diesem Saal der National Gallery, den ich mir nur mit der heimlichen Erwartung der Besucher erklären kann, in einem unverhofften Moment das überraschende Ergebnis des dargestellten unheimlichen Experimentes miterleben zu können.

1656. die Mitglieder

das unvergleichliche Spiel der Engländer mit Förmlichkeiten, das mich stets heiter stimmt und das nun dazu führt, daß ich mich endlich »englisch« fühle wie nie zuvor, weil mir der Parkwächter im Gray's Inn Garden mitteilte, für meinesgleichen, also für die »erwachsenen Mitglieder der Öffentlichkeit«, sei der Park von 12 Uhr bis 14.30 Uhr zur Benützung offen.

1657. die Aufforderung

»So nimm doch endlich Vernunft an!«, diese warnende Aufforderung, die der Geschäftsherr in der Sulgrave Road dem betrunkenen Bettler mit derart unüberhörbarem, resigniertem Schnauben zurief, daß er ebensogut hätte rufen können, was eigentlich gemeint war: »So hör doch endlich auf, arm zu sein!«

1658. der Tee

Raras Begründung für ihren in Nr. 1632 katalogisierten Verzicht, Tee nach England mitzubringen, sie habe nämlich England nicht beleidigen wollen, und ihre Klage, nun fühle *sie* sich beleidigt, weil England – als sei der englische Teekult ein Hohn – ihr zumute, mit Beuteltee zufrieden zu sein.

1659. der Kassenzettel

meine Verlegenheit, die sogar Beklemmung war und mich zu überprüfen zwang, ob ich denn schon so gebrechlich und vergreist aussehe, daß die junge Verkäuferin im Sainsbury Grund hatte, mich zu fragen: »Sie sind sicher über achtzig?«,

1659 a
und die Erlösung vom Schock, den mein ungenaues Zuhören verursacht hatte, als ich zu Hause dann auf dem Kassenzettel unter dem Namen des erstandenen Rotweines »Corbières« den Aufdruck fand: »Die Verkäuferin bestätigt, daß der Kunde über achtzehn Jahre alt ist.«

1660. das Boudoir
die Allerweltsblondine im weißen, überhaupt nicht zum jetzigen Winter passenden Sommerkleid und karamelfarbenen Stiefeln, die im Wagen der Hammersmith&City-Line ihr rosabepelztes Handtäschchen öffnet, ihm ein Handtuch entnimmt, dieses – will sie picknicken? – über ihren Knien ausbreitet, ein in Plastik eingeschweißtes Set langer weißer Fingernägel auspackt, eine Leimtube hervorholt, diese sorgsam öffnet, den jeweils zum Finger passenden Nagel aussucht, ihn mit Rapidkleber betupft und sich einen der Kunstnägel um den andern wie Klingen auf die natürlichen Nägel klebt, mit gespreizten Fingern ihren sicheren Halt prüft, und alles mit jener Selbstverständlichkeit tut, als habe ihr Boudoir die Ausmaße dieses Eisenbahnwagens.

1661. die Schaufensterpuppen
mein Eingeständnis, daß ich meine Phantasie ziemlich sicher nicht so weit getrieben hätte, mich zu fragen, ob die schwarz verhüllte Frau (die die große weite Welt offenbar nur durch den begrenzenden Sehschlitz im Tuch vor dem Gesicht wahrnehmen will) unter ihren schweren Tüchern einen Körper verberge, und wenn ja, welchen, wenn die Frau in diesem Augenblick nicht an der Ecke Whitechapel Road/New Road am Geschäft »Express Packaging« vorbeigegangen wäre und sich dabei nicht nach den Körperformen der nackten, silbrig bemalten Schaufensterpuppen in der Auslage umgesehen hätte.

1662. das Steueramt
»Ich rechne nicht mit dem Steueramt ab, ich rechne mit Gott ab.« – der legendäre Satz, mit dem Richard dem fordernden Steuerbeamten entgegnete, bevor er seine ganzen Tageseinnahmen auf ein großes Kupfertablett legte und es auf der Kreuzung von Great Titchfield Street und Clipstone Street mit einer ebenso legendären Geste in den Himmel hinaufwarf und – bevor noch die erste Banknote herunterflatterte – anfügte: »Alles, was er zurückgibt, gehört mir!«

1663. der Qualm
die stets mysteriöse Vernebelung von allem in seinen Landschaftsbildern, der William Turner nun für einmal eine ganz drastische physikalische Erklärung geben zu müssen getrieben schien, als er ebenso nüchtern wie lakonisch zeigte, daß der symbolhaltige Nebel, die mythische Verunklärung im Bild »Rain, Steam and Speed« von 1844 nichts anderes ist als der Qualm aus dem Kamin der Dampflokomotive, die durch die Landschaft braust.

1664. die Durchsage
die angenehme, ruhige Stimme, die aus dem Lautsprecher zu verkünden begann: »Dies ist ein Zug der District-Line nach Barking. Die nächste Station ist Aldgate East. Dort können Sie umsteigen auf die Hammersmith & City-Linie oder aussteigen zum Besuch der Whitechapel Gallery«, diese Stimme, die mich lehrte, daß ganze gesprochene Sätze entspannender wirken als die knappen Anweisungen, die wir von Zürich her gewohnt sind, denn die drei grölenden aggressiven Betrunkenen im Wagen beruhigten sich zusehends beim Anhören der Durchsage, als lauschten sie der Stimme des Psychiaters beim autogenen Training.

1665. die Treppe
das Geheimnis, das der Treppenbauer, auch wenn ich es konzentriert herauszufinden versuche, nicht preisgibt, dessen Auswirkungen sich mir aber darin zeigen, daß ich, auch wenn ich im Pub

»The Horniman« nur Mineralwasser getrunken habe, die Treppe vom Queens Walk zur London Bridge hinaufkraxeln muß, als hätte ich siebzehn Biere intus.

1666. das Publikum

das Kompliment, das ich Lawrence Norfolk in Chiswick machen wollte, als ich ihm vom mächtigen Eindruck erzählte, den mir seine deutschsprachige Lesung aus seinem Roman »Ein Nashorn für den Papst« in der Votivkirche in Wien gemacht hatte und darauf die Antwort bekam: »Meinst du denn, ich hätte verstanden, was ich dort vorgelesen habe?« und die unausgesprochene Erklärung dazu: »Verstehen muß es das deutschsprachige Publikum. Der Dichter kennt seine Botschaft ja schon im Original.«

1667. die Efeuranken

unser beglücktes Staunen ob der Lösung des Innenarchitekten, Natur und Technikdesign im Raum des Restaurants »Le Pont de la Tour« zum betörenden Einklang zu bringen, und die Ernüchterung beim Eintreten, als wir merken, daß wir die Spiegelung der Efeuranken, die draußen auf dem Thames Walk wachsen, in den Fenstern des Restaurants für Efeuranken im Innern gehalten hatten.

1668. die Verhüllung

die Erwartung, daß die Kinder, die nach Schulschluß aus dem Schulhaus Smithy-Street stürmen, ratlos unter den schwarzen Schemen mit dem umgebundenen Sichtschutz vor dem Kopf nach ihren Müttern tasten und suchen,

1668 a

und die verblüffende Sicherheit, mit der sie sich – als sei die schwarze Verhüllung durchsichtig – in die jeweils richtigen Tücher verkrallen, in jene, unter denen sich ihre Mutter verbirgt, die sie zum Mittagstisch nach Hause führt.

1669. der Aggregatzustand

meine immer wieder mit neuer Nahrung belebte Verwunderung ob der Tatsache, daß ich mich – bevor ich von London zu reden beginne – fragen muß, ob ich wohl vor Jahren tatsächlich einmal in die Londoner Abwasserschächte hinuntergestiegen sei oder ob ich nur von der stickigen Trübnis dieser Unterwelt gelesen habe, und zwar in Lawrence Norfolks Roman »Lemprières Wörterbuch«, diese Verwunderung, die sich jetzt ausdehnt über den Sachverhalt, daß die Aneinanderreihung bloßer Buchstaben aus Druckerschwärze sinnliche Erfahrungen von ebensolcher Beständigkeit hervorrufen kann wie das Erlebnis selbst; – und zwar deshalb, weil Kunst nichts anderes ist als ein Aggregatzustand vom wirklichen Leben.

1670. der Thron

die Überraschung, im British Museum unversehens vor einem aus Gewehren und Rak-Rohren errichteten Herrscherthron zu stehen, der uns den vergessenen Künstlernamen aus dem »Nucleo de Arte« in Maputo, Cristovã Canhavato, in Erinnerung ruft und den maputensischen Eindruck (in Nummer 1528) wiederbelebt, ihn verstärkt, weil jetzt noch deutlicher wird, daß es Künstler braucht, damit aus Gerätschaften des Entsetzens Instrumente der Hoffnung werden können.

1671. die Politiker

die vor dem beklemmenden Thron aus Waffen des mosambikanischen Bürgerkrieges nun aufflackernde Erinnerung an die heitere Inbrunst, mit der Robert Rauschenberg 1988 sprach, als er – aufrührerische Unternehmungslust im Gesicht – seinen Plan erläuterte, eigene Kunstaktionen in den hauptsächlichsten Krisenherden der Welt zu unternehmen: »Wenn die Politiker versagen, können nur noch die Künstler zur Tat schreiten!«

1672. das Liebeisen

die Hoffnung, neues Leben gedeihe – tatsächlich! – aus den Ruinen des Fürchterlichen, die nie so virulent war wie jetzt angesichts des »Baumes des Lebens« im British Museum, den vier mosambikanische Künstler aus den Bruchstücken der Waffen des Bürgerkrieges geschweißt hatten: Was Luginbühl als »Böseisen« bezeichnet, wird als Symbol der Zuversicht zu »Liebeisen«.

1673. die Ironie

»Was ist es nur, das mich während dieses Londoner Aufenthaltes so alert und so verschmitzt stimmt?« – diese Frage, die ich nun beantworte mit: »Es ist die Tatsache, daß es mir alle die so wunderbar gestelzten Formulierungen und die vertrackten Regeln der ›Anglizität‹ (die ich in den Nummern 1640, 1650, 1653, 1656, 1664 belege) leichtmachen, sie für Ironie oder gar für augenzwinkernde Selbstparodie zu halten.«

1674. die Klischeevorstellung

der türkische Ringer mit seiner titanischen Statur und dem erschreckend kompakten Körperbau, der als Kellner im »Salieri« arbeitet und mich an die Begegnung mit dem Catcher Adi Berber erinnert, weil er wie dieser genau der Klischeevorstellung entspricht vom fürchterlichen Kraftprotz, der alles Fürchterliche verliert, wenn er die bestellte Blutorangen-Mousse mit zärtlichen Gesten vor die Gäste stellt, die Mintsauce mit Feingefühl über das Roastbeef gießt und mit weinerlich piepsender Stimme von seinem anrührenden Familienleben berichtet.

1675. das Gegenbeispiel

»Endstation! Alles aussteigen!«, die Durchsage des Zürcher Tramführers, den ich zitierte (als wir diskutierten, worin sich das englische Wesen wohl am deutlichsten zeige), um als Gegenbeispiel die Londoner Durchsage anfügen zu können: »Dies ist die Station Whitechapel. Unser Zug endet hier. Achten Sie beim Aussteigen bitte auf das Gefälle zwischen dem Wagen und dem Bahnsteig«,

1675 a
und meine Begründung für die Gegenüberstellung damit, daß das englische Wesen die Engländer – was immer sie auch sagen – verpflichte, ganze Sätze zu sagen und nicht wie die Schweizer einzelne Befehlsworte.

1676. die Grammatik
mein Bedürfnis, durch Straßen, die ich mir merken will, mehrmals und nochmals zu gehen, bis ich sie intus habe, das Rara mit der Feststellung kommentiert: »Wer Englisch lernen will, muß die Wörter und die Grammatik repetieren ...« und mir Gelegenheit gibt zu sagen: »und ich muß die Gänge repetieren, weil ich London lernen will.«

1677. der Erker
das dreieckige, romantische Haus am nördlichen Ende der Blackfriars-Bridge, welches vom riesigen roten Block dahinter förmlich aufgesaugt, sich einverleibt wird zu einem einzigen Baukörper, dessen Erker dieses Häuschen ist,
1677 a
und die Information, daß das kleine Gebäude nicht ein Erker des großen ist, die wir vom Eisenbahnzug erhalten, der überraschenderweise hinter dem einen und vor dem andern Bauwerk hindurchfährt.

1678. der Kratzer
die helle Spiegelung auf der Meeresfläche, die mich antrieb, in Turners Bild »Evening Star« nach der Lichtquelle zu suchen, welche diese Spiegelung erzeugt, was deshalb lange dauerte, weil ich nicht anzunehmen wagte, daß der versehentliche Kratzer oben in der Leinwand eigentlich als »der Abendstern« gemeint ist, der dem Bild den Titel gibt.

1679. die Möglichkeit

der schwarze Lappen mit dem bleistiftbreiten Augenschlitz, den sich das Wesen, das uns auf dem O'Leary Square entgegenkommt, an einer Schnur vors Gesicht gebunden hat, und die verstörende Beunruhigung über diese Erscheinung, die Rara zu erkennen gibt, als sie sagt: »Ich finde es ungerecht, daß die Frau unter ihrer Verhüllung mich sehen und beobachten kann, ohne mir die Möglichkeit zu geben, sie zu sehen, geschweige denn sie zu beobachten.«

1680. die Blütendüfte

der Frühlingsbeginn, der sich nicht im üblichen Wirken von linden Lüften und lauen Nächten und verführerischen Blütendüften ankündigt, sondern – heftig wie nie – im Gekrache der frisch poliert aus allen Kellern und Garagen geholten Motorräder, das sich durchsetzt, als sei *es* Natur und nicht das Amselgezwitscher im Haggerston Park.

1681. die Terrasse

die Reihe der lebensgroß fotografierten Sitzenden an der Wand auf der Terrasse der Royal Festival Hall, von denen sich plötzlich einer erhebt und weggeht, wie wenn nichts wäre, und unversehens ein zweiter auch,

1681 a

und die Sitzbänke, die dieses anscheinend unerklärliche Phänomen erklären, weil, wer weggeht, nicht von der Wand weggeht, sondern von der Bank, auf der er vor den Fotografien saß.

1682. die Distinguiertheit

der, in Nr. 1637 erwähnte, gut gekleidete Bettler in der Old Brompton Road, der mit der Distinguiertheit seiner Gesten und der Art, in der er die Wolldecke glattstreicht, bevor er sich in sie einhüllt, gar nicht wie ein Bettler aussieht, und je länger ich ihn beobachte, desto weniger, so daß meine Gewißheit wächst, er sei kein Bettler, sondern ein Journalist, der den Bettler spielt, um eine

Reportage über den Umgang der Öffentlichkeit mit Bettlern schreiben zu können.

1683. das Entzücken

unser Entzücken über die stets so theatralisch ritualisierte Höflichkeit der Engländer, das der rüde Beamte unter dem Schild »Assistance and Tickets« in der Station Embankment mit seiner mürrischen Art, jede unserer hilfesuchenden Fragen mit einem hingebellten »How much?« zu beantworten, für mindestens drei Stunden radikal zunichte machte.

1684. der Klumpen

die Magd, die vorerst unsere Blicke auf sich zieht, weil alles Licht auf sie fällt, während sie, in Chardins Bild »La Fontaine« in der National Gallery, aus der Kupfertonne eine Flasche mit Wasser füllt, und das mehr zu ahnende als zu sehende Ding, das im Dunkeln hängt und dennoch alle Blicke von der Frau abzuziehen vermag, so lange jedenfalls, bis man es als widerlichen Klumpen rohen Fleisches erkannt hat, der von der Decke baumelt.

1685. der Ehrgeiz

»Hast du Englisch kennengelernt?« – diese Frage, die dir niemand so stellen würde, wohl aber »Hast du London kennengelernt«, die ich guten Gewissens bejahen könnte, wenn mein Ehrgeiz nicht der wäre, sagen zu können: »Ich habe London gelernt.«

1686. der Bühnenbildner

der Eindruck, da habe der Architekt einen Kurs für Filmbühnenbildner absolviert, der entstand, weil er erstens das pathetische rote Schloß, das den Waterhouse Square umgibt, vergrößert dadurch, daß sich die vertrackte Fassade in den Flächen des danebenstehenden Glashauses spiegelt, und zweitens die Unansehnlichkeit dieses Glasneubaus in der Leather Lane vertuscht, weil sich nun die Fassade des roten Märchenschlosses als Spiegelbild über den ganzen plumpen Block legt.

1687. das Kilogramm
die auch auf englischen Märkten übliche Sitte, die Ware nach Gewicht zu verkaufen, sie also zu wägen, die auf dem bengalischen Markt von Whitechapel keine Geltung hat, weil hier – »London ist anderswo!« – nicht das Kilogramm die Maßeinheit ist, sondern der »Kübelvoll«.

1688. die Schriftzeichen
die wundervollen Schriftzeichen aus den rätselhaftesten Sprachen eines fremden Erdteils, die im British Museum eine zuversichtliche Botschaft über das Zusammenleben der Völker verkünden,
1688 a
und mein ernüchtertes Umformen von »verkünden« in »zu verkünden scheinen«, als ich entdecke, daß die ästhetisch bestechend auf der Glaswand arrangierten eisernen Schriftzeichen scharf geschliffene afrikanische Wurfmesser sind.

1689. die Fütterung
die Brosamen, welche die weißhaarige Dame den Gänsen im Botanischen Garten von Kew mit derartiger Selbstverständlichkeit als Futter zuwarf, daß es mir wiederum als durchaus selbstverständlich erscheinen mußte, als in der Abteilung »Fleischfressende Pflanzen« ein Knabe seine Picknickbox öffnete und mit den Speiseresten zur Fütterung der Sarracenaceae und Dionaceae schritt,
1689 a
und die enttäuschte Geste, mit der dieser Knabe seine Picknickbox zuklappte, als seine Mutter ihm sagte, »sarracenaceae« seien Pflanzen, die Fleisch fräßen und nicht Chips und Mars-Riegel.

1690. das Verworfene
die schlanken, aufreizend langbeinigen Mädchen, die man, weil sie als Verführerinnen den Männern die Sinne rauben, heute als Hexen darstellt und die so gar nichts gemeinsam haben mit den widerlich dicken Alten in Salvator Rosas Bild »Witches at their Incantations« von 1646, die in ihrer abstoßenden Häßlichkeit den

Männern nicht die Sinne, sondern das Leben, sogar das himmlische, rauben,

1690 a

und Rosas Klugheit, alles, was die Hexen tun, kaum erkennbar im Dunkeln zu lassen, so daß jeder Betrachter, aufgefordert, sich auszumalen, was die Hexen im Dunkeln an Verworfenem tun – und sie tun, was die Phantasie des Betrachters sich vorzustellen fähig ist! –, unwillentlich und unweigerlich zur Hexe wird.

1691. die Unannehmlichkeiten

die »Englischheit« oder die »Anglizität«, wie ich den unvergleichlichen erzenglischen Stil zu nennen wage, der sogar in dem Zettel mit der Information durchschlägt, im Augenblick sei weibliches Reinigungspersonal im Pissoir des Restaurants im Oxo-Tower an der Arbeit, so daß, wen das beim Wasserlösen störe, gebeten sei, eine der andern Toiletten dieses Stockwerks aufzusuchen, und die im stilvollen Satz endet: »Die Unternehmensleitung wünscht sich entschuldigen zu dürfen für alle Unannehmlichkeiten, die dieser Umstand verursachen könnte.«

1692. der Beamte

der mürrische Beamte von Nr. 1683 in der Station Embankment, dessen rüder Art, alle unsere hilfesuchenden Fragen nur mit einem jedes Mal grimmiger werdenden »How much?« zu beantworten, wir die triste Einsicht verdanken, daß die sprichwörtliche Höflichkeit der Engländer deshalb so stark ritualisiert vorgetragen werden kann, weil sie nicht eine echte und von innen kommende Höflichkeit ist, sondern eine abrufbare Konvention.

1693. der Hitlergruß

die aus der Wand der Tate Modern ragenden Arme, die mich – sie scheinen in diesem Augenblick aus der Wand geschnellt – nicht etwa deshalb schockieren, weil sie zum Hitlergruß gereckt sind, sondern weil sie auf Rodins »Kuß« hin zeigen und ihren Hitlergruß unter dem Titel »Ave Maria« vollführen.

1694. das Öl

»... wie die berühmte Faust auf dem Auge!«, dieser mein Eindruck, als hinter der hochpolierten, stromliniengestylten Chromglanzfassade des Lloyd-Buildings (eher eine gleißende Verschalung als eine Fassade) Schritt um Schritt das opernbarocke, beschwingte Gekringel des Leadenhall-Marktes ins Blickfeld rückte, und die Präzisierung, die ich nach längerem Aufenthalt in diesem Grenzgebiet zwischen Weltraumpathos und Operettenreiz nun anbringen muß: »... wie Öl auf dem Essig! Erst wenn man drin umrührt, werden beide in der Sauce zur Einheit.«

1695. die Kolonien

die hier in London nun vehement aufflammenden Erinnerungen an die Aufenthalte in Pakistan und Indien, in den Kolonien Montserrat, Hongkong und Falkland-Inseln, an diese Versuche, mich dem Mutterland England von seinen Kolonien her anzunähern,

1695 a

und die vollzogene Annäherung nun hier in London, die mich erkennen läßt, daß England – und das Gegenteil scheint beabsichtigt gewesen zu sein – durch seine Kolonien viel stärker verändert worden ist als die Kolonien durch England.

1696. die Abreise

die tagelangen Wanderungen durch London zusammen mit Rara, die mir die Regeln der »Englischheit« in den Dingen so anschaulich vor Augen, in die Ohren, die Nase, zwischen die Finger und auf die Zunge gebracht haben, daß ich heute bei der Abreise zu sagen wagen darf: »Ich habe London gelernt.«

1697. der Neubeginn

der fürchterliche Satz »No Boot Device on Internal Drive«, der nach der Rückkehr aus London am 13. April auf dem Bildschirm meines Computers verkündete, daß alles, (also auch, was ich in London geschrieben hatte) nicht mehr abrufbar sei, weg sei, sich aufgelöst habe – und dies kurz nachdem ich Nr. 1574 mit Craveirinhas Satz getippt hatte, das Großartige des Reisens sei, daß man stets jünger zurückkomme, als man abgereist sei,

1697 a

und die bange Ahnung, ich sei nicht einfach jünger aus London zurückgekommen, sondern durch dieses Ausradieren von allem in jenen kindlichen Zustand zurückgestürzt, in dem ich alle meine Beziehungen zur Welt völlig neu aufzubauen beginnen muß, von Null an,

1697 b

und der Zwang, nach dem Verlust aller Daten und aller Adressen die Welt um mich neu zu markieren und die Auslöschung Londons rückgängig zu machen, indem ich die Stadt statt auf der Hard-Disk in meiner Vorstellung speichere,

697 c

und dieses Löschdrama, das Hugo Loetscher mit seiner Zuversicht spendenden Bezeichnung »Löschfest« in den positiven Aufbruch umgewandelt hat, der in jedem Neubeginn steckt,

1697 d

und mein nun doch nebenbei noch nachgeschobenes Geständnis, nur um nicht als abergläubisch zu gelten, verschwiegen zu haben, daß dieser 13. April ein Freitag war.

EDITORISCHE NOTIZ

1999 erschien der »Katalog von Allem« erstmals in einem Umfang von 1111 Nummern im Albrecht Knaus Verlag München. Damals war die Abfolge der Nummern rein chronologisch angelegt. Das Datum der Niederschrift einer Nummer bestimmte ihren Platz im Katalog und nicht etwa jenes, an dem sich das Beschriebene zugetragen hatte. Und weil auch die Erinnerung immer wieder ins Erleben hineinfunkte, konnten von Nummer zu Nummer Sprünge geschehen über Jahrzehnte und über Kontinente hinweg. Die nun vorliegende Ausgabe des Ammann Verlages, die bereits 1697 Nummern umfaßt, führt ein überschaubareres und verbindlicheres Ordnungssystem im Katalogisieren von Eindrücken, Beobachtungen, Erlebnissen ein: Siebzehn Sonderkataloge sind in den Ablauf eingegliedert, die Wahrnehmungen zusammenfassen, die sich an bestimmten Orten ergeben haben. Topographie also statt Chronologie. (Und selbst der Bibersteinsche Katalog, benannt nach dem vom Autor hochgeschätzten Künstler, ließe sich weitgehend topograpisch auf die Gegend um die alentejanische Ortschaft Alandroal festlegen, in dem sich Bibersteins Atelier befindet.) So wird nun noch deutlicher, daß das Katalogisieren auch der Versuch ist, dem Chaos des Wahrnehmens mit einem gliedernden Zugriff beizukommen.

Die erste Buchpublikation aus dem »Katalog von Allem« erschien im Januar 1974 in La Paz, Bolivien, in englischer Übersetzung. Werner Guttentag, der Verleger von »Los Amigos del Libro«, war dem Autor zwei Jahre zuvor auf der Frankfurter Buchmesse begegnet und hatte so von dessen Katalogarbeit vernommen. Das Manuskript erreichte den bolivianischen Verleger dann aber nicht per Post. Der Autor brachte es während der fast ein Jahr dauernden Südamerikareise, die er 1973/74 mit Theo

Ruff unternahm, eigenhändig nach Bolivien. Der von Roger Frood ins Englische übersetzte Katalog, der die Eindrücke der Zugfahrt von Zürich nach Beirut im Libanon sammelt, erschien als »Catalogue of the 134 most important observations during a long Railway-Journey«.

Im Jahr 1968 dauerte diese Zugreise noch fast eine Woche. Als der Eisenbahnzug aus dem Bahnhof Zürich rollte, merkte der Autor, daß er seinen Fotoapparat zu Hause vergessen hatte. So kam ihm die Idee, die Erinnerungsbilder dieser Reise statt mit der Kamera nun mit den Mitteln der Sprache anzufertigen. Alles, was ihn ansprang, alles, was er fotografiert haben würde, wenn er die Kamera bei sich gehabt hätte, bildete er nun mit Wörtern ab. Und weil man ein fotografisches Bild, einen Schnappschuß, durch den einmaligen Druck auf den Auslöser erzeugt, mußte er sich folgerichtig das Gesetz auferlegen, alles, was er fotografiert *hätte,* in einen einzigen Satz zu fassen. Die Aufzählung der Dinge, die also nicht Bild werden konnten und deshalb Sprache werden mußten, setzte strikt ihre eigene Sprachregelung durch: In Aufzählungen, in Katalogen haben die Sätze kein Prädikat. Nach der Rückkehr von dieser levantinischen Zugfahrt war der »Katalog der 134 wichtigsten Beobachtungen während einer langen Eisenbahnfahrt« abgeschlossen. Er ist Ausgangspunkt der weiteren Arbeit. Vier Jahre nachdem die englische Ausgabe in Bolivien erschienen war, gab Theo Ruff die deutsche Originalausgabe in seinem Regenbogen Verlag heraus.

Die auf der Eisenbahnfahrt vom Fehlen des Fotoapparates provozierte Wahrnehmungsart wollte weiter praktiziert werden. Dem Unscheinbaren, dem Übersehenen sollte in der Vergrößerung seine Bedeutung zurückgegeben werden: Übungen im Wahrnehmen. Mittlerweile war der Autor Fernsehjournalist geworden. Damit drangen filmische Techniken in die Katalogarbeit ein: Zoom und Schwenk und Schärfenverlagerungen wurden möglich. Jetzt erwies sich die Form des Kataloges als das taugliche Mittel, die Flut der Erfahrungen ordnend in den Griff zu bekommen: Katalog nicht einfach als Titel, Katalog als literarische Gattung. Und als »work in progress«: Symbol für diese bewegliche Form war der Büroordner. Etwa dreihundert Interessierte bekamen ihn geliefert mit der Aussicht, in unregelmäßigen Abständen neue Lieferungen zu erhalten; der *»Katalog von Allem«* als Postversandroman. Für den einmal zu entrichtenden Abonnementspreis von dreißig Franken erhielten die Bezüger in 31 Jahren 15 Lieferungen zugeschickt. Daneben erschienen auch Teildrucke in beständigerer Form: Auszüge in mehr als 90 Anthologien und Zeitschriften. Hans Bolliger hat 1982 den zur Performance »Alles von Allem« umgearbeiteten Teil des Kataloges mit Kaltnadelradierungen von Alan Frederick Sundberg in seinem *Verlag 3* herausgegeben. Und als Buch zur Performance ist es im *Arche Verlag* erschienen. *Stahli. Recife. Editora* ließ der 1999 publizierten brasilianischen Ausgabe »O Catalogo Brasileiro« 2006 den »Novo Catalogo Brasileiro« folgen, beide Male mit Holzschnitten des legendären J. Borges.

Ruff und Wehrli, die schon 1972 40000 Exemplare der Anthologie »Dieses Buch ist gratis« an Passanten auf Straßen und Plätzen verteilt hatten, druckten für die Postversand-Ausgabe im Ordner nun gemeinsam Blatt um Blatt von Wachsmatrizen auf einer alten Gestetner-Maschine. Drei Jahrzehnte später hieß die Druckmaschine Xerox. Das Zusammentragen der einzelnen Seiten zur versandbereiten Lieferung entwickelte sich durch die Jahre zum gemeinsamen Ritual. Zum fünfzehntenmal fand es am 9. Juli 1999 statt.

Einmal mußten die Abonnenten sechs Jahre lang auf die nächste Lieferung warten. Beim Umzug des Verlages von der Schmidgasse in die Zürcher Bodmerstraße war nämlich die Adressenkartei verlorengegangen. Verleger und Autor versuchten sie gemeinsam zu rekonstruieren: Nachdem sich mündliche Umfragen als ineffizient erwiesen hatten, schickten sie kurzerhand schriftliche Anfragen an fast alle Personen, mit denen sie im bisherigen Leben Kontakt gehabt hatten: »Sind Sie Abonnent des ›Kataloges von Allem‹ oder nicht?« Die stattliche Rücklaufquote – trotz Postvermerken wie »gestorben« oder »abgereist ohne Adressangabe« – ermöglichte es den beiden, endlich mehr als zwei

Drittel der Abonnentenliste zu rekonstruieren. Inzwischen hatte Theo Ruff den Regenbogen Verlag verkauft. Von nun an kamen die Lieferungen des Katalogs heraus in der Theo Ruff Edition bei Kalumet. Und die portable Olivetti-Schreibmaschine des Autors war mittlerweile vom Notebook abgelöst worden. Die Versandaktionen konnten weitergehen. Bis zu Nummer 1111. Die jetzige Ausgabe im Ammann Verlag ist auf 1697 Nummern angewachsen.

Der editorische Kreis schließt sich: Der Verlag »Los Amigos del Libro«, der 1974 in Bolivien die erste Buchausgabe aus dem »Katalog von Allem« gewagt hatte, veröffentlichte drei Jahrzehnte später »El Catálogo Latinoamericano« in einer zweisprachigen Ausgabe spanisch und deutsch.

Der Dank für die jahrzehntelange Zusammenarbeit geht an alle Beteiligten.

A.W. L.

VERZEICHNISSE

TITELVERZEICHNIS

296 die Art und Weise
70 die Assoziationen
809 der Atem
58 die Atmosphäre
999 das Auffallendere
1657 die Aufforderung
16 die Aufhebung
1333 die Aufmerksamkeit
443 die Aufnahme
1186 die Aufnahmeprüfung
220 der Aufschluß
762 der Aufschnitt
1628 das Auftauchen
1598 der Auftrag
461 das Aufwachen
1079 die Aufzählung
1370 der Aufzug
570 der Augapfel
740 der Augenblick
1199 die Augenhöhe
1272 der Auktionator
1345 der Ausguß
860 die Ausklammerung
163 das Ausland
863 das Auslassungszeichen
1085 die Ausrede
496 der Ausruf
98 das Ausschauhalten
274 der Ausschnitt
1187 das Außerkrafttreten
645 die Aussicht
1653 das Ausspucken
61 die Auswechslung
259 das Auto
362 die Autobahn
1492 der Autofahrer
1394 der Automobilist
1451 der Autor
1540 die Avenue
479 die Aversion
1468 die Azuleijos
202 das Baby
129 der Bahnhof
124 die Bahnhofsuhr
857 der Bahnhofvorstand
340 das Bajonett
536 das Balgen
32 die Balkanhäuser
36 die Balkanoperette
12 der Balkanzug
152 die Bananen
1376 die Bandbreite
92 die Bänder
275 die Barmaid
671 die Batterie
934 der Bauch
282 die Bäume
104 der Bautyp
1692 der Beamte
684 die Beantwortung
7 das Bedauern
1604 die Bedenken
127 die Beduinen
481 das Bedürfnis
834 die Bedürftigkeit
517 der Befehl
957 der Befehlsempfänger
62 die Beflissenheit
331 die Befürchtung
1391 das Begeistertste
855 die Begleiterscheinung
887 die Begründung
390 die Behauptung
145 die Beiläufigkeit
1134 das Beileid
1308 der Bekannte
228 die Bemalung
663 das Bemühen
1152 der Beobachter
1177 das Bequeme
477 die Bereitschaft
529 die Bereitschaftsstellung
1295 der Berg
1293 die Bergkette
514 der Beruf
1637 die Berufsehre
907 der Berufskollege
1129 die Beschreibung

449 das Denken
1476 das Denkmal
746 das Derivat
639 die Desolatheit
346 der Detektiv
642 das Deutsch
39 der Deutsche
1398 der Dezember
1567 die Diagnose
1575 der Dialekt
938 der Dienstgrad
742 die Diktaturen
737 der Dimmer
1466 das Ding
794 die Dinge
1570 der Dirigent
1263 der Dirigentenstab
478 die Diskrepanz
42 die Diskussion
935 die Disponentin
892 die Distanz
1682 die Distinguiertheit
1289 der DJ
1505 der Dôle
1586 die Dollarnoten
1483 das Domizil
1377 das Dorf
643 die Dose
1286 die Dosis
521 die Drahtzieher
1185 die Dreharbeiten
389 das Drehbuch
263 der Drehstuhl
1332 die Drehzeit
327 der Drilch
243 der Drink
1006 der Drogenkonsum
47 das Dröhnen
1282 das Dröhngebaren
729 der Druckfehler
1280 die Druckqualität
317 der Dschungel
1322 das Du
673 der Duden
384 die Dummheit
79 die Dunkelheit
385 der Dunst
64 das Durcheinander
1058 der Durchfall
1664 die Durchsage
493 der Durst
278 die Ebenen
294 das Echo
1667 die Efeuranken
764 der Egoist
1558 die Ehe
416 die Ehre
1073 die Ehrfurcht
1685 der Ehrgeiz
666 das Ei
998 die Eifersucht
814 die Eigenschaften
1402 der Einbrecher
1251 das Einerlei
1388 der Eingriff
598 die Einheiten
593 die Einigkeit
69 das Einklettern
854 die Einöde
959 das Einrücken
658 die Einsamkeit
238 die Einsicht
502 das Einspielergebnis
1422 das Eintreten
1133 das Eintrittsgeld
1354 der Einwurf
1446 die Einzahl
874 die Eisbären
280 die Eisblumen
352 die Eiscrème
1623 die Eisenmasten
1472 die Eisenpfähle
60 der Eisenstern
203 die Eitelkeit
464 der Ekel
1431 das Ekelgefühl
1401 der Elefant
1509 die Eleganz

305 das Feuer
800 das Feuerwerk
652 die Figur
439 die Fiktion
444 der Film
495 der Filmbeleuchter
404 die Filmkritiker
458 der Filmtitel
544 das Filmwörterbuch
1382 der Filzaffe
694 der Findling
112 der Finger
644 das Finstere
992 der Fisch
1048 die Fischschwanzpalme
1499 die Flaggen
1337 die Flamme
369 die Flasche
88 die Flechte
753 der Fleck
1151 die Flehenden
179 die Flüche
661 die Flucht
581 die Flüchtigkeit
1011 der Flug
1257 die Flügel
956 der Flugplan
1108 das Flugzeug
572 der Flugzeuglärm
1131 der Fluß
1603 der Flußlauf
617 die Folgen
196 die Folterung
975 die Forelle
1554 das Fortbewegungsmittel
240 der Fortschritt
31 das Foto
507 der Fotoapparat
154 die Frage
1462 die Frageform
1440 San Francisco
1146 der Franken
1412 das Französisch
72 die Frauen
606 die Freiheit
111 die Fremde
1510 der Fremdkörper
212 die Freude
505 die Freunde
1593 die Freundlichkeit
1062 der Frieden
1061 der Friedhof
811 die Früchte
1634 der Frühlingsbote
1348 der Füllfederhalter
563 der Fund
1196 die Fundstücke
1239 die Furcht
1193 die Füße
1411 der Fußgänger
1069 die Fußnote
1689 die Fütterung
760 die Galavorstellung
949 der Gang
562 die Gangart
1111 das Ganze
732 die Gärtnerei
1635 die Gasse
553 der Gast
680 die Gastronomie
1326 der Gauner
1531 das Geäst
1270 das Gebell
1290 der Gebrauch
1021 die Gebrauchsanweisung
585 der Geburtstag
123 die Gedächtnisübung
1624 die Gedanken
284 die Gedichte
110 die Gediegenheit
845 das Gedränge
628 das Gedröhn
1091 die Gefährlichkeit
1538 das Gefälle
451 die Gefangene
1083 das Gefieder
33 das Gefühl
891 das Gegacker

1049 die Großstadt
1353 der Großvater
1194 das Grün
941 der Grund
1284 der Gruß
1191 die Guayanas
1299 das Gurgeln
962 die Gürtelschnalle
1215 das Gute
487 die Haare
486 die Haarwelle
629 der Halbkreis
1406 der Halbschlaf
705 die Halbtotale
1067 die Halbwahrheit
357 die Hälfte
56 der Hals
1592 der Hammer
1274 die Handbewegung
869 die Hände
126 die Händler
6 der Handschlag
342 die Handschrift
1455 das Handy
1170 die Härte
1381 der Haß
819 die Hauptstraße
121 das Haus
1269 die Hebelkraft
1550 das Heck
1613 die Heftigkeit
774 die Heftklammer
1098 das Heilmittel
217 die Heimaterde
1551 die Heimkehr
670 der Heiterkeitserfolg
678 der Helvetismus
1507 die Hemmung
1045 die Herbstlichkeit
948 das Heroin
1359 der Herzschlag
687 die Hilfe
480 der Himmel
177 das Hin und Her
132 die Hingabe
520 das Hinken
1192 der Hinschied
1693 der Hitlergruß
802 die Hitze
334 die Hochebene
87 der Hochglanz
252 die Hochhäuser
428 der Hochmut
727 die Hoffnung
1573 die Höflichkeit
1082 das Holz
1474 die Holzkohle
43 die Holztruhen
1582 das Hören
157 der Horizont
1248 die Hortensien
554 die Hostessen
1432 das Hotel
954 die Humanitätswut
846 die Hupen
497 der Hut
1608 der Idiot
66 der Igel
397 die Imitation
301 der Impfstoff
1233 die Implosionen
667 der Inbegriff
195 die Inbrunst
333 die Indianer
1182 der Indianerstamm
456 das Ineinander
1148 der Inhalt
1120 die Innenseite
1249 das Innere
1258 die Insistenz
967 die Inspektion
96 die Inständigkeit
206 die Instrumente
1047 die Inszenierung
1205 die Integrität
972 das Interesse
599 die Interessenvertreter
1616 das Internet

419 das Interview
522 der Interviewpartner
1107 die Intimiät
30 der Iraki
267 das Irisieren
1673 die Ironie
1517 die Irritation
650 der Irrtum
134 Italien
980 das Ja
1124 die Jagden
1449 das Jahr
1237 die Jahreszeiten
1275 die Jasser
1571 das Jaulen
1052 die Kabel
1127 die Kaffeetasse
1029 die Kakerlake
1256 die Kamille
752 das Kaninchen
828 der Kantentheoretiker
1372 der Kapitalismus
798 die Karambole
1659 der Kassenzettel
1236 der Katalog von Allem
1323 die Katalognummern
209 die Katastrophe
587 die Katze
997 der Kauf
982 die Kaufkraftklasse
701 die Kauflandschaft
506 das Keifen
113 die Kenntnis
987 das Kerbholz
748 der Kern
1279 der Kies
1687 das Kilogramm
427 die Kinder
17 das Kinderbuchklischee
567 der Kinderdarsteller
547 der Kinderwagen
580 die Kindheit
1255 das Kissen
916 das Kistchen
324 der Klang
509 das Klappern
1399 die Kleinigkeiten
463 die Klinge
1541 das Klingeln
1303 das Klischee
1674 die Klischeevorstellung
611 der Klischnigger
1501 das Klopfen
1684 der Klumpen
1364 der Knallbonbon
1038 die Kneipe
1262 die Kniebeuge
549 das Knirschen
1037 das Knurren
1494 der Kochherd
922 die Kochkunst
1031 die Koexistenz
1695 die Kolonien
625 die Kolonne
1328 der Komiker
590 der Kommentar
508 das Kompliment
1283 der Komplize
926 die Kondolation
1478 die Kongolesen
1291 der Könner
26 die Konservenbüchsen
1165 der Konsonant
1217 die Konstante
1230 der Kontakt
289 die Kontrolle
364 die Kontur
1178 das Konzert
1265 der Kopf
476 das Kopfnicken
100 der Korb
1327 der Körper
1458 die Körperteile
799 die Körpertemperatur
232 die Korrektur
787 der Krach
734 die Kraft
117 der Kragen

981 der Paulistaner
703 die Perlustration
499 das Pernodglas
438 die Person
519 die Persönlichkeit
841 die Perversion
1644 das Pferd
744 der Pferdestall
97 der Pfiff
647 die Pflanze
755 der Pflotsch
1565 der Pförtner
372 die Phagozytose
80 die Phantasmagorie
435 der Photoapparat
830 die Physik
249 der Pianist
366 Pierrot
632 das Piktogramm
1024 die Plastiksäcke
302 das Plätschern
908 die Platte
1336 die Platzangst
928 der Pleonasmus
339 die Plötzlichkeit
349 der Pluspunkt
299 das Plusquamperfekt
1216 das Pluszeichen
1226 die Pneus
213 die Poesie
1671 die Politiker
541 die Polizei
883 die Polizistenmütze
1001 das Porträt
1557 die Porträtgemälde
912 die Portugiesen
1155 die Pose
849 das Positive
1347 das Prädikat
763 die Präsenz
171 die Präzisierung
467 die Preisgabe
984 das Problem
640 das Produkt
1074 das Profil
751 der Prokurist
605 der Protest
1561 der Provokateur
918 die Prüfung
1502 der Prüfungsabschluß
1666 das Publikum
1039 die Punkte
1044 die Pyramiden
867 der Quaderer
1238 die Quadrate
1515 der Quadratkilometer
1097 die Qual
165 die Qualität
1663 der Qualm
131 das Quantum
877 die Quatilät
410 der Quatsch
199 die Quintillion
1408 die Quittung
1296 der Quizmaster
337 die Quote
1175 die Rache
460 das Radio
561 der Rahmen
53 die Raketenbasis
429 die Rasierklingen
824 der Rasierpinsel
1556 der Ratschlag
1126 das Rätsel
108 die Räubernestatmosphäre
1351 der Rauhreif
1330 der Raum
492 das Raunen
540 der Reaktionär
1142 der Rebell
170 das Recht
1491 die Regel
95 die Regenbogen
489 der Regisseur
1435 die Reise
989 der Reiseführer
722 der Rekord
303 die Reparatur

1448 das Schriftdeutsch
1688 die Schriftzeichen
1490 der Schritt
728 die Schritte
105 das Schritttempo
1350 der Schrott
1543 der Schrubber
1065 die Schuhe
588 die Schuld
1361 die Schulter
838 das Schulterklopfen
810 die Schuppen
504 der Schuß
1397 der Schützenpanzer
204 der Schutzschild
1425 der Schwarm
207 der Schwarze
1164 die Schwärze
898 das Schweinefleisch
330 die Schweiz
1387 der Schweizer
24 der Schweizer Franken
1095 das Schweizerische
682 das Schweizertum
494 der Schwenk
118 die Schwierigkeiten
1223 der Schwierigkeitsgrad
552 das Schwiizerdüütsch
1390 die Schwimmbewegungen
534 das Secam
633 der See
1202 die Seerosen
662 die Segeltuchtasche
422 der Segler
399 das Sehen
408 die Sehnsüchte
314 die Seife
285 der Seiltänzer
470 der Seitenblick
1016 die Sekunden
1261 der Sekundenbruchteil
106 die Selbstverständlichkeit
1268 der Sender
1344 die Sendung
868 das Sexsymbol
447 Shakespeare
769 der Sidian
659 das Sieb
1319 der Siebenundachtzigjährige
1639 die Silhouette
691 die Silos
1059 der Sinn
1093 die Situation
315 die Sitzanordnung
730 der Skandal
596 die Skepsis
457 die Skrupel
1475 die Skulptur
558 die Sloughies
391 Sodom und Gomorrha
1528 das Sofa
14 der Soldat
835 die Sonnenfinsternis
1360 die Sonnenlicht
1057 der Sonnenschein
771 der Sonnenuntergang
885 der Sonntag
230 das »Sonst halt nicht«
607 die Sorgfältigkeit
793 die Souveränität
610 der Spagat
1300 die Spangen
879 die Spannung
1356 der Sparschäler
806 der Spaten
440 der Spaziergang
1436 der Speer
1305 die Speisekarte
1276 der Speisesaal
1588 der Speisewagen
81 der Spender
1520 die Spezialität
583 der Spiegel
405 das Spielen
1542 der Spielraum
417 die Spielregeln
827 der Spieltrieb
265 das Spielzeug (war **607**)

862 die Spitzenqualität
1213 der Spitzensportler
807 die Spontaneität
602 die Sprache
107 der Sprechchor
156 das Sprichwort
1046 die Spritzer
360 der Sprung
1315 die Sprunglatte
1349 der Stab
958 der Stabsdarsteller
306 der Stachel
1627 die Stadt
525 der Star
395 die Stärke
1583 das Stärkungsmittel
1523 der Stau
86 die Staubwolke
1273 die Staumauer
1548 der Stecken
1100 die Steigerung
321 der Stellvertreter
969 die Stenographie
292 das Sterben
803 die Sterilität
1161 die Sterne
1339 die Sternschnuppe
1662 das Steueramt
1453 die Steuern
316 die Stiefel
1288 der Stier
247 die Stille
308 die Stimmbänder
726 die Stimme
1614 die Stimmlage
1099 die Stimmung
99 die Stirn
1560 das Stocken
67 die Stoffballen
1340 das Stolpern
568 der Stolz
186 die Störung
840 die Strafe
689 das Strafmaß
795 die Straße
178 das Straßenbild
468 der Straßenhändler
1566 die Straßennamen
215 die Straßenschluchten
184 der Straßenverkehr
283 die Strategie
1589 das Streben
756 der Streß
1414 der Strich
614 der Stromausfall
698 das Stück
1314 das Stückchen
1150 die Stufen
923 der Stuhl
1183 die Stummel
675 der Stummfilm
615 die Stunde
1610 der Stundenschlag
660 der Stuntman
1334 der Sturm
775 der Sturz
276 das Stutzen
1007 das Substantiv
1389 das Suchen
523 die Süffisanz
396 Superman
1260 die Suppe
319 der Suppenbeutel
1157 das Suppengemüse
574 der Swimmingpool
431 die Symbole
1244 die Symmetrie
1562 das Tablett
717 die Tafel
1060 der Tag
234 die Tagesart
1524 das Tageslicht
260 die Tagesschau
256 die Tan Hua
1651 der Tarnanzug
1576 die Taschen
329 das Taschentuch
641 die Tasten

1211 die Tat
269 der Tatort
136 die Tatsache
1358 die Täuschung
1658 der Tee
1102 der Teil
325 die Teilnahmslosigkeit
573 das Telefon
634 die Telefonkabine
201 die Telefonnummer
1645 die Telefonzelle
1547 der Teller
18 der Tempel
190 die Temperatur
1681 die Terrasse
1380 der Terror
772 das Testergebnis
531 der Text
1147 das Thema
1670 der Thron
664 das Ticken
1245 die Tiere
1307 der Tinitus
4 der Tisch
1135 der Titel
861 der Tobiak
1033 der Tod
304 das Tohuwabohu
1536 der Toilettenspiegel
1156 der Ton
1222 der Tonfall
1650 das Tor
1206 der Torero
1497 der Torwächter
805 der Tote
1281 der Totenkranz
905 der Tourist
1259 die Touristenindustrie
159 die Tragödie
767 die Tragweite
1539 die Traktoren
54 der Transistor
102 die Transparenz
852 die Trauer
239 der Traum
1277 das Travelling
985 der Treibstoff
1665 die Treppe
1331 die Treppenstufen
988 das Trinitrotoluol
716 die Trinksitten
273 der Triumph
1493 der Triumphmarsch
1163 die Tropen
973 der Trost
441 der Trottel
221 die Trunkenheit
1465 die Truppengattung
48 das Tschaiglas
1611 der Tuareg
28 der Tunnel
218 die Tür
49 der Türkenzöllner
1072 die Turmspringer
1473 das Turngerät
1221 das TV
648 der Typ
1055 die Übelkeit
119 die Übereinstimmung
1427 der Überfall
808 die Überprüfung
1386 die Übersetzung
34 die Überstürztheit
1086 die Übertragung
900 die Übertreibung
1312 die Überzahl
986 die Überzeugung
52 die Ueberraschung
914 die Uhr
336 die Umarmung
1518 die Umgebung
1032 die Umkehrung
527 der Umsatz
872 die Umstülpung
1691 die Unannehmlichkeiten
155 die Unauffälligkeit
584 das Unbehagen
1081 das Unbekannte

142 die Villen
1253 die VIP
1535 die Vögel
403 der Volksauflauf
1513 der Volksmund
1306 die Volkstänze
162 die Vor- und Nachteile
300 die Voraussetzung
1418 die Vorbedingung
859 das Vorbild
1207 die Vorfreude
1365 der Vorhang
432 Vorher und Nachher
913 die Vorhut
268 die Vorlage
144 die Vororte
1075 der Vorrang
125 der Vorsatz
961 die Vorschriften
367 die Vorstellungskraft
1546 die Vorstufe
378 der Vorwand
777 der Vorwurf
960 der Voyeur
815 die Waffen
1035 der Waffenstillstand
101 die Wagenfenster
76 die Wagentüre
1028 der Wahltag
173 die Wahrheit
747 die Wahrnehmungsstörung
1362 das Wahrnehmungsvermögen
345 das Wäldchen
1020 die Walze
1247 die Wand
1053 die Wanderungen
474 der Wandspiegel
1500 die Warnung
886 das Warten
888 die Warteschlange
109 die Wartezeit
1373 das Wasser
575 der Wasserball
89 der Wasserhahn
825 die Wasservögel
77 der Wechsel
161 der Wecker
411 der Weg
281 das Weggehen
1421 der Wegweiser
965 das Wehrhandwerk
630 die Weigerung
893 die Weihnacht
818 das Weihwasserbecken
1619 der Wein
733 die Welt
1234 die Weltfremdheit
193 die Weltliteratur
904 das Welttheater
1235 der Weltverbesserer
1469 die Wende
164 die Werbespots
287 das Werk
1346 der Wermut
623 das Werweißen
1110 das Wesen
1218 der Wesenszug
1649 das Wettbüro
226 das Wetter
1117 das Wetterleuchten
1445 das Widerspiel
1209 der Widerspruch
721 der Widerwille
942 die Wiederholung
576 Wilhelm Tell
386 die Willenlosigkeit
74 das Wimmern
151 der Wind
1419 die Windrädchen
1294 der Windschutz
516 die Wirklichkeit
768 die Wirkung
469 der Wirt
1137 das Wollen
797 die Wonne
1103 das Wort
166 die Wortfügung
1167 das Wrummen

586 die Wucherungen
1229 der Wunsch
781 die Würde
950 der Wurm
931 die Wut
350 die Yam
376 die Zahlwörter
955 die Zahnbürste
745 das Zähneputzen
286 der Zauberer
557 das Zehnfrankenstück
635 die Zeichen
1544 der Zeigefinger
15 der Zeiger
758 die Zeile
91 die Zeit
446 die Zeitlosigkeit
621 das Zeitmaß
1224 die Zeitung
594 die Zerfahrenheit
690 die Zerknirschtheit
1264 die Zersetzung
75 die Ziegeldächer
85 die Zigarette
356 das Zimmer
1025 der Zirkus
1158 das Zischen
135 die Zivilisation
35 die Zivilisationsflüchtlinge
78 die Zivilisationsgrenze
1533 das Zögern
373 der Zoll
1136 die Zöllnerin
1189 der Zug
1581 der Zuhörer
601 die Zukunft
761 die Zusammengehörigkeit
778 der Zusatz
619 der Zuschauer
45 die Zuversicht
1241 der Zweig
1479 die Zwiebelsauce

PERSONENVERZEICHNIS

Weitere Bücher im Ammann Verlag

Thomas Hürlimann

Der Sprung in den Papierkorb

Geschichten und Gedanken am Rand

144 Seiten

ISBN 978-3-250-60125-8

MERIDIANE 125

Lesen ist Transzendieren. Schlagen Sie das Buch auf und fliegen Sie über die schlanken Minarette hinweg in das geheimnisvolle Gemach hinein, wo Sie von der Schönsten der Schönen, von Scheherazade, empfangen werden. Wo immer Sie sein mögen, hier sind Sie willkommen.«

Der Sprung in den Papierkorb versammelt Kleinodien, die im Lauf der letzten Jahre entstanden sind. Hürlimann erzählt, wie er mit einem Lineal zum Dichter geschlagen wurde. Anhand von Schillers Tell erklärt er, daß die Schweizer zugleich Rebellen und Reaktionäre sind. In der Gestalt eines Garderobiers beobachtet er das ins Theater strömende Publikum, und an der Klosterschule Einsiedeln besucht er eine Unterrichtsstunde bei Pater Kassian, seinem ehemaligen Physiklehrer. Hürlimann tummelt sich im Dichtergarten von Cadenabbia, entdeckt auf dem Fußballplatz die Kugelform der Seele und klettert aus Platons Höhle ins Freie.

»Thomas Hürlimann ist ein wirklich bedeutender Autor. Seine Signaturen und sein Stil sind so uneitel wie unwiderstehlich, seine Lebensklugheit ist so zurückhaltend wie enorm.«

Jochen Hieber, SWR-Bestenliste

Ammann Verlag

Endo Anaconda

Sofareisen

256 Seiten

ISBN 978-3-250-60082-4
Meridiane 82

»Mit dem Leben ist es ähnlich wie mit dem Snowboarden. Entweder man kann es oder man kann es nicht.«

Hemmungslos und mit lustvoll sentimentaler Selbstironie beschreibt Endo Anaconda die unendliche Schwierigkeit der menschlichen Existenz – vor allem der eigenen –, ganz egal ob in Salzburg, Berlin, Bern oder im Emmental. Seine Kolumnen sind Milieustudien über das Mittelmaß, über den Untergrund der Dienstleister, über Leute, die ihr Schicksal bejammern, sich besaufen und dann vom eigenen Hund in den Hintern gebissen werden, sind poetische Aperçus über die elende Dialektik des Rauchens und Trinkens, über ketchupsüchtige Kinder und alle möglichen Schweizer Psychosen. Eine große Sehnsucht nach dem – inneren – Paradies vibriert leise zwischen den Zeilen. Ja, diese bluesige Comédie humaine ist echt – wem sonst passiert es, daß die weggeschnippte Kippe direkt auf der Mütze des vorbeigehenden Securitasmannes landet?

»Im überbelegten Schweizer Kolumnistenadel ist Endo Anaconda der Meister der Bluesballade mit Humor.« *Julian Schütt, Die Weltwoche*